W9-CNI-026

EL LIBRO DE LOS NOMBRES DE NIÑO Y DE NIÑA

Josep M. Albaigès

EL LIBRO DE LOS NOMBRES DE NIÑO Y DE NIÑA

integral

El libro de los nombres de niño y de niña

Autor: Josep Maria Albaigès
Diseño de Cubierta: Compañía
Composición: Víctor Igual

© Josep Maria Albaigès, 2011
© de esta edición, RBA Libros, S.A., 2011
Diagonal, 189 - 08018 Barcelona
www.rbalibros.com/rba-libros@rba.es

Primera edición: Abril 2011

Reservados todos los derechos.
Ninguna parte de esta publicación puede ser reproducida, almacenada o transmitida en modo alguno o por ningún medio sin permiso previo del editor.

Ref. RPRA017
ISBN: 978 84 9298 150-2
Depósito legal: B- 13.500-2011
Impreso por: Novagrafik

Índice

Tablas de nombres hispanos y exóticos

Prólogo

Los avances y descubrimientos de la ciencia, por habituales, tienden a suscitar hoy una ingrata indiferencia, tanto más cuanto más alejados los vemos de nuestra vida diaria. Solo concedemos a los agujeros negros, el quark o las aventuras del hombre de Atapuerca una apresurada ojeada al artículo de periódico que los comenta, para ganar un precioso tiempo que emplearemos en nuestras experiencias vitales más próximas.

Dice la Biblia (Génesis, 2,19-20) que el hombre impuso nombre a todos los seres vivientes de la creación, y siempre hemos pensado que esta «segunda creación» es quizá más importante que la primera, pues solo en cuanto los seres eran conocidos y nombrables por el hombre, alcanzaban existencia verdadera. ¿Qué no será, pues, dar nombre a una nueva persona? Por ello en todas las sociedades ha sido considerado este como un derecho sagrado de los padres, a cuya semejanza está hecho su hijo, como la primera pareja lo había sido de Yahvé.

En otras ocasiones he contribuido a aliviar los quebraderos de cabeza de muchos padres en la búsqueda apasionada de un nombre adecuado para su bebé. He publicado diccionarios de hasta 7.000 nombres, más que suficientes para cualquier progenitor, por exigente que sea. Pero normalmente el campo de búsqueda es más reducido, pues desdeña los demasiado exóticos, que identifica con los ridículos, y, siguiendo la moda actual, centra su decisión en los biensonantes, históricos o sugerentes, cuando no en los que nos transmiten las cambiantes modas del cine o la TV.

Hace algún tiempo publicamos una pareja de diccionarios, cada uno para un sexo. Tarea útil sin duda cuando se conoce este, pero, al consultarlo, queda siempre la duda de qué ocurre con la variante del sexo opuesto, su historia, sus personajes correspondientes. Estas dudas quedarán resultas en el presente, en que se especifica, para cada entrada, el sexo al que corresponde, si es unisexual o incluso si es aplicable a ambos sexos.

Por eso, en cada una de las entradas del diccionario se registra no solamente el nombre correspondiente, sino sus formas masculina y femenina, sus derivados y formas hipocorísticas (familiares). Solo con estos datos, el diccionario alcanza los 7000 nombres distintos.

Por supuesto, también se consigna el día del santo cuando este existe. Pero no olvidemos que muchos nombres son adéspotas, es decir, sin santo patrón al no haber sido canonizado por la Iglesia nadie así llamado. En muchos casos de estos se indica el nombre cristiano al que suele asimilárseles.

El aspecto más importante del estudio sobre el nombre es su origen y significado, que sin duda aclarará muchas preferencias o a veces hará desechar uno cuyo significado no se aviene con los gustos paternos.

A menudo el nombre es para el que lo porta un ejemplo a imitar, un camino marcado. ¿Cómo, si no, se entenderían los Lenin, Bolívar o Claris? De hecho, la costumbre de utilizar el santoral no era más que la expresión religiosa de este afán. Por ello, y como gran novedad, se incluyen en el diccionario listas de portadores ilustres, a modo de guías y referencia para el nombre.

Y basta ya, lector amigo, que ya sé que estás interesado en la consulta más que en las consideraciones generales. Un último ruego: no dejes de consultar antes las abreviaturas utilizadas en el diccionario. Te ahorrarán tiempo.

Abreviaturas

Cf.	Confróntese.
v.	Véase.
On.	Onomástica.
hip.	Hipocorístico (forma familiar).
S/o	Sin onomástico.
Scc	Suele celebrarse como.
s.	Siglo.
a. C.	Antes de Jesucristo.
d. C.	Después de Jesucristo.
Cat.	Catalán.
Eus.	Euskera.
Gal.	Gallego.
B	Asturiano (bable).
F	Francés.
In	Inglés.
A	Alemán.
It	Italiano.
AT	Antiguo Testamento.
NT	Nuevo Testamento.
m	Nombre masculino.
f	Nombre femenino.
m/f	Formas del nombre masculino y femenino.
m+f	Nombre aplicable a ambos sexos.

¡Atención! En cada entrada se consigna siempre en primer lugar la forma masculina, que puede quedar alfabéticamente muy distante de la femenina. Téngase esto en cuenta especialmente para nombres en que es más frecuente esta última, como Evo/Eva, Teo/Tea y similares.

Aarón/Aarona m/f On. 1 de julio

Nombre hebreo, aunque probablemente de origen egipcio. Se han propuesto multitud de interpretaciones para su significado: 'luz', 'iluminado', 'montañés', 'alto', 'instructor'. Prácticamente solo es usado en países anglosajones.

Variante: Aharón.

Cat. Aaró, Aaron/Aarona. Eus. Aron/Arone. Gal. Aarón/Aarona.

Aarón, en la Biblia el hermano de Moisés, continuador de la tarea de este en la Tierra Prometida. Aaron Spelling, productor estadounidense de TV (1928-2006). Aaron Burr, vicepresidente de Estados Unidos (1756-1836).

Abar/Abarne m/f

Formas vascas masculina y femenina de Ramos.

Abdalá m On. 16 de septiembre

'Servidor de Alá' en árabe (v. Abd; *Allah*, hipóstasis de *ahl*, 'lo alto, la divinidad').

Cat. Abdal·là/.

San Abdalá o Servus-Dei, santo en la Córdoba musulmana (s. IX). Muhammad XI de Granada (Muhammad Abu Abd Allah, *Boabdil*), último rey de Granada (†1527). Abdullah II, rey de Jordania (1962).

Abderramán m

'Servidor de la misericordia' en árabe (v. Abd).

Variante: Abd ar-Rahman. Adoptado entre los cristianos por alusión a los célebres emires y califas de Córdoba.

Cat. Abd ar-Rahman.

Abd ar-Rahman I de Córdoba, emir independiente (731?-788). Abd ar-Rahman III de Córdoba, califa de al-Andalus (891-961).

Abdón/Abdona m/f

El inseparable compañero de Senén, aunque el nombre procede ya de un juez de Israel. De hebreo o árabe *abd*, 'siervo' (sobreentendiéndose «de Dios»). Significado probable: 'pequeño servidor'.
Hip. catalán: Non (*Sant Nin i sant Non*, san Senén y san Abdón, santos muy populares en Barcelona).
Cat. Abdó/Abdona. Gal. Abdón/Abdona.
Abdón, personaje bíblico, hijo de Hillel (Ju 12,13-15). Santos Abdón y Senén, orientales martirizados en Roma (†254). Abdó Terradas, político republicano catalán (1812-1856).

Abdülhamit m/f

Del árabe Abd-al-Hamed, 'servidor de Alá', aludido metafóricamente como *hamid*, 'alabado'. Modificado de acuerdo con la fonética turca.
Abdülhamit, sultán otomano (1842-1918).

Abel/Abelia m/f On. 25 de marzo

Del hebreo *hevel*, 'fugacidad, vanidad'. Otros lo estiman del asirio *habel*, 'hijo'. Nombre del segundo vástago de Adán y Eva, asesinado por su hermano Caín. De bastante auge en la Edad Media, especialmente en el s. VI por los abelianos, secta que, imitando el personaje bíblico que naturalmente no conoció mujer, permanecían castos en el matrimonio (la secta fue efímera, quizá por falta de descendientes).
Quizá su portador más paradójico sea un rey de Dinamarca, que asesinó a su hermano Eric II para arrebatarle la corona.
Derivado: Abelardo (v.).
Cat. Abel/Abelia. Eus. Abel/Abele. Gal. Abel/Abela.
Abel, patriarca bíblico, hijo de Adán y Eva (Gen), asesinado por su hermano Caín. San Abel, arzobispo de Reims (s. VIII). Abel Bonnard, escritor y periodista francés (1883-1968). Abel Gance, cineasta francés (1889-1981). Abel Antón Rodrigo, atleta español, campeón de maratón (1962). Abel Sánchez, protagonista de la obra homónima de Miguel de Unamuno.

Abelardo/Abelarda m/f On. 9 de febrero

Adaptación medieval de Abel mediante el sufijo germánico *hard*, 'fuerte, duro' (v. Arduino), presente en numerosos nombres masculinos, e in-

cluso apellidos (Velarde). Confundido a menudo con Adelardo y con Eberardo, debe su fama al monje Abelardo, trágico amante de Eloísa.
Cat. Abelard/Abelarda. Gal. Abelardo/Abelarda.
Pedro Abelardo, filósofo y teólogo francés (1079-1142). Abelardo Montalvo, político ecuatoriano, presidente de su país en 1933. Abelarda, personaje de la novela *Miau*, de Benito Pérez Galdós.

Abigailo/Abigail m/f On. 29 de diciembre
Del hebreo *ab-ghilah*, 'alegría del padre', o quizá 'fuente de alegría'. Corriente en los países anglosajones, especialmente por el hip. Gail.
Cat. /Abigail.
Abigail, bíblica esposa de Nabal, y, en segundas nupcias, de David I (Sam 27,3). Abigail Lozano, poetisa venezolana (1822-1866). Abigail Smith Adams (1744-1818), esposa de John Adams, presidente de Estados Unidos. Abigail, personaje de *The Scornful Lady*, de William Shakespeare (1564-1616).

Abilio/Abilia m/f On. 22 de febrero
Del adjetivo latino *habilis*, 'experto, hábil'.
Cat. Abili/Abília. Eus. Abilli/Abille. Gal. Abilio/Abilia.
San Abilio, gran apóstol de Egipto y su Pentápolis, obispo de Alejandría (†94).

Abraham/Abra m/f On. 16 de marzo
Aunque el nombre es probablemente de origen asiriobabilónico, según el autor del Génesis, el primer patriarca en abandonar Ur para instalarse en Palestina se llamaba *Abrah* o *Abram*, 'padre excelso', cambiado posteriormente por Yahvé en *Ab-hamon*, 'padre de multitudes', tras el legendario sacrificio, rehusado, de su propio hijo Isaac (v.). De Abraham derivan las principales religiones monoteístas: de su primer hijo Ismael descenderían los árabes (*ismaelitas*), y de su segundo, Isaac, los israelitas, y a través de estos los cristianos.
Variantes gráficas: Abram, Abrahán.
Cat. Abraham/Abra. Eus. Abarran/Abarrane. Gal. Abraham/Abra.
Abraham, patriarca bíblico (Gen, Cr, etc.). San Abraham, ermitaño de Auvernia (on. 15-6). Abraham de Saint-Claire, predicador en la corte de Viena (s. XVIII). Abraham Lincoln, político estadounidense (1809-1865). Abraham Ortelius (Abraham Oertel), cartógrafo y cosmógrafo flamenco (1527-1598). Bram Stoker (1847-1912), escritor irlandés. Avram Noam Chomsky, lingüista estadounidense (1928). Abraham Olano, ciclista español (1970).

Abrilio m
Variante de Abril, en su forma masculina.
Cat. Abrili/.

Abro m On. 21 de febrero
Variante de Abreo(v.).
Cat. Abre.

Absalón/Absalona m/f On. 1 de marzo
Nombre del AT, originado en el hebreo *ab-scialom*, 'paz de Dios' (v. Salomón). Otros lo interpretan como 'el Padre (Dios) es prosperidad'. Variante nórdica: Axel (v.).
Cat. Absaló, Absalom/Absalom
Absalón, hijo de David, muerto al rebelarse contra este (II Samuel, 13-19).
Absalón, arzobispo de Lund (Dinamarca), reformador (s. XII).

Abundio/Abundia m/f On. 11 de julio
De las palabras latinas *ab-undo*, 'fuera de onda', es decir, 'que se desparrama', surgió el nombre *Abundus*, 'pletórico, abundante', utilizado especialmente por los primeros cristianos para referirse al estado de gracia. Son de la misma familia Abundino, Abundancio.
Cat. Abundi/Abúndia. Eus. Abundi/Abunde. Gal. Abundio/Abundia.
San Abundio de Córdoba, mártir en defensa de las persecuciones contra los cristianos (†854).

Acacio/Acacia m/f On. 1 de abril
En griego, *kakós* es 'malo, ruin' (recordemos el célebre malhechor Caco). Con la partícula privativa *a-* se forma *a-kakós*, 'no malo', o sea 'bueno'. Era el sobrenombre de Hermes (v.), perenne benefactor de la humanidad.
Cat. Acaci/Acàcia. Eus. Akaki/Akake. Gal. Acacio/Acacia.
Akaki Akakievich, protagonista del relato *El abrigo* de Nicolás Gogol.

Academia f On. 20 de octubre
Nombre abreviado de la advocación mariana Nuestra Señora de la Academia. Esta palabra deriva a su vez del griego *Akademeia*, nombre de un jardín (por *Akademos*, su propietario) donde enseñaba Platón.
Cat. /Acadèmia.

Acisclo/Aciscla m/f On. 17 de noviembre
Encontramos en este nombre una de las más antiguas raíces indoeuropeas: *ak*, 'punta', que dio el latín *ascia*, 'hacha, azada'. De ahí el diminutivo *acisculus*, 'pico de picapedrero', por el que se designaba a su portador, el cantero o lapidario. La misma raíz daría, por otro camino, Agilberto.
Popular en Cataluña en la forma Iscle.
Variante por concurrencia: Acis.
Cat. Aciscle, Iscle/Aciscla, Iscla. Eus. Akiskol/Akiskolle. Gal. Acisclo/Aciscla.
Acis, pastor mitológico siciliano amado por Galatea. San Acisclo, martirizado con santa Victoria en Córdoba (s. IV).

Acracio/Acracia m/f
Nombre alusivo a los ideales anarquistas, propio de épocas revolucionarias. Del griego *a-kratos*, 'sin gobierno', o sea 'libre'.
Sinónimo: Libertad.
Cat. Acraci/Acracia.

Actea f
Nombre romano, procedente del antiguo nombre de Ática. Variante: Acté. Sin relación con Actínea (del gr *aktinos*, 'que lanza rayos, resplandeciente').
Cat. /Actè, Actea.
Actea, liberta del emperador romano Nerón.

Adalbergo/Adalberga m/f On. 9 de diciembre
Uno de los más característicos nombres germánicos, formado con la raíz *athal*, 'noble', con el sufijo *-berg*, 'protección' (v. Adela; v. Bergo). Para otros, sería simple derivación de *heriberg*, 'albergue'.
Cat. Adalberg/Adalberga.

Adalberto/Adalberta m/f On. 22 de abril
Nombre germánico, compuesto de *athal*, 'noble', y *berht*, 'brillante, famoso': 'famoso por la nobleza'. V. Adela; v. Berta. Uno de los más extendidos nombres de origen germánico, como prueba la enorme cantidad de equivalentes y derivados: Adelberto, Alaberto, Alberto (v.), Aldaberto, Auberto, Edelberto, Etelberto, Oberto.

Cat. Adalbert/Adalberta. Eus. Adalberta/Adalberte. Gal. Adalberto/Adalberta.
San Adalberto d'Egmond, misionero de los friones (s. VIII). San Adalberto de Magdeburgo (on. 20-6), monje en Tréveris y misionero en Rusia (†981). Adalberto, arzobispo de Bremen, regente del joven Enrique I de Inglaterra (s. XI). Adalbert von Chamisso, escritor alemán (1781-1828).

Adalgiso/Adalgisa m/f

De las voces germánicas *athal-gisil*, 'noble por la lanza' (v. Adela; v. Gisleno). Corriente en Italia bajo la forma Adelchi o Algiso.
Cat. Adalgís/Adalgisa.
Adalgiso o Algiso, rey lombardo rival de Carlomagno, derrotado y desposeído por este (†788). Santa Adalgisa, italiana (s. IX). Adalgisa, personaje de la ópera *Norma*, de Bellini.

Adalía f

Es propiamente un nombre compuesto, aglutinación de Ada (v.) y Lía (v.), pero existe también el nombre persa Adalia (v.).
Cat. /Adalia.

Adalio/Adalia m/f

Nombre persa, portado por una diosa del fuego.
Cat. Adali/Adàlia.

Adán/Adana m/f

Nombre del primer humano, según el Génesis. El hebreo *adam* significa, literalmente, 'terrifacto', aludiendo a su origen fangoso, relacionado con el color de la arcilla: *adamah*, 'rojo'. Otros intérpretes ven simplemente en él la palabra 'hombre'. Popular en la Edad Media, decayó posteriormente, hasta ser rescatado en los países anglosajones.
Cat. Adam/.
Adán, en la Biblia, padre del género humano, primer hombre (Gen). San Adán, ermitaño en Fermo (†1212). Adam Mickiewicz, poeta polaco (1798-1855). Adam Smith, economista escocés (1723-1790). Adam, personaje de la obra *As You Like it* de William Shakespeare (1564-1616). Adán Cárdenas, político nicaragüense, presidente de su país en 1883-85.

Adaya m+f

Nombre bíblico del AT. De *ada-ahu*, 'adorno de Yahvé' (cf. Ada). Aunque el nombre es en realidad masculino, por concordancia es casi siempre usado como femenino.

Cat. Adaia/Adaia.

Adaya, varios personajes del AT, v. gr. El hijo de Jeroham (1 Cr 9-12).

Adelaido/Adelaida m/f On. 3 de octubre

Del germánico *adelheid*, 'de estirpe noble' (*athal*, 'noble', v. Adela); *heid*, 'casa', y por extensión, 'estirpe, clase', (v. Enrique); cf. con el *-heit* alemán o el *hood* inglés). Semánticamente equivalente a Adelino. El portador más famoso del nombre no es una persona sino una ciudad, capital del estado de Australia meridional, fundada en 1836 en honor de la 'buena reina Adelaida', esposa de Guillermo IV de Inglaterra.

Variante: Adelasia. V. también Heidi.

Cat. Adelaid, Alaid/Adelaida, Alaida. Gal. Adelaido/Adelaida.

Santa Adelaida, reina italiana y emperatriz de Alemania, hija de Rodolfo II, rey de Borgoña, casada sucesivamente con el rey italiano Lotario II y con el emperador Otón I el Grande (931-999). Adelaida, esposa de Lotario, hijo de Hugo de Provenza (s. VIII). Adelaida Ristoria, actriz teatral italiana (1822-1906). Adelaida Zamudio, poetisa y novelista boliviana (1854-1928). Adélaïde Gavaudan, cantante francesa (1762-1817). Adelaida García Morales, novelista española (1946). Marie-Adélaïde de Francia, 'madame Adelaïde' (1732-1800), hija de Luis XV.

Adelardo/Adelarda m/f

Del germánico *athal-hard*, 'noble y fuerte' (v. Adela; v. Arduino). Variante de Adalhardo.

Otras variantes: Adalaro, Alardo.

Cat. Adelard/Adelarda. Gal. Adelardo/Adelarda.

San Adelardo, monje en Corbie (Francia) y patrón de los jardineros (†827). Adélard de Bath, filósofo escolástico, pionero del «Renacimiento del siglo XII» (1070-1150). Adelardo López de Ayala, literato y político español (1828-1879).

Adelfo/Adelfa m/f On. 29 de agosto
Nombre de origen griego: *a-delphos*, literalmente 'sin matriz', es decir, 'hermano' (*delph'ys*, 'matriz'), presente en otros nombres como Diadelfo, Filadelfo (v.), etc.
Cat. Adelf/Adelfa.
San Adelfo, obipso en Metz (s. IX).

Adelgundo/Adelgunda m/f On. 30 de enero
Nombre de origen germánico, compuesto de *-athal*, (v. Adela) 'noble', y *-gund*, 'combate'.
Variantes: Aldegunda, Adelgundis.
Cat. Adelgund/Adelgunda. Gal. Adelgundo/Adelgunda.
Santa Adelgunda, fundadora de la abadía de Maubege (Francia), s. VII.

Adelia f
Variante de Adela (v.).
Cat. /Adèlia.
Délie Dumont d'Urville, esposa del navegante francés descubridor de la tierra Adélie en 1840.

Adelindo/Adelinda m/f
Formado con la raíz germánico *athal*, 'noble' (v. Adela) y el sufijo *-lind*, 'serpiente' (v. Linda). Esta era un animal sagrado en las mitologías germánicas, carente de las connotaciones negativas de la cultura judeocristiana, con lo que fue usado como sufijo formador de nombres femeninos.
Cat. Adelind/Adelinda. Gal. Adelindo/Adelinda.

Adelino/Adelina m/f On. 3 de febrero
De la forma *Adelinus*, gentilicio de Adela (v.). O, directamente, de la forma germánica *athal-win*, 'afín, amigo, de estirpe noble'. Por ello es considerado equivalente a Adelvino, y, la forma femenina, también a Adelinda (v.).
Variantes: Adalvino, Adelvina, Etelvina, Ethelvina, Alina (v.).
Cat. Adelí/Adelina. Eus. Adelin/Adeline. Gal. Adelino/Adelina.
Santa Adelina, nieto de Guillermo el Conquistador (†1125). Virginia Adeline Woolf, novelista y crítica inglesa (1882-1941). Adelina Patti, cantante

italiana (1843-1919). Adelina Borghi, *la Biondina*, cantante de ópera, amante de Alfonso XII (s. XIX).

Adelio/Adela m/f On. 9 de septiembre

Entre la familia de compuestos germánicos formados alrededor de *ald*, 'viejo, caudillo' (cf. el inglés *old* y el alemán *alt*), figura *athal*, 'noble', presente aquí como nombre con virtualidad propia, pero usado también como hip. de otros con el mismo componente: Adelaida, Adeltrudis, ... Muy popular recientemente, pese a algún desagradable ripio ('mortadela').
La Tierra Adelia, en la zona antártica, fue bautizada así en 1840 por el explorador francés Dumont-Durville en honor de su esposa Adelia.
Variantes: Adelia, Adelina, Adila, Edel, Edelia, Ethel. Esta última forma es moderna. Son usadas a veces como equivalentes otras formas que en realidad son nombres distintos: Aleta, Aleteia, Alicia, Alina, Delia.
Cat. Adeli/Adela. Eus. Adela/Adele. Gal. Adelio/Adela.
Santa Adela, abuela de Gregorio de Utrecht, fundadora del monasterio de Pfalzel (†734). Adela Dalto, cantante estadounidense de jazz latino (1952). Adele Faccio, política italiana (1920). Adèle Filleul, escritora francesa (1761-1836). Adèle o Alix de Champagne (s. XII-XIII), esposa del rey francés Luis VII el Joven y madre de Felipe Augusto.

Adeltrudo/Adeltrudis m/f

Del germánico *athal-trud*, 'amado, apreciado por su nobleza' (v. Adela y Gertrudis). Presenta otras formas similares, como Ediltrudis, Edeltrudis, o Edeltruda. También, impropiamente, Aldetrudis.
Cat. Adeltrud/Adeltrudis. Gal. Adeltrudo/Adeltruda.
Adeltruda, abadesa de Maubege (s. VII), hija de san Mauger.

Adelvino/Adelvina m/f

Nombre germánico: *athal-win*, 'noble por la victoria' (cf. Adela). Es considerado equivalente a Adelvisa, que en realidad es distinto (*athal-wise*, 'de casta sabia'). Variante: Etelvino/Etelvina (v.).
Cat. Adelví/Adelvina.

Adeodato/Adeodata m/f On. 19 de junio

Del latín *a Deo datus*, 'dado por Dios', fórmula natalicia de buen augurio, tomada del lat. Deusdedit (v.).

Variante: Deodato. Sinónimos: Teodoro, Teodosio, Natanael, Donato, Godiva.
Cat. Adeodat/Adeodata.
San Adeodato, sacerdote en Lombardía (primeros siglos del cristianismo). Adeodato (s. IV), hijo natural de san Agustín de Hipona (†389). Adeodato II, papa (†676).

Adino/Adina m/f
Nombre hebreo, inicialmente masculino en la forma hoy femenina. Significa 'gentil'. Es usada también como variante de Ada (v.).
Cat. Adí/Adina. Gal. Adino/Adina.
Adina, hijo de Shiza el Rubenita en la Biblia (I Cró 11,42). Adina, personaje de la ópera *L'elisir d'amore*, de Donizetti.

Ado/Ada m/f
Nombre hebreo, portado por la primera esposa del patriarca Esaú. De *adah*, 'ornamento, belleza', aunque es más usada como hip. de otros nombres como Adela (v.), Adelaida (v.)... También de Hada, nombre de fantasía alusivo a los seres fabulosos de la literatura infantil.
Cat. Ad/Ada. Gal. /Ada.
Ada, en la Biblia, primera esposa de Esaú (Gen 36,2). Ada Negri, poetisa y novelista italiana (1870-1945). Ada Byron, matemática británica, hija de lord Byron (1815-1852). Adah Isaacs Menken, actriz y amazona estadounidense (1835-1868).

Adolfo/Adolfa **m/f** **On. 11 de febrero**
En traducción libre, 'guerrero noble'. Por el germánico *athal*, 'noble' (v. Adela), y *wulf*, 'lobo', animal sagrado en las mitologías germánicas, interpretado figuradamente como 'guerrero' (v. Rodolfo). Siempre muy popular en los países del norte de Europa, ha caído en desuso desde Adolf Hitler, aunque en España sigue presente en la política a través de A. Suárez.
Son formas derivadas Ataúlfo (v.) y Adulfo.
Cat. Adolf/Adolfa, Adolfina. Eus. Adolba/Adolbe. Gal. Adolfo/Adolfa.
San Adolfo, cisterciense y obispo de Osnabrück (†1224). Adolf Hitler, político alemán (1889-1945). Adolfo Marsillach, actor, autor, director teatral y cinematográfico catalán (1928-2002). Adolf von Menzel, pintor y grabador alemán (1815-1895). Adolfo Suárez González, político castellano, pre-

sidente del gobierno español (1932). Adolfo Bioy Casares, escritor argentino (1914-1999).

Adonais m

Del griego *adonaios*, 'relativo a Adonis', aplicado a Afrodita, su amante (v. Adón). No confundirlo con el hebreo *Adonai*, 'señor mío', que por ósmosis vocálica convirtió el impronunciable Yahvé en Jehová. En ambos nombres, la raíz originadora es la misma: *ado*, 'señor'.

Variante: Adonaí.

Cat. Adonaïs/.

Adonis m

Nombre mitológico. Portado por un dios semita adoptado por el panteón romano, con mito similar al de Orfeo. En la mitología griega, Adonis era un joven famoso por su belleza. De la raíz semítica *ado*, 'señor' (análoga a *atta*, contenida en Atila, v), o *athal*, presente en muchos nombres germánicos (v. Adela).

Cat. Adonis/.

Adonis, divinidad mitológica.

Adoración f On. 6 de enero

Nombre evocador de la festividad de la Epifanía. Del latín *adoro* (*ad*, 'respecto a'; *oro*, 'plegaria oral'). Forma parte de los innombrables nombres femeninos alusivos a misterios religiosos del NT, como Visitación, Purificación, Salutación, Transfiguración, etc.

Cat. /Adoració. Eus. /Gurtza, Agurtzane, Haurzane.

Adrián/Adriana m/f

Nombre gentilicio de la localidad de Adria o Hadria. En tiempos del Imperio romano era puerto del mar Adriático, al que dio nombre, pero los acarreos fluviales la han situado hoy 20 km tierra adentro (a su vez, el nombre del lugar procede del latín *ater*, 'sombrío, negro como el carbón'). El emperador Adriano, constructor de una famosa muralla en Inglaterra, popularizó el nombre.

Variantes: Adriano, Adrión, Hadrián.

Cat. Adrià/Adriana. Gal. Adrán, Adrián, Adrao/Adriana.

Adrià Gual, autor dramático, director de escena, pintor y pedagogo catalán (1872-1943). Adriana Basile, cantante italiana (1580-1640). Adriano Celentano, actor y cantante italiano (1938). Adriano del Valle, poeta vanguardista español (1895-1957). Adrienne Lecouvreur, actriz francesa (1692-1730). Adrienne Rich, poetisa estadounidense (1929). Publio Elio Adriano, emperador romano (76-138). Seis papas, entre ellos el holandés Adriano VI (1459-1523), último papa no italiano antes de Juan Pablo II.

Áfrico/África m/f On. 5 de agosto

El nombre del continente africano, conocido desde los más remotos tiempos, ha dado lugar a abundantes especulaciones sobre su significado: del griego *aprica*, 'expuesto al sol'; o de *aphriko*, 'sin frío, cálido'... o por la tribu *aourigha*, una de las primeras que entró en contacto con Roma. En cualquier caso, el nombre se ha popularizado en España especialmente a través de la Virgen de África.

Derivados; Afra (v.), Africano, este último célebre por el militar romano Escipión, que derrotó a Aníbal.

Cat. /Àfrica. Eus. /Aprika. Gal. /Africa.

África Abreu, modelo española (1973).

Afro/Afra m/f On. 24 de mayo

Nombre latino. De *afer, afra*, 'africano, de África'. V. África.

Cat. Afre/Afra. Eus. Aparra/Aparre.

Santa Afra, redimida de la prostitución y mártir (†304).

Afrodisio/Afrodisia m/f On. 14 de marzo

Nombre griego derivado del adjetivo *aphrodisios*, 'amoroso' (cf. con la palabra afrodisíaco), a su vez del nombre de Afrodita (v.). Sinónimo de Agapito (v.).

Cat. Afrodisi/Afrodísia. Eus. Apordixi/Apordixe. Gal. Afrodisio/Afrodisia.

San Afrodisio, prefecto de Egipto, cristianizado y mártir (†70).

Afrodito/Afrodita m/f

Nombre mitológico, posiblemente alusivo a la leyenda relativa al nacimiento de su portadora, ocurrido de la espuma (*aphrós*) del mar.

Cat. /Afrodita. Gal. /Afrodita.

Afrodita, diosa del amor en el panteón griego.

Agá m

En realidad se trata de un título: del turco *agá*, 'caballero, señor'.

Cat. Agà/. Eus. Aga/. Gal. Agá.

Aga Khan III, jefe espiritual de los ismaelitas mizaritas (1877-1957).

Agamenón m

Nombre mitológico griego. De *agaménos*, 'admirable, constante, firme'.

Cat. Agamèmnon/.

Agamenón, legendario rey de Argos, caudillo de la guerra de Troya.

Agapito/Agapita m/f On. 6 de agosto

Del griego *aga'pitós*, 'amable', por *agape*, 'amor, caridad', que acabó designando los convites fraternales de los primeros cristianos. Sinónimo, por tanto, de Amable, Afrodfisio, Agapitón, Erato, Filandro, Lioba, Pancario y muchísimos más.

Cat. Agapit/Agapita. Eus. Agapita/Agapite. Gal. Agapito/Agapita.

San Agapito I, papa de 535 a 536. Agapit Vallmitjana, escultor catalán (1828?-1919).

Ágata f On. 5 de febrero

Nombre femenino, alusivo al de la piedra preciosa y la flor homónimas. Pero también, al igual que estas, drectamente del gr. *agathós*, 'bueno'. V. Águeda.

Cat. /Àgata. Gal. /Agata.

Santa Ágata, la de los pechos cortados, milagrera contra las erupciones del Etna, patrona por todo ello de las nodrizas y de los fundidores de campanas (†251).

Agatángel/Agatángela m/f

En griego, literalmente, 'buen ángel' (*agathos*, v. Ágata; *aggelos*, v. Ángel).

Cat. Agatàngel/Agatàngela.

San Agatángel, misionero en Alepo y Etiopía, mártir (†1638).

Agatón/Ágata m/f On. 5 de febrero

Nombre fundamentalmente femenino, alusivo a la piedra preciosa y a la flor homónimas. Pero también, como estas, directamente del griego *agathós*, 'bueno', o sea sinónimo de Águeda. Inmortalizado por una ópera

homónima de Weber, y famoso porque en su onomástica los hombres reemplazaban a las mujeres en los trabajos domésticos.
Cat. /Àgata, Àgada.
San Agatón, papa elegido ¡a los 103 años!, de 678 a 681. Agatha Christie (Mary Clarissa Miller), escritora inglesa (1891-1976). Agatha Barbara, presidenta de la República de Malta (1923-2002).

Agenor/Agenora m/f
Nombre griego, muy presente en la mitología. De *agan-aner*, 'muy hombre, muy viril'.
Cat. Agenor/Agenora.
Agenor, mitológico rey de Fenicia, padre de Cadmos y de Europa. Agenor, personaje de *La Ilíada*, rival del Aquiles.

Ageo/Agia m/f On. 4 de enero
Nombre bíblico. De *haggay*, 'nacido en día festivo' (cf. Domingo). En la Edad Media concurrió con la raíz germánica *ags*, 'espada', formadora de abundantes nombres.
Cat. Ageu/Àgia.
Ageo, profeta menor del AT, autor de un libro bíblico (Esd 5,1; 6,14). Santa Agia, monja en Mons (†707).

Agila m On. 30 de agosto
Nombre germánico, derivado de *ag-hild*, 'espada del guerrero', o 'espada de combate' (v. Agerico; v. Hildebrando). Latinizado en Agileo, Agilulfo y similares.
Variante: Agilo.
Cat. Agila/. Eus. Agila/. Gal. Agila/.
Agila, rey visigodo (†555).

Aglaé f
Variante de Aglaya.
Cat. /Aglaè.
Aglaé, una de las tres Gracias o Cárites, divinidad de la belleza. Aglaé Gavaudan, cantante francesa (1775-1837). Aglaé Joséphine Sabatier, 'Apollonie Sabater', *la Presidente*, dama francesa, inspiradora de artistas (1822-1890).

Aglaya f On. 14 de agosto

Es el nombre de una de las tres Gracias de la mitología griega (con Talía y Eufrosina). De *Aglaía*, 'resplandor, resplandeciente', al igual que Actínea, Fulgencio, Lucidio, Panfanero, Radiante y Rútilo. Variantes: Aglaia, Aglaé, Eglé.

Cat. /Aglaia.

V. Aglaé.

Agrícola m On. 17 de marzo

Uno de los nombres de familia más frecuentes en Roma, por su significado: 'que trabaja la tierra, agricultor' (*ager*, 'campo', *colo*, 'recolectar').

Cat. Agrícol, Agrícola/. Eus. Agirkol/.

San Agrícola, monje y obispo de Aviñón (s. VII). Agrícola, general romano, conquistador de la Gran Bretaña en 84.

Agripino/Agripina m/f On. 23 de junio

Gentilicio del nombre Agripa (v.), formado con la terminación adjetivadora *-inus*. *Agrippinus*, 'de la familia de Agripa'.

Sinónimos: Poliemo, Salvado, Sozón.

Cat. Agripí/Agripina. Eus. Agirpin/Agirpiñe.

San Agripino, obispo de Autun (†540). Agripina, disoluta madre del emperador romano Nerón. Agrippina Vaganova, danzarina rusa (1879-1951). Agripina Solmo, personaje de *El marqués de Roccaverdina*, novela de Luigi Capuana.

Águeda f On. 5 de febrero

Esta es la forma más común del nombre, aunque son también corrientes Ágata y Agacia (en masculino, Agacio y Agatón). En la Edad Media se usó Gadea (v.), célebre por el nombre de la iglesia burgalesa en que el Cid tomó juramento al rey Alfonso VI. Procede del griego *agathós*, 'bueno'. Es quizás uno de los nombres con más sinónimos: citemos solo Acacio, Benigno, Bono, Dimna, Epagato, Eusebio, Goda, Loida y Óptimo.

Cat. /Àgueda. Eus. /Agate. Gal. /Ádega, Gadea.

Santa Ágata, siciliana martirizada en tiempos de Decio (230-251). Agatha Christie (Mary Clarissa Miller), escritora inglesa (1891-1976).

Aguinaldo/Aguinalda m/f

Del germánico *agin-wald*, 'el que gobierna por la espada' (v. Agerico, v. Waldo). Casi desaparecido como nombre, es común hoy en Filipinas por el apellido de uno de sus padres de la patria.

Variante: Aguilando.

Francisco Aguinaldo (1869-1964), patriota filipino, caudillo de su guerra de independencia contra España.

Agustín/Agustina m/f On. 28 de agosto

El latín *Augustus* ('consagrado por los augures'), fue siempre un nombre ilustre en Roma. Dignificado al máximo con Octavio Augusto, primer emperador romano, llegó a convertirse en un título más, expresivo de la dignidad imperial. Gentilicio suyo es *Augustinus*, 'de la familia de Augusto', en que se originó Agustín. La forma femenina ha ganado fama por la barcelonesa 'Agustina de Aragón'.

Cat. Agustí/Agustina. Eus. Auxtin, Saustin, Xaxtin/Austina, Austiñe, Austiza. Gal. Agostiño/Agostiña.

San Agustín de Hipona, padre de la Iglesia Latina (354-430). San Agustín de Canterbury (on. 28-5), evangelizador de Inglaterra (†640). Agustí Bartra, poeta y prosista catalán (1908-1982). Agustí Bassols, abogado y político catalán (1924). Agustí Calvet, periodista y escritor catalán (1887-1964). Agustí Duran i Sanpere, historiador, archivero y arqueólogo catalán (1888-1975). Agustí Esclasans, escritor catalán (1895-1967). Agustina Saragossa i Domènec (*Agustina de Aragón*), heroína catalano-aragonesa (1786-1857). Augustin-Louis Cauchy, matemático francés (1789-1857). Agustín Lara, cantante y autor mexicano (1897-1970). Agustín García Calvo, intelectual y poeta español (1926).

Ahmed m

Del árabe *zahmed*, 'el más alabado', título aplicado fundamentalmente a Mahoma y extendido posteriormente a importantes personalidades.

Variante: Ahmet.

Ahmed Ben Bella, político argelino (1916). Ahmet III, sultán otomano (1673?-1736).

Aída f

Escrito también Aida, a la italiana. Variante de Ada o de Adelaida. Probablemente se inspiró en Haidée (v.) el libretista Piave para el nombre del personaje de la ópera de Verdi, momento a partir del cual se originó la gran difusión del nombre.
La escritura Aida puede inducir a confusiones sobre la pronunciación correcta.
Concurre con la raíz árabe *aáidh*, del que deriva el nombre áabe de la estrella de Orión: *Aawaidh*, del que deriva a su vez el mismo nombre, con el significado de 'protectora'.
Cat. /Aïda. Eus. /Aida. Gal. /Aida.
Aida, heroína de la ópera homónima de Verdi. Aída Lafuente, revolucionaria asturiana (1915-1934). Aída Gómez, bailarina, ex directora del Ballet Nacional de España (1967).

Aidé f

Variante de Haydée.
Cat. /Aidé.
V. Haydée.

Ainabel f

Nombre de fantasía, formado por la aglutinación de Aina e Isabel.
Variante: Aynabel.
Cat. /Ainabel.

Ainara f

Nombre vasco, originario de Vizcaya. Sin traducción. Posiblemente relacionado con *aintza*, 'gloria, honor'.

Aino/Aina m/f

Forma balear de Ana. Es también nombre finés, relacionado con el germánico *iv*, 'glorioso'.
Aina Moll, escritora y política mallorquina (1930). Aino, muchacho en el poema finés *Kalevala*.

Ainoa f

Nombre de la Virgen de este santuario, en la localidad homónima del País Vasco. Significado desconocido.

Variante antigua: Ainhoa.
Cat. /Ainoa. Eus. /Ainoa, Ainhoa.
Ainhoa Arteta, cantante de ópera española (1964).

Aintzane f
Forma vasca de Gloria.

Aitana f
Nombre vasco femenino, deformación de Aintzane, forma vasca de Gloria.
Cat. /Aitana.
Aitana Sánchez-Gijón, actriz española (1968).

Aitor m
De enorme popularidad en el País Vasco, aunque su creación es muy reciente: en 1845 Agustín Chao publicó en la revista *Ariel* de Bayona una leyenda donde el bardo Lara cantaba las glorias de Aitor, 'el primer nacido entre los éuscaros'. Se inspiró en la voz vasca *aita*, 'padre', que hallamos también en el germánico *athal*, 'noble' (v. también Atilano).
En 1879 Francisco N. Villoslada retomó el nombre para su novela *Amaya*.
Aitor, protagonista de la leyenda de Agustín Chao.

Aixa f
Nombre árabe frecuentísimo, quizá relacionado con el hebreo *ixa*, 'mujer'. Fue habitual también en la España cristiana tras los árabes, hallándoselo en obras de Pedro Antonio de Alarcón y Francisco Villaescusa.
Cat. /Aixa.
Aixa, hija de Abu Bekr y tercera esposa de Mahoma (619-676).

Akenatón m
Nombre adoptado por el faraón Amenhotep (o Amenofis) IV al emprender su reforma religiosa monoteísta. Literalmente, 'resplandor del sol'.
Cat. Akhenaton/.
Akhenaton, faraón de la XVIII dinastía (1379-1362 a. C.).

Akira m
Nombre japonés. Significado: 'inteligente, brillante'.
Akira Kurosawa, director cinematográfico japonés (1910-1998).

Aladino/Aladina m/f

Del árabe *Ala-ed-din*, 'sublimado de la fe'. Identificado, por semejanza fonética, con Heladio.

Cat. Aladí/Aladina.

Aladino, protagonista de una famosa novela árabe, incluida en la libre traducción dieciochesca de *Las mil y una noches*.

Alán/Alana m/f

Nombre germánico, gentilicio de los pertenecientes a una tribu bárbara (quizá procedente del germánico *alun*, 'armonía').

Variante: Alano. La forma femenina es identificada con Naila (v.).

Cat. Alà, Alan/Alana. Eus. Alain/Alaiñe.

San Alan de la Roche, dominico bretón, apóstol del Rosario (†1475). Alan-René Lesage, novelista y dramaturgo francés (1668-1747). Alain Gerbault (1893-1941), navegante francés. Alain Poher, político francés (1909-1996). Alain Resnais, director cinematográfico francés (1922). Alán García, político peruano (1949). Alan Bates, actor británico (1934-2003). Alain Delon, actor y productor cinematográfico francés (1935). Alain Prost, piloto francés de Fórmula I (1955).

Alarico/Alarica m/f On. 30 de junio

Nombre germánico. De *athal-ric*, 'noble y poderoso' (v. Adela; v. Enrique).

Cat. Alaric/Alarica.

Alarico I, rey visigodo (370-410). Alarico II, rey visigodo (†507).

Alba f On. 14 de mayo

Aunque siempre ha existido la Virgen del Alba, el nombre ha alcanzado una difusión extraordinaria solo en los últimos años. Del latín *albus*, 'blanco', de donde 'el alba, la aurora', por contraste con la oscuridad nocturna. Son sinónimos los nombres Aurora (v.) y Helena (v.).

Cat. /Alba. Gal. /Alba.

Alberico/Alberica m/f On. 26 de enero

Nombre germánico, de significado discutido. Se ha propuesto *athal-bera*, 'oso noble' (v. Adela; v. Bera), aunque parece más probable que el primer componente sea *alb*, una de las formas de la palabra *elf*, 'elfo,

duende de los bosques' (por su color blanquecino, v. Albino; v. Elfo). Un derivado famoso es Oberón (v.). En árabe, *alberic*, 'frondoso', es un topónimo muy corriente, que ha engendrado también onomásticos (la población de Alberique, por ejemplo).
Cat. Alberic/Alberica. Eus. Amerik/Amerike.
San Alberico, cofundador de Citeaux (†1109). Alberico, conde de Espoleto, marido de Marozia (†952). Albéric Magnard, compositor francés (1865-1914).

Alberto/Alberta m/f On. 15 de noviembre
Se trata de la variante más difundida de Adalberto (v.), que ha superado en popularidad a la forma original. Formas femeninas: Alberta, Albertina. v. también Albrecht.
Cat. Albert/Alberta. Eus. Alberta/Alberde. Gal. Alberte, Alberto/Alberta.
Albert Camus, escritor francés (1913-1960). Albert Einstein, físico alemán (1879-1955). Albert Pérez i Baró, escritor y sindicalista catalán (1902-1989). Albert Ràfols i Casamada, pintor, pedagogo del arte y del diseño catalán (1923-2009). Albert Schweitzer, teólogo, pacifista, médico y músico alemán (1895-1965). Alberto Moravia (Alberto Pincherle), escritor italiano (1907-1990). Albrecht Dürer, pintor, dibujante, grabador y tratadista alemán (1471-1528). San Alberto Magno, dominicano, obispo de Ratisbona (1200-1280). Santos Dumont (Alberto Santos-Dumont), aviador brasileño (1873-1932).

Albrecht m
Hip. germánico de *Adalbrecht*, y este a su vez de Adalberto (v.). Es decir, también de Alberto (v.).
Albrecht Dürer, pintor y grabador alemán (1471-1528). Albrecht von Wallenstein, militar checo al servicio del Sacro Imperio Romano Germánico (1583-1634).

Alceo/Alcea m/f
Nombre de la mitología griega. De *alké*, 'fuerza'.
Cat. Alceu/Alcea.
Alceo, sobrenombre griego del mitológico Hércules, el héroe de la fuerza y el vigor.

Alcestes/Alcestia m/f

Del griego *alké*, 'fuerza activa', que encontramos en otros nombres como Alcámenes, Alceo, Alcibíades, Alcides (v.), Alcina, Alcmena.
Variante: Alcestis. La forma Alcestes es también femenina.
Cat. Alcestes/Alcèstia.
Alcestes, protagonista de la comedia de Molière *El misántropo* (1666). Alcestes o Alcestia, en la mitología griega, hija del rey Pelias y esposa de Admeto; ofreció la vida por su amado, protagonista de la obra homónima de Eurípides.

Alcibíades m On. 2 de junio

Estratega y político ateniense (s. v a. C.). *Alkibíades*, derivado de *alké*, 'fuerza activa' (v. Alcestes), y *bios*, 'vida': 'de vida fuerte, vital'.
Cat. Alcibíades/.
Alcibíades, político ateniense (450?-404 a. C.). Alcibíades Arosemena, político panameño, presidente de su país en 1951-52.

Alcides/Alcida m/f

Nombre romano, equivalente a 'descendiente de Alceo', es decir, de Hércules, así llamado por su gran fuerza (griego *alké*, v. Alcestes).
Cat. Alcides/Alcida.
Alcide de Gasperi, primer ministro italiano (1881-1954). Alcides Arguedas, escritor y político boliviano (1879-1946).

Alcuino/Alcuina m/f On. 19 de mayo

Del germánico *alk-win*, 'amigo del templo'. Por *ahls*, 'lugar cerrado, templo, santuario' (v. Alamiro), y *win*, 'amigo' (v. Winoco). Latinizado en *Alcuinus*.
Cat. Alcuí/Alcuina.
Alcuino, polígrafo, pedagogo y teólogo anglosajón (735-804).

Aldemar/Aldemara m/f

Aunque suele ser considerado como una transliteración de Adelmaro (*athal-maru*, 'insigne y noble'; v. Aldo; v. Mirón), podría ser también un nombre con entidad propia, del germánico *ald-maru*, 'caudillo insigne'.
Variante: Aldemaro.
Cat. Aldemar/Aldemara.
Aldemar (s. XI), dramaturgo y monje en el monasterio de Monte Casino.

Aldetrudis f

Variante de Aldetruda.

Cat. /Aldetrudis.

Aldetrudo/Aldetruda m/f On. 25 de febrero

Del germánico *ald-trudi*, 'caudillo fuerte' (v. Aldo; v. Gertrudis). Es usado también como variante de Adeltrudis.

Cat. Aldetrud/Aldetruda.

V. Adeltrudo/Adeltruda.

Aldo/Alda m/f On. 18 de noviembre

El germánico *ald* o *eld* es una aféresis de *gald* o *gamald*, adjetivo alusivo al color blanco (*alb*), y por analogía al del pelo. Con ello el sentido de 'crecido, viejo, mayor', deviene por analogía, 'importante, caudillo' (cf. el inglés *old* y el alemán *alt*). Interviene como componente en numerosos nombres germánicos. Nombre popularísimo en Italia e Inglaterra. Con el tiempo, el sufijo *aldo* acabó siendo un mero antroponimizador masculino, olvidado su significado inicial, como ocurre con otras (v. Enrique; v. Mirón; v. Fernando; v. Berta).

Cat. Ald/Alda. Gal. Aldo/Alda.

San Aldo, ermitaño (s. *viii*, on. 10-1). Alda, hija de Hugo de Provenza, esposa de Alberico, hijo de Marozia (s. x). Aldo Manuzio, *el Viejo*, humanista y editor italiano (1449-1515). Aldous Huxley, escritor inglés (1894-1963). Aldo Moro, político italiano (1916-1978). Aldo Fabrizi, actor italiano (1905-1980). Aldo Rossi, arquitecto italiano (1931-1997). Alda o Aldabella (*Alde* o *Aude*), esposa de don Roldán en el ciclo carolingio.

Aldonza f

Nombre femenino, hecho famoso por Cervantes. Compuesto de *ald*, (v. Aldo) y *gundi*, 'famoso', o, para otros, 'guerra' (v. Gundenes).

Cat. /Aldonça. Eus. /Aldontza, Alduenza.

Aldonza Lorenzo, 'Dulcinea del Toboso', personaje femenino en la novela *El ingenioso hidalgo don Quijote de la Mancha*, de Miguel de Cervantes.

Alegranza f

Del latín *alacris*, 'vivaz, alegre' (cf. Alegría, del que es considerado variante). Conocido por una isla del archipiélago canario.

Cat. /Alegrança.

Alegría f

Nombre cristiano, tomado de jaculatorias a la Virgen, especialmente en las Letanías (v. Leticia). Del latín *alacritas*, 'alegría, regocijo'.
Forma masculina: Alegre.
Cat. /Alegria. Eus. /Alaia, Alaiñe, Alaitasune.

Aleida f On. 11 de junio

Nombre griego: 'similar a Atenea, que es como Atenea'. Derivado de *Alea*, sobrenombre de esta diosa, y el sufijo *eydos*, 'similar a, con forma de'.
Variante: Aleyda, Aleidis.
Cat. /Aleida.

Alejandro/Alejandra m/f On. 26 de julio

Alejandro era en la mitología griega un sobrenombre de Paris, encargado de proteger las tropas contra los ladrones, lo que xplica la etimología del nombre (*alexo-andros*, 'el que rechaza al hombre', es decir, al adversario). Su universalidad se deriva fundamentalmente de Alejandro Magno (s. IV a. C.), creador de uno de los mayores imperios de la historia, cantado en la Edad media en un célebre romance compuesto en versos *alejandrinos*.
Son sinónimos del nombre Antonio, Avertano, Emeterio y Paráclito, entre otros. Derivados: Alejo, Alexis. Hip: Sandro.
Cat. Alexandre/Alexandra. Eus. Alesander/Alesandere. Gal. Alexandre, Alexandro/Alexandra.
Alejandra Feodorovna, última zarina rusa (1872-1918). Alejandra Pizarník, poetisa argentina (1936-1972). Alejandro I de Rusia, zar (1777-1825). Alejandro II de Rusia, zar (1818-1881). Alejandro III de Rusia, zar (1845-1894). Alejandro III, papa (1110-1181). Alejandro Lerroux García, político republicano andaluz (1864-1949). Alejandro Magno, caudillo macedonio (356?-323 a. C.). Alejandro Sanz (Alejando Sánchez Pizarro), cantante español (1968). Alejandro VI (Rodrigo Borja), papa de la Iglesia (1431-1503). Aleksandr Ostrovski, dramaturgo ruso (1823-1886). Aleksandr Pushkin, poeta ruso (1799-1837). Aleksandr Skrabin, compositor ruso (1872-1915). Aleksandr Solzhenitsyn, escritor ruso (1918-2008). Alessandro Manzoni, escritor italiano (1785-1873). Alessandro Volta, físico italiano (1745-1827). Alexander Calder, escultor, pintor y dibujante estadounidense (1898-1976). Alexander Fleming, bacteriólogo británico (1881-1955). Alexander

von Humboldt, naturalista y geógrafo alemán (1769-1859). Alexandre Cirici, tratadista y crítico de arte catalán (1914-1983). Alexandre Dumas, novelista y autor dramático francés (1803-1870). Alessandro Farnese (Farnesio), *el Gran Capitán*, duque de Parma y Piacenza (1545-1592). Alexandre Galí, médico y pedagogo catalán (1886-1969). Alexander Graham Bell, físico e inventor estadounidense de origen escocés (1847-1922). Alexandre-Gustave Eiffel, ingeniero francés (1832-1923).

Alejo/Alexia m/f

Variante de Alejandro (v.). Es corriente su forma rusa Alexis (v.).

Cat. Aleix/Aleixa. Gal. Aleixo/Aleixa.

San Alejo, peregrino a Tierra Santa abandonando su familia (s. IV-V). Alejo I Comneno, emperador bizantino (1042-1118). Alejo de Rusia, zar (Alexei Mijailovic Romanov) (1629-1676). Alejo Carpentier, novelista cubano (1904-1980). Alejo, personaje de la novela *Los hermanos Karamazov*, de Fedor Dostoievski.

Álex/Alexia m/f

Forma derivada de Alejo (también Alexis, forma rusa), nombre de un santo virgen en el matrimonio, a su vez de Alejandro (v.). También es derivación directa del griego *a-lexios*, 'defensor'.

Cat. Àlex/Alèxia.

Alexis Carrel (1873-1944), cirujano y psicólogo francés. Alexis Kossygin, político soviético (1904-1980). Álex de la Iglesia, realizador y guionista de cine español (1965). Álex Crivillé, piloto motociclista español (1970). Álex Corretja, tenista español (1974).

Alfeo/Alfea m/f On. 26 de mayo

Del griego *alpheios*, 'excelente, primero', como derivación de *alpha*, primera letra del alfabeto griego.

Variantes: Alfio, Alfío.

Cat. Alfeu/Alfea.

Alfeo, personaje mitológico, hijo de Océano y Tetis. Alfio, personaje de la ópera *Cavalleria rusticana*, de Pietro Mascagni.

Alfonsino/Alfonsina m/f

Gentilicio de Alfonso: 'pariente, relacionado con Alfonso'. La forma femenina es usada como variante de Alfonsa más a menudo que esta.

Cat. Alfonsí/Alfonsina. Gal. Alfonsino/Alfonsina.

Alfonsina Storni, poetisa argentina de origen suizo (1892-1938).

Alfonso/Alfonsa m/f On. 1 de agosto

Compuesto del nominativo del germánico *hathus, hilds*, 'lucha combate, pugna', *all*, 'todo, total', y *funs*, 'preparado, rápido': *hathus-all-funs*, 'guerrero totalmente preparado para el combate'. Es el nombre más repetido en las casas reales españolas. V. Hildefonso.

Variantes: Alonso, Ildefonso (v.). Forma femenina: Alfonsa, aunque es más utilizada la forma moderna Alfonsina (v.).

Cat. Alfons, Amfós/Alfonsa, Amfosa. Eus. Albontsa/Albontse. Gal. Afonso/Afonsa.

Alfons Maseras, escritor catalán (1884-1939). Alfons Milà i Sagnier, arquitecto catalán (1924-2009). Alfons Par, fiolólogo catalán (1879-1936). Alfons Sanxes-Coello, pintor valenciano-castellano (1531-1588). Alfonso Capone (*Al Capone*, *Scarface*), gangster estadounidense (1897-1947). Alfonso I de Aragón, rey de Aragón y Navarra (1073?-1134). Alfonso II de Aragón, *el Casto* o *el Trovador* (1154-1196). Alfonso III de Aragón, *el Franco* o *el Liberal* (1265-1291). Alfonso III de Asturias, *el Grande*, rey (866-910). Alfonso IV de Aragón, *el Benigno* (1299-1336). Alfonso Martínez de Toledo, Arcipreste de Talavera, escritor castellano (1398?-1470?). Alfonso V *el Magnánimo*, rey de Aragón, conde de Barcelona (1396?-1458). Alfonso VI de Castilla-León, *el Valiente* (1042?-1109). Alfonso VII el Emperador, rey de Castilla-León (1105?-1157). Alfonso X de Castilla-León, *el Sabio* (1221-1284). Alfonso XI *el Justiciero*, rey de Castilla-León (1311?-1350). Alfonso XII de España, rey (1857-1885). Alfonso XIII, rey de España (1886-1941). Alphons Maria Mucha, pintor, cartelista y decorador checo (1860-1939). Alphonse de Lamartine, poeta y novelista francés (1790-1869). Alfonso Guerra, político español (1940). Señor Alfonso, protagonista de la comedia de su nombre de Alexandre Dumas hijo (1824-1895), comedia enredada entre absurdos y codicia. Alphonse Daudet (1840-1897), escritor francés.

Laureano, Lauro, Nicanor, Nicasio, Niceas, Nicetas, Niké, Segene, Sicio, Siglinda, Suceso, Víctor, Victricio.
Cat. Almansor, Al-mansur.
Almanzor (Abu Amir Muhammad ibn Abi Amir al Mansur), caudillo musulmán cordobés (940-1002).

Almodis f On. 18 de septiembre
O Almodís. Nombre medieval, de uso hoy renacido en Cataluña. Del germánico *all-mods*, 'completamente animosa' (v. Alvisa; v. Modán).
Cat. /Almodís.
Almodís de la Marca, condesa de Barcelona, esposa de Ramón Berenguer I (†1071).

Almudena f On. 10 de noviembre
Una de las muchas advocaciones marianas españolas, popularizada por pertenecer a la Virgen patrona de Madrid. El nombre deriva del árabe *al-madinat*, 'la ciudad'.
Cat. /Almudena.
Almudena Grandes, escritora española (1955). Almudena, personaje de la novela *Misericordia*, de Benito Pérez Galdós.

Alodio/Alodia m/f On. 22 de octubre
Nombre germánico, quizá con el mismo significado que el término jurídico: *all-od*, 'tierra íntegra, libre' (v. Alvisa). Para otros es más probable *all-audo*, 'gran riqueza, gran valor' (v. Otón). Identificado con Elodia, en realidad distinto (v.).
Cat. Al·lodi/Al·lòdia. Eus. Allodi/Allode, Alodi.
Santas Núnilo y Alodia musulmanas martirizadas en Barbastro al convertirse al cristianismo (†851).

Aloísio/Aloísia m/f
Forma provenzal de Luis. Variantes: Aloíso, Aloíto.
Cat. Aloís/Aloísia.
Alois Jirasek, escritor checo (1851-1930). Aloys van de Vyvère, político belga, primer ministro en su país (1871-1961). Aloysius Bertrand (Louis Bertrand), escritor francés (1807-1941).

Alonso/Alonsa m/f On. 30 de octubre

Variante de Alfonso, usada por influencia portuguesa. Siempre famoso, aumentó por el protagonista de la novela *Don Quijote de la Mancha.*

Cat. Alons/Alonsa. Gal. Alonso/Alonsa.

Alonso de Bárcena, apóstol de Perú (1528-1598). Alonso Quijano, protagonista de la novela *Don Quijote de la Mancha*, de Miguel de Cervantes. Alonso Berruguete, escultor y pintor castellano (1490?-1561). Alonso Cano, escultor, pintor y arquitecto barroco (1601-1667). Alonso de Ercilla, poeta castellano (1533-1594).

Altagracia f On. 21 de enero

Forma abreviada del nombre de la Virgen dominicana Nuestra Señora de la Altagracia.

Cat. /Altagràcia.

Altan m

Nombre tártaro. Parece derivado de la voz *alt*, 'supremo'.

Altan Khan, soberano de Mongolia (1507?-1583).

Álvaro/Álvara m/f On. 21 de septiembre

Nombre germánico, identificado con Alberico. Más probablemente, del germánico *all-ward*, 'totalmente sabio, precavido' (v. Alvisa). Muy popular en Castilla en las edades Media y Moderna. Asimilado a Alberico. Variantes: Alvar, Alvero.

Cat. Àlvar/Àlvara. Eus. Albar, Elbar/. Gal. Álvaro/Álvara.

San Álvaro de Córdoba, dominico reformador en Andalucía y Tierra Santa (†1420). Álvaro de Luna, valido y político castellano (1390-1453). Álvaro de Bazán, marino español (1526-1588). Alvar Núñez Cabeza de Vaca, explorador y conquistador castellano (1507-1559). Álvaro Cunqueiro, escritor gallego (1911-1981). Álvaro de Figueroa, político castellano (1663-1950). Alvar Aalto, arquitecto finlandés (1898-1976). Álvaro Cunhal, político portugués (1913-2005). Álvaro Mutis, escritor colombiano (1923).

Amadeo/Amadea m/f On. 31 de marzo

Del latín *ama-Deus*, 'que ama a Dios, devoto'. Una variante medieval, Amadís, dio nombre al más famoso héroe de novelas caballerescas, A. de Gaula. Extendido también en Alemania y especialmente en Italia. Hoy está en decadencia.

Amaro/Amara m/f On. 10 de mayo

Variante portuguesa de Mauro, popularizada por el santo discípulo de san Benito de Nursia. También es usado como variante de Audomaro, especialmente en Burgos, donde se venera un san Ámaro, peregrino francés del s. XIII.

Concurre con el árabe *aamro*, 'vida', variante de Omar.

Cat. Amar/Amara. Gal. Amaro/Amara.

San Amaro (s. VI), discípulo de san Benito de Nursia. Padre Amaro, protagonista de la novela portuguesa *El crimen del padre Amaro* de José María Eça de Queiroz (1845-1900), sobre la dialéctica entre la tentación de los sentidos y la devoción que sabe imprimir a sus actos.

Ambrosio/Ambrosia m/f On. 120 de julio

De origen griego. *an-brótos*, 'no mortal', o sea 'de naturaleza divina' (de aquí la ambrosía, manjar de los dioses). Famoso por el santo obispo de Milán, por lo que en Italia el adjetivo 'ambrosiano' equivale a 'milanés'. Sinónimos: Atanasio, Kaled.

Cat. Ambròs, Ambrosi/Ambròsia. Eus. Anbortsi/Anbortse, Anbroxe. Gal. Ambrosio/Ambrosia.

San Ambrosio, obispo de Milán, padre de la Iglesia Latina (339-397). Ambrosio Montesino, poeta español (1448-1512). Ambrose Bierce, escritor y periodista estadounidense (1842-1914). Ambrosio O'Higgins, militar y político español de origen irlandés, virrey de Perú (1720?-1801).

Amelio/Amelia m/f

Es en realidad un hip. de Amelberga, nombre formado con la voz germánica *amal*, 'trabajo' (que dio nombre a una tribu, los amalos), y *berg*, 'protección'. No confundir con Amalia.

Es usado también como sinónimo de Emilia (v.). Variantes: Amelberga, Amalberga, Amalia (esta última injertada del griego *Amalós*,'dulce').

Cat. Amell, Ameli/Amèlia. Gal. Amelia.

Amelia Bloomer, reformista y feminista estadounidense (1818-1894). Amelia de la Torre, actriz española (1905-1987). Amelia Earhart, aviadora estadounidense, la primera en cruzar el Atlántico (1898-1937). Amelia Peláez, pintora y ceramista cubana (1897-1968). Santa Amelia, martirizada en 177.

Américo/América m/f

El nombre del famoso explorador, que acabó pasando al continente descubierto por Colón, no tiene su origen claro. Para unos es un gentilicio de América, ciudad de la Umbría (Italia), pero es también una variante de Almárico, a su vez forma transliterada de Amalrico o Amalarico (por *amal*, 'trabajo' y *rik*, 'rico, poderoso').
V. Amalrico; v. Enrique.
Cat. Americ/Amèrica.
Amerigo Vespucci, navegante y mercader italiano (1454-1512). Américo Castro, historiador brasileño, naturalizado español (1885-1972).

Amiel m

Nombre hebreo. Reiterativo: *ammi-el*, ambas partículas significan 'Dios'. Para otros intérpretes, 'Dios es mi pueblo'. Popularizado por el escritor suizo.
Son innumerables los reiterativos divinos en nombres hebreos: Abdiel, Abdías, Adonías, Abimélec, Joel, Elías, Eliú, Jehú, Jeremías.
Cat. Ammiel/.
Amiel, nombre de varios personajes del AT, entre ellos el hijo de Gemalli (Num 13,12). Henri Fréderic Amiel (1821-1881), poeta, escritor y filósofo suizo, autor del célebre *Diario íntimo*.

Amílcar m

Nombre portado por algunos caudillos cartagineses, el más famoso el padre de Aníbal, que indujo a este a jurar odio eterno a los romanos. En lengua prúsica significa 'don de Melkar' (divinidad benefactora de los tirios).
Variante: Hamílcar.
Cat. Amílcar, Hammílcar/.
Amílcar Barca, general cartaginés (†228 a. C.). Amilcare Ponchielli, compositor italiano (1834-1886).

Amiro/Amira f

Del árabe *amir*, 'jefe, gobernante', que hallamos también en *emir* y en *almirante*. Amira o Emira (v.) es 'la princesa'.

Amneris f

Nombre creado para la ópera *Aida* por el libretista Piave. Sin significado conocido, inspirado en la fonética egipcia.

Cat. /Amneris.

Amneris, personaje de la ópera *Aida* de Verdi, hija del faraón.

Amón/Amona m/f On. 20 de diciembre

Se trata de una concurrencia de diversos nombres. Por un lado, el personaje bíblico que violó a su hermana Tamar. En esta variante, procedería del hebreo *amnon*, 'leal'. Por otro, nombre del dios egipcio símbolo de la naturaleza y sus renovaciones (*aman* o *amem*, 'oculto, misterioso', en egipcio). Posteriormente fue adoptado por Roma, donde llegó a ser identificado con Júpiter, e incluso por los cristianos. En la Edad Media, finalmente, se fundió con el germánico *agemund*, 'espada ilustre'.

Cat. Ammó, Ammon, Amon/Ammona, Amona. Eus. Amon/Amone.

Amón, dios del Egipto antiguo. San Amón (†250), martirizado por Decio en Alejandría.

Amor f On. 10 de agosto

Del latín *amor*, 'amor, afecto'. Concurre con el árabe *áamor*, 'larga vida, prosperidad'; variante de Omar.

Derivado: Amoroso.

Cat. /Amor. Eus. /Maite, Maitane, Maitakunde.

Amparo f

Nombre muy popular en toda España, pero especialmente en el País Valenciano, cuya capital tiene por patrona la Virgen de los Desamparados. Del latín *manuparare*, 'tender la mano, proteger' (cf. con la terminación germánica *-mund*, 'protección'. Presente en nombres como Edmundo, Segismundo).

Otros nombres sinónimos: Albercio, Elmo, Egidio, Munda, Patrocinio.

Variante: Desamparados.

Cat. /Empar. Eus. /Itzal, Babesne. Gal. /Amparo.

Amparo Dávila, poetisa mexicana (1928). Amparo Larrañaga, actriz española (1963). Amparo Rivelles (1925), actriz española.

Anabel f

Adaptación castellana del nombre escocés *Annabel*, en realidad anterior a Ana, pero considerado hoy como una variante de este nombre.
Variantes: Anabella, Arabella, Mabel, Ainabel, Aynabel.
Cat. /Annabel.
Annabella ('Suzanne Charpentier'), actriz francesa (1907-1996). Arabella Estuardo, hija de Carlos Estuardo y pretendiente al trono inglés (1575-1615). Anabel Alonso, actriz cinematográfica española (1964).

Anacaona f

Versión castellana del nombre de una reina santodominicana. En su lengua, significa 'flor de oro'. Muy extendido hoy en Iberoamérica.
Equivalente: Crisanto.
Anacaona, reina taína en Santo Domingo, ajusticiada por los españoles tras intervenir en una conspiración (†1504).

Anacleto/Anacleta m/f On. 13 de julio

De origen griego, *anakletos*, 'llamado, solicitado', y también, metafóricamente, 'resucitado'. Corriente en los primeros siglos del cristianismo.
Cat. Anaclet/Anacleta. Eus. Anakelda/Anakelde.
San Anacleto, tercer papa (†99).

Anahí f

Nombre caribeño, quizás adaptación hipocorística de Ana, nombre importado por los conquistadores. Para otros, se relaciona con el nombre indígena de la flor del ceibo («bella como la flor del ceibo»).
Cat. /Anahí.

Anais f

O Anaís. Nombre femenino, variante de Ana. Muy corriente en Francia.
Cat. /Anaís.
Anaïs Nin, escritora estadounidense (1903-1977).

Ananías m On. 25 de enero

Del hebreo *hannah*, 'compasión' (v. Ana), con la partícula *-iah*, que alude figuradamente a Yahvé, cuyo nombre era impronunciable por respeto. *Hannan-iah*, 'Dios se apiada' (los mismos elementos, en orden inverso, forman el nombre Juan).

Cat. Annanies/. Eus. Anani/.
Ananías, personaje bíblico, uno de los compañeros de Daniel (Jer 28,1-17). Ananías y su esposa Safira, nuevos cristianos en Ac 5,10.

Anastasio/Anastasia m/f On. 5 de diciembre
Del griego *anastasimos*, 'el que tiene fuerza para resucitar', entendiendo por 'resurrección' la nueva vida en el seno del cristianismo, por lo que era frecuente en conversos, en los primeros tiempos del cristianismo.
Cat. Anastasi/Anastàsia. Eus. Anastasi/Anastase. Gal. Anastasio/Anastasia.
San Anastasio, apóstol de Hungría (954-1044). Anastasio Somoza, *Tachito*, dictador nicaragüense (1925-1980). Anastasia (†567), personaje vinculado a la figura del emperador Justiniano. Anastasia, princesa rusa, esposa de Iván IV *el Terrible* (1533-1560).

Anaxágoras m
Del griego *anax*, 'príncipe, señor', y *agorein*, 'hablar'; 'príncipe de la palabra, elocuente'.
Cat. Anaxàgores/.
Anaxágoras, pensador griego (500?-428? a. C.).

Ander m
Forma euskera de Andrés (v.).

Andrés/Andrea m/f On. 30 de noviembre
Del griego *andros*, 'hombre, viril, valiente', portado por uno de los apóstoles, cuyo martirio dio nombre a la cruz en forma de X. Este significado no ha impedido su éxito entre el sexo femenino. También de este onomástico procede la voz inglesa *dandy*, inicialmente un diminutivo del mismo. Aunque en los últimos años su popularidad declina, sigue siendo uno de los nombres más universalmente extendidos. Comparte el significado con otros muchos: Arsenio, Carlos, Marón, Favila, Virilio.
Formas femeninas: Andrea, Andreína, Andresa.
Cat. Andreu/Andrea. Eus. Ander/Andere, Andrekina, Andrekiña. Gal. André, Andrés/Andreia.
Andie MacDowell, actriz y modelo estadounidense (1958). André Agassi, tenista estadounidense (1970). André Breton, poeta francés surrealista (1896-1966). André Gide, escritor francés (1869-1951). André Malraux,

escritor y político francés (1901-1976). André Masson, pintor, grabador y dibujante francés (1906-1987). André Maurois (Emile Herzog), escritor francés (1885-1967). Andrea del Castagno (Andrea di Bartolo di Bargilla), pintor italiano (1421-1457). Andrea del Sarto (Andrea d'Agnolo), pintor italiano (1486-1530). Andrea del Verrochio (Andrea di Cione), escultor, pintor y orfebre italiano (1435-1488). Andrea Doria, almirante genovés (1466-1560). Andrea Mantegna, pintor y grabador italiano (1431-1506). Andrea Palladio (Andrea di Pietro della Gondola), arquitecto y teórico del arte italiano (1508-1580). Andreas Papandreu, político y economista griego (1919-1996). Andreas Vesal, médico flamenco (1514-1564). Andrée Chedid, escritora egipcia en lengua francesa (1920-2011). André-Marie Ampère, físico francés (1775-1836). Andrés Segovia, guitarrista andaluz (1894-1987). Andreu Nin, político y escritor catalán (1892-1937). Andrew Carnegie, industrial y filántropo estadounidense (1835-1919). Andrew Lloyd Weber, compositor británico de ópera-rock (1928-1987). Andy Garcia, actor de cine estadounidense de origen cubano (1956). Andy Warhol, artista y cineasta estadounidense de origen checo (1928-1987). Andrea, protagonista de la novela *Nada*, de Carmen Laforet.

Andrómaco/Andrómaca m/f

Nombre mitológico griego, más conocido por su forma femenina por la esposa de Héctor, representación del amor conyugal sereno y fuerte. De *andromakos*, 'el que lucha como un hombre, viril en la contienda'.
Cat. Andròmac/Andròmaca.
Andrómaca, personaje mitológico, esposa de Héctor.

Áneu f

Nombre de una virgen en un santuario de la población de Esterri d'Àneu, en el Pirineo Catalán. Nombre de difícil interpretación por ser una voz céltica o precéltica: *ave*, quizás con el significado de 'debajo', aplicado a un topónimo.
Cat. Àneu.

Ángel/Ángela m/f On. 5 de marzo

El nombre, inicialmente portado en Bizancio (griego *aggelos*, 'mensajero', inspirado en los relatos bíblicos), trascendió a todos los países cristianos, originando multitud de derivados: Ángelo, Ángeles, Angélica,

Angelina, Angelines. Y dando nombre incluso a una populosa ciudad de USA, en California. Comparte el significado con Hermes, Malaquías, Nuncio y Telesforo. Con todo, el Ángel más famoso es un castillo... el de Sant'Angelo en Roma, antigua tumba del emperador Adriano.
Cat. Àngel/Àngela. Eus. Aingeru, Angelu, Gotzon/Gotzone, Angelu. Gal. Anxo, Ánxelo/Ánxela.
Michelangelo Buonarroti, artista italiano del Renacimiento (1475-1564). Ángel Ganivet, escritor español (1865-1898). Àngel Guimerà, dramaturgo y poeta catalán de origen canario (1845-1924). Ángel Pestaña, dirigente anarcosindicalista gallego-catalán (1886-1937). Angela Lansbury, actriz cinematográfica estadounidense de origen inglés (1925). Ángela Colbrán, cantante española (1785-1845). Miguel Ángel Asturias, escritor guatemalteco (1899-1974), Premio Nobel de Literatura en 1967. Ángel Nieto, piloto motociclista español (1957). Angela Davis, política y activista estadounidense (1944). Ángela Molina, actriz cinematográfica española (1955). Santa Ángela de Foligno, mística (†1309).

Ángeles f On. 2 de agosto
Abreviatura de la Virgen de los Ángeles. Variante: Angelines.
Cat. /Àngels. Eus. /Gotzone. Gal. /Anxos.
Ángeles Mastreta, periodista y escritora mexicana (1949). Àngels Gonyalons, cantante y bailarina catalana (1963).

Angélico/Angélica m/f
Latinización (*Angelicus*) del griego *aggelos* (v. Ángel). La célebre novela caballeresca *Las lágrimas de Angélica* fue una de las pocas salvadas en el escrutinio practicado por el cura y el barbero en *El ingenioso hidalgo don Quijote de la Mancha.*
Cat. Angèlic/Angèlica. Gal. Anxélico/Anxélica.
San Angélico, iluminado dominico florentino (†1455). Angelica Catalani, soprano italiana de ópera romántica (1780-1849). Anjelica Huston, actriz estadounidense (1951). Fra Angelico (Guido di Pietro), pintor italiano (1387?-1455). Madre Angélica (Jacqueline Marie Angelique Arnauld de Sainte Magdalene), reformadora de Port-Royal (1591-1661). Angélica, personaje del *Orlando furioso*, del *Orlando enamorado* y otros libros, como *Las lágrimas de Angélica.*

Angustias f On. 15 de septiembre

Advocación mariana granadina, alusiva a la aflicción de la Virgen durante la Pasión de su hijo. Del latín *angustus*, 'angosto, difícil' (cf. con el castellano *angosto* o en alemán *angst*). Sinónimo de Dolores.

Eus. /Atsege, Atsegabe. Gal. /Angustias.

Aníbal m

Nombre fenicio-cartaginés. *Hanan-Baal*, 'gracia, beneficio de Baal', dios púnico. Inmortalizado por el caudillo vencedor de los romanos en Italia y vencido al fin por Escipión. Con todo, su fama en USA se debe al nombre del pueblo natal (Hannibal) de Samuel Longhorne Clemens, más conocido por Mark Twain.

Variante ortográfica: Haníbal.

Cat. Aníbal, Hanníbal/. Gal. Aníbal, Haníbal/.

Aníbal, militar cartaginés (247?-183 a. C.). Annibale Carracci, pintor y grabador italiano (1560-1609). Anibale Sermattei Della Genga, papa italiano con el nombre de León XII (1760-1829). Hannibal Hamlin, vicepresidente de Estados Unidos (1809-1891). Aníbal Cavaco Silva, político portugués (1939). Aníbal Pinto, político chileno, presidente de su país en 1876-81. Aníbal Troilo, músico de tangos argentino (1914-1975).

Aniceto/Aniceta m/f On. 12 de agosto

Del griego *a-niketos*, 'invicto' (*a*, partícula privativa; *niké*, 'victoria', v. Niké). Similar es Niceto ('victorioso').

Cat. Anicet/Aniceta. Eus. Aniketa, Niketa/Anikete, Nikete.

San Aniceto, papa en tiempos de la prohibición, de 155 a 166.

Ano/Ana m/f On. 26 de julio

Del hebreo *hannah*, 'benéfica, compasiva', coincidente en significado con Abderramán, Misericordia, Mercedes, Pantaléemon. En la Biblia, esposa estéril de Elkanah que por la 'gracia' (*hannah*) de Dios dio a luz a Samuel. En los Apócrifos pasa a madre de María, 'llena de gracia' en la salutación del ángel.

No hay que confundirla con el lat. *Ana* o *Ania*, en la *Eneida* de Virgilio (v. Ania).

Se trata de uno de los nombres más universalmente utilizados. Escritoras, reinas y princesas de todos los países lo han llevado.

Coincide en significado con Abderramán, Misericordia, Mercedes, Pantaléemon, Bonifacio y Factor.
Forma masculina: Ano, usado solo en México (impropiamente se usa en España Anisio). Derivaciones: Anabel, Arabela, Anabella, Anita, Anaís.
Cat. Anni/Anna, Agna, Aina. Eus. Ani/Ane, Ana, Anuska, Anatxo. Gal. Ano/Ana.
Ana, en la Biblia, la madre de Samuel (I Sam, i,1-8) y la madre de Tobías (Topb 1,9). Ana Belén (María Pilar Cuesta), actriz cinematográfica y cantante castellana (1951). Ana Bolena (*Anne Boleyn*), reina de Inglaterra, segunda mujer de Enrique VIII (1507-1536). Ana de Austria, reina de España, esposa de Felipe II (1549-1580). Ana de Austria, reina de Francia, esposa de Luis XIII (1601-1666). Ana I, reina de Inglaterra (1665-1714). Ana María Matute, escritora española (1926). Ana Mariscal (Ana María Rodríguez Arroyo), actriz y directora cinematográfica española (1923-1995). Anita Desai, literata india (1937). Anas Séalas, poetisa francesa (1814-1895). Anita Ekberg, actriz cinematográfica sueca (1931). Anna Magnani, actirz cinematográfica italiana de origen egipcio (1908-1973). Anna Matveievna Pavlova, bailarina rusa (1885-1931). Anna Murià, escritora catalana (1904-2002). Anne-Louise-Germanine-Necker, *Madame de Staël*, escritora francesa (1766-1817). Annie Leibowitz, fotógrafa estadounidense (1950). Ano Floriano, emperador romano (†276). Ana Karenina, protagonista de la novela homónima de Lev Tolstoi (1828-1910).

Anscario/Anscaria m/f On. 3 de febrero

Del germánico *Ans-gair*, 'lanza de Dios' (v. Ansaldo; v. Gerino). Es la versión tradicional de Oscar (v.), barrida en los últimos años por esta.
Cat. Anscari/Anscària. Eus. Anskar/Anskare.
San Anscario, obispo de Hamburgo (801-865), apóstol de Escandinavia.

Anselmo/Anselma m/f On. 21 de abril

Formado con las voces germánicas *Ans*, nombre de un dios (v. Ansaldo), y *helm*, 'yelmo, casco', y, figuradamente, 'protección, defensa, ayuda'. La invocación a Dios como protector aparece en todas las culturas: cf. con Ananías, Juan, etc.
Cat. Anselm/Anselma. Eus. Antselma/Antselme. Gal. Anselmo/Anselma.
Anselm Turmeda, escritor mallorquín (1355?-1423?). Anselmo Suárez Romero, escritor cubano (1818-1878). Salma Hayek, actriz cinematográfica

mexicana (1968). San Anselmo de Canterbury, teólogo y filósofo anglofrancés (1033-1109). Selma Lagerlöf (1858-1940), novelista sueca, Premio Nobel de Literatura en 1909. Josep Anselm Clavé difusor de la cultura musical con sus 'Cors d'en Clavé' (1824-1874). Anselmo Taccagni, protagonista de la mayor parte de las comedias de Giambattista Fagiuoli (1660-1742).

Anstrudo/Anstruda m/f On. 17 de octubre

Nombre germánico. De *Ans-trud*, 'fuerza de Dios' (*Ans*, nombre de un dios germano, v. Ansaldo; *trud*, 'fuerte, querido', v. Gertrudis).

Sinónimos: Azarías, Israel, Ezequías, Ezequiel, Gabriel, Gotardo, Hieroteo.

Cat. Anstrud/Anstruda.

Santa Anstruda, abadesa del monasterio de Nôtre-Dame en Île-de-France (s. VII).

Antenor/Antenora m/f

Del griego *anti-aner*, 'que combate a los hombres, guerrero'.

Cat. Antenor/Antenora.

Antenor, en la mitología griega, uno de los ancianos de Troya, consejero de Príamo, al que se atribuye la fundación de Patavi (Padua).

Antero/Antera m/f On. 3 de enero

Mitológico genio vengador del amor despreciado. Del griego *anti-eros*, literalmente 'que va contra el amor'. Pero, en otras interpretaciones, sería 'el que refleja el amor, que supera el amor'.

Cat. Anter/Antera. Eus. Anter/Antere. Gal. Antero/Antera.

San Antero, papa (†236).

Antía f

Forma gallega de Antonia (v.).

Gal. /Antía.

Santa Antía, mártir (†130).

Antígono/Antígona m/f

Nombre griego mitológico. Quizá de *antigonos*, 'contra la raza', o, mejor, 'que supera la casta' (*anti*, 'contra, reflejo'; *gonos*, 'origen, casta').

Cat. /Antígona.

Antígona, personaje mitológico, hija de Edipo y Yocasta, báculo de la vejez trágica de su padre cuando este se autocastigó tras su parricidio e incesto.

Antonio Canova, escultor italiano (1757-1822). Antonio Cánovas del Castillo, político y escritor andaluz-castellano (1828-1897). Antonio de Oliveira Salazar, estadista portugués (1889-1970). Antonio Gala, escritor andaluz (1936). Antonio José de Sucre, caudillo de la independencia sudamericana (1795-1830). Antonio López y López, naviero y banquero montañés, fundador del Crédito Mercantil (1817-1883). Antonio Machado, poeta andaluz (1875-1939). Antonio Palomino de Castro, pintor y tratadista de arte andaluz (1655-1726). Antonio Ros de Olano, militar y escritor venezolano-español (1808-1886). Antonio Saura, pintor y grabador aragonés (1930-1998). Antonio Stradivari, constructor de instrumentos de cuerda italiano (1643?-1737). Antonio Vivaldi, violinista y compositor italiano (1678-1741). Marco Antonio, triunviro romano, amante de Cleopatra (82-30 a. C.). María Antonia Fernández, cantante española (1751-1787). María Antonieta, reina de Francia, esposa de Luis XVI (1755-1793). Maria Antonietta Macciocchi, política y escritora italiana (1924-2007). San Antoni Maria Claret, eclesiástico catalán, fundador de los claretianos (1807-1870). San Antonio *el Grande* o *Abad*, anacoreta egipcio (250-336). San Antonio de Padua, franciscano, predicador y teólogo portugués-italiano (1190-1231). Toni Morrison, escritora afroamericana, premio Nobel de Literatura en 1993 (1931). Maese Antonio, el padre de Clara, la protagonista de *María Magdalena* de Friedrich Hebbel (1813-1863), tutor y celador inflexible de una concepción puritana de la vida. Padron 'Ntoni, personaje de *Los Malasangre*, de Giovanni Verga (1840-1922), sujeto a los proverbios, norma de su vida.

Anunciación f On. 25 de marzo

Nombre mariano, evocador de la Anunciación de la Virgen María. Del latín *annuntitio*, y este de *ad-nuntio*, 'informar hacia, anunciar'. Es muy usada la variante Anunciata, tomada directamente de la forma latina.

Cat. /Anunciació. Eus. /Deiñe, Deñe, Iragarze, Anuntxi. Gal. /Anunciación.

Anwar m

Nombre árabe. Significado literal: 'rayos de luz'.

Muhammad Anwar al-Sadat, político egipcio (1918-1981).

Aparicio/Aparicia m/f On. 6 de enero

Nombre cristiano. Del latín *apparitio*, 'aparición, comparecencia' (*ad-pareo*, 'aparecer, ser visible'). El famoso aceite de Aparicio, mentado en

el *Quijote* (II, 46, 174) quizá nada tenga que ver con este nombre, sino que derive de *hypericum*, una planta).
Nada tiene que ver con Aparición, alusivo a las apariciones milagrosas de la Virgen.
Cat. Aparici/Aparícia. Gal. Aparicio/Aparicia.

Apeles m On. 22 de abril
Nombre griego. Quizá 'consejero del pueblo'. Sin relación con Apelio (v.).
Cat. Apel·les/. Eus. Apel.
Apeles, pintor de la antigüedad griega (s. IV a. C.J). Apel·les Fenosa, escultor catalán (1899-1988). Apel·les Mestres, dibujante, músico y escritor catalán (1854-1936).

Apolinar/Apolinara m/f On. 23 de julio
Derivación de Apolo (v.).
Cat. Apol·linar/Apol·linara, Eus. Apoliñari/Apoliñare.
San Sidonio Apolinar, poeta latino cristiano (430-489). San Apolinar de Ravena, discípulo de san Pedro (†81). Guillaume Apollinaire de Kostrowitsky, poeta francés (1880-1918).

Apolo m On. 21 de abril
Nombre de la mitología romana. Del griego *Apollon*, de *apo*, 'lejos', y *ollymi*, 'perecer': 'el que aleja la muerte', nombre dado en agradecimiento por haber salvado la divinidad a Atenas de una peste. Otros intérpretes lo relacionan con el verbo *apollumi*, 'destruir', e incluso con la voz germánica *Apfel*, 'manzana'. El nombre dio una gran cantidad de derivados como consecuencia de su fama: Apolíneo, Apolino, Apolodoro, Apolófanes, Apolonio y Apolinar o Apolinario, 'consagrado, relativo a Apolo'.
Cat. Apol·lo, Apol·ló/. Gal. Apolo/.
Apolo, la divinidad romana de la luz del sol, y protector de las artes. San Apolo, primero eremita, después abad (†395).

Apolonio/Apolonia m/f On. 21 de abril
Adjetivo relativo a Apolo, divinidad romana de la luz del sol (v.).
Cat. Apol·loni/Apol·lònia. Eus. Apoloni/Apolone, Polixene.
Santa Apolonia, martirizada con el arrancamiento de sus dientes, patrona por ello de los dentistas (†249). Apolonio de Rodas, poeta, matemático y

filólogo alejandrino (295?-230? a. C.). Apolonio, diplomático constantinopolita ante Atila de parte de los emperadores Pulqueria y Marciano (s. V). Apollonie Sabatier (Aglaé Joséphine Sabatier), *la Presidente*, dama francesa inspiradora de artistas (1822-1890). Pola Negri (Barbara Appolonia Chalupiec), actriz cinematográfica italiana del cine mudo de origen polaco (1894-1987).

Aquiles/Aquilea m/f

La etimología tradicional lo hace derivar de *a-cheileia*, 'el carente de labios', aludiendo a que el personaje mitológico de este nombre, muerto por una flecha en su talón, único punto suyo vulnerable (de ahí la expresión 'talón de Aquiles'), no había sido amamantado o a que comprimía sus labios en la lucha. Ha sido también relacionado con el río *Achéloos*, o con *achlio*, 'oscuro', análogo al *aquilus* latino (v. Aquilino). Pero quizá el nombre sea pregriego y por ello de casi imposible clasificación. Las 'cóleras aquilianas' fueron célebres por las del personaje, que mató a Héctor en una de ellas.

Cat. Aquil·les/.

Aquiles, personaje mitológico griego de la guerra de Troya. San Aquiles, obispo de Laricia (†330). Achille Occhetto, político italiano (1936). Achille Ratti, papa de la Iglesia con el nombre de Pío XI (1857-1939).

Aquilino/Aquilina m/f On. 19 de octubre

Del latín *aquilinus*, 'como el águila', aludiendo a su poder. Sufijo gentilicio *-inus*, 'relativo, de la familia de'.

Es también gentilicio de Aquiles (v.).

Derivación: Áquilas, Aquilón, Aquilio, Aquilesio.

Cat. Aquil·lí/Aquil·lina. Eus. Akillin/Akiliñe. Gal. Aquilin, Aquilino/Aquilina.

San Aquilino, obispo de Évreux (s. VII). Santa Aquilina, mártir en el s. III a los doce años.

Arabela f

Nombre femenino, variante de Anabel. O directamente del latín, significando 'servicial'.

Cat. /Arabel·la.

Aracelio/Araceli m/f

Invocación a la Virgen: latín *ara coeli*, 'altar del cielo', popularizado, especialmente en Italia, por un santuario de este nombre en la cima del monte Capitolio, en Roma, en la antigua ubicación del templo pagano de Júpiter Capitolino.

Cat. /Araceli. Gal. /Araceli.

Araceli Segarra, alpinista española (1970).

Aragonta f

Nombre medieval renacido últimamente en el antiguo reino de León. Parece derivar de alguna raíz germánica. Según los autores de la época, equivale a Urraca.

Eus. /Aragundia. Gal. /Aragonta.

Aragonta, segunda esposa de Ordoño II, rey de León (s. x).

Arantxa f

Forma hipocorística de Aránzazu (v.).

Arantxa Sánchez-Vicario, tenista catalana (1971).

Aránzazu f

Forma castellana de una advocación vasca de la Virgen: Nuestra Señora de Arantzazu, apelativo compuesto de *ara-antz-a-zu*, 'sierra de abundantes picos', topónimo que corresponde a la realidad geográfica de Oñate (Guipúzcoa), sede del santuario.

La etimología popular traduce el nombre por *arantz-an-zu*, 'tú en el espino', aludiendo a la forma en que se apareció milagrosamente la Virgen.

Variante: Aranzazu.

Cat. /Aràntzazu. Eus. /Arantzazu, Arantza, Aranxa.

Arata m

Nombre japonés, derivado de *arasói*, 'combate'.

Arata Isozaki, arquitecto japonés (1931).

Arcadio/Arcadia m/f On. 12 de enero

Gentilicio de la Arcadia, provincia griega del Peloponeso, tierra de gran feracidad que mereció el sobrenombre de 'feliz'. Allí se veneraban diversas deidades, como Pan y la ninfa Aretusa.

Cat. Arcadi/Arcàdia. Gal. Arcadio/Arcadia.
Arcadio I (377?-408), hijo de Teodosio I, que recibió en herencia el Imperio Romano de Oriente.

Archibaldo/Archibalda m/f On. 12 de abril
Forma anglosajona del antiguo nombre *Erquembaldo*, hoy abandonado, aunque presente en otros derivados, como Aribaldo. Del germánico *erkan*, 'sincero, genuino', y *bald*, 'valiente, audaz' (v. Baldo, cf. con el inglés *bold*). Popular en la Edad Media y luego abandonado, conoce en nuestros días una importante revitalización.
Cat. Arxibald, Arquimbau/Arxibal.
Archibald Vivian Hill, fisiólogo inglés, premio Nobel en 1922 (1886-1977). Archibald Alexander Leach ('Cary Grant'), actor estadounidense de origen británico (1904-1986).

Arduino/Arduina m/f
Nombre típicamente germánico, formado con la palabra *hard*, 'fuerte, duro'. Cf. el inglés *hard*, el alemán *hart* y aun el francés *hardi*, 'valiente'. Sufijo *-win*, 'amigo' (v. Winoco), o simplemente el latín medieval *-inus*, adejetivación gentilicia.
El adjetivo 'fuerte' es uno de los más corrientes en nombres masculinos. Así por ejemplo en Alceo, Afila, Bricio, Cabiro, Calístenes, Estilicón, Eurico, Ezra, Indalecio, Pancracio, Robustiano, Sansón, Vigor y muchísimos más.
Con el tiempo, el sufijo *ardo* acabó siendo un mero antroponimizador masculino, olvidado su significado inicial, como ocurre con otras (v. Enrique; v. Mirón; v. Fernando; v. Aldo).
Cat. Arduí/Arduina.
San Arduino, eremita (†811).

Argentino/Argentina m/f
De la palabra latina *argentum*, 'plata', que da el adjetivo *argenteus*, 'plateado'. En femenino designa directamente la república de ese nombre, bautizada como referencia al Río de la Plata.
Cat. Argentí/Argentina.
Argentina, primera esposa del conde castellano García Fernández, *el de las Manos Blancas* (s. x), hijo de Fernán González. Julio Argentino Roca, militar

y político argentino (1843-1914), presidente de su país en 1880-1886 y 1898-1904.

Argimiro/Argimira m/f On. 28 de junio
Del nombre germánico *Argimir*, derivación de *harjis-miru*, 'ejército famoso' (v. Haroldo; v. Mirón). O quizá de *erkan-mir*, 'de origen célebre, insigne, de noble cuna' (v. Archibaldo).
Variante: Argemiro. También es considerado como tal Argiro, aunque en realidad procede directamente de *harjis*, 'ejército'.
Cat. Argemí, Argimir/Argimira. Eus. Argimir/Argimire. Gal. Arximiro/Arximira.
San Argimiro, mártir a manos árabes en Córdoba (†856).

Ari m
Hip. de Aristóteles, usado en Grecia.
Aristotelis Onassis, 'Ari', armador griego (1906-1975).

Ariadna f
Del griego *ari-adné*, 'muy santa'. El uso de este nombre está hoy en fuerte apogeo, a menudo confundido con Ariana, de origen similar (de Ares, nombre griego del dios de la guerra, Marte para los romanos).
Sinónimos: Santos, Helga, Panacea.
Cat. /Ariadna.
Ariadna, mitológica hija de Minos y Pasifae, desdichada amante de Teseo, que dio a este un ovillo para poder orientarse en el laberinto del Minotauro. Santa Ariadna, esclava en Asia Menor, mártir (s. III). Ariadna Gil, actriz cinematográfica española (1969).

Ariano/Ariana m/f 8 de marzo
Nombre procedente de la latinización (*Arianus*) de Ario, a su vez derivación del nombre de Ares o Marte, dios de la guerra. La forma femenina es distinta de Ariadna (v.), pero suele confundirse con ella. Ha inspirado el nombre proustiano Oriana (v.).
Cat. Arià/Ariana. Eus. Ariana/Ariane.
Ariana, en la mitología griega, hija de Minos y Pasifae, y hermana de Fedra. Ariane Mnouchkine, directora de teatro francesa (1939).

Ariel/Ariela m/f

Hebreo, '*ari-'el*, 'león de Dios', sinónimo de 'héroe', o 'valiente'. En el personaje de *La tempestad* de Shakespeare es alusión al italiano *aria*, 'aire'. V. Ezequiel. Aunque Ariel es indistintamente masculino o femenino, existe la forma femenina Ariela.

Cat. Ariel/Ariela.

Ariel, personaje de la Biblia (Esd 8,16).

Ariel, uno de los nombres de Jerusalén según Isaías (Is 29, 1-7). Ariel, ángel caído del *Paraíso perdido* de Milton. Ariel, espíritu etéreo que acompaña a Próspero en *La tempestad* de William Shakespeare (1564-1616).

Arístides m On. 31 de agosto

Nombre griego. De *aristos-eidos*, 'el mejor, el más valiente'.

Cat. Aristides, Arístides/. Eus. Aristida/. Gal. Aristides/.

Arístides, general ateniense rival de Temístocles (s. VI-V a. C.). San Arístides, profesor de filosofía en Atenas convertido al cristianismo (s. II). Aristide Briand, político francés, varias veces presidente de gobierno (1862-1932). Arístides Maillol, escultor y pintor rosellonés (1861-1944).

Aristóbulo/Aristóbula m/f On. 16 d marzo

Nombre de origen griego. *Aristoboule*, 'buen consejo', nombre de una diosa (v. Aristeo; *boulé*, 'consejo').

Cat. Aristòbol, Aristòbul/Aristòbola, Aristòbula.

Aristóbulo, nombre de dos reyes de Judea en los s. II y I a. C.

Aristófanes/Aristófana m/f

El griego *aristos*, 'selecto', y *phanein*, 'brillar': 'el que brilla por su calidad'.

Cat. Aristòfanes/.

Aristófanes, comediógrafo griego, máximo exponente de la comedia antigua (445-388 a. C.).

Aristóteles m

Nombre inmortalizado por la filosofía. De *aristos*, 'selecto, mejor', y *telos*, 'finalidad': 'el que se propone el mejor fin'.

Cat. Aristòtil/.

Aristóteles, filósofo de la Antigüedad griega (384-322 a. C.). Aristotelis Onassis, armador griego (1906-1975).

Arlet f

Nombre medieval francés (*Arlette* o *Herlève*), llevado por la madre de Guillermo el Conquistador (s. XI). Seguramente es derivación de un gentilicio de *Arelate*, antiguo nombre de la ciudad de Arlés. O, quizá, metátesis del antiguo inglés *alrett*, 'bosquecillo de alisios'. También existe la hipótesis germánica, que lo relacionaría con *hari*, 'ejército' (v. Haroldo). V. también Arlena.

Cat. /Arlet.

Arlette, amante de Enrique II Plantagenet (s. XII). Arlette Léonie Bathiat ('Arletty'), actriz francesa (1898-1992).

Armando/Armanda m/f

Del germánico *hard-mann*, 'hombre fuerte' (v. Arduino; v. Manio). De gran popularidad en el presente siglo.

La forma femenina es Arminda, influida por el sufijo *-lind* (v. Linda). Otra variante: Ardames. Nombre popular, pese al fácil chiste ('armando follón').

Cat. Armand/Armanda.

San Armando, uno de los santos patronos de los Países Bajos (†1164). Armand Jean Du Plesis, cardenal de Richelieu, eclesiástico y político francés (1585-1642). Armando Palacio Valdés, novelista asturiano (1853-1938). Armande Béjart, actriz francesa, esposa de Molière (1642-1700). Armando González Bravo, poeta cubano (1938). Armand Duval, personaje de una novela y un drama derivado de ella de Alexandre Dumas hijo (1824-1895).

Armengol/Armengola m/f

Nombre popular en Cataluña bajo la forma Ermengol. Del germánico *Ermin-Gaud*, nombre de dos divinidades (v. Erminia; v. Gausio), o más bien de *Ermin-gard* (v. Guarino).

Cat. Ermengol/.

Ermengol d'Urgell (992-1010), fundador de la dinastía condal urgellense.

Armindo/Arminda m/f

Variante y forma femenina de Armando.

Cat. Armind/Arminda. Gal. Armindo/Arminda.

Armonía f

Nombre mitológico griego. De *harmonia*, 'ayuda, concierto, armonía'.
Variante: Harmonía.
Cat. /Harmonia, Armonia. Gal. /Armonía, Harmonía.
Armonía, mitológica ninfa, hija de Marte y Venus, poseedora de un collar portador de maleficios.

Arnaldo/Arnalda m/f On. 14 de marzo

Nombre germánico (*arin-ald*, 'águila gobernante', o, figuradamente, 'caudillo fuerte', por las virtudes simbólicas del águila), en desuso en la Edad Moderna y resucitado hoy. V. Aringa; v. Aldo.
Confundido a veces con Arnulfo.
Variante: Arnoldo. Forma antigua: Arnaldos.
Cat. Arnald, Arnau, Arnall/Arnalda. Eus. Ellanda, Eñaut, Enaut, Arnot/Ellande, Eñaute, Arnote.
Conde Arnaldos, personaje del romancero español.

Arnau m

Forma catalana antigua de Arnald o Arnaldo, de gran popularidad en los últimos años por alusión al emblemático *Comte Arnau*, figura del folklore catalán.
Arnau de Vilanova, médico, reformista espiritual y escritor catalán (1240?-1311). El Conde Arnau, mito medieval, condenado a seguir tras la muerte en lo que fue la pasión de su vida: la acción y la experiencia.

Arnoldo/Arnolda m/f On. 10 de febrero

Variante de Arnaldo (v.).
Cat. Arnold/Arnolda.
Arnold Melchtal, personaje de la ópera *Guillaume Tell*, de Rossini. Arnold Schönberg, compositor austríaco (1874-1951). Arnold Schwarzenegger, actor cinematográfico estadounidense de origen austríaco (1947). Arnoldo Rubeck, perotagonista de *Al despertar de nuestra muerte* de Henryk Ibsen (1828-1906), hombre más allá del bien y del mal, que desprecia el bien común.

Arnulfo/Arnulfa m/f On. 18 de julio

Germánico, de *arin-wulf*, 'águila-lobo' (v. Aringa; v. Rodolfo). Forma de aludir a fuertes cualidades guerreras, simbolizadas en esos dos animales de las mitologías germánicas.

Cat. Arnulf, Arnull/Arnulfa, Arnulla. Eus. Arnulba, Arnulpa/Arnulbe, Arnulpe.

San Arnulfo, obispo de Vic (s. XI-XII). Arnulf Överland, poeta noruego (1889-1968). Arnulfo Arias, político panameño, presidente de su país en 1940-41 y 1948-51.

Aroa f On. 5 de julio

Nombre germánico, resucitado en los últimos tiempos tras un largo período de olvido. De la voz *ara*, 'de buena voluntad, bueno' (v. Arey).

Cat. /Aroa. Eus. /Aroa, Aroia.

Arquímedes m

Nombre griego, famoso en el mundo de la Física. Compuesto de *archi*, 'gobernante', y *metis*, 'inspiración': 'de gran inspiración, eminentemente inspirado'.

Cat. Arquimedes, Arquímedes/.

Arquímedes, físico y matemático de Siracusa, antigua Grecia (287-212 a. C.), inventor de los espejos ustorios y el famoso principio físico de su nombre.

Arrene f

Forma vasca de Oración.

Arsenio/Arsenia m/f

Del griego *arsén*, 'viril' (cf. Andrés). Muy popular en Francia.

Cat. Arseni/Arsènia. Eus. Arseni/Arsene. Gal. Arsenio/Arsenia.

Arsenio, preceptor de la corte de Bizancio convertido en anacoreta (†410). Arséne Lupin, ladrón de guante blanco, protagonista de una serie de novelas del escritor belga Maurice Leblanc (1864-1941). Arsène Housset ('Houssaye'), escritor francés (1815-1896). Arsenio Martínez de Campos, militar castellano (1831-1900) protagonista del *Sagunto*, levantamiento en favor de Alfonso XII (1874), que restauró la dinastía de los Borbones en España.

Artemio/Artemia m/f On. 20 de octubre

Derivación del nombre de la diosa Artemisa.

Cat. Artemi/Artèmia. Gal. Artemio/Artemia.
Artemio del Valle Arizpe, escritor argentino (1890-1870).

Artemisio/Artemisa m/f
Nombre mitológico griego, cuyo nombre significa 'día-noche', por alusión a la diosa y también símbolo lunar. Otra interpretación: *artios*, 'completo, exacto, perfecto'.
Cat. Artemisi/Àrtemis.
Artemisa, diosa griega de la naturaleza y de la caza. Artemisa Gentileschi, pintora italiana (1597-1651).

Arturo/Artura m On. 1 de septiembre
Nombre antiquísimo, adoptado por la cultura griega e identificado por esta, por semejanza fonética, con *arktos-ouros*, 'guardián de las osas' (por la estrella del mismo nombre de la constelación del Boyero, próxima a la Osa Mayor). El rey Arturo o Artús, celtarromano que combatió a los invasores sajones en el s. v, dio lugar a la famosa leyenda de los caballeros de la Tabla Redonda. La popularidad del nombre no ha cesado desde entonces.
Cat. Artur/Artura. Eus. Artur/. Gal. Artur, Arturo/Artura.
Arthur (*Harpo*) Marx, actor cinematográfico estadounidense (1893-1964). Arthur Conan Doyle, novelista escocés (1859-1930). Arthur Miller, dramaturgo estadounidense (1915-2005). Arthur Rimbaud, poeta francés (1854-1891). Arthur Rubinstein, pianista polaco (1886-1982). Arthur Schopenhauer, filósofo alemán (1788-1860). Arthur Wellesley, duque de Wellington, militar y político británico (1769-1852). Artur Martorell, pedagogo catalán (1894-1967). Arturo Pomar, maestro ajedrecista español (1931). Arturo Pérez-Reverte, periodista y escritor español (1951). Arturo Cova, protagonista y narrador de la novela *La vorágine*, del escritor colombiano José Eustasio Rivera (1888-1928). Arthur Gordon Pym, protagonista de las *Aventuras de Gordon Pym* de Edgar Allan Poe (1809-1849); el nombre es en realidad un seudónimo del autor. Arthur Kipps, personaje principal de la novela de su nombre del escritor inglés H. G. Wells (1866-1947). Arturo Uslar-Pietri, escritor venezolano (1906-2001).

Artús m
Forma gallega e inglesa antigua de Arturo. Famosa por el protagonista de la leyenda artúrica de la Tabla Redonda.

Cat. Artús/.

Artús, héroe galés, nombrado en el poema *Gododdin* (el Rey Arturo) (s. VI).

Ascensión m+f

Nombre cristiano, evocador de este misterio religioso. Latín *ascendo*, 'subir', derivado de *ad-scando*, 'trepar hacia'.

Cat. /Ascensió. Eus. /Igone, Egone.

Ascensión Villagrá, patinadora española (1952). Ascensión Esquivel Ibarra, presidente de Costa Rica en 1889.

Asclepio/Asclepia m/f

Nombre griego original de Esculapio, el dios de la medicina. De *asklepias*, 'asclepiadacia', planta con virtudes medicinales.

Cat. Asclepi/Asclèpia.

Asclepio, dios de la medicina en la Grecia antigua. San Asclepio, obispo de Limoges (†613).

Asdrúbal m

Del cartaginés *Hasdrubal*, 'protegido de Baal', divinidad oriental primitiva.

Variante: Hasdrúbal.

Cat. Hasdrúbal/. Gal. Hasdrúbal/.

Asdrúbal, general cartaginés hermano de Aníbal (245?-207 a. C.).

Asier m

Deformación de Asuero, nombre tomado de la transcripción griega (*Ahashverosh*) del persa *Khshajarsha*, o Jerjes, rey de Persia (s. v a. C.), nombrado en el Libro de Ester.

Cat. Asier.

Asier Gómez Etxeandia, actor vasco (1975).

Aspasia f On. 2 de enero

Del griego *aspasía*, 'bienvenida, deseada', posiblemente aplicado como fórmula natalicia de buen augurio (cf. Bienvenido).

Sinónimos: Benevento, Bienvenido, Euno.

Cat. /Aspàsia. Gal. /Aspasia.

Aspasia (s. v a. C.), amante de Pericles, el político griego que dio nombre a la época de mayor esplendor cultural de su país.

Astarté f

Astarté, diosa fenicia. Los asirios la llamaban *Istar* o *Isthar*, al sur de Arabia era *Ashtar*, para los fenicios y hebreos, *Astoret*. Nombre de interpretación difícil, a veces era representada con cuernos, lo que podría ser reminiscencia de la época en que se la adoraba en figura de vaca (*athor* en Egipto); también se ha señalado su parecido con *Aster*, 'estrella de la mañana'.

Cat. /Astartè.

Astarté, diosa del amor en Mesopotamia y Fenicia.

Asterio/Asteria m/f On. 3 de marzo

Del griego *aster*, 'estrella'. Sinónimos: Astío, Asteyo, Citlalli, Estrella, Estela, Esterizo.

Cat. Aster, Asteri/Astèria. Eus. Asteri/Astere.

San Asterio, senador romano (†262).

Astor m

Nombre medieval (*Astorius*). Posiblemente del germánico *Asthar*, derivado de *ast*, 'rama', y, por extensión, 'lanza' (v. Ascárico).

Cat. Astor/.

Astor Piazzola, compositor argentino, renovador del tango (1921-1992).

Astrid f

Forma nórdica de Anstruda, revitalizada por la popularidad de la reina Astrid de Bélgica.

Cat. /Astrid.

Santa Astrid (s. x-xi), madre de Olaf II de Noruega. Astrid (1905-1935), reina de los belgas, esposa de Leopoldo III y madre de Balduino I.

Asunción f On. 15 de agosto

Popularísimo nombre hispano, inspirado en la conmemoración del tránsito de la Virgen María, 'asumida' por Dios (latín *assumo*, 'atraer hacia sí, asumir'). Es usado también como equivalente la forma Asunta. Ha dado nombre a la ciudad capital del estado de Paraguay.

Cat. /Assumpció. Eus. /Jasone, Yasone, Eragon, Eragone. Gal. /Asunción.

Asunción Bastida, diseñadora de alta costura española (1902-1984). Assumpta Serna, actriz cinematográfica catalana (1957).

Asurbanipal m

Nombre asirio, citado en el Antiguo Testamento. Literalmente, 'el dios Assur ha dado un hijo'.

Cat. Assurbanipal/.

Asurbanipal, rey asirio (668-629 a. C.).

Atahualpa m

Nombre de un inca reinante en el imperio peruano al ser sometido este por Pizarro (s. XVI), famoso por haber intentado comprar su libertad llenando una habitación de oro. Corriente hoy en toda Iberoamérica, especialmente la andina. Significa 'pájaro de la fortuna' (quechua *atuahuallpa*).

Atahualpa (1500?-1533), último soberano inca, derrocado y ejecutado por Francisco Pizarro. Atahualpa Yupanqui (Héctor Roberto Chavero), cantautor argentino (1908-1992).

Atalanta f

Nombre mitológico. V. Atalas.

Cat. /Atalanta.

Atlalanta, mitológica heroína, de trágico destino, famosa como cazadora.

Atanasio/Atanasia m/f On. 12 de agosto

Del griego *a-thanatos*, 'sin muerte, inmortal' (sinónimo de Ambrosio, v).

Cat. Atanasi/Atanàsia. Eus. Atanasi/Atanase. Gal. Atanasio/Atanasia.

San Atanasio el Grande, patriarca de Alejandría y padre de la Iglesia Griega († 373). Athanasius Kircher, científico, matemático y filólogo alemán (1601-1680).

Ataúlfo/Ataúlfa m/f On. 26 de enero

Variante antigua de Adolfo (v.), famosa en España por un rey visigodo.

Cat. Ataülf/Ataülfa.

Ataúlfo, rey visigodo (†415), esposo de Gala Placidia y primer monarca español efectivamente independiente (s. IV-V). Ataúlfo Argenta, pianista y director de orquesta español (1913-1958).

Atila m

Significa 'padrecito', por la raíz germánica *atta*, 'padre', raíz muy extendida que hallamos también en el vasco *aita* (cf. Aitor) y en las lenguas germánicas, dando en ellas lugar a *athal*, 'noble' (cf. Alberto).

Cat. Àtila/. Eus. Atila/. Gal. Atila/.

Atila, rey de los hunos (†453), célebre caudillo de origen asiático, terror de Europa. El nombre le fue dado por las vecinas tribus bárbaras.

Atilano/Atilana m/f On. 5 de octubre

Procede de la raíz *atta*, 'padre', que hallamos en el vasco *aita* y en las lenguas germánicas (cf Atila, v. Adela).

Variante: Atiliano.

Cat. Atilà/Atilana. Eus. Atillan/Atillane. Gal. Atilano/Atilana.

San Atilano, obispo de Zamora (939?-1009).

Atlas m

Atlas o Atlante, nombre de la mitología griega. Origen desconocido, quizá relacionado con Atala (v.).

Cat. Atlas, Atles/.

Atlas, uno de los titanes en la mitología griega, que encabezó una rebelión contra los dioses, lo que le valió el castigo eterno de llevar sobre sus hombros la bóveda del cielo.

Atocha f On. 10 de julio

Nombre de una advocación mariana madrileña. La etimología popular sostiene que la imagen primitivamente llevada a Madrid fue venerada en una ermita contigua a unos atochales (campos de esparto, por el árabe *taucha*, 'esparto'). Quizá sea más acertado suponer la palabra una deformación del nombre de Antioquía, supuesta procedencia de la imagen de la Virgen.

Audacio/Audacia m/f On. 16 de mayo

Variante de Audaz (v.).

Cat. Audaci, Audaç/Audàcia.

Audaz/Audacia m/f

Del latín *audax*, 'valiente'. Variantes: Audacio, Audacto, Audas, Áudax.

Cat. Àudax.
San Áudax, mártir en Avelino (Campania), s. III.

Augusto/Augusta m/f On. 7 de octubre

Nombre de familia romano (v. Agustín). Adoptado por el emperador Octavio u Octaviano (63 a. C.-14 d. C.), que lo popularizó. Siempre corriente pese a haber sido adaptado por un arquetipo de payaso.
Cat. August/Augusta. Eus. Augusta/Auguste. Gal. Augusto/Augusta.
San Augusto o Gustavo, abad de dos monasterios en Bourges (s. VI). August Möbius, matemático y astrónomo alemán (1790-1868). August Pi i Sunyer, fisiólogo catalán (1879-1965). Augusta, reina de Prusia y emperatriz de Alemania (1811-1890), esposa de Federico Guillermo. Auguste Lumière, biólogo e industrial francés, avanzado del cine (1862-1954). Augusto César Sandino, guerrillero y general nicaragüense (1895-1934). Augusto Comte, filósofo y sociólogo francés (1798-1857). Augusto d'Halmar (Augusto Goemine Thomson), escritor chileno (1882-1950). Augusto Pinochet, militar y político chileno (1915-2006). Augusto Roa Bastos, poeta, cuentista y novelista paraguayo (1917-2005). Augusto (Cayo Julio César Octaviano A.), primer emperador romano (63 a. C.-14d. C.). François- Auguste Rodin, escultor francés (1840-1917). Santa Augusta, hija de un gobernador bárbaro de Friul, martirizada por su propio padre (s. V). August Dupin, progagonista de tres importantes narraciones de Edgar Allan Poe (1809-1849), *Los asesinatos de la calle Morgue, El misterio de Marie Roget,* y *La carta robada.* Augusto Pérez, protagonista de la novela *Niebla* de Miguel de Unamuno (1864-1936).

Aulino/Aulina m/f

Del latín *Aulinus*, 'relativo a Aulo, de la familia de Aulo' (y este, a su vez de *aula*, 'patio de una casa'). Posteriormente concurrió con el germánico *ald-lind*, que dio la forma femenina *Audolendis*, 'viejo y dulce' (v. Aldo; v. Linda). Por otra parte, es variante del nombre de origen griego Eulalia (v.).
Cat. Aulí/Aulina.

Aura f

Variante de Oria o de Áurea (v.). O simplemente del gr. *aura*, 'aliento, brisa'.
Cat. /Aura.
Santa Aura (†666), segunda patrona de París.

Aurelio/Aurelia m/f On. 22 de septiembre
Del latín *aurelius*, 'de oro, dorado', como Áurea (v.).
Derivado: Aureliano, portado por otro emperador romano (214-275).
Popular derivado catalán: Oriol (v.).
Cat. Aureli, Orell/Aurèlia. Gal. Aurelio/Aurelia.
San Aurelio o Aureliano, arzobispo de Lyon y primado de las Galias (†895). Aureli Capmany, folclorista y escritor catalán (1868-1954). Aureli Maria Escarré, abad de Montserrat (1908-1968). Aurélie, protagonista del relato homónimo de Gérard de Nerval. Lucio Aurelio Cómodo, emperador romano (161-192). Marco Aurelio Antonino Vero, filósofo, escritor y emperador romano (121-180). Maria Aurèlia Capmany, escriptora catalana (1918-1980). Aurelio Mosquera Narváez, político ecuatoriano, presidente de su país en 1938. Tito Aurelio Fulvio, nombre de nacimiento de Antonino Pío, emperador romano (86-161).

Aurembiaya f
Nombre medieval. Origen obscuro: parece contener la raíz *aurus*, 'dorado'.
Cat. /Aurembiaix.
Aurembiaix d'Urgell, última condesa de Urgell (1200?-1231?).

Áureo/Áurea m/f On. 16 de junio
Del latín *aureus*, 'de oro, dorado', y, figuradamente, 'encantadora, bella', por referencia a Venus, denominada con este apelativo por la riqueza de sus templos.
Derivados: Aurora, Aurelio, Orora. Variantes: Auria, Aurina.
Cat. Aure, Auri/Àurea, Àuria. Eus. Aur/Auria, Auriola. Gal. Áureo/Áurea, Auria.
Santa Áurea, famosa mártir española degollada en Sevilla en el s. IX, conocida también por Oria y cantada por Gonzalo de Berceo. Áureo Fernández Ávila, ingeniero naval español (1895-1968). Áurea de Sarrà, bailarina catalana (1889-1974).

Aurora f On. 8 de septiembre
Del latín *aurora*, nombre de la diosa del alba (v. Alba), por el color dorado (*ab auro*) que acompaña la salida del sol. V. también Áurea y Aurelio.
Variante: Orora.

Cat. /Aurora. Eus. /Goizane, Goizargi, Aurori. Gal. /Aurora.
Aurora *la Beltrana*, personaje de la zarzuela *Doña Francisquita*, de Amadeu Vives (1923). Aurora Bautista, actriz española (1925). Aurora de Albornoz, poetisa y crítica literaria española (1926-1990). Aurora Königsmark (1662-1728), amante de Augusto, elector de Sajonia y después rey de Polonia. Aurora, protagonista de la zarzuela *La Parranda*, de Francisco Alonso (1928). Aurore Dupin, baronesa Dudevant ('George Sand'), novelista francesa (1804-1876).

Ausias m On. 4 de julio
Aunque es considerado habitualmente como una derivación de los bíblicos Ozías o Eleázaro (ambos con el mismo significado etimológico, v), parece que el nombre se popularizó a través del santo provenzal *Alzeas* (s. XIV). Muy frecuente en el País Valenciano.
Cat. Ausiàs, Ausies, Auzias/.
Ausiàs Marc, poeta valenciano (1397?-1459).

Auxiliadora f On. 24 de mayo
Advocación de la Virgen creada y popularizada por san Juan Bosco, que se inspiró en la jaculatoria de las letanías *Auxilium Christianorum*, 'auxilio de los cristianos', añadida por el papa san Pío V tras la victoria cristiana en Lepanto. Similar a otras advocaciónes como Socorro, Sufragio, Amparo. Es usado, como variante, Auxilio, y como hip., Dora.
Cat. /Auxiliadora. Gal. /Auxiliadora.

Ava f
Nombre estadounidense de fantasía, inspirado probablemente en el de Eva.
Ava Gardner (Ava Lavinia Gardner), actriz cinematográfica estadounidense (1922-1990).

Avelino/Avelina m/f On. 31 de mayo
Apellido de san Andrés Avelino (s. XVII), que aludía a su ciudad natal, *Avellino*, de la italiana región de Abella (de donde se originó el nombre de las avellanas, o 'nueces de Abella').
Cat. Avelí, Avel·lí/Avelina,Avel·lina. Eus. Abelin/Abeliñe. Gal. Avelino/Avelina.
Avel·lí Artís Gener, escritor y dibujante catalán (1912-2000). Andrés Avelino Cáceres, político peruano, presidente de su país en 1886-90 y 1894-95.

Averroes m

Nombre árabe: *Abd Rauf*, 'hijo de Rauf' ('misericordioso').

Cat. Averroes/.

Averroes (Abu-l-Walid Muhammad ibn Rusd), filósofo, médico y astrónomo árabe andalusí (1126-1198).

Avicebrón m

Nombre árabe: *ben Qibr'n*, 'hijo de Qibr'n' ('grande').

Cat. Avicebró/.

Avicebrón (Selomo ibn Gabirol), poeta y filósofo judío andalusí (1020-1058?).

Avicena m

Del árabe *ben Kawlah*, 'hijo de Kawlah' ('el del nombre famoso').

Cat. Avicena/.

Avicena (Abu Ali al-Hussayn ibn Sina), filósofo y médico iraní musulmán (980-1037).

Axel/Axela m/f

Nombre escandinavo, usual en Suecia y Dinamarca desde el s. XII. Abreviatura de Absalón (v.). Llegó a ser tan popular en Dinamarca que los habitantes de este país eran denominados los *axelssönerna*, 'los hijos de Axel'.

Cat. Axel/.

Han Axel de Fersen (s. XVIII), oficial sueco, amigo de la reina francesa María Antonieta y cómplice de la huida real en 1791. Axel Munthe, escritor sueco (1857-1949). Axel Theorell, bioquímico sueco, (1903-1982) premio Nobel de Medicina 1955. Axel Springer, magnate alemán de la comunicación (1912-1985).

Azael/Azaela m/f

Del hebreo *as'ah-el*, 'hecho de Dios'. V. Ezequiel.

Cat. Azael, Hazael/Azaela, Hazaela.

Azael, rey de Aram y de Damasco (s. IX a. C.) en la Biblia (II Sam 2,18).

Azahara f

Nombre árabe ('la libre', en otras interpretaciones, 'flor').

Cat. /Azahara.

Azahara, esposa de Abderramán III, en cuyo honor se construyó la ciudad de Medina Zahara, cercana a Córdoba.

Azarías m On. 3 de febrero

Nombre hebreo, formado con la raíz *az* o *azaz*, 'fuerte', y el sufijo *-iah*, 'Dios' (v. Ananías): 'socorro, auxilio de Dios' (cf. Anstruda).

Cat. Azaries/.

Azarías, compañero de Ananías y Misael, arrojado a un horno por negarse a adorar la estatua del rey Nabucodonosor (An 17).

Azazael/Azazaela m/f On. 12 de mayo

Nombre hebreo del AT, *Aza'-zel* (Levítico 16, 8.10.26). Significado: «[macho cabrío] emisario». V. Ezequiel.

Cat. Azazael/Azazaela.

Azazael es en la Biblia el nombre de un demonio, un sátiro habitante del desierto (Lev 16,8-10-26).

Azucena f On. 15 de agosto

Del árabe *açuçena*, 'lirio', alusivo a la pureza por la blancura.

Cat. /Assutzena. Eus. /Zuzene. Gal. /Azucena.

Azucena, personaje de la ópera *Il trovatore*, de Verdi. Azucena Maizani, cantante argentina de tango (1902-1970).

Baco m On. 10 de octubre

Del antiguo dios frigio *Sabázios*, y este del sánscrito *baksha*, 'devorar', o del griego *bákchos*, 'fuego', en alusión a la acción devoradora de este en los sacrificios. De ahí pasó a tener connotaciones relativas a fiestas y bacanales.

Cat. Bacus/. Eus. Baka/.

Baco, dios romano de la danza y el vino, identificado con el Dionisios griego. Santos Sergio y Baco, martirizados en Siria (s. III).

Balbino/Balbina m/f On. 31 de marzo

Nombre de origen romano: *Balbinus*, 'relativo, de la familia de Balbo' (este a su vez de *balbus*, 'tartamudo').

Cat. Balbí/Balbina. Eus. Balbin/Balbiñe.

Santa Balbina, mártir romana en el s. II. Balbino (Celio Calvino Balbino), emperador romano (†238). Balbina, protagonista femenina de la novela *El inglés de los güesos*, del escritor argentino Benito Lynch (1885-1951).

Baldirio/Baldiria m/f

Variante de Baudilio, inspirada en la forma catalana *Baldiri*.

V. Baudilio.

Cat. Baldiri, Boi/Baldíria.

Baldiri Reixac, pedagogo catalán (1703-1781).

Baldomero/Baldomera m/f On. 27 de febrero

Del germánico *bald-miru*: *bald*, 'audaz, valiente'; *miru*, 'ilustre, insigne'.

V. Baldo; v. Mirón.

Antaño muy popular, hoy algo en desuso. Hip. Baldo.

Cat. Baldomer/Baldomera.Eus. Baldomer/Bardomere. Gal. Baldomero/Baldomera.

San Baldomero, patrón de los cerrajeros en Francia (†650). Baldomero Sanín Cano, escritor colombiano (1861-1950). Baldomero Espartero (Joaquín Fernández Espartero), militar y político (1893-1879). Baldomera Larra, hija del escritor Mariano José de Larra, amante de Amadeo de Saboya (s. XIX).

Baldovín/Baldovina m/f On. 15 de julio

Nombre germánico. De *bald-win*, 'amigo valiente' (v. Baldo; v. Winoco).

Variantes: Baldovino, Balduino.

V. Balduino.

Cat. Baldoví/Baldovina.

Balduino/Balduina m/f

Variante de Baldovino.

Cat. Balduí, Baulí, Bodí/Balduina, Baulina.

San Balduino, abad de San Pastore (†1140). Balduino, nombre de cinco reyes de Jerusalén, entre ellos Balduino I, hermano de Godofredo de Bouillon (s. XI-XII). Balduino I, rey de los belgas (1930-1993).

Baltasar/Baltasara m/f On. 29 de marzo

Forma latina de un nombre típicamente asirio. Pero el Baltasar por excelencia es el rey mago negro. No es válida la interpretación eslava del nombre: *beli-tzar*, 'rey blanco' (!), sino el asirio *Bel-tas-assar*, 'que el dios Bel proteja al rey'.

Cat. Baltasar/Baltasara. Eus. Baldasar/Baldasare. Gal. Baltasar/Baltasara.

Baltasar (s. VI a. C.), el rey babilónico destronado por Ciro, tras ser profetizado el hecho por Daniel gracias a la interpretación de las célebres palabras *Mane Tecel Phares*. Baltasar Gracián, eclesiástico y escritor aragonés del Siglo de Oro (1601-1658). Baltasar Porcel, escritor mallorquín-catalán (1937-2009). Baltasar Brum, político uruguayo, presidente de su país en 1919-23.

Baralides f

Variante antigua de Berelendis, hoy nuevamente en auge. Otra interpretación lo relaciona con las islas Baleares o *Balearides*.

Bárbara f On. 4 de diciembre

Del griego *barbaros*, 'extranjero', palabra inspirada en la onomatopeya *bar-bar*, expresiva de las hablas no griegas (cf. el sánscrito *barbarah*, 'tartamudo'). Adoptada por los romanos para referirse a las gentes ajenas al Imperio, adquirió progresivamente el sentido de 'salvaje, inculto, rudo, brutal' que posee hoy.

El polvorín de un buque es la santabárbara, en alusión a la virgen de Nicomedia y patrona de los artilleros, que al ser martirizada por su propio padre ese pereció fulminado por el rayo.

Cat. /Bàrbara. Eus. /Barbare. Gal. /Bárbara.

Santa Bárbara es con Margarita, Inés y Catalina, una de las cuatro grandes vírgenes y mártires. Barbara Blomberg, amante de Carlos V (1527-1597). Barbara Capanini, ('la Barbarina'), danzarina italiana y favorita del rey Federico II de Prusia (s. XVIII). Bárbara de Braganza, reina española (1711-1758), esposa de Fernando VI. Barbara McClintock, biólogo estadounidense (1902-1992), Premio Nobel en 1983. Barbara Stanwyck, actriz cinematográfica estadounidense (1907-1990). Barbra Streisand, actriz cinematográfica y cantante estadounidense (1942). Santa Bárbara (época indeterminada) es patrona de los artilleros seguramente porque según la leyenda al ser martirizada por su padre este pereció fulminado por el rayo. De aquí el nombre de *santabárbara* o polvorín de un buque. Doña Bárbara, personaje central de la novela de este título del escritor venezolano Rómulo Gallegos (1884-1969).

Bartolomé/Bartolomea m/f On. 24 de agosto

Nombre hebreo, procedente de adaptaciones de religiones de pueblos vecinos. La forma primitiva es *Bartolmai*, 'hijo de Ptolomeo'. En otra interpretación, 'anciano' (literalmente, 'con muchas arrugas'). En Francia es tristemente recordada la *Noche de san Bartolomé* de 1572 por la matanza de protestantes que en ella tuvo lugar.

Hip. Bartolo.

Cat. Bartomeu, Bartolomeu/Bartomea, Eua, Eva. Eus. Bardol, Bartoloma/Bardole, Bartolome. Gal. Bertomeu, Bartolomeu/Bertomea, Bartolomea.

San Bartolomé (s. I), despellejado vivo según la leyenda, devino por ello patrón de los carniceros. Bartolomé de Las Casas, eclesiástico sevillano (1474-1566), apóstol de las Indias Occidentales. Bartolomé Esteban Murillo, pintor de la escuela sevillana (1617-1682). Bartolomé Ordóñez, escultor castellano (†1520). Bartolomé Torres Naharro, poeta, tratadista de teoría dramática y autor teatral castellano (†1531?). Bartomeu Robert, médico y político catalán, alcalde de Barcelona (1842-1902). Bartomeu Rosselló-Pòrcel, escritor mallorquín-catalán (1913-1938). Bartolomé Mitre, político y militar argentino, presidente de su país en 1861-66.

Baruc m

Nombre bíblico. *Baruk*, 'bendito'. Compárese con *beraka*, 'bendición, suerte'.

Cat. Baruc/.

Baruc, profeta del AT, secretario de Jeremías (Jer 32,12-16). Baruch de Spinoza, filósofo holandés de familia judía (1632-1677).

Basilio/Basilia m/f On. 2 de enero

Del griego *basileus*, 'rey'. Muy difundido en el ámbito de la iglesia ortodoxa, especialmente en Rusia, donde Vassili es el nombre más popular tras Iván. *Basileia* era la capital de la imaginaria Atlántida platónica. Abundan los nombres con el mismo significado. Así Regina, Regla, Vladimiro. Entre sus derivados están Basileo, Basiliano, Basilisco, Basílides, Basilisa.

Cat. Basili/Basília. Eus. Baraxil, Basil, Basilli/Bazile, Basille. Gal. Basil, Basilio/Basilia.

Basilio I *el Macedonio*, emperador de Bizancio (812-886). San Basilio *el Grande*, teólogo y obispo de Cesárea, padre de la Iglesia Griega (329?-379). Vasili Kandinski, pintor ruso (1866-1944). Vaslav Nijinsky, bailarín y coreógrafo ruso (1888-1950). Don Basilio, personaje de dos comedias de Pierre-Augustin Caron de Beaumarchais (1732-1799), *El barbero de Sevilla* y *Las bodas de Fígaro*, intrigante maquinador. Vasili Buslaevich, héroe épico ruso, el más importante del ciclo de Novgorod después de Sadko.

Baucis f

Nombre mitológico griego, vinculado a la fábula *Filemón y Baucis*, de Ovidio, en que estos esposos fueron salvados de un diluvio por su hospitalidad con Zeus y Hermes. Origen desconocido, quizás en relación con *bauca*, 'copa'.

Cat. /Baucis.

Baucis, mitológica esposa de Filemón, salvada del diluvio de los dioses por su hospitalidad.

Baudilio/Baudilia m/f On. 20 de mayo

Del nombre de san *Baudilius* (s. IV). origen desconocido, quizá relacionado con *baudus*, 'bobo' en latín arcaico. Parece innegable la presencia del céltico *bald*, 'valiente', quizá por atracción fonética. Muy popular en Cataluña, bajo las formas de Baldiri y Boi. Y del mismo significado, admitida la hipótesis céltica, serían Almanzor, Aniceto, Esteban, Lauro, Nicanor, Siglinda y Víctor.

Se usa todavía la forma antigua Baudelio, y, menos, Boy.

V. Baldirio.

Cat. Baudili, Baldiri, Boi/Baudília. Eus. Baudili/Baudile.

San Baudilio, Baldirio o Boi, mártir con su esposa en Nîmes a manos paganas (s. III).

Bautista m On. 24 de junio

Aunque de hecho es un simple complemento del nombre de san Juan el Precursor (griego *baptistes*, 'el que bautiza'), con el tiempo ha acabado en nombre con entidad propia.

Cat. Baptista/. Eus. Ugutz, Batista, Batita/Uguzne. Gal. Bautista/.

Jean-Baptiste Say, economista francés (1767-1832). Leon Battista Alberti, arquitecto y humanista italiano (1404-1472).

Beato/Beata m/f

Nombre cristiano, derivación del latín *beatus*, 'feliz, bienaventurado'. Muy corriente entre los primeros cristianos.

Cat. Beat/Beata.

Beato de Liébana, monje de Liébana, autor de un comentario del *Apocalipsis* (750?-798). Santa Beata o Benita, mártir española en Francia (†277).

Beatriz f On. 29 de julio

El latín *beatrix*, 'beata, feliz, bienaventurada', usado en sentido religioso, adquirió inmediatamente una popularidad que no ha decrecido con los siglos.

Derivado: Beata. Hip: Bea. Sinónimos: Dora, Ariadna, Helga.

Cat. /Beatriu. Eus. /Batirtze. Gal. /Beatriz, Beta.

Santa Beatriz, mártir romana (†304). Beatrix Potter, escritora e ilustradora británica de libros infantiles (1866-1943). Beatriz Galindo, 'la Latina', erudita española (1475-1535). Beatriz Portinari (1265?-1290), dama florentina, amada de Dante e inspiradora de *La divina comedia*. Beatriz, reina de Holanda (1938). Santa Beatriz de Suabia, esposa de Fernando III el Santo (s. XIII).

Beda m On. 25 de mayo

Del germánico *badu*, 'lucha', de donde *Beda*, 'el que lucha, el que exige' (v. Baldo).

Cat. Beda/. Eus. Betan/. Gal. Beda/.

San Beda *el Venerable*, monje y escritor inglés (673-735).

Bedrich m

Forma eslovaca de Federico (v.).

Bedrich Smetana, compositor y pianista checo (1824-1884).

Begonia f

Nombre femenino, tomado del de una flor traída a Europa por el botánico Bégon (apellido a su vez procedente de *bègue*, 'tartamudo').

Cat. /Begònia.

Begoña f On. 11 de octubre

Nombre vasco popularísimo, compuesto de *beg-oin-a*, 'lugar del cerro dominante', aplicado a la situación topográfica del santuario de la Virgen correspondiente. El nombre nada tiene que ver con Begonia (v.).

Cat. /Begonya. Eus. /Begoña. Gal. /Begoña.

Begoña Aranguren, periodista y escritora española (1949). Begoña Fernández, periodista, esposa del periodista Jesús Hermida (1963).

Bela f

Forma húngara de Alberto (v.). En los países de habla hispana, es hip. de Isabel.

Cat. /Bela.

Béla Bartok, compositor, musicólogo y pianista húngaro (1881-1945).

Belarmino/Belarmina m/f

Apellido de un san Roberto, apologético jesuita italiano. Ha sido asimilado a la expresión *bell'arma*, 'alma buena', aunque verosímilmente no es más que una derivación de Guglielmo, Guillermo.

Cat. Bel·larmí/Bel·larmina. Gal. Belarmino/Belarmina.

Roberto Bellarmino, jesuíta, sobrino de Maquiavelo y martillo de herejes (†1621). Belarmino Tomás, revolucionario asturiano de UGT (1892-1950).

Belén f On. 25 de diciembre

Del hebreo *bet-lehem*, 'casa del pan' (o 'casa de Dios'), que dio nombre a la localidad palestina a 8 km al sur de Jerusalén, donde los evangelios sitúan el nacimiento de Jesucristo (hoy *Beit-el-lahm*). Utilizado como nombre de pila femenino.

Cat. /Betlem. Eus. /Ostatxu.

Belén Rueda, actriz y presentadora de TV española (1965). Belén Gopegui, novelista española (1963).

Belindo/Belinda m/f

Nombre medieval, difundido por la esposa de Rolando, el célebre paladín franco. Derivación de Berlinda o Berelendis, en algunas zonas Baralides, nombre germánico compuesto de *bern*, 'oso' (v. Bera), y *lind*, 'escudo' (o, en otras interpretaciones, 'dulce', v. Linda). El significado del nombre sería, pues, 'defensa del guerrero'. Por influencia de los usos anglosajones, ha pasado paulatinamente a ser considerado como una variante de Belén, y, en España, también de Berlinda (de *bera*,'oso', famoso por un Conde de Barcelona).

Otra variante: Belino/Belina.

Cat. Belind/Belinda. Eus. Belindo/Belinda.

Santa Belina, asesinada por el concupiscente señor de Landreville (s. XI). Belinda, esposa de Roldán, el famoso paladín franco (s. VIII). Belinda Washington, presentadora de TV española (1963).

Belisa f

Nombre latino, retomado por la literatura del Siglo de oro. De *belis*, 'esbelta', variación del nombre mitológico Belis, relacionada con Belo (*bélos*, 'arquero').

Cat. /Belisa.

Belis, en la mitología griega, hija de Dánao y sobrina de Belo. Belisa, personaje de *El acero de Madrid* de Lope de Vega (1562-1635).

Belisario/Belisaria m/f

Nombre de uno de los dos más famosos generales del emperador Justiniano (s. VI), popularizado hace pocos años por una novela de Robert

Graves. Derivado de *bélos*, 'saeta': 'arquero, saetero' (v. Belisa). Cf. Gilberto. Variante gráfica: Belizario.
Cat. Belisari/Belisària. Gal. Belisario/Belisaria.
Belisario, general de Justiniano (494-565). Belisario Betancur, político colombiano (1923). Félix Belisario Porras, político panameño, presidente de su país en 1912-16, 1918-20 y 1920-24.

Beltrán/Beltrana m/f
Nombre germánico. *Beraht-raban*, 'cuervo ilustre', esto es, 'guerrero ilustre'. El cuervo, símbolo del dios Odín, simbolizaba la inteligencia y la memoria. V. Berta; v. Ramis.
Variante: Bertrán.
Cat. Beltran, Bertran/Bertrana.
San Bertrand, obispo de Comminges (†1125). Bertrand du Guesclin, condestable de Francia (1320?-1380), que cooperó en el asesinato de Pedro I de Castilla. Bertrand Russell, filósofo, lógico y pacifista británico (1872-1970). Beltram, personaje de la comedia *Bien está lo que bien acaba*, de William Shakespeare (1564-1616).

Benedicto/Benedicta m/f On. 11 de julio
Forma antigua de Benito (lat. *bene dictus*, 'bien dicho, aquel de quien se habla bien').
Cat. Benedicte/Benedicta. Eus. Benedita/Benedite. Gal. Benedicto, Bieito/Benedicta, Bieita.
Dieciseis papas y dos antipapas, entre ellos: Benedicto XIII (Pero Martines de Luna), antipapa (1328?-1422). Benedicto XV (Giacomo della Chiesa), papa (1854-1922). Benedicto XVI (Joseph Alois Ratzinger), papa (2005). Benedicto, personaje de *Mucho ruido por nada*, de William Shakespeare (1564-1616).

Benigno/Benigna m/f On. 13 de febrero
Del latín *benignus*, 'benévolo'. Nombre de familia muy corriente en la antigua Roma.
Cat. Benigne/Benigna. Eus. Benin/Beniñe. Gal. Benigno/Benigna.
San Benigno, venerado en Francia desde el s. VI. Benigna, personaje de la novela *Misericordia*, de Pérez Galdós. Benigno Aquino, líder político filipino (1932-1983). Celse Benigne de Rabutin-Chantal (s. XVI-XVII), hijo de Jean-

ne-Françoise de Chantal y padre de Marie de Rabutin-Chantal, marquesa de Sévigné. Benigno Ferreira, político paraguayo, presidente de su país en 1906-1908.

Benito/Benita m/f On. 11 de julio

Nombre de fuerte raigambre en el papado, simplificación del medieval Benedicto, a su vez del latín *benedictus*, 'bendito', por *bene dico*, 'decir bien' (de alguien).

San Benito de Nursia ha sido declarado patrón principal de Europa.

Cat. Benet, Beneit/Beneta, Beneita. Eus. Benat, Beñat, Benoat/Donetsi. Gal. Bieito, Bento/Bieita, Benta.

Benito Juárez, político mexicano (1806-1872). San Benito de Aniana, abad reformador de origen godo (750-821). San Benito de Nursia, abad, fundador de monasterios y organizador de la vida monástica (†547). Benito Jerónimo Feijoo, escritor y erudito gallego (1676-1764). Benet Mercadé, pintor catalán (1821-1897). Benito Pérez Galdós, novelista, dramaturgo y articulista canario-castellano (1843-1920). Benito Mussolini, político italiano (1883-1945). Benedetto Croce, crítico literario italiano (1866-1952). Benny Goodman, músico estadounidense (1909-1986). Benita Ferrero-Waldner, política austríaca, ministra de Asuntos Exteriores (1947). Benito Cereno, protagonista de la novela homónima de Herman Melville (1819-1891).

Benjamín/Benjamina m/f On. 31 de marzo

Duodécimo hijo de Jacob, cuyo alumbramiento costó la vida a su madre Raquel. El nombre inicial dado por ella, Benoni (*ben-onin*, 'hijo de mi dolor'), fue posteriormente cambiado por su padre en *Ben-jamin*, 'hijo de la mano derecha', o sea 'hijo predilecto'. Y en efecto el nombre ha pasado a designar genéricamente el último y predilecto hijo de una serie de hermanos. El Benjamín más célebre del mundo es un reloj... el Big Ben inglés.

Cat. Benjamí/Benjamina. Eus. Benkamin/Benkamiñe. Gal. Benxamin/Benxamina.

Benjamín, último hijo de Jacob en la Biblia (Gen 35,18). San Benjamín, diácono persa (†422). Benjamín Carrión, escritor, político y profesor ecuatoriano (1898-1970). Benjamín Disraeli, político inglés (1804-1881). Benjamin Franklin, físico y político estadounidense (1706-1790). Benjamin West, pintor estadounidense (1738-1820). Benjamin Harrison, presidente de Estados Unidos (1833-1901). Benjamín Palencia, pintor fauvista español (1900-1980). Beniamin Netanyahu, político israelí (1949). Ben Johnson, velocista canadiense (1961).

Berardo/Berarda m/f On. 16 de enero

Del germánico *bera*, 'oso' (v. Bera), con el sufijo *hard*, 'fuerte' (v. Arduino), lo que lo asimila etimológicamente a Bernardo (v.).

Otros ven sin embargo, como primer sufijo, la raíz *warin*, nombre de una tribu (v. Warein).

Cat. Berard/Berarda.

San Berardo, uno de los cuatro compañeros de san Acurcio, martirizados en Marruecos (†1226).

Berenguer/Berenguela m/f On. 2 de octubre

Forma catalana de Berengario, resucitada en los últimos años quizá en recuerdo de los primeros Condes de Barcelona (s. XI-XII).

Del germánico *berin-gari*, 'oso (o sea guerrero) preparado para combatir' (v. Bera; v. Guarino). O de *warin-gari*, 'guerrero Warin preparado' (v. Warein). La forma femenina ha renacido por su vinculación con la historia española a través de una reina castellano-leonesa.

Cat. Berenguer/Berenguera.

Berenguela (1180?-1246), hermana de Ramón Berenguer IV, esposa de Alfonso VII *el Emperador* de Castilla y León. Berenguer de Palou, obispo de Barcelona (†1241). Berenguer Ramon I, conde de Barcelona (1006?-1035). Berenguer Ramon II, *el Fratricida*, conde de Barcelona (s. XI).

Berenice f On. 4 de noviembre

De la forma macedonia del griego *Phereníke*, 'portadora de victoria', asimilado posteriormente a Verónica (v.). Sinónimo de Nicéforo, nombre formado con los mismos componentes en orden inverso. V. también Verónica.

Cat. /Bereniç.

Berenice, hija de Herodes Agripa, cuya vida disoluta inspiró una tragedia a los comediógrafos franceses Corneille y Racine. Berenice, nombre de varias reinas egipcias de este nombre, entre ellas la esposa de Ptolomeo III Evergetes, que ha dado su nombre a la constelación *La cabellera de Berenice* (s. III a. C.). Berenice, princesa judía de la Idumea, hermana de Herodes *el*

Grande (s. I a. C.). Berenice, reina de Judea en la tragedia homónima de Jean Racine (1639-1699). Berenice, seudónimo de Claire Rayner, escritora y periodista británica (1931).

Bermudo/Bermuda m/f On. 8 de marzo
Nombre germánico: de *bern-mods*, 'oso (o sea guerrero) valiente' (v. Bera; v. Modán).
Variante: Vermudo (posible concurrencia con Veremundo).
Cat. Vermut/Vermuda.
Vermudo, nombre de tres reyes de Asturias y León, entre ellos: Vermudo II el Gotoso, rey de Galicia y León (†999). Vermudo III (1016-1037), rey de León.

Bernabé/Bernabea m/f On. 11 de junio
Sobrenombre que los apóstoles dieron a José de Chipre: 'hijo de la consolación', o, más propiamente, 'hijo de la profecía, profeta'. En la Edad Media concurrió con el germánico *bern-bald*, 'oso (o sea guerrero) audaz'. V. Bera; v. Baldo.
Variante femenina: Bernabela.
Cat. Bernabè, Bernabeu/Bernabea. Eus. Barnaba/Barnabe. Gal. Bernabé, Bernabeu/Bernabea.
Bernabé, apóstol en el NT, sobrenombre dado a José, levita de Chipre (Ac 11,23), padre apostólico de la Iglesia. Bernabò Chiaramonti, papa en 1800-1823 con el nombre de Pío VII. Barnaby Rudge, personaje dickensiano de la novela homónima.

Bernal/Bernalda m/f
Forma antigua de Bernardo.
Cat. Bernat/Bernada. Gal. Bernal/Bernalda.
V. Bernardo.

Bernardo/Bernarda m/f On. 20 de agosto
Del germánico *berin-hard*, 'oso fuerte' (v. Bera; v. Arduino). El nombre se asocia a unos célebres perros de auxilio a las personas extraviadas en la montaña, por san Bernardo de Mentón, fundador de un asilo alpino.
Derivados: Bernardino, Bernardette o Bernardita (célebre por la vidente de Lourdes).

Cat. Bernard, Bernat/Bernarda, Bernada. Eus. Beñardo, Bernarta, Bernat/Benate. Gal. Bernal, Bernaldo/Bernalda.
San Bernardo, padre de la Iglesia (1091-1153). Bernardo, nieto de Carlomagno, rey de Italia, vencido y muerto por Ludovico Pío (†819). Bernard Gilpin, apóstol de Escocia (1517-1583). Boris (o Bernardo) Godunov, príncipe y zar de Rusia (1552?-1605). Bernd Schuster, futbolista alemán (1959). Bernadette Devlin, dirigente nacionalista irlandesa (1947). Bernard Bolzano, matemático checo (1781-1848). Bernard Hinault, ciclista francés (1954). Bernardine Dohrn, activista política estadounidense (1942). Bernardo Bertolucci, guionista y realizador cinematográfico italiano (1941). Bernardo de Balbuena, escritor mexicano (1568-1627). Bernat Danvila, jurisconsulto y economista valenciano (†1782). Bernat de Ventadorn, trovador occitano (s. XII). Bernat Desclot (Bernat Escrivà?), cronista catalán (s. XIII). Bernat I *Tallaferro*, conde de Besalú (970?-1020). Bernat I, conde de Tolosa (804?-844). Bernat Martorell, pintor catalán (†1452). Bernat Metge, escritor catalán (1346?-1413). Bernat Picornell, deportista catalán (1883-1970). Björn Borg, tenista sueco (1956). San Bernardo de Clairvaux, monje francés reformador de la orden del Císter (s. XII). San Bernat Calvó, abad de Santes Creus y obispo de Vic (1180-1243). Santa Bernadette Soubirous, vidente francesa (1844-1879). Bernardo Prudencio Berro, político uruguayo, presidente de su país en 1860-64. Bernardo O'Higgins, militar y estadista chileno (1778-1842). Bernarda Alba, protagonista de la tragedia póstuma homónima de Federico García Lorca (1898-1936). Bernardo del Carpio, héroe legendario de la épica hispánica.

Berto/Berta m/f On. 15 de mayo

Nombre derivado de la palabra germánica *berht*, 'brillante, famoso', presente en bastantes nombres (Alberto, Roberto, Rigoberto...). Nombre muy extendido, especialmente en Francia y Alemania, aunque su portador más célebre haya sido... un cañón de la primera guerra mundial, el más potente jamás fabricado, con el que los alemanes bombardeaban París. Fue bautizado así en honor de la hija de Hans Krupp, aunque había sido contruido en la fábrica Skoda de Austria-Hungría.
La significación 'famoso' está presente en innumerables antropónimos. Citemos solo Aglaia, Clío, Eulampio, Gloria, Policleto.
Son derivados Bertila, Bertín, Bertino, Bertibla. El nombre es usado también como hip. de otros con la misma terminación.

Con el tiempo, el sufijo *bert* acabó siendo un mero antroponimizador masculino, olvidado su significado inicial, como ocurre con otras (v. Enrique; v. Mirón; v. Fernando; v. Aldo).
Cat. Berto/Berta. Gal. Berto/Berta.
Santa Berta, monja en Artois (†725). Berta von Suttner, escritora pacifista austríaca (1843-1914), Premio Nobel de la Paz en 1905. Berthe Morisot, pintora francesa impresionista (1841-1895). Berthe o Bertrade, 'la del pie grande', esposa de Pipino el Breve y madre de Carlomagno (†783). Bertín (Roberto) Osborne, cantante y showman español (1954).

Bertoldo/Bertolda m/f On. 21 de octubre
Nombre germánico, procedente de *berht-ald*, 'gobernante famoso'. V. Berta; v. Aldo.
Cat. Bertold/Bertolda.
Bertel Thorvaldsen, escultor danés (1770?-1844). Bertolt Brecht, dramaturgo alemán (1898-1956). Bertoldo, personaje de la trilogía *Bertoldo, Bertoldino y Cacaseno*, de Giulio Cesare Croce (1550-1609).

Bertrán/Bertrana m/f
Forma catalana de Beltrán (v.).
V. Beltrán.

Betsabé f
Nombre del AT. Significado controvertido: para unos es *bat-seba*, 'la opulenta', para otros *bet-sheva*, 'la séptima hija'.
Cat. /Betsabè.
Betsabé, personaje del AT, esposa de Urías, que tras ser seducida por David fue causa involuntaria de la perdición de aquel (II Sam 11,2-17).

Bibiano/Bibiana m/f
Variante cacográfica de Viviano/Viviana.
Cat. Vibià/Viviana. Gal. Bibiano/Bibiana.
Santa Bibiana, mártir romana (†363). Bibiana Fernández, actriz y cantante española (1954). Bibi Andersson, actriz y directora de cine sueca (1935).

Biel/Biela m/f
Forma catalana hip. de Gabriel (v.). Por la transliteración *Grabiel.*

Bienvenido/Bienvenida m/f On. 22 de marzo

Del latín *benevenutus*, 'bien venido, bien nacido', usado como fórmula natalicia de buen augurio en la Edad Media.

Cat. Benvingut/Benvinguda. Gal. Benvido/Benvida.

Santa Bienvenida, terciaria dominica en Francia (†1292). San Bienvenido de Gubbio, soldado y franciscano (s. XIII). Benvenuto Cellini, escultor, orfebre y escritor italiano (1500-1571).

Blanco/Blanca m/f

Del germánico *blank*, 'blanco, brillante' (sinónimo de Alba, Argentino, Berta, Fedro, Roxana). Popular en la Edad media en Castilla, de donde pasó a Francia y a Inglaterra. El nombre conoce hoy renovado auge. A menudo es considerado equivalente a Blando/Blanda (v.).

Cat. /Blanca. Eus. /Zuria, Zuriñe. Gal. /Branca.

San Blanco, obispo de Escocia (s. VI). Santa Albina o Blanca, mártir en la persecución de Decio (†250). Blanca de Castilla, reina de Francia, madre de san Luis (†1252). Blanca de Artois, hija de Blanca de Castilla, casada con un duque de Lancaster (1248-1302). Blanca de los Ríos, escritora española (1862-1956). Blanca Fernández Ochoa, esquiadora española (1963). Blanca I, reina consorte de Sicilia y reina de Navarra (1385-1441). Blanche Silva, pianista francesa (1884-1942). Blanca Álvarez, periodista e informatóloga, pionera de TV española (1931-2000). Blanca y Saïd, protagonistas de la tragedia *Mar y Cielo* del dramaturgo catalán Àngel Guimerà (1848-1924).

Blanquerna m

Nombre de un personaje creado por Ramon Llull, hoy en auge renovado. Parece derivado del latín *blandus*, 'suave' (v. Blando).

Cat. Blanquerna/.

Blanquerna, personaje de Ramon Llull en la obra homónima.

Blas/Blasa m/f On. 3 de febrero

El griego *blaisos*, 'zambo', varió ligeramente su sentido en el latín *blaesus*, 'tartamudo', que daría *Blaesus*, santo del s. IV a quien martirizaron lacerando sus costillas con peines de hierro, motivo por el que es patrón de los cardadores. En Alemania lo es de los molineros y de los tocadores de instrumentos de viento (pues en esa lengua *blasen* significa 'molinero').

Cat. Blai, Blasi/Blàsia. Eus. Balas, Balasi, Bladi/Balase, Blade. Gal. Brais, Bras/ Braisa, Brasa.
San Blas, obispo de Armenia (†316). Blai Bonet, novelista mallorquín (1926-1997). Blaise Pascal, matemático, físico, filósofo y escritor francés (2623-1662). Blas Infante, político y escritor español líder del andalucismo (1885-1936). Blas de Otero, poeta español (1916-1979).

Boabdil m
Deformación fonética castellana del nombre del último soberano de Granada, *abu Abdala*, 'el padre de Abdalá'.
Cat. Boabdil/.
Boabdil (Muhammad Abu Abd Allah XI), último rey de Granada (†1527).

Boecio m On. 27 de mayo
Derivado del griego *boetheia*, 'ayuda, socorro': «el que ayuda, servicial».
Cat. Boeci/.
Boecio, filósofo, teólogo y escritor (480-525) de la corte de Teodorico el Grande, injustamente ejecutado por este. Autor de *De consolatione philosophiae*.

Bogomil/Bogomila m/f On. 10 de junio
'Amigo de Dios' en las lenguas eslavas (*Boq*, 'solo, Dios'; *mil*, 'amigo'). Dio nombre a una secta herética en el s. x, los bogomiles o bogomilos, que perseguía una mayor autenticidad del espíritu evangélico.
Cat. Bogomil/Bogomila.
San Bogomil, arzobispo polaco (†1182) fundador, probablemente legendario, del bogomilismo, antecedente del movimiento cátaro.

Bolívar m
Apellido de origen vasco (para algunos, de *bolu-ibar*, 'molino de la ribera'; otros discuten esta etimología y lo refieren a *olo-ibar*, 'campo de avenas'). Usado como nombre en Hispanoamérica por el Libertador Simón Bolívar, cuyo padre era oriundo del pueblo vizcaíno de Bolívar o Bolíbar, cerca de Marquina.
Cat. Bolibar/.
Simón Bolívar, *el Libertador*, héroe de la independencia sudamericana (1783-1830).

Bonifacio/Bonifacia m/f On. 5 de junio

Nombre latino, abundantemente empleado por papas. Del latín *bonus fatum*, 'buen augurio, buen destino'. Usado a menudo como fórmula natalicia.

Cat. Bonifaci/Bonifàcia. Eus. Bonipagi/Bonipage. Gal. Bonifacio/Bonifacia.

Nombre de nueve papas, entre ellos Bonifacio VIII (Benedetto Gaetani) (1220-1303). San Bonifacio (*el Apóstol de Alemania*), monje, obispo y misionero (673-755). Bonifazio Cane ('Facino Cane'), condotiero (1360-1412).

Boris/Borisa m/f

Nombre de origen ruso. Del eslavo *borotj*, 'guerrero, combatiente' (para otros de *bogs* 'de Dios'). Popular en Rusia, dio también nombre a la ópera de Mussorgski *Boris Gudonov*, inspirado en una obra de Shakespeare, donde se alude al yerno de Iván el Terrible.

Variante: Boriso.

Cat. Borís/.

San Boris de Rusia, asesinado por su hermano Sviatopolk, y canonizado por otro hermano, Jaroslav (†1015). Boris (o Bernardo) Godunov, zar de Rusia, víctima de la sublevación de sus súbditos (1552-1605). Boris Karloff (Charles Edwin Pratt), actor teatral y cinematográfico inglés (1887-1969). Boris Pasternak, escritor y traductor ruso (1890-1960). Boris Yeltsin, político ruso (1931-2007). Boris Spassky, ajedrecista soviético, campeón del mundo (1937). Boris Becker, tenista alemán (1967).

Borja m On. 10 de octubre

Abreviatura del nombre de Francisco de Borja. Del nombre de la casa de los *Borja*, de la que salieron, entre otros personajes, el papa Alejandro VI y san Francisco de B. Del cat. *borja*, 'cabaña'. En italiano fue escrito como *Borgia*, forma con la que ha regresado a menudo a España.

Cat. Borja/. Gal. Borja/.

San Francisco de Borja, virrey de Cataluña (1510-1572), quien tras la visión de la enfermedad y de la muerte cambió los honores de este mundo por la disciplina de la Compañía de Jesús.

Borrell/Borrella m

Nombre medieval, portado por varios condes de Barcelona. Parece deformación del francés *borreau*, 'verdugo', aunque quizá esté derivado con la palabra 'borra'.

Cat. Borrell/.

Borrell II, conde de Barcelona (934?-992). Ramon Borrell I, conde de Barcelona (972-1017). Borrell, el primer conde de Ausona (s. IX).

Brandán/Brandana m/f

Nombre de origen céltico: *bren-finn*, 'aire hediondo' (o de *bran*, 'cuervo'). Las leyendas sobre los portentosos viajes marinos de san Brandán por el Atlántico dieron lugar a variadas derivaciones, desde la fabulosa isla de san Borondón hasta la identificación del personaje con el dios mexicano Quetzalcóatl, que según la tradición desembarcó cerca de la actual Tampico en el s. VI y fue más tarde deificado.

Convertido en patrón de los marineros por estos hechos, el nombre conoce numerosas variantes: Brendán, Brendano, Brandano, Borondón.

Cat. Borrell/. Gal. Brandán/.

San Brandán (484-577), santo venerado en Bretaña, famoso por su *Viaje*. Brendan Behan, autor dramático y nacionalista irlandés (1923-1964). Brenda, personaje de la novela *El pirata*, de Walter Scott. Brenda Blethyn, actriz cinematográfica y teatral británica (1946).

Braulio/Braulia m/f On. 26 de marzo

No está claro el origen de este nombre. Se ha propuesto el germánico *brand*, 'fuego, espada' (v. Hildebrando: *brandila*, transformado en *braudila* por lectura errrónea de la *n*), y también *brau*, 'toro', a su vez del germánico *raw*, 'guerrero, cruel'.

Cat. Brauli/Bràulia. Eus. Baurli/Baurle. Gal. Braulio/Braulia.

San Braulio, discípulo de san Isidoro de Sevilla y arzobispo de Zaragoza (586-646). Braulio Arenas, escritor chileno (1913-1988).

Brenda f On. 16 de mayo

Variante de Brandana.

Cat. /Brenda. Gal. Brandán/Brenda.

Breogán/Breogana m/f On. 25 de julio

Nombre céltico, frecuente en Galicia. *Gan*, indicativo de familia u origen; *breo*, quizá nombre propio (ha sido relacionado con Brandán, v, y con los brigantes).

Cat. Breogan/Breogana. Gal. Breogán/Breogana.

Briando/Brianda m/f
Variante de Brian/Briana.
Cat. Briand/Brianda.
Brian de Palma, realizador cinematográfico estadounidense (1940). Brianda de Acuña Vela, escritora y asceta española (1576-1630). Briant, personaje ingenioso y afable de la novela *Dos años de vacaciones*, de Julio Verne (1828-1905).

Bricio/Bricia m/f On. 13 de noviembre
Variante de Briccio/Briccia.
Cat. Brici, Brics/Brícia, Brica. Eus. Brizio/Brize.

Brígido/Brígida m/f On. 1 de febrero
Nombre antiquísimo, de origen discutido. Parece relacionable con la voz céltica *briga*, 'población, colonia' (*Segobriga*, Segovia), quizás a su vez procedente del hebreo *hir*, 'ciudad', o del caldeo *ur*, 'valle'. O del céltico *brigh*,'fuerza'. En todo caso, *Brighid* era el nombre de una diosa gaélica del fuego, cuyos atributos fueron traspasados a la santa irlandesa del s. VI.
La forma masculina es Bricio o Briccio (v.).
Cat. Brígid/Brígida, Brisda. Eus. /Birxita, Birkida, Birkide. Gal. /Bríxida.
Birgit Cullbert, coreógrafa y bailarina sueca (1908-1999). Bridget Fonda, actriz cinematográfica estadounidense (1964). Brigitte Bardot, actriz cinematográfica francesa (1934). Santa Brígida (s. VI), patrona de Irlanda con san Patricio. Santa Brígida de Suecia, fundadora de la orden de San Salvador (†1373). Brígida, personaje celestinesco de *Don Juan Tenorio* de José Zorrilla (1817-1893). Brigitte Pian, personaje de la novela *La farisea* del escritor François Mauriac (1885-1970). Brígida Vaz, vieja alcahueta en el *Auto da Barca do Inferno*, de Gil Vicente (1465?-1537?). Brígido Guerrero, único superviviente de la batalla de El Alamo (s. XIX).

Briseida f
Nombre griego, quizá derivado de *brithos*, 'el que lleva la carga'.
Cat. /Briseida.
Briseida, mitológica hija de Briseo, sacerdote de Zeus, y esclava de Aquiles, arrebatada a este por Agamenón.

Brunildo/Brunilda m/f

Nombre de una valquiria, popularizado por una ópera de Wagner. De *prun-hilde*, 'guerrero armado, acorazado' (v. Bruno e Hildebrando). Son variantes Brunhilda, Brunequilda, Brunilde y Bruniquilda.

Cat. Brunild/Brunilda.

Brunilda, heroína de las leyendas nórdicas, famosa por su trágico amor con Sigfrido, que dio tema a Wagner para una ópera. Brunilda o Bruniquilda (543-613), hija de Atanagildo, rey visigodo en España, reina de Austrasia por su matrimonio con Sigiberto.

Bruno/Bruna m/f On. 6 d'octubre

Nombre germánico. No procede, como parece obvio a primera vista, de *brun*, 'rojo, moreno', sino de *prunja*, 'peto, coraza', que entra como componente en muchos otros nombres (Brunardo, Burcardo). Puede pues traducirse como 'arma, guerrero'.

Diminutivo italiano: Brunello.

Cat. Bru/Bruna. Eus. Burnon, Burna/Burne. Gal. Bruno/Bruna.

Bruno, primo y colaborador del emperador Otón III (s. X-XI). San Bruno, obispo de Würzburg (†1045). Bruno Bettelheim, psiquiatra estadounidense de origen austríaco (1903-1990). Bruno Madrena, compositor italiano (1920-1973). Bruno Walter, director de orquesta alemán (1876-1962). San Bruno de Colonia, fundador de los cartujos (1035-1101). Brunello, personaje del *Orlando enamorado* de Boyardo y del *Orlando furioso* de Tasso.

Buda m

En realidad es un título, 'el iluminado', aplicado al fundador de una religión, considerado como una encarnación del dios indio Vishnú.

Cat. Buda/.

El Buda (Siddharta Gautama Sakiamuni), religioso oriental, fundador del budismo (560?-480? a. C.).

Buenaventura m On. 15 de julio

Nombre medieval de buen augurio, empleado como fórmula natalicia: «[Que tengas] buena ventura, felicidad».

Cat. Bonaventura/. Eus. Doatasun, Boabendur/. Gal. Boaventura/.

San Buenaventura de Barcelona, monje y peregrino (†1684). Bonaventura Carles Aribau, escritor, economista y político catalán (1798-1862). Bonaventura Cavalieri, monje, físico y matemático italiano (1598-1647). Bonaventura Gassol, político y escritor catalán (1893-1980). Buenaventura Durruti, dirigente anarquista castellano-catalán (1896-1936). San Buenaventura, general de franciscanos, fue llamado 'el doctor seráfico' (†1274).

Burro/Burra m/f

Nombre latino (*Burrhus*), portado por un preceptor de Nerón. Presente hoy solo como apellido.

Cat. Burro/Burra.

Burrhus F. Skinner, psicólogo estadounidense (1904-1990).

Buster m

Nombre adoptado por el actor cinematográfico estadounidense B. Keaton. Significado aproximado: 'el que empuja, el que pasa adelante'.

Buster Keaton (Joseph Francis Keaton), actor y director cinematográfico estadounidense (1896-1966).

Cabeza f On. 9 de septiembre

Simplificación del nombre de santa María de la Cabeza. De particular advocación en Andújar, donde tiene dedicado un santuario.

Sin duda alude a un topónimo, 'cabeza', aplicado a una colina o elevación aislada del terreno, en la que se erigiría el primer santuario.

Cat. /Cabeza.

Santa María de la Cabeza, esposa del madrileño san Isidro y también beatificada (†1180?).

Caleb m

Nombre del AT. Del hebreo *kaleb*, 'perro', o, para otros, 'audaz'.

Cat. Caleb/.

Caleb, personaje del AT, el único de los doce exploradores que entró en la Tierra Prometida (Num 32,12). Kalevipoeg (el hijo de Kalev), héroe mítico de los estonianos, convertido en símbolo de combatiente y reconstructor nacional.

Calimero/Calimera m/f On. 31 de julio

Del griego *kalli-meros*, 'de bellas partes del cuerpo', o sea 'bien hecho, bello'.

Cat. Cal·limer, Calimer/Cal·limera, Calimera. Gal. Calimero/Calimera.

San Calimero, obispo de Milán y mártir (s. II).

Calíope f On. 8 de junio

Nombre mitológico. De *kallos-ops*, 'la de la bella voz'.

Cat. /Cal·liop, Cal·líope. Eus. /Kalupe, Klupe.

Calíope, en la mitología la más eminente de las musas, protectora de la poesía y la elocuencia, madre de Linos y Orfeo.

Calixto/Calixta m/f On. 14 de octubre
Del griego *kállistos*, 'bellísimo'.
El calificativo 'bella' es probablemente el más extendido en nombres femeninos. Valgan como muestra Ada, Calimera, Ederne, Formosa, Ilona, Nefer, Rut.
Variante femenina en ámbitos mitológicos: Calisto, nombre de la ninfa que retiene por amor a Ulises.
Cat. Cal·lixt, Cal·lixte/Cal·lixta. Eus. Kalista/Kaliste. Gal. Calisto, Galixto (hip. Calistro)/Calistra, Calista.
Calixta, hija de Licaón, rey de Arcadia y amante de Júpiter, transformada en la constelación de la Osa Mayor. Tres papas, entre ellos Calixto III (Alfons de Borja) (1378-1458). Calista Flockhart, actriz de cine, teatro y TV estadounidense (1965).

Calógero/Calógera m/f
Nombre de origen griego: *kalós-geron*, 'monje' (literalmente, 'buen viejo'). Variante: Calogerio.
Cat. Calòger/.
San Calógero, ermitaño siciliano del s. IV.

Calvó m On. 25 de octubre
Evocación de san Bernardo Calvó (*Bernat Calbó*). Deriva del Mas Calbó, su casa natal (por *calb*, 'calva', esto es, «terreno pelado en un bosque»).
Cat. Calbó/.
San Bernat Calvó, abad de Santes Creus y obispo de Vic (1180-1243).

Camelia f
Nombre inspirado en el de la flor del Asia tropical bautizada *camellia* por Linneo en honor de su introductor en Europa, el jesuita italiano Camelli (s. XVIII). El apellido de este procedía del latín *camellus*, 'camello'.
Cat. /Camèlia. Gal. /Camelia.

Camilo/Camila m/f On. 14 de julio
Nombre derivado del mitológico *Camilos*, divinidad padre de los Cabirios. También era un sobrenombre de Mercurio. Del etrusco *casmillus*, 'ministro' (Mercurio lo era de los dioses). El nombre pasó, con carácter sagrado, a algunas familias romanas, con el sentido de 'sacerdote'; de

hecho, los camilos eran los jóvenes de buena familia que actuaban de acólitos en los ritos religiosos.
Es sinónimo de Augurio, Auspicio y Calanico.
Cat. Camil/Camila. Eus. Kamil/Kamille. Gal. Camilo/Camila.
Camila Quiroga, actriz argentina (1896-1948). Camila, hermana de Horacio en Roma (7 a. C.). Camila, reina legendaria de los volscos en *La Eneida* de Virgilio. Camilla Collett, novelista noruega (1813-1895). Camilla Parker-Bowles, segunda esposa del príncipe Carlos de Inglaterra (1947). Camille Claudel, escultora francesa (1864-1943). Camille Pissarro, pintor, diseñador y litógrafo francés (1830-1903). Camille Saint-Saëns, compositor francés (1835-1921). Camillo Benso di Cavour, conde de Cavour, político italiano (1810-1861). Camilo Torres, presidente de Colombia en 1815-1816. Camilo José Cela, escritor gallego, premio Nobel 1989 de Literatura (1916-2002). Camilo García de Polavieja, militar y político español (1838-1914). Camilo Ponce Enríquez, político ecuatoriano, presidente de su país en 1956-1960.

Cancio/Cancia m/f On. 31 de mayo
Nombre latín, derivado de *cantio*, 'canción'. Alude generalmente a san Juan Cancio, misionero polaco.
Cat. Canci/Cància.
San Cancio, misionero martirizado en Aquileya junto con sus hermanos Canciano y Cancianila (s. III). San Juan Cancio, confesor polaco (†1473).

Candelaria f On. 2 de febrero
Advocación mariana alusiva a la Purificación, en cuya fiesta se celebran procesiones con candelas encendidas (latín *candella*, de *candeo*, 'arder'). De gran fama en las Islas Canarias. En la península, se usan más a menudo las variantes Candela o Candelas.
Cat. /Candela, Candelera. Gal. /Candela, Candeloria.
Candela Peña, actriz cinematográfica española (1973).

Cándido/Cándida m/f On. 2 de febrero
Nombre popularizado desde la novela homónima. Del latín *candidus*, 'blanco, inmaculado' (de donde *candeo*, v. Candelaria).
Sinónimo de Blanca (v.).
Cat. Càndid, Candi/Càndida, Càndia. Eus. Kandidi, Kandida/Kandide. Gal. Cándido/Cándida.

Cándida (s. VIII), madre de san Emerenciano, fundador del monasterio de Banyoles (Girona). Cándido, héroe de un cuento filosófico de Voltaire (1759). Cándido Méndez, líder sindicalista español (1952). Cándido Barrios, político paraguayo, presidente de su país en 1878-1880. Cándida, protagonista de la comedia homónima de George Bernard Shaw (1856-1950).

Canuto/Canuda m/f On. 7 de enero

Nombre germánico, portado por varios reyes de Dinamarca e Inglaterra. Tal vez relacionado con el antiguo alemán *kyne* o *kint*, 'estirpe, origen, descendiente', y también 'chico', a su vez de la raíz indoeuropea *-gen*, 'generar'.

Cat. Canut/Canuda. Eus. Kanuta/Kanute. Gal. Canuto/Canuda.

San Canuto I *el Grande* (s. XI), rey de Dinamarca. San Canuto de Schweslig (†1171). Knut Hamsun, novelista noruego (1859-1952).

Caracalla m

El emperador romano de este nombre fue apodado *caracalla* por un chaquetón de cuero que repartió entre el pueblo.

Cat. Caracal·la/.

Marco Aurelio Antonio Caracalla, emperador romano (186-217).

Caridad f On. 1 de agosto

Nombre cristiano, derivado del latín *charitas*, 'amor'.

Cat. /Caritat. Eus. /Karitte. Gal. /Caridade.

Santa Caridad, mártir en Roma junto con sus hermanas Fe y Esperanza (s. II).

Carino/Carina m/f On. 7 de noviembre

Del griego *Xarinos*, 'gracioso, chusco', personaje cómico de la comedia dórica. También gentilicio del lat *carus*, 'caro, querido'. Popular especialmente en Italia, y también en los países nórdicos, donde se ha fundido con *Katarina* (Catalina).

Variante masculina: Carinos.

Cat. Carí/Carina. Eus. Karin/Kariñe. Gal. Carino/Carina.

Karina (María Isabel Llaudés), cantante (1946). Karina Habsudova, tenista rusa (1979). Santa Carina, mártir (†363). Carino, emperador romano (s. III).

Carlomagno m

Variante de Carlomán, nombre germánico compuesto de *karl*, 'hombre, viril' y *mann*, 'hombre'. Los latinistas lo convirtieron en *Carlus Magnus*, literalmente 'Carlos el Grande', para designar al emperador de los francos.

Cat. Carlemany/.

Carlomagno, primer emperador de los francos (742?-814).

Carlos/Carla m/f On. 4 de noviembre

Procede de una antigua palabra teutona que designa la clase inferior de los hombres libres; luego se degradó aún más y fue aplicada a los siervos. La palabra inglesa *churl*, 'patán', tiene el mismo origen. Sin embargo, a raíz de Carlomagno, la raíz germánica *karl* se convirtió en 'varón, viril', latinizado *Carolus*, y aparece en nombres como Carlomán (*Karl-mann*, 'hombre viril'), latinizado *Carlomagnus*, 'Carlos el Grande', título del gran emperador germánico (s. VIII). Inmensamente popular en todas las épocas y países, y frecuente en las casas reales. Por no citar más que España, ha sido llevado entre nosotros por cuatro reyes (cinco si contamos el actual) y cuatro aspirantes más, que reforzaron sus pretensiones en la Guerra de Sucesión y en las *carlistas*. Mencionemos también... las islas Carolinas, bautizadas en honor de Carlos II, y los estados de USA de Carolina del Norte y del Sur, por Carlos IX de Inglaterra... Es también inevitable citar a Charles Chaplin, famoso por su hip. *Charlot*.

Las formas femeninas son también muy populares: Carla, Carleta, Carlota (inspirada en el francés Charlotte), Carola, Carolina.

Para sinónimos, v. Arsenio.

Cat. Carles/Carla. Eus. Xarles, Karla, Karol/Karle. Gal. Carlos, Calros/Carla, Calra.

Carl Friedrich Gauss, matemático alemán (1777-1855). Carl Lewis, atleta estadounidense (1961). Carl Orff, compositor bávaro (1895-1982). Carl von Linné, naturalista sueco (1707-1778). Carla Fracci, bailarina italiana (1936). Carla Lonzi, crítica de arte y feminista italiana (1931-1982). Carles Bosch de la Trinxeria, escritor catalán (1831-1897). Carles Cardó, eclesiástico y escritor catalán (1884-1958). Carles d'Aragó, hijo de Juan II, príncipe de Viana (1421-1461). Carles de Camps, marqués de Camps, ingeniero forestal y político catalán (1860-1939). Carles Pi i Sunyer, político, economista y escritor catalán (1888-1971). Carles Riba, escritor y humanista catalán (1893-1959). Carles Salvador, poeta y gramático valenciano (1879-

1955). Carles Sentís i Anfruns, periodista y político catalán (1911). Carles Soldevila, escritor catalán (1892-1976). Carl-Gustav Jung, psicólogo y psiquiatra suizo (1875-1961). Carlo Goldoni, comediógrafo italiano (1707-1793). Carlos Arniches, comediógrafo valenciano-castellano (1866-1943). Carlos Barral, escritor y editor catalán (1928-1989). Carlos Fuentes, escritor mexicano (1928). Carlos Gardel, cantante argentino de origen francés (1887-1935). Carlos Hugo de Borbón-Parma, pretendiente carlista al trono español (1930-2010). Carlos Ibáñez, mátemático y militar catalán-castellano (1825-1891). Carlos III *el Político*, rey de España (1716-1788). Carlos IV *el Cazador*, rey de España (1748-1819). Carlos María Isidro de Borbón (*Carlos V*), pretendiente carlista a la corona de España (1788-1855). Carlos Saura, director cinematográfico aragonés (1932). Carlos V, emperador romano-germánico, rey de Castilla y de Aragón (1500-1558). Carlos VI, emperador romano-germánico (1685-1740). Charles Baudelaire, poeta francés (1821-1867). Charles Chaplin, realizador y actor cinematográfico inglés (1889-1977). Charles Coulomb, físico francés (1735-1806). Charles Darwin, naturalista inglés (1809-1882). Charles De Gaulle, militar y estadista francés (1890-1970). Charles Dickens, novelista inglés (1812-1870). Charles Gounod, compositor francés (1818-1893). Charles Le Brun, pintor francés (1619-1690). Charles Martell, mayordomo de palacio de los reyes merovingios (688?-741). Charles Maurice de Talleyrand-Périgord, político y diplomático francés (1754-1838). Charles Péguy, escritor francés (1873-1914). Charles-Louis de Secondat, barón de Montesquieu, filósofo y jurista francés (1689-1755). Karl Christian Friedrich, filósofo alemán (1781-1832). Karl Jaspers, filósofo alemán (1883-1969). Karl Maria von Weber, compositor alemán (1786-1826). Karl Marx, filósofo, político y economista alemán (1818-1883). Karl Popper, filósofo austríaco (1902-1994). San Carlos Borromeo, arzobispo de Milán (1538-1584). Carlos Bovary, esposo de *Emma Bovary* de Gustave Flaubert, (1821-1880). Carlos Moor, héroe de *Los bandidos* de Friedrich Schiller (1759-1805).

Carlota f

Forma femenina de Carlos, tomada del francés *Charlotte*.

Cat. /Carlota. Gal. /Carlota.

Carlota Bustelo, política y feminista española (1939). Carlota de Bélgica, emperatriz de México (1840-1927). Carlota Joaquina, reina de Portugal, hija de Carlos IV de España (1775-1830). Charlotte Brönte, escritora inglesa (1816-1855). Charlotte Corday, revolucionaria francesa, asesina de Marat (1768-1793). Charlotte von Stein, dama alemana, amante de Goethe (1742-1827). Carlota, personaje de *Las cuitas del joven Werther*, de Johann Wolfgang Goethe (1749-1832).

Carmelo/Carmela m/f On. 16 de julio

Nombre tomado del monte Carmelo, citado en la Biblia, donde habitó el profeta Elías. Se hizo famoso desde que en el siglo XIII se instaló allí una comunidad cristiana, que tomó el nombre de carmelita.
Aunque la forma femenina es tomada como equivalente a Carmen, son en realidad nombres distintos.
Derivado: Carmelina.
Cat. Carmel/Carmela. Eus. Karmel/Karmele. Gal. Carmelo/Carmela.
Carmel Navarro, escritor valenciano (1848-1893). Carmelo Alonso Bernaola, compositor español (1929-2002). Carmelo Gómez, actor cinematográfico español (1962). Karmele Marchante, periodista española (1950).

Carmen m+f

Nombre de una Virgen, muy popular en Granada. En latín *carmen* es 'canto, poema', pero el nombre está en realidad inspirado en el monte Carmelo, en la Galilea (*karm-el*, 'viña de Dios'). V. Carmelo.
Variantes: Carmela, Carmina. Forma masculina: Carmelo.
En América, Carmen es también masculino.
Cat. Carmel/Carme. Eus. /Karmele, Karmiñe. Gal. Carmel/Carme.
Carme Riera, escritora y profesora mallorquina-catalana (1948). Carmen Martín Gaite, escritora castellana (1925). Carmen Maura, actriz española (1945). Carmen Amaya, bailarina y coreógrafa española (1909-1963). Carmen Sevilla, actriz y presentadora de TV española (1930). Carmen, protagonista de la ópera homónima de Georges Bizet (1838-1875). Carmen, personaje de comedia del escritor argentino Gregorio de Laferrére (1867-1913).

Carolino/Carolina m/f

Gentilicio de Carola (v. Carlos), formado con el sufijo lat. *-inus*. Suele usarse como femenino de Carlos.
Cat. Carolí/Carolina. Gal. Carolino/Carolina.
Carolina Bonaparte, esposa de Joachim Murat, mariscal de Francia (s. XVIII-XIX). Carolina Coronado, poetisa española (1823-1911). Carolina de Bruns-

wick, reina de Inglaterra (s. XIX). Carolina Grimaldi, princesa de Mónaco (1957). Carolina Herrera, diseñadora de moda y empresaria venezolana (1939). Carolina Lamb, escritora británica, amante de lord Byron (1785-1828). Carolina Nabuco, escritora brasileña (1890-1981). Carolina Otero Iglesias, *la Bella Otero*, bailarina y cortesana española (1868-1965). Caroline Cunati ('Edwige Feuillère'), actriz francesa (1907-1998). Hermana Carrie, heroína de la novela de este nombre del escritor estadounidense Theodore Dreiser (1871-1945) *Carolina*.

Cary m

Nombre de fantasía creado para el actor estadounidense, buscando una nueva combinación de las iniciales GC, hechas famosas por Gary Cooper y Clark Gable.

Cary Grant (Archibald Alexander Leach), actor cinematográfico estadounidense (1904-1986).

Casandro/Casandra m/f

Del griego *Kassandra*, 'protectora de hombres'.

Cat. Cassandre/Cassandra.

Casandra, personaje de *La Ilíada*, clarividente cuyas profecías (entre ellas la caída de Troya por causa de los guerreros ocultos en el interior del famoso caballo), siempre ciertas, no eran jamás creídas. Cassandre Salviati, amor platónico de Ronsard (s. XVI).

Casildo/Casilda m/f On. 9 de abril

Nombre de una virgen española de Burgos (s. XI), con origen polémico. Para algunos, es derivación del germánico *Hatuhild*, de *hathu*, 'riña, combate', y *hild*, 'batalla' (v. Hildo). En todo caso es chocante la coincidencia con el árabe *kassilda*, 'cantar', con la que puede haber concurrido.

Cat. Casild/Casilda. Eus. Kasilda/Kasilde. Gal. Casildo/Casilda.

Santa Casilda, hija de Almamún, rey musulmán de Toledo, protectora de los cristianos (†1007). Silda (Casilda), apodada *Sotileza*, protagonista de la novela del mismo nombre de José María de Pereda.

Casimiro/Casimira m/f On. 4 de marzo

Nombre muy corriente en Polonia, donde ha sido llevado por varios reyes. Del polaco *Kazimierz*, 'el que establece la paz, pacificador', latiniza-

do posteriormente *Casimirus*. De la misma significación que Federico, Ireneo, Onofre, Salomón y Zulima.
Popular pese al fácil chiste (miope = 'casi miro').
Cat. Casimir/Casimira. Eus. Kasimir, Gartzimiro/Kasimire. Gal. Casimiro/ Casimira.
Cinco reyes polacos, entre ellos Casimiro III el Grande, restaurador del país (1310-1370). Casimir Perrier, político francés (1777-1832). Casimir Malevich, pintor, diseñador y escritor ruso (1878-1935). Casimir Funk, bioquímico estadounidense (1884-1967). Casimiro Olañeta, político boliviano (1796-1860).

Casiodoro/Casiodora m/f
Del griego *kasios-doron*, 'don del hermano', hecho famoso por un sabio de la corte deTeodorico.
Cat. Casiodor/. Gal. Casiodoro/.
Casiodoro, político, monje y escritor romano (490?-580?).

Castalia f
Nombre griego. Del griego *kasteia*, 'pureza', atributo en torno al cual se forjó la leyenda de la ninfa.
Cat. /Castàlia. Gal. /Castalia.
Castalia, en la mitología, ninfa que huyendo del acoso de Apolo pereció ahogada. Convertida en fuente, esta fue después consagrada a las Musas.

Casto/Casta m/f On. 22 de marzo
Nombre cristiano, derivación del latín *castus*, 'puro' (cf. Castalia).
Cat. Cast/Casta. Eus. Kasta/Kaste. Gal. Casto/Casta.
San Casto, martirizado en África con san Emilio (s. III). Casto Méndez Núñez, teniente general de la Armada española (1824-1869). Casto Sendra, 'Cassen', humorista español (1928-1991).

Cástor/Cástora m/f On. 28 de diciembre
También Castor/Castora. Nombre mitológico. Del griego *kástor*, derivado del hebreo, donde significa 'almizcle'. Equivale a 'animal almizclado, oloroso'.
Variante: Castor.
Cat. Càstor/Càstora. Eus. Kastor/Kastore. Gal. Cástor/Cástora.

Cástor y Pólux eran los famosos gemelos Dioscuros, hijos de Leda y Zeus, que acompañaron a Jasón y los Argonautas en la expedición en busca del vellocino de oro. San Castor, maestro escultor originario de la Panonia, martirizado en 306.

Catalino/Catalina m/f On. 20 de abril

Aunque la forma inicial es el griego *Aikatharina*, pasó al latín como *Katharina* por la atracción de la palabra *katharós*, 'puro, inmaculado', lo que lo hacía sinónimo de Febe, Castalia, Inés y Pura.

Hoy ha disminuido algo su predicamento, pero fue durante la Edad Media popularísimo en toda Europa (¡hasta ha dado nombre a una rueda de reloj, alusiva al tormento aplicado a la santa!).

Variante: Catarina.

Cat. Catalí/Catalina, Caterina. Eus. Katalin, Katalain/Kataliñe, Katixa, Katrin. Gal. Catarino/Catarina.

Catalina de Aragón, primera esposa de Enrique VIII (1485-1536). Catalina de Médicis, reina de Francia, esposa de Enrique II (1519-1589). Catalina Howard, quinta esposa de Enrique VIII (1520-1542). Catalina la Grande, emperatriz de Rusia. Catalina Parr, sexta y última esposa de Enrique VIII (1512-1548). Caterina Albert i Paradís ('Víctor Català'), novelista y poeta catalana (1869-1966). Cathérine Deneuve (Catherine Dorléac), actriz cinematográfica francesa (1943). Katharine Hepburn, actriz teatral y cinematográfica estadounidense (1909-2003). Santa Catalina de Siena (Caterina Benincasa), religiosa italiana dominicana (1347-1380). Katherine, protagonista de *La fierecilla domada*, de William Shakespeare (1564-1616). Katherine, protagonista de la novela *Cumbres borrascosas*, de Emily Brontë (1818-1848). Katinka Bai, personaje de la novela *Junto a la vía*, del escritor danés Herman Bang (1857-1912), mujer tranquila y taciturna, vencida por la vida. Katiucha Maslova, personaje de *Resurrección* de Lev Tolstoi (1828-1910), prostituta condenada injustamente.

Catón m

Nombre de una familia romana de los Porcios. El nombre posiblemente deriva de *catus*, 'hábil, astuto', adjetivo aplicado por *catus*, 'gato'.

Cat. Cató/.

Marco Porcio Catón, *el Censor*, político, escritor y orador romano (234-149 a. C.).

Catulo/Catula m/f

También Cátulo/Catulo. Diminutivo de *catus*, 'gato' y también 'perro' (aplicado en general a animales domésticos de ese tamaño). V. Catón.
Variante: Catulio.
Cat. Catul/Catula.
Marco Valerio Catulo, poeta latino (84?-54? a. C.). Cátulo Castillo, músico de tangos argentino (1906-1975).

Cayetano/Cayetana m/f On. 8 de agosto

Se ha querido ver en este nombre un gentilicio del latín *gaius*, 'alegre', aunque más probablemente lo es de Caieta, puerto de la Campania (hoy Gaeta), así llamada según Virgilio por el nombre de la nodriza de Eneas, muerta y sepultada en aquella playa.
Nombre muy popular en Italia, bajo la forma Gaetano.
Cat. Caetà, Caietà, Gaietà/Caietana, Gaietana. Eus. Kaiet, Kadet, Kaitan/Kaiete, Kadete, Kaitañe. Gal. Caetano, Caetán, Caitán/Caetana, Caitana.
Cayetana Guillén Cuervo, actriz cinematográfica española (1969). Cayetana Fitz-James Stuart y Silva, duquesa de Alba (1926). Gaetano Donizetti, compositor italiano (1797-1848). Gaetano Rapagnetta ('Gabriele D'Annunzio'), escritor italiano (1863-1938). Gaietà Cornet, dibujante, caricaturista e ingeniero catalán (1878-1945).

Cayo/Caya m/f On. 10 de marzo

Del latín *caius*, corrupción de *gaius*, 'alegre', o del mismo origen que Cayetano (v.). Uno de los nombres más corrientes en la antigua Roma.
Cat. Cai, Caius, Gaius/Caia, Gaia. Eus. Kai, Kaia/Kaie. Gal. Caio/Caia.
Cayo Plinio Segundo (*Plinio el Viejo*), escritor romano, creador de la Historia natural (23-79). Cayo Salustio Crispo, historiador y político latino (86-35 a. C.). Cayo Petronio, escritor romano (s. I). Cayo Julio César, político, escritor y militar romano (100-44 a. C.). Cayo Julio César Germánico, 'Calígula', emperador romano (12-41). Cayo Julio César Octaviano Augusto, primer emperador romano (63 a. C.-14d. C.). Caya, semilegendaria primera esposa repudiada del rey navarro Sancho III *el Mayor*.

Cebrián/Cebriana m/f On. 16 de septiembre

Del griego *Kyprianus*, gentilicio de la isla de Chipre (*Kypros*). También relativo o gentilicio de Ciprina o Cipris, sobrenombre de Venus, por ser adorada en ese lugar.

Variante: Ciprián, Cipriano.
Cat. Cebrià/Cebriana.
San Cebrián (*Tascio*), obispo de Cartago (205?-258). Cebrià de Montoliu, urbanista y abogado mallorquín-estadounidense (1873-1923).

Cecilio/Cecilia m/f On. 22 de noviembre
La etimología popular de *Caecilia*, nombre de una familia romana, pretendía derivarla de *Coeculus*, 'cieguecito', aunque la realidad es que el nombre es etrusco y su significado permanece ignorado. Siempre de moda por ser considerado *chic* y burgués.
Cat. Cecili/Cecília. Eus. Koikilli/Koikile, Zezili, Zilia. Gal. Cecío/Cecía (hip. Icia).
Cecil B. DeMille, director cinematográfico estadounidense (1881-1959). Cecil Day-Lewis, escritor irlandés (1904-1972). Cecilia (Evangelina Sobredo Galanes), cantautora española (1948-1976). Cecilia Böhl de Faber ('Fernán Caballero'), novelista española (1796-1877). Cecilia de Suecia, hija de Gustavo I, famosa por su belleza y su incontinencia (s. XVI). Cecília Meireles, poetisa brasileña (1901-1964). Cecilia Roth, actriz cinematográfica argentina (1957). Cecilio Acosta, escritor y jurista venezolano (1818-1881). Santa Cecilia, mártir cristiana (s. III), quien cantó hasta su muerte, lo que le ha valido ser patrona de la música.

Ceferino/Ceferina m/f On. 22 de agosto
Nombre latino, derivado de *zepherinus*, 'relativo al céfiro', viento de occidente originado en el griego *tsophos*, 'oscuridad, occidente'.
Variante gráfica: Zeferino.
Cat. Ceferí/Ceferina. Eus. Keperin, Tzepirin, Xefe/Keperiñe. Gal. Ceferino/Ceferina.
San Ceferino, papa de 199 a 217. Ceferí Tresserra, político y escritor catalán (1830-1880). Beato Ceferino Namuncurá, cacique patagonio, 'el santito de la Patagonia'. Ceferino Sanjurjo, personaje de la novela *La Hermana San Sulpicio* de Armando Palacio Valdés (1853-1938).

Celedonio/Celedonia m/f On. 3 de marzo
Del nombre griego *Chelidonius*, procedente de *chélidonon*, diminutivo de *chélidon*, 'golondrina'.

Cat. Celdoni, Celedoni, Celoni/Celdònia, Celedònia, Celònia. Eus. Zeledon, Kelidoni/Zeledone, Kelidone.
San Celedonio, soldado romano martirizado a principios del s. IV en Calahorra. Celedón, personaje símbolo de las fiestas de la Virgen Blanca en Vitoria (agosto).

Celeno/Celena **m/f**
Del gr. *kelenos*, 'seductor'. Variante: Celino/Celina.
Cat. Celè/Celena.
Celena, sobrenombre de Cibeles en la mitología griega. Céline Seurre ('Cécile Sorel'), actriz francesa (1873-1966).

Celeste f
Del lat. *caelestis*, 'del cielo, celestial', o sea 'divino' (sinónimos: Divina, Gúdula, Senén, Helga, Ansaldo).
Derivado: Celestino.
Cat. /Celest. Gal. /Celeste.
Celeste, diosa púnica del cielo (la Urania griega). Céleste Buisson de la Vigne, esposa de Chateaubriand (s. XVIII-XIX).

Celestino/Celestina m/f On. 17 de mayo
Gentilicio de Celeste (sufijo lat. *-inus*, 'de la familia de'). Era dado como sobre nombre a Júpiter, rey de los dioses. Son del mismo grupo Celiano, Celina, Celio y Celso.
Cat. Celestí/Celestina. Gal. Celestino, Cilistro/Celestina.
Celestina, arquetipo de alcahueta, personaje de la *Tragicomedia de Calisto y Melibea*, por Fernando de Rojas (s. XV). Célestin Freinet, educador francés, fundador de una escuela experimental de «métodos activos» (1896-1966). Flore Célestine T. Tristán-Moscoso ('Flora Tristan'), política francesa (1803-1844). Celestino Gorostiza, escritor mexicano (1904-1967).

Celio/Celia m/f
Del latín *Coelius*, nombre de una familia romana, de la cual se extendió a una de las colinas de su ciudad. Popular en Valencia, aunque más bien como hip. de Cecilia (v.). Del etrusco *Celi*, 'septiembre'.
Coincide con el nombre americano Celia, 'recibir, florecer' en azteca.
Derivado: Celina.
Cat. Celi/Cèlia. Gal. Celio/Celia.

Celia Amorós, filósofa y teórica feminista española (1944). Celia Cruz, cantante cubana (1925-2003). Celia Gámez, actriz de revista hispanoargentina (1905-1992). Céline Seurre ('Cécile Sorel'), actriz francesa (1873-1966). Celio Arias, político hondureño, presidente de su país en 1872-74. Celia, personaje de *Como gustéis* de William Shakespeare (1564-1616).

Cenobio/Cenobia m/f

Del griego *Zenos-bios*, 'vida de Zen', es decir, 'descendiente de Júpiter', el dios de los dioses. El nombre adquirió posteriormente connotaciones cristianas al ser aplicado a los conventos (*koinos-bios*, 'vida en común'). Variante gráfica: Zenobio/Zenobia.

Cat. Zenobi/Zenòbia. Eus. Kenoba/Kenobe.

V. Zenobio.

César/Cesaria m/f

De la antigua palabra latina *coesar*, 'melenudo'. Inmortalizado por el militar y político romano Julio César (s. I a. C.), que lo convirtió en un título más, expresivo de la dignidad imperial, sobreviviente hoy en palabras análogas (el alemán *Kaiser*. O el ruso *Zar*).

Derivados: Cesarión (nombre de un hijo de Julio César y Cleopatra, asesinado preventivamente), Cesario, Cesáreo (la operación *cesárea* es denominada así porque, según la falsa tradición, mediante ella nació el caudillo romano).

Cat. Cèsar/Cesària. Eus. Kesar/. Gal. César/.

Cayo Julio César, político, escritor y militar romano (100-44 a. C.). Claudio César Nerón, emperador romano (37-68). César Borja (*Borgia*), cardenal, hijo del papa Alejandro VI (1475-1507). Cèsar Jordana, escritor catalán-argentino (1893-1958). Cèsar Martinell, arquitecto e historiador del arte, catalán (1888-1973). César Gaviria, economista y político colombiano (1947). César Manrique Cabrera, arquitecto español (1929-1992). César-Auguste Franck, compositor belga, naturalizado francés (1822-1890). Cesare Pavese, escritor italiano (1908-1950). Santa Cesárea, abadesa y virgen francesa, hermana de San Cesáreo de Arlés, en Provenza (†540).

Cesario/Cesaria m/f

Variante de Cesáreo/Cesárea.

Chadli m

Nombre árabe, posible derivación de *shadi*, 'cantador'.

Chadli Ben Djedid, político y militar argelino (1929).

Chantal f On. 12 de diciembre

Nombre de una localidad de Saône-et-Loire (Francia), convertido en onomástico femenino en recuerdo de santa Juana Francisca Frémyot, fundadora, con san Francisco de Sales, de la orden de la Visitación. El topónimo parece proceder de la antigua forma dialectal del occitano *cantal*, 'piedra, hito'. De uso exclusivamente francés hasta hace poco, se ha popularizado entre nosotros en los últimos años.

Cat. /Chantal, Xantal. Gal. /Chantal.

Santa Juana Francisca Frémyot, baronesa de Chantal, abuela de madame Sévigné, fundadora de la orden de la Visitación (†1641). Chantal Akerman, realizadora cinematográfica belga (1950).

Chiang m

Nombre chino común. Asimilado a «venerable».

Chiang Kai-shek, militar y político chino (1887-1975).

Cicerón m

Nombre de familia en Roma. Del latín *cicero*, 'garbanzo', y, por analogía, 'verruga', aludiendo a un rasgo físico, hábito muy frecuente en Roma (cf. Blas, Claudio).

Cat. Ciceró/.

Marco Tulio Cicerón, orador, escritor, político y filósofo latino (106-43 a. C.), autor de las célebres *Catilinarias*.

Cincinato/Cincinata m/f

Del latín *cincinnatus*, 'de pelo rizado' (*cingo*, 'ceñir'). La orden de los Caballeros de Cincinnatus alcanzó gran expansión en USA.

Cat. Cincinnat/Cincinnata.

Lucio Quincio Cincinato (s. VI a. C.), romano famoso por la austeridad de sus costumbres, que dejó el arado para convertirse en dictador a requerimiento de sus ciudadanos, retirándose posteriormente.

Cinta f

Alusión a la Virgen de la Cinta, muy común en la zona de Tortosa (Virgen preñada, o *en-cinta*). Es también el femenino de Cinto, hip. catalán de *Jacint*, Jacinto.

Cat. /Cinta.

Mossèn Cinto (Jacint) Verdaguer, poeta y escritor romántico catalán (1845-1902).

Cintio/Cintia m/f

Derivación del griego *Kynthia*, a su vez de *Kynthos*, famoso nombre de Delos, donde nacieron Apolo y Artemisa.

V. también Cindy.

Cat. /Címtia.

Laure Cinthie Montalant ('Cinti Damoreau'), soprano francesa (1801-1863). Cindy Crawford, *top model* estadounidense, ex esposa del actor Richard Gere (1966). Cintia, mujer cantada por Propercio (*Elegías*), figura amorosa de una matrona romana.

Cipriano/Cipriana m/f

Del griego latinizado *cyprianus*, gentilicio de la isla de Chipre (*Kypros*), donde se adoraba a Venus, llamada también por ese motivo Ciprina o Cipris. Variante: Cebrián.

Cat. Ciprià/Cipriana. Eus. Kipiren/Kipireñe. Gal. Cibrán, Cibrao/Cibrana.

San Cipriano, obispo de Cartago, padre primitivo de la Iglesia (†210?). Cipriano, relator latino, acusador de Boecio (s. V-VI). Cipriano de Rore, compositor flamenco (s. XVI). Cipriano Camil Norwid, poeta, dramaturgo, pintor y escultor polaco (s. XIX). Cipriano Castro, político venezolano, presidente de su país en 1900-1908. Cipriano Segundo Montesino y Estrada, ingeniero español (1817-1901). Cipriano, protagonista de *El mágico prodigioso* de Pedro Calderón de la Barca (1600-1681), versión de la figura perenne de Fausto.

Cirano/Cirana m/f On. 4 de diciembre

Latinización (*Cyranus*) del griego *kyrios*, 'señor'. Sufijo gentilicio *-anus*, 'relativo, de la familia de'. Variante de Ciriano.

Cat. Cirà/Cirana.

Savinien Cyrano de Bergerac (1619-1655), extraño poeta francés protagonista del célebre drama homónimo de Edmond Rostand (1868-1918).

Cireneo/Cirenea m/f

Gentilicio griego de Cirene (*Kyrenaia*), nombre a su vez quizá procedente de *kyreo*, 'objetivo, punto deseado'.

Cat. Cireneu/Cirènia. Gal. Cireneo/Cirenia.

Cireneo, personaje bíblico que ayudó a Jesucristo a cargar con la cruz (Mt 27,32; Mc 15,21; Lc 23,26). Cirenia, nombre de una mitológica ninfa de la Tesalia.

Cirenio/Cirenia m/f On. 1 de noviembre

Variante de Cireneo/Cirenea.

Cat. Cireni/Cirènia. Eus. Kuiren/Kuirene.

Ciriaco/Ciriaca m/f On. 19 de junio

La palabra griega *kyrios*, 'señor', da lugar a numerosos nombres: Ciriaco (*kyriakos*, 'amor a Dios'), Ciriano, Ciricio, Cirilo, Cirenia...

Se emplea también la forma Ciríaco.

Cat. Ciríac/Ciríaca. Eus. Kuireka/Kuireke. Gal. Ciriaco/Ciriaca.

San Ciriaco (s. II), quemado vivo en Asia Menor con su hermano Teódulo.

Cirilo/Cirila m/f On. 14 de febrero

Del griego *kyrios*, 'señor'. A san Cirilo se debe la creación del alfabeto *cirílico*, utilizado por serbios, rusos y búlgaros.

Son numerosos los sinónimos. Citemos Adonis, Domnio, Froilán, Ibor, Tiranio y Quirico.

Santos Cirilo y Metodio han sido declarados copatronos de Europa.

Cat. Ciril, Cirili/Ciril·la. Eus. Kuiril/Kuirille. Gal. Cirilo/Cirila.

San Cirilo de Alejandría, padre de la Iglesia Griega (†444). San Cirilo de Tesalónica (827-869), padre de la Iglesia Griega, que su hermano san Metodio evangelizaron los países eslavos, donde son corrientes sus nombres. Ambos han sido declarados copatronos de Europa. San Cirilo de Alejandría, patriarca de Alejandría y teólogo (380-444). Kirilo, personaje de la novela *Los endemoniados* de Fedor Dostoievski (1821-1881), ateo teórico. Cirilo Flores, presidente de Guatemala en 1827.

Ciro/Cira m/f On. 3 de agosto

Nombre del fundador del imperio persa. En hebreo *kores*, quizá del elamita *kuras*, 'pastor'.

Cat. Cirus/Cira. Eus. Kuir, Kirru/Kure.

Ciro de Persia, el Joven, emperador persa, hijo de Darío II (424?-401 a. C.). Ciro II el Grande, emperador persa (†529 a. C.). Cyrus Smith, el 'hombre ingeniero', héroe del siglo XIX, personaje de *La isla misteriosa* de Julio Verne.

Citlalli f

Nombre femenino azteca, usado en México. Significado: 'estrella'.

Claramundo/Claramunda m/f

Variante de Esclaramunda (este, germánico, de *gisclar-mund*, 'que protege por la flecha'), simplificada por atracción del nombre femenino Clara. V. Gisleno; v. Mundo.

Cat. Claramund/Claramunda.

Claret m On. 23 de octubre

Forma catalana de 'Clarito', diminutivo de Claro, con entidad propia tras ser llevado como apellido por el célebre santo del s. XIX Antoni Maria Claret, arzobispo de Cuba, fundador de los Claretianos y confesor de la reina Isabel II.

San Antoni Maria Claret, confesor y arzobispo (1807-1870).

Claro/Clara m/f On. 10 de octubre

Del latín *clarus*, 'limpio, claro, ilustre'. Posiblemente por ello es invocada santa Clara como abogada de las enfermedades de la vista (es decir, para 'ver claro'). La danzarina Claire Motte es la heroína del filme *Le Genou de Claire*.

Cat. Clar/Clara. Eus. Kalar/Garbi, Kalare, Argia, Karia. Gal. Claro/Clara.

Claire Bloom, actriz cinematográfica inglesa (1931). Claire Catherina Danes, actriz cinematográfica estadounidense (1979). Claire, duquesa de Duras, escritora francesa (1779-1828). Clara Campoamor, política republicana y feminista española (1888-1972). Clare Peeters, pintora flamenca (1594-1660). Santa Clara de Asís, amiga de san Francisco y fundadora de la orden de las clarisas (1194-1253). Claire Trevor (Claire Wemlinger), actriz cinematográfica estadounidense (1909-2000). Clara, personaje de la novela *María Magdalena* de Friedrich Hebbel (1813-1863). Clara de Beaulieu, personaje de *Le maître des forges* de Georges Ohnet (1848-1918).

Claudio/Claudia m/f On. 18 de febrero

Del latín *Claudius*, nombre de una familia etrusca. La etimología popular lo asocia con *claudus*, 'cojo'. Claudia de Francia (s. XVI, esposa de Francisco I), pasó a la historia dando nombre a una sabrosa clase de ciruelas.

Confundido a menudo con Clodio, que en realidad es distinto.

Cat. Claudi/Clàudia. Eus. Kauldi/Kaulde. Gal. Claudio, Clodio/Claudia, Clodia.

Claude Chabrol, director cinematográfico francés (1930-2010). Claude Henri de Rouvroy, *Saint-Simon*, pensador francés (1760-1825). Claude Lévi-Strauss, antropólogo franco-belga (1908-2009). Claude Monet, pintor francés (1840-1926). Claude Simon, escritor francés (1913-2005). Claude-Achille Debussy, compositor francés (1862-1918). Claudi Esteva-Fabregat, antropólogo cultural catalán-mexicano (1918). Claudi Lorenzale, pintor catalán (1815-1889). Claudia «Lady Bird» Alta Taylor Johnson, esposa de Lyndon Johnson, presidente de Estados Unidos(1912-2007). Claudia Cardinale, actriz cinematográfica italiana (1939). Claudia Schiffer, *top model* alemana (1971). Claudia, reina de Francia, esposa de Francisco I (1499-1524). Claudio Abbado, director de orquesta italiano (1933). Claudio Coello, pintor castellano (1642-1693). Claudio Galeno, médico griego (130?-200?). Claudio I (Tiberio Claudio Nerón Germánico), emperador romano (10-54). Claudio Nerón Tiberio, emperador romano (42 a. C.-37 d. C.). Claudio Monteverdi, compositor italiano (1567-1643). Claudio Nerón Tiberio, emperador romano (42 a. C.-37 d. C.). Claudio César Nerón, emperador romano (37-68). Claudio II (Marco Aurelio Flavio Claudio), emperador romano (214-270). Claudio Ptolomeo, astrónomo, matemático y geógrafo griego (90?-168?). Claudio Sánchez-Alornoz, medievalista castellano (1893-1984). Claus Sluter, escultor holandés (1350?-1406).

Claustro f On. 9 de septiembre

Nombre evocador de la Virgen de los Claustros. Del latín *claustra*, 'cerrojo, cerradura'.

Cat. /Claustre.

Clemencio/Clemencia m/f

Variante de Clemente/Clementa.

Cat. Clemenci/Clemència. Eus. Kelmena, Kelemen/Kelmene. Gal. Clemenzo/Clemenza.

Clemente/Clementa m/f

Nombre frecuente en el papado y muy popular en la Edad Media (latín *clemens*, 'dulce, benigno'). Pero su mayor popularidad hay que buscarla en un tipo de naranja o en la famosa canción del *far-west* estadounidense *Oh my darling Clementine*.

Cat. Clement/Clementa. Eus. Kelmen, Ondera/. Gal. Clemenzo/Clemenza.

Catorce papas y dos antipapas, entre ellos Clemente VII, establecido en Aviñón (s. XIV). San Clemente I de Roma, padre apostólico de la Iglesia (s. I). San Clemente de Alejandría, padre primitivo de la Iglesia (†220?). Clémence Isaure, poetisa francesa de existencia dudosa (s. XIV), quien se atribuye la creación de los Juegos Florales. Clémence Royer, escritora francesa (1830-1912). Clement R. Atlee, político británico (1883-1967). Klemens W. L. von Metternich, estadista austríaco de origen renano (1773-1859).

Clementino/Clementina m/f On. 14 de noviembre

Derivación de Clemente a través del sufijo latino *-inus*: 'relativo, de la familia de Clemente'.

Cat. Clementí/Clementina. Eus. Kelmendin/Onbera. Gal. Clementino/Clementina.

Clementina Arderiu, poetisa catalana, esposa de Carles Riba (1889-1976). Clementine Churchill, esposa de Winston (1874-1967).

Cleopatra f On. 11 de octubre

Del griego *kleo-patros*, '(hijo) de padre famoso'. Frecuente ya en la mitología clásica, adquirió universalidad por diversos reyes y reinas egipcios, y un lugar en el santoral.

Cat. /Cleòpatra, Cleopatra. Gal. /Cleopatra.

Beata Cleopatra de Siria (s. IV). Cléo de Merode, bailarina francesa de origen belga (1875-1966). Cleopatra, última reina de Egipto (69?-30 a. C.), amante de Julio César y esposa de Marco Antonio.

Clímaco m On. 30 de marzo

Sobrenombre de un san Juan, autor de un libro titulado *Escalera del paraíso* (en griego, *klímax* es 'escalera').

Cat. Clímac/.

San Juan Clímaco, también apodado el Escolástico, el Sinaíta y el Clímaco (escalera) por su libro *La escalera del Paraíso* (†649). Clímaco Calderón, presidente designado de la Confederación Granadina en 1882.

Clío f

Nombre mitológico. Del griego *kleitos*, 'famoso' (*kleio*, 'celebrar').

Cat. /Clio.

Clío, una de las nueve musas en la mitología griega, personificadora de la gloria y la reputación.

Clodio/Clodia m/f

Del germánico *hlod* o *hluot*, variante de *adel*, *athal* o *hrod* (V. Adela; v. Eduardo), 'glorioso'. Confundido con Claudio por monoptongación del diptongo *au*. Cf. Cleonte.

Variante: Croyo.

Cat. Clodi/Clòdia.

Clodio *el Peludo*, jefe de los francos sálicos y antecesor de los merovingios (s. V). Clodia, amante del poeta latino Catulo (s. I).

Clodomiro/Clodomira m/f

Nombre germánico, compuesto de *hlod-miru*, 'gloria insigne'. v. Clodio; v. Mirón.

Cat. Clodomir/Clodomira.

Clodomiro, rey franco, hijo de Clodoveo y Clotilde (s. VI).

Clodoveo/Clodovea m/f

En realidad es una de las muchas variantes de Luis, por las raíces *hlod wig*, 'lucha gloriosa'. V. Clodio. Raíz *wig*, *wich*, *win* o *wiga*, 'lucha, combate'. Otras variantes o nombres emparentados: Clovis, Clodovico, Ludovico, Aloíto, Aloísio, Alvito, Eloísa, Eloy, Lajos, Liuva, Alvisa.

Cat. Clodoveu/Clodovea. Gal. Clodoveo/Clodovea.

Clodoveo I, primer rey de todos los francos (466?-511).

Cloe f

Nombre popularizado por la novela *Dafnis y Cloe*. Del griego *chloé*, 'hierba verde', aunque a veces es tomado como hip. de Cleopatra.

Cat. /Cloe.

Cloe, en la mitología griega, sobrenombre de la diosa Deméter, protectora de los campos. Cloe, heroína de la novela *Dafnis y Cloe*, del griego Longo s. II).

Clotildo/Clotilde m/f

Del germánico *hlod-hild*, 'guerrero glorioso'. V. Clodio; v. Hildebrando.

Cat. /Clotilde. Gal. /Clotilde.

Santa Clotilde, esposa borgoñona de Clodoveo, patrona de los notarios (474-545). Clotilde de Vaux, amiga e inspiradora de Auguste Comte (1815-1846). Clotilde, princesa de Saboya, hija de Víctor Manuel II (s. XIX). Clotilde Cerdà ('Esmeralda Cervantes'), harpista española (1862-1925), hija del ingeniero de caminos Ildefons Cerdà. Clotilde, personaje de la ópera *Norma*, de Bellini. Clotilde du Mesnil, heroína de la comedia *La parisiense* de Henry Becque (1837-1899).

Coleta f On. 6 de marzo

Variante de Nicolasa, con entidad propia por la santa francesa. En francés *Colette*, aféresis de *Nicolette*, diminutivo de *Nicolle*, Nicolasa. también es diminutivo de Colea, nombre del mismo origen.

Cat. /Coleta. Eus. /Kolete.

Santa Coleta, francesa, fundadora de la orden de las clarisas pobres (1381-1447). Colette (Colette Willy), escritora francesa, presidenta de la Academia Goncourt (1873-1954). Colette Duval, francesa campeona mundial de paracaidismo (1930-1988).

Colomo/Coloma m/f

Nombre popularísimo en España, variante no del todo exacta de Paloma (v.). Del latín *columba*, 'paloma', aunque concurre con el Columbano irlandés. Cristóbal Colón (latín *Columbus*), aparte de descubrir América, ha dado nombre a la ciudad de Columbus (Ohio, USA), la república de Colombia, etc.

Variantes: Columba, Paloma. Derivados: Columbano, Colombina (nombre del famoso personaje de la comedia italiana, versión femenina de Pierrot).

Cat. Colom/Coloma. Gal. /Comba.

Colometa, protagonista de la novela *La plaça del diamant*, de la escritora catalana Mercè Rodoreda.

Concepción f On. 8 de diciembre

Advocación mariana alusiva a la Inmaculada Concepción de la Virgen María (latín *conceptio*, 'concepción, generación', por *cum-capio*, 'contener'). Popularísimo en España.

Hips. Concha, Conchita, Chita.
Cat. /Concepció. Eus. /Sorne, Sorkunde, Kontxesi. Gal. /Concepción.
Concepción Arenal, socióloga, pedagoga y ensayista gallega (1820-1893).

Concha f
Hip. de Concepción.
Cat. /Conxa. Eus. /Kontxi, Kontxexi, Kontxesi. Gal. /Concha.
Concha Espina de la Serna, poetisa y novelista española (1877-1955). Concha García Campoy, periodista y locutora española (1958). Concha Piquer, cantante y tonadillera española (1908-1990). Conchita Martínez, tenista española (1972). Conchita Supervía, cantante española (1895-1936). Conchita Pérez, personaje de la novela de ambiente español *La mujer y el pelele* (*La femme et le pantin*) de Pierre Louys (1870-1925).

Confucio m
Latinización (*Confucius*) del nombre del célebre reformador chino *Kong Fuzi*, 'Kong el maestro' o 'Kong el sabio' (Kong, nombre de familia).
Cat. Confuci/.
Confucio, filósofo y reformador de costumbres chino (551?-479 a. C.). Kung-Ming, personaje de la novela china *San Kuo Chih Yen* de Le Pén (s. XIV), famoso personaje histórico (181-234), general y estadista hábil y agudo.

Conrado/Conrada m/f On. 17 de marzo
Del germánico *chun-rad*, 'consejo del audaz', formado con la raíz *chind*, *chun* o *kuoni*, 'audaz, valiente', y *rad*, 'consejo' (v. Rado). Portado por diversos emperadores germánicos, llegó a ser tan popular en Alemania que es considerado allí como sinónimo de 'persona corriente' (como el John inglés).
Sinónimo: Trasíbulo.
Cat. Conrad/Conrada. Eus. Korrada/Korrade.
Conrado IV de Hohenstaufen o Conrado I de Sicilia (1228-1254), hijo del emperador germánico Federico II. Konrad Adenauer, político alemán (1876-1967). Konrad Lorenz, naturalista austríaco (1903-1989). Joseph Conrad Nalecz Korzeniowski ('Joseph Conrad'), novelista inglés de origen polaco (1857-1924). Conrad Hilton, empresario de hostelería estadounidense (1887-1979). Conrado San Martín, actor cinematográfico español (1921). Conrado de Maguncia, cronista del s. XIII. Conrado, héroe de *El Corsario* de

Lord Byron (1788-1824). Conrado Silla, héroe de *Malombra* de Antonio Fogazzaro (1842-1911). Konrad Wallenrod, personaje histórico maestre de la orden teutónica, combatiente contra los lituanos, a quien Adam Mankiewicz (1798-1855) hizo protagonista del poema de su nombre.

Consejo f On. 26 de abril

Abreviatura de la Virgen del buen Consejo. Latín *consilium*, 'deliberación'.

Cat. /Consell.

Consejo, personaje masculino de la novela de Julio Verne *20.000 leguas de viaje submarino.*

Constancio/Constancia m/f On. 29 de enero

Del latín *constans*, 'constante' (*cum-stans*, 'que permanece con'). Femenino: Constancia, Constanza.

Cat. Constanci/Constància. Eus. Kostanza, Kostantzi/Kostanze. Gal. Constancio/Constanza.

Constancio, segundo esposo de Gala Placidia (†421). Dos emperadores, romano y bizantino (s. IV y VII). Constant Permecke, pintor, diseñador y escultor belga (†1952). Constanza de Aragón, hija de Jaume I y Violante (1239-1280?). Constanza de Portugal, reina de Castilla y León, esposa de Fernando (†1313). Constanzo Varolio, médico y anatomista italiano (1543-1575).

Constantino/Constantina m/f On. 27 de julio

Nombre latino, popularizado por el emperador romano que instauró el cristianismo. Gentilicio de Constancio. Al trasladar la capital del Imperio a Bizancio, esta adquirió el nombre de Constantinopla (*Konstantinopolis*, 'ciudad de Constantino'), hoy substiuido por un derivado turco de la misma palabra, Estambul.

Gentilicio latino de Constancio (v.), formado con el sufijo adjetivador *-inus*: 'relativo, de la familia de Constancio'.

Cat. Constantí, Contestí/Constantina. Eus. Kostandin/Kostandiñe. Gal. Constantino/Constantina.

Constantina, emperatriz de Oriente (s. VI-VII). Constantin Brâncusi, escultor de origen rumano (1876-1957). Constantin Meunier, escultor y pintor belga (1831-1905). Constantino I, *el Grande*, emperador romano (280?-337). Constantino Romero, actor y showman español (1947). Konstantin Chernenko, político soviético, presidente del Soviet Supremo (1911-1985).

Konstantin Kavafis, poeta griego (1863-1933). Konstantin Stanislavski, director de teatro ruso (1865-1938). Maria Constantina Bashkirtsev, pintora y escritora rusa (1860-1884). Constantino Levin, personaje de la novela *Ana Karenina*, de Lev Tolstoi (1828-1910), figura autobiográfica.

Consuelo m+f On. 31 de agosto

Nombre simplificado de la Virgen de la Consolación (latín *con-solare*, 'adivinar con'). También, en masculino, alusión directa a la palabra. Variante femenina: Consolación.

Cat. /Consol. Eus. /Atsegiñe, Pozkari.

Consuelo Álvarez Sierra, novelista española (1926). Consuelo Portella, *la Bella Chelito*, cantante de variedades española de origen cubano (1880-1960). Consuelo, la heroína de la novela homónima de George Sand (1843). Consuelo Sucín, dama salvadoreña, esposa del escritor Antoine de Sant-Exupéry (1901-1979).

Copelia f

Nombre de una muñeca mecánica en una ópera de Léo Delibes, bautizada con el nombre de su inventor, el Dr. Coppelius. El nombre de este posiblemente procede de un diminutivo del nombre de la diosa latina *Copia* (*copia*, 'abundancia').

Cat. /Copèl·lia.

Coppelius, personaje de la ópera *Les contes d'Hoffmann*, de Jacques Offenbach, y en la ópera *Coppélia*, de Léo Delibes, ambas inspiradas en relatos del escritor alemán E. T. A. Hoffmann (1776-1822). Copelia, personaje de las mismas óperas, muñeca construida por el doctor Coppelius.

Cora f On. 14 de mayo

Del griego *kóre*, 'jovencita, doncella'. Sobrepasado en popularidad por sus derivados Coralia y Corina, este último famoso y extendido por la amante del poeta Ovidio. Sinónimos: Atalanta, Fátima, Hebe.

Cat. /Cora. Gal. /Cora.

Cora Sandel, novelista noruega (1880-1974). Cora Vaucaire, cantante francesa (1921). Cora Raga, pianista y tiple española (1893-1980).

Coral f

Forma de Cora (gr. *koré*, 'doncella'), influida por el latín *coral*, 'coral'.

Cat. /Coral. Gal. /Coral.

Coralia f

Del griego *koralia*, diminutivo de *koré*, 'niña, doncella'. Influido también por nombres como Coral o Coralina, procedentes del latín *corallis*, 'coral'. Variante: Coralina.

Cat. /Coràlia, Coràl·lia.

Coraly Hinsch, fundadora de la Eglesia Evangélica hinschista en Nîmes (†1831). Corallina, personaje de la *Commedia dell'arte* italiana.

Corina f On. 10 de marzo

Variante de Cora (v.), formado con la adición del adjetivador latinos *-inus*, 'relativo a'.

Cat. /Corina.

Corinne Marchand, actriz francesa (1937). Corina de Tanagra, poetisa griega (s. V a. C.).

Cornelio/Cornelia m/f On. 31 de marzo

Del gentilicio latino *cornelium*, 'cuernecito', o *cornicula*, 'choto', que designaba la familia de Publio C. Escipión Africano, el vencedor de Aníbal. Derivado: Corneliano.

Cat. Corneli, Cornell/Cornèlia, Cornella. Eus. Korneli/Kornelle. Gal. Cornelio/Cornelia.

Cornelio Nepote, historiador romano (s. I a. C.). Cornelio Tácito, historiador romano (55-120). Cornelio, centurión romano en cesáreea, bautizado por san Pedro (s. I). Cornelia, dama romana hija de Escipión el Africano y madre de los Gracos (189-110 a. C.). Cornelius Vanderbilt, industrial y magnate estadounidense (1894-1877). Cornelio de Saavedra, militar y político argentino (1761-1829). Cornell Woolrich, escritor estadounidense (1903-1968).

Coro f

Advocación mariana relativa a la Virgen del Coro.

Cat. /Cor. Eus. /Koro, Koru.

Cosme/Cósima m/f On. 26 de septiembre

Del griego *kosmas*, 'adornado, bello' (presente en la forma medieval Cosmas y en la palabra moderna *cosmética*).

Cat. Cosme/Còssima. Eus. Kosma, Kismi/Kosme. Gal. Cosme, Cosmede/Cosma, Cosmeda.

San Cosme y san Damián (s. III), martirizados en Arabia y patrones de sus colegas médicos. Cosimo Miglioratti, papa con el nombre de Inocencio VII (1336-1406). Cosimo de Medici, *el Viejo*, político y banquero florentino (1389-1464). Cosima Liszt, hija de Franz Liszt, esposa de H. Von Bülow, después de R. Wagner (s. XIX).

Covadonga f On. 8 de septiembre

Nombre popularísimo en Asturias en evocación de la Virgen del Santuario homónimo, que recuerda la primera batalla victoriosa del rey don Pelayo contra los árabes, y el inicio de la reconquista asturiana. Probablemente se refiere al lugar donde fue encontrada una imagen de la Virgen, la *Cova-donna*, 'Cueva de la señora'.

Cat. /Covadonga. Gal. /Covadonga.

Crescencio/Crescencia m/f On. 15 de julio

Del cristiano-romano *crescens*, 'que crece', es decir, 'vital, robusto'. Posee numerosos equivalentes y derivados: Crescente, Crescenciano, Crescentiano, Crescentino.

Cat. Crescenci/Crescència. Eus. Keslentzi, Kesken/Keslentze, Keslene. Gal. Crescencio/Crescencia.

San Crescencio, obispo de Florencia (s. IV). Crescencio, jefe de la facción rival del pontífice Benedicto VII (†998). Santa Crescencia, monja y mística (†1744).

V. Cresques.

Crespo/Crespa m/f

Nombre de familia romano, originado en el latín *crispus*, 'rizado'.

Variante: Crispo.

Derivados: Crispín, Crispino, Crispiniano, Crispiano, Críspolo, Críspulo.

Cat. Crisp/Crispa. Eus. Kispa/Kispe.

San Crespo, arquisinagogo de Corinto hasta su conversión al cristianismo por san Pablo (s. I).

Cresques m

Probable forma medieval catalana de Crescencio (v.). Por el catalán *cresques*, 'que crezcas', fórmula natalicia de buen augurio.

Cresques Abraham, cartógrafo judío mallorquín (†1381).

Crisanto/Crisanta m/f On. 25 de octubre
Nombre del mismo origen que Crisantemo (v.).
Cat. Crisant/Crisanta. Eus. Kirtsanda/Kirtsande. Gal. Crisanto/Crisanta.
San Crisanto, mártir en Roma (†211).

Crisógono/Crisógona m/f On. 24 de noviembre
Del griego *krisos-gonos*, 'engendrador de riqueza, de oro'. Es también equivalente a Crisógeno, aplicado como apelativo a Perseo, que nació cubierto de oro.
Cat. Crisogon/Crisogona. Eus. Kirtsogon/Kirtsogone.
San Crisógono, mártir en tiempos de Diocleciano (s. IV).

Crisóstomo/Crisóstoma m/f
Nombre de origen griego, aplicado a san Juan Crisóstomo, de modo que es sinónimo de «elocuente orador». Griego *krisos-stomos*, 'boca de oro'; el componente *krisos*, 'oro', frecuente en nombres griegos, puede traducirse como 'bueno, noble, de primera calidad, eminente'.
Cat. Crisòstom/Crisòstoma. Eus. Kisostoma/.
San Juan Crisóstomo, elocuente orador, padre de la Iglesia Griega (344?-407). Crisóstomo, personaje del *Quijote*. Juan Crisóstomo Falcón, político venezolano, presidente de su país en 1863-68.

Crispín/Crispina m/f On. 19 de noviembre
Gentilicio de Crispo, y este del latín *crispus*, 'crespo, de pelo rizado'.
Variante: Crispino. Derivados: Crispo, Crispiano, Crispiniano, Críspulo.
Cat. Crispí, Crespí/Crispina. Eus. Kispin/Kispiñe. Gal. Crispín/Crispina.
Santos Crispín y Crispiniano, hermanos zapateros martirizados en el s. IV (¿se trata de un 'doblete' de una sola persona?). Crispin Glover, actor estadounidense (1964). Crispín, personaje de de la obra *Los intereses creados* de Jacinto Benavente (1866-1954). Leandro y Crispín, galán y gracioso.

Cristal f
Adaptación del inglés *Crystal*, a su vez hip. de *Christopher*, Cristóbal, alusivo al brillo y la luminosidad del cristal. Adoptado con entusiasmo en USA.
Cat. /Cristall. Gal. /Cristal.

Cristeta f On. 27 de octubre

Variante en diminutivo de Crista, con entidad propia por una famosa santa de Ávila.

Cat. /Cristeta. Eus. Kisteta/Kistete.

Santa Cristeta (s. IV), patrona de Ávila con Sabina y Vicente.

Cristián/Cristiana m/f

Del latín *christianus*, 'seguidor, discípulo de Cristo, cristiano' (Cristo, del griego *Christós*, 'ungido', aludiendo al Mesías; sufijo latino gentilicio -*anus*). Popular en los países nórdicos (recordemos que el antiguo nombre de Oslo era Cristianía), y, de unos años a esta parte, en España.

Cat. Cristià/Cristiana. Eus. Kistain/Kistaiñe. Gal. Cristián/Cristiana.

Chrétien de Troyes, escritor francés (1135?-1183). Christian Barnard, cirujano sudafricano, pionero en trasplantes de corazón (1922-2001). Christiane Vulpius, esposa de Goethe (†1806). Christian Dior, diseñador de moda francés (1905-1957). Cristian, protagonista de la novela alegórica *El viaje del peregrino* de John Bunyan (1628-1688).

Cristino/Cristina m/f On. 24 de julio

Variante de Cristián/Cristiana (sufijo gentilicio lat. -*inus*), aunque la forma femenina es más usualmente considerada como de Cristo.

Cat. Cristí/Cristina. Eus. Kixtin, Kristin/Kistiñe, Kristañe. Gal. Cristino, Cristiño/Cristina, Cristiña.

María Cristina de Borbón (1806-1878), viuda de Fernando VII, y María Cristina de Habsburgo-Lorena (1858-1929), viuda de Alfonso XIII, fueron regentes españolas por fallecimiento de sus respectivos maridos reales. Cristino Martos, político español (1830-1893). Cristina de Borbón, infanta de España (1965). Cristina Almeida, abogada y política española (1944). Cristina Hoyos, bailarina y coreógrafa española (1946).

Cristo/Crista m/f

Nombre cristiano, procedente del griego *christós*, 'ungido', aplicado al Mesías. Usado por los primitivos cristianos, que consideraban el de Jesús como irreverente.

Cat. Crist/Crista.

Krzysztof Penderecki, compositor polaco (1933). Christo (Vladimir Javacheff), artista búlgaro nacionalizado estadounidense (1935).

Cristóbal/Cristóbala m/f On. 27 de julio

Del griego *Christophoros*, 'portador de Cristo', aludiendo a la leyenda del santo, que llevó a Jesucristo sobre sus hombros, lo que le ha valido ser patrono de los viajeros y automovilistas. El nombre conoció gran auge desde Cristóbal Colón.

Cat. Cristòfor, Cristòfol/Cristòfora, Cristòfola. Eus. Kistobal, Kristuel/Kistobale, Kristuele. Gal. Cristovo/Cristova.

Christoph Gluck, compositor alemán (1714-1787). Cristóbal Colón, navegante, descubridor de América (1436?-1506). Cristóbal de Morales, compositor andaluz (1500?-1553). Cristòfor de Virués, poeta, dramaturgo y militar valenciano (1550?-1614?). Christopher Wren, arquitecto inglés (1632-1723). Cristóbal Halffter, compositor español (1930). Cristóbal Balenciaga, diseñador del moda español (1896-1971).

Cruz m+f On. 14 de septiembre

Nombre evocador de la pasión y muerte de Nuestro Señor Jesucristo en la cruz (latín *crux*). Usado también como femenino.

Cat. Creu/Creu. Eus. Gurutz, Gurutzi/Gurutze, Guruzne.

Cruz Martínez Esteruelas, político español (1932-2000).

Cuauhtémoc m

Nombre del último emperador azteca, usado hoy en México. Del náhuatl *cuauh-(tli)témoc*, 'águila que baja'. El águila, entre los nahuas, era símbolo del sol.

Cuauhtémoc, soberano azteca, sobrino y sucesor de Moctezuma. Cuauhtémoc Cárdenas, político mexicano (1934).

Cucufate/Cucufata m/f On. 25 de julio

Se ha propuesto el latín *Cucuphate*, quizá de *cucupha*, 'cofia' (*cucuphatus*: 'encapuchado'), aunque, más probablemente, procede de alguna lengua norafricana. Popular en Cataluña.

Cat. Cugat/Cugata. Eus. Kukupata/Kukupate.

Sant Cugat, santo martirizado en el s. IV cerca de Barcelona.

Cunegundo/Cunegunda m/f On. 3 de septiembre

Germánico: 'combatiente audaz' (*kuoni-gundi* o *chun-gundi*), o 'de estirpe audaz' (*gand-gundi*). V. Conrado; v. Gundenes; v. Gania.

Cat. Cunegund/Cunegunda. Eus. Kunegunda/Kunegunde.
Santa Cunegunda pasó a la historia por el voto de castidad que hizo con su también santo esposo el emperador Enrique II (s. XI). Cunégonde, protagonista femenina de la novela *Candide*, de Voltaire.

Curcio/Curcia m/f
Probablemente concurren aquí dos apelativos: el latín *curtus*, 'cortado, mutilado', aplicado como mote, y el germánico Kurt (en latín medieval, Kurcius), derivado de *chun*, 'audaz' (v. Conrado).
Cat. Curci, Curt/Cúrcia, Curta. Eus. Kurtzio/Kurtze.
Quinto Curcio, biógrafo romano (s. I). Kurt Waldheim, político austríaco, presidente de su país (1918-2007). Kurt Suckert ('Curzio Malaparte'), escritor italiano (1898-1957). Kurt Weill, compositor alemán (1900-1950). Kurt Cobain, músico británico, líder del grupo *Nirvana* (1967-1994).

Custodio/Custodia m/f
Del latín *custodio*, 'custodiar'. Evocador del misterio cristiano de la Eucaristía y del receptáculo de la sagrada forma.
Cat. Custodi/Custòdia.
Custodio José de Mello y Saldanha de Gama, almirante brasileño, sublevado en 1893.

Dácil f

Nombre canario. Ha sido relacionado con el guanche *d'azil*, 'luminosa', pero, al parecer, es anterior a la conquista de las islas por España.

Dácil, hija del rey Bencomo de Tenerife y esposa de Adxona, rey de Abona (s. XV).

Dafne f

Nombre mitológico, sinónimo de 'laurel', o sea 'triunfo'. Variante: Dafnis. Sinónimos: Laura, Loreto, Pantena.

Cat. /Dafne.

Dafne, en la mitología, ninfa hija del río Peneo, que la metamorfoseó en laurel (*daphne* en griego) para salvarla del acoso de Apolo. El dios se coronó con una rama del árbol, originando así el premio a los poetas (cf. Lorenzo). Daphne du Maurier, novelista británica (1907-1989).

Dagoberto/Dagoberta m/f On. 9 de marzo

Del germánico *dag* o *daga*, 'claridad', y por extensión, 'día', y *berht*, 'ilustre, famoso, brillante' (v. Berta).

Cat. Dagobert/Dagoberta.

Dagoberto I, rey merovingio, hijo de Clotario II (600?-638). Dagoberto II, rey de Austrasia y padre de santa Adela (s. VII). Georges Dagobert Cuvier, zoólogo y paleontólogo francés (1769-1832).

Dalia f

Nombre femenino, tomado del de la flor bautizada en honor del botánico sueco *Dahl* (sueco *dahl*, 'valle'). Variante gráfica: Dahlia.

También es el nombre de una población griega, antiguamente Daulis.

Cat. /Dàlia.

Dalia Soto del Valle, segunda esposa de Fidel Castro (1942?).

Dalila f

Nombre bíblico del AT. *Dalila*, 'rizo ondulado', de donde 'coqueta', aludiendo a la belleza de la portadora.

Cat. /Dalila.

Dalila, en la Biblia amante de Sansón, a quien traicionó cortando su cabellera tras descubrir que en ella residía el secreto de su fuerza (Ju 16,4-20).

Dalmacio/Dalmacia m/f On. 5 de diciembre

Gentilicio lat. de la Dalmacia, comarca del Adriático: *Dalmatius*.

Variante: Dalmao.

Cat. Dalmaci, Dalmai, Dalmau/Dalmàcia.

San Dalmacio, monje dominicano con gran fama de taumaturgo (†1341).

Dámaris f On. 4 de octubre

Nombre femenino bíblico del NT. Del griego *damar*, 'mujer casada, esposa'. Quizás el personaje citado en el NT sea un símbolo de una clase social.

Cat. /Dàmaris.

Dámaris, en el NT, ateniense convertida al cristianismo al mismo tiempo que Dionisio Areopagita (Ac 17,34).

Dámaso/Dámasa m/f On. 9 de diciembre

Del griego *dámasos*, 'domador'.

Cat. Damas, Damàs/Damasa. Eus. Damas/Dame. Gal. Dámaso/Dámasa.

San Dámaso I, papa español de 366 a 384. Dámaso II, papa bávaro (s. XI).

Dámaso Alonso, filólogo y crítico literario castellano (1898-1990).

Damia f

Nombre mitológico de una antigua deidad griega, aplicado a veces a las diosas Ceres o Cibeles. Del griego *damo*, variante de *demo*, 'pueblo': 'la popular, la querida'.

Cat. /Dàmia.

Damia, en la mitología griega, diosa o heroína de antiguo culto; identificada con Bona Dea en Roma y con Cibeles en Grecia.

Damián/Damiana m/f On. 26 de septiembre

Hermano de san Cosme (v.). Su nombre procede del griego *damianós*, 'domador', o, quizá mejor, 'consagrado al culto de Damia', sobrenombre de Ceres o de Cibeles (v. Damia).

Cat. Damià/Damiana. Eus. Damen/Damene. Gal. Damián/Damiana.

San Cosme y san Damián (s. III), martirizados en Arabia y patrones de sus colegas médicos. Damià Campeny, escultor catalán (1771-1855). Damià Forment, escultor valenciano (†1540).

Damocles m

Del griego *damo-kles*, 'gloria del pueblo' (v. Damia, Damián). Relacionado con la famosa leyenda del curador del león, construida a partir de su parecido con el griego *damianós*, 'domador'.

Cat. Dàmocles/.

Damocles, magnate siracusano (s. IV a. C.).

Dan/Dana m/f

Patriarca bíblico (v. Daniel). Del hebreo *dan*, 'justicia'.

La forma Dana es también masculina en inglés.

Cat. Dan/Dana. Gal. Dan/Dana.

Dan, en el AT, quinto hijo de Jacob y cabeza de una de las doce tribus de Israel (Gen 30,6). Dan Quayle, vicepresidente de Estados Unidos entre 1989-1993 (1947). Dana Andrews (Carver Dana Andrews), actor cinematográfico estadounidense (1912-1992). Dana Michelle Plato, actriz cinematográfica estadounidense (1964-1999). Dana Welles Delany, actriz televisiva estadounidense (1956).

Dánae f

Nombre mitológico. El nombre alude a la leyenda del personaje mitológico: *daio*, tierra árida fecundada por la lluvia. La escena ha sido constante fuente de inspiración de artistas.

Cat. /Dànae.

Dánae, en la mitología griega, hija del rey de Argos, poseída por Zeus transfigurado en lluvia de oro.

Daniel/Daniela m/f On. 3 de octubre

Dan, 'juez' o 'justicia' en hebreo, fue el nombre de un patriarca hijo de Jacob cuya madre Raquel exclamó al alumbrarlo: 'Dios me ha hecho justicia con este hijo'. La partícula *-el* alude a Yahvé, con lo que el nombre completo es 'Justicia de Dios'. Portado por uno de los profetas mayores, y popular en todos los lugares y épocas. Es popular la forma croata Danilo, popularizada por varios príncipes de Montenegro. V. también Neil, Nils.

Cat. Daniel, Deniel/Daniela. Eus. Danel, Niel/Danele, Niele. Gal. Daniel/Daniela.

Daniel, profeta mayor bíblico (Dan 3,21). Daniel Bernouilli, físico, matemático y fisiólogo holandés (1700-1782). Daniel Defoe, escritor inglés (1660-1731). Daniel Mendoza, escritor venezolano (1823-1867). Daniel Ayala, compositor mexicano de origen maya (1906-1975). Daniel Gélin, actor francés (1921-2002). Daniel Barenboim, pianista israelí de origen ruso (1942). Niels Henrik Abel, matemático noruego (1802-1829). Niels Bohr, físico danés (1885-1962). Daniel Cortis, protagonista de la novela homónima de Antonio Fogazzaro (1842-1911). Daniel Deronda, protagonista de la novela homónima de George Eliot (1819-1880).

Dante m

Alusión al famoso poeta italiano. Se trata de una contracción de Durante o Durando.

Cat. Dante/.

Dante Alighieri, poeta italiano (1265-1321). Dante Gabriele Rosetti, pintor y poeta inglés (1828-1882).

Darío/Daría m/f On. 25 de octubre

Nombre de un emperador persa, batido por los griegos en las guerras médicas. Aunque según Herodoto signfica 'represor', parece más bien del persa *darayaraus*, 'activo'. Influido posteriormente por la concurrencia con Arrio.

Cat. Darius/Daria. Eus. Dari/Dare. Gal. Darío/Daría.

Tres reyes persas (s. VI-IV a. C.). Dario Fo, actor y autor teatral italiano (1926), premio Nobel de Literatura en 1997. Darius Milhaud, compositor francés (1892-1974).

David/Davidia m/f On. 29 de junio

Del hebreo *dawidh*, 'amado', y, por evolución, 'amigo'. Sinónimo, pues, de numerosos nombres: Amado, Leuba, Maite, Filón, Filemón, Jalil, Pánfilo, Rut...

Su uso arranca en el segundo rey de Israel, vencedor de Goliat, prosigue con un obispo galés del s. VI (en realidad *Dewi*, on. 1-3), y culmina hoy con un auge espectacular en España, donde lleva varios años a la cabeza de los preferidos.
Formas femeninas: Davidia, Davita, que generan, por rebote, las correspondientes masculinas: Davidio, Davito.
Sinónimos: Amado, Abibo, Arión, Erasto, Leobacio, Leuba, Maite, Miles, Poliero, Bolona, Filón, Comicio, Fileas, Filemón, Filotas, Jalil, Pánfilo, Quetilo, Rut.
Cat. David, Daviu/Davídia. Eus. Dabi/Dabe. Gal. Davide/Davida.
David, rey de Israel en la Biblia (I Sam 16, 21-22). San David, apóstol de Gales (†601?). David Teniers, *el Joven*, pintor, diseñador y grabador flamenco (s. XVII). David Ben Gurion, político israelí (1886-1974). David Hume, filósofo e historiador escocés (1711-1776). David Livingstone, explorador y misionero escocés (1813-1873). David Siqueiros, pintor mexicano (1896-1974). David, rey de Judá y de Israel (1040?-970?aJ). Dwight David Eisenhower, general y estadista estadounidense (1890-1969). David Lynch, director cinematográfico estadounidense (1946). David Bowie, cantante y actor británico (1947). David Copperfield, personaje central de la novela de Charles Dickens de este título (1812-1870).

Davino/Davina m/f On. 3 de junio
Nombre latino gentilicio: 'de la familia de Davus', nombre de un personaje de las comedias de Plauto y Terencio, creado por estos.
Variantes: Davinio/Davinia, esta última también es la forma escocesa femenina de David (v.).
Cat. Daví/Davina.
San Davino, rico armenio que prefirió vivir en la pobreza (†1061).

Dea f
Del latín *dea*, 'diosa'.
Cat. /Dea.
Dea, personaje de la novela *El hombre que ríe* de Victor Hugo (1802-1885). Muchacha ciega encontrada y cuidada por el vagabundo Urus.

Débora f
Tras siglos en desuso, este nombre conoce hoy una renovada popularidad. Del hebreo *deborah*, 'abeja', lo que la empareja en significado con

Apio y Melisa. En uso desde los puritanos de los países anglosajones, se extiende hoy por España.
Cat. /Dèbora, Deborà.
Débora, en el AT, profetisa y juez israelita autora de un bello cántico a Jahvé (Ju 5). Deborah Kerr, actriz cinematográfica escocesa (1921-2007). Debbie Reynolds, actriz cinematográfica estadounidense (1932).

Dejanira f
Nombre mitológico. Su significado alude al personaje mitológico portador: *déianeira*, 'destructora de hombres' (*déion*, 'destruir; *áner*, 'hombre'). Variante: Deyanira.
Cat. /Dejanira.
Dejanira, esposa de Herakles o Hércules, a quien asesinó.

Delfín/Delfina m/f On. 26 de noviembre
Según la leyenda antigua, un delfín (gr. *delphis*) dirigió un barco hacia el puerto de Delfos. Sobrenombre de Apolo como matador de la serpiente Delfina o Pitón. Conoció un gran auge en la Edad Media cuando se convirtió en un título dado a los hijos del rey de Francia, análogo a nuestro Príncipe de Asturias.
Cat. Delfí/Delfina. Eus. Delbin/Delbiñe. Gal. Delfín/Delfina.
Delphine Ugalde (nacida Beaucé), cantante francesa (1819-1910). Delphine Gay ('Madame Emile de Girardin'), escritora francesa (1804-1855). Delfín Cabrera, deportista argentino, vencedor de maratón (1921-1981). Delfín Moreira, político brasileño, presidente de su país en 1919. Delfina, personaje creado por Mme. de Staël (1766-1817) en la novela homónima, arquetipo de nueva mujer pasional.

Delio/Delia m/f
Sobrenombre griego de la diosa Diana, por haber nacido en la isla de Delos. Es usado también como hip. de Adela, o como forma italiana femenina de Elías. Vuelve a conocer hoy gran popularidad, e incluso es creado su forma masculina.
Cat. Deli/Dèlia. Gal. Delio/Delia.
Delia Garcés, actriz cinematográfica argentina (1919-2001). Delio Toledo, jugador de fútbol paraguayo (1976).

Deméter f

Nombre de la mitología griega. Origen poco claro, interpretado de diversas formas: 'tierra-madre', 'madre del trigo', 'madre de Dios'. En todos destaca el elemento maternal, esencial en la diosa.

Cat. /Demèter.

Deméter, divinidad mayor griega, hija de Cronos y Rea, diosa de la abundancia.

Demetrio/Demetria m/f On. 21 de noviembre

Adjetivación del nombre griego Deméter (v.): 'relativo, consagrado a Deméter'.

Derivado: Demetriano/Demetriana.

Cat. Demetri/Demètria. Eus. Demetri/Demetre. Gal. Demetrio/Demetria.

Dimitri Mendeleiev, químico ruso, creador de la Tabla Periódica (1834-1907). Dimitri Sostakovich, compositor y pianista ruso (1906-1975). Dimitri Tiomkin, director de orquesta y compositor estadounidense de origen ruso (1899-1979). Demetrio Aguilera, escritor y diplomático ecuatoriano (1909-1981). El Falso Demetrio, personaje histórico que en la literatura rusa aparece como antagonista del soberano usurpador Boris Godunov. Demetrio, el personaje más activo de la novela *Los hermanos Karamazov* de Fedor Dostoievski (1821-1881). Demetrio Macías, personaje de la novela mexicana *Los de abajo* de Mariano Azuela (1873-1952). Demetrio Pianelli, personaje central de la novela homónima de Emilio De Marchi (1851-1900). Dmitri Nikanorovich Insarov, personaje de la novela *Víspera* de Iván Turguenev (1818-1883). Dimitri Ivanovich Nechliudov, protagonista del relato juvenil *La mañana de un propietario* y de la novela *Resurrección* de Lev Tolstoi (1828-1910).

Demóstenes m

Del griego *demos-sthenos*, 'fuerza del pueblo'; por *demos*, 'pueblo', y *sthenos*, 'fuerza'.

Cat. Demòstenes/.

Demóstenes, político y orador ateniense (384-322 a. C.). Juan Demóstenes Arosemena, político panameño, presidente de su país en 1936-39 (1879-1939).

Denís/Denisa m/f

O Denis. Variante de Dionisio, por la forma francesa *Denis*, nombre del obispo de París.

Cat. Denís/Denisa.

San Denis, apóstol de los galos (s. III). Denis Diderot, filósofo y polígrafo francés (1713-1784). Dennis Hopper, actor estadounidense (1936-2010). Dennis Gabor, físico británico de origen húngaro, premino Nobel en 1971 (1900-1979). Dennis Quaid, actor cinematográfico estadounidense (1954).

Deodato/Deodata m/f On. 15 de octubre

Del latín *Deodatus*, 'dado por Dios'. Fórmula natalicia de buen augurio. Equivalente a Adeodato (v.).

Cat. Deodat, Deudonat/Deodata. Eus. Dodata/Dodate.

San Deodato I, papa de 615 a 618. Déodat de Séverac, compositor languadociano (1872-1921). Diodata Saluzzo, poetisa italiana (1774-1840). Diodata, personaje de *Maese don Gesualdo* de Giovanni Verga (1840-1922).

Desdémona f

Shakespeare se inspiró para el nombre en el *Hecatommithi* de Cinthio (1565), donde aparece en la forma *Disdemona*, sin duda adaptación del griego *Dysdaímon*, 'desdichada' (como Fleto, Pantalas o Sinforosa).

Cat. /Desdèmona.

Desdémona, nombre de la heroína del drama shakespeariano *Othello* (1604).

Desiderio/Desideria m/f On. 23 de mayo

Del latín *desiderius*, 'deseable', o, más bien, 'deseoso' (de Dios). Hoy algo en desuso, pero vivo en su forma femenina francesa, Désirée (v.).

Cat. Desideri, Didier/Desidèria. Eus. Desideri/Desidere.

Desiderio, duque de Toscana, rey de los lombardos de 757 a 774, sucesor de Astolfo (†774). Desiderio Erasmo, *Erasmo de Rotterdam*, humanista holandés (1469?-1536). Desiré Mercier, prelado belga, artesano de la renovación tomista (1851-1926). Desiderio Rius, personaje de la trilogía *La ceniza fue árbol*, de Ignasi Agustí. Didier Auriol, piloto francés de Fórmula 1 (1958). José Desiderio Valverde, político dominicano, presidente de su país en 1858-59 y 1860-61. Don Desiderio Bonifazi, protagonista de dos novelas de Giovanni Giraud (1776-1834), hombre de la bondad desgraciada.

Désirée f

Variante francesa femenina de Desiderio (v.). Famoso por un personaje de la época revolucionaria francesa (D. Clary), primero prometida de Napoleón Bonaparte y posteriormente esposa de su general Bernadotte, lo que la convirtió en reina de Suecia.

Désirée Clary, esposa de Bernadotte, más tarde reina de Suecia al devenir aquel Carlos XIV (1777-1860).

Diana f On. 10 de junio

Contracción del latín *Diviana*, 'divina': Diana, 'la del día, la diurna', y, por extensión, 'la clara, la celestial'.

Cat. /Diana.

Diana, en la mitología latina, diosa lunar, equivalente a la Artemisa griega, eterna cazadora de los bosques, que recorría acompañada de ochenta ninfas. Diana Ross, cantante estadounidense (1945). Diana Spencer, *lady Di*, princesa de Gales (1961-1997). Diana, heroína de la famosa novela pastoril homónima de Jorge de Montemayor. Diane de Poitiers (1499-1566), duquesa de Valentinois y amante titular de Enrique II de Francia. Diane Fossey, zoóloga estadounidense (1932-1988). Diane Keaton (Diane Hall), actriz cinematográfica estadounidense (1946). Diana de Urbino, protagonista de la comedia española *La boba para los otros y discreta para sí*, de Lope de Vega (1562-1635), malicioso sujeto femenino de gran inteligencia oculta bajo un aspecto juvenil.

Dídac m

Forma catalana de Diego (v.), inspirada en el griego *didachós*, 'instruido'.

Dídimo/Dídima m/f On. 11 de septiembre

Nombre bíblico de origen griego: *dídymos*, 'doble', aludiendo a su portador, el apóstol Tomás, que era hermano gemelo.

Cat. Dídim/Dídima. Gal. Didima/Didime.

Tomás, el Dídimo, uno de los doce apóstoles de Jesús en el Nuevo Testamento. San Dídimo, oficial en la guarnición de Alejandría, decapitado con Teodora en 304.

Diego/Diega m/f On. 13 de noviembre

Variante de Jaime (v.), por abreviación de Santiago (Sant-Yago, Tiago, Diego), latinizado *Didacus* por influencia del griego *Didachós*, 'instruido'. En el santoral, el nombre se ha independizado por san Diego de Alcalá.

Cat. Dídac/Dídaca. Eus. Didaka/Didake. Gal. Diego, Diogo/Diega, Dioga.
Diego Xelmírez (o Gelmírez), primer arzobispo de Santiago (1067?-1139?). Diego de Almagro, conquistador castellano (1475-1538). Diego de Siloé, arquitecto y escultor castellano (1495?-1563). Diego Rivera, pintor y litógrafo mexicano (1886-1957). Diego Rodríguez de Silva y Velázquez, pintor sevillano (1599-1660). Diego Armando Maradona, futbolista argentino (1960). Diego Mansilla e Isabel de Segura, protagonistas de *Los amantes de Teruel*, drama de amor desgraciado basado en un hecho real de varias versiones, la más importante de ellas la elaborada por Eugenio Hartzenbusch (1805-1880). El Lindo Don Diego, personaje de la obra de Agustín Moret y Cavana (1618-1669), que conjuga la tontería y la petulancia.

Dimas m On. 25 de marzo
Nombre de origen desconocido: hay un *Dyme*, ciudad de Aquea; también es verosímil, en adaptación cristiana, la raíz *Dio-master*, 'que busca a Dios', y también *di-machos*, 'que combate doblemente, por ambos lados'.
Cat. Dimas/. Eus. Dumax, Dima, Dumak/.
Dimas, asimilado a Dimante, en la mitología, el padre de Hécuba. Dimas, personaje del NT, el 'buen ladrón', con lo que fue adoptado por el cristianismo.

Dino/Dina m/f
Nombre hebreo, de significación poco clara. Se ha propuesto a veces 'litigio, artificiosidad', aludiendo a la historia del personaje bíblico. En la práctica es usado a menudo como hip. de Claudina, Blandina y nombres análogos, y, en los países anglosajones, de Diana.
Variante femenino: Dinah.
Cat. Dino/Dina, Dinna.
Dina, hija de Jacob en la Biblia (Gen 34, 3-7-19). Dino Compagni, cronista italiano (s. XIII-XIV). Dino Buzzati, escritor italiano (1906-1972). Dinah, en el AT, hija de Jacob y Lía, en Israel (s. XVIII a. C.). Dinah Faust, actriz (s. XX). Dinah Shore (Francis Rose Shore), cantante y actriz de TV estadounidense (1917-1994). Dinah Washington (Ruth Jones), cantante de jazz y gospel estadounidense (1924-1963). Dino Campana, poeta, vagabundo y visionario italiano (1885-1932). Dino Zoff, futbolista italiano (1942). Dinu Paturica, protagonista de la novela rumana *Advenedizos viejos y nuevos* de Nicolae Filimon (1819-1865), representante del advenedizo ambicioso.

Diocleciano/Diocleciana m/f

Nombre latino, impuesto al emperador homónimo por haber nacido en Dioclea (Dalmacia). El nombre de esta deriva del griego Diocles ('gloria de dios', *Dio-kleos*).

Cat. Dioclecià/Diocleciana.

Cayo Aurelio Diocleciano, emperador romano (245?-313?).

Diógenes m On. 6 de abril

Nombre griego teóforo, incorporado por el cristianismo. *Dio-genos*, 'que viene de Dios, engendrado por Dios'.

Cat. Diògenes/. Eus. Dugen/.

Diógenes *el Cínico*, filósofo griego maestro de Platón (413-327 a. C.). Diógenes Laercio, escritor griego (s. III). Diógenes Teufelsdröch, protagonista del *Sartor resartus* de Thomar Carlyle (1795-1881), profesor de 'cosas en general' en la 'ciudad de no sé dónde'.

Dionisio/Dionisia m/f On. 9 de octubre

De *Dios-Nysa*, 'dios de Nisa', localidad egipcia donde tenía un templo este dios de las fiestas y bacanales, que por ellas originó la palabra 'dionisíaco' como oposición de 'claro, lúcido'.

Cat. Dionís, Dionisi/Dionísia. Eus. Denis, Dunixi, Dioni/Dione, Dunixe. Gal. Gal. Dionisio, Denis, Dionis/Dionisia, Denisa, Dionisa.

Dionisios, divinidad griega cuyos ritos derivan principalmente de la embriaguez. San Dionisio de Alejandría, padre primitivo de la Iglesia (s. I). Dionisio el pequeño, monje al que debemos la instauración de nuestra Era Cristiana, que toma como año origen del cómputo el que él supuso del nacimiento de Jesucristo (†555?). Dionisio Ridruejo, poeta y político castellano (1912-1975). Santa Dionisia, mártir en África del Norte (†484).

Divina f

Nombre femenino, alusivo a la Divina Pastora, advocación mariana. Del latín *divinus*, 'de Dios, divino' (*deus*, 'Dios'). V. Diva.

Cat. /Divina. Gal. /Divina.

Dodo/Toda m/f

Nombre germánico. De *dodo* o *dot*, 'padrino'.

Variante: Doda.

Cat. Dou, Dot, Dodó/Doda, Toda, Dodona.

Toda Aznar (†960?), esposa de Sancho I Garcés *el Grande* y reina de Navarra, abuela de Sancho I *el Craso*.

Dolores f On. 15 de septiembre

Nombre alusivo a los Siete Dolores de la Virgen María. Del latín *doleo*, 'sufrir'. Hips.: Lola (v.), Loles, diminutivos Lolita, Lolina (Asturias).

Cat. /Dolors. Eus. /Nekane. Gal. /Dolores, Dores.

Dolores Ibárruri ('La Pasionaria'), sindicalista y política española (1895-1989). María Dolores Pradera, cantante española (1924).

Domiciano/Domiciana m/f On. 9 de agosto

Nombre latino, gentilicio de Domicio (v.).

Cat. Domicià/Domiciana. Gal. Domiciano/Domiciana.

Domiciano (Tito Flavio D.), emperador romano (51-96).

Domingo/Dominga m/f On. 7 de agosto

Nombre muy popular en la Edad Media, devenido famoso por los santos españoles Domingo de Silos y Domingo de Guzmán; del latín *dominicus*, 'del señor', por *dominus*, 'señor', o sea 'consagrado al Señor, a Dios' (de donde el nombre del día de la semana, que reemplazó el *Saturnalis* latino).

El diminutivo italiano Menguín es la máscara milanesa.

Variante: Domenjo. Hip: Mingo. Femenino: Dominica, Domínica.

Cat. Domènec, Domenge, Domingo/Dominica. Eus. Montxo, Domeka, Txomin/Txomeka, Jaunarena. Gal. Domingos/Dominga.

Domingo de Silos, benedictino español (s. XI). Domingo de Guzmán, fundador de la orden benedictina e inventor del Rosario (s. XII-XIII). Domenico Ghirlandaio (Domenico Bigordi), pintor italiano (1449-1494). Domènec Badia i Leblich, *Alí-Bei-el-Abbasí*, escritor y viajero catalán (1766-1818). Domènec Batet, militar catalán (1872-1937). Domenico Scarlatti, compositor siciliano (1685-1757). Domingo Faustino Sarmiento, político y escritor argentino (1811-1888). San Domingo, religioso y fundador de la orden de los dominicos (1170-1221). Domingo Ortega, torero español (1906-1988). Domingo Santa María, político chileno, presidente de su país en 1881-86. Dominique, protagonista de la novela homónima de Eugéne Fromentin (1820-1876), enamorado fiel hasta la renuncia.

Dominica f On. 6 de julio

Variante de Dominga.

Cat. /Dominica. Eus. /Dominixe.

Santa Dominica, mártir calabresa (s. IV).

Dominique Sanda (Dominique Varaigne), actriz francesa (1948).

Donaciano/Donaciana m/f On. 6 de septiembre

Derivación de *donatus*, 'dado, don', aludiendo al nacimiento. Por derivación adjetival, pasa a Donaciano, 'relativo, de la familia de Donato'.

Cat. Donacià/Donaciana. Gal. Donaciano/Donaciana.

Donatien Sade, marqués de Sade, escritor francés (1740-1814). Donatien Mollat, teólogo bíblico y exégeta francés (1904-1976).

Donato/Donata m/f On. 25 de febrero

Del latín *donatus*, 'dado', aplicado a un recién nacido. La expresión 'dado' o 'regalo, don' es frecuente en la Onomástica.

Cat. Donat/Donada. Eus. Donata/Donate. Gal. Donato, Doado/Donata, Doada.

Donato Bramante, arquitecto italiano (1444-1514). Donato di Niccolò di Betto Bardi, *Donatello*, escultor italiano (1386?-1446).

Dora f

Es hip. de nombres como Dorotea, Teodora, etc. Sin embargo, posee también entidad propia, por el griego *doron*, 'don, regalo, presente'. Deriva de él Dorinda, nombre de fantasía formado con el sufijo germánico *-lind*, 'dulce'(v. Linda), y Doris (v.).

Cat. /Dora. Gal. /Dora.

Dora Carrington, pintora británica, miembro del «grupo de Bloomsbury» (1893-1932). Dora Doll, actriz francesa (1922). Dora Dymant, compañera de Franz Kafka (1898-1952). María Yáñez, *la Bella Dorita*, artista de *music-hall* (1901-2001). Dora Senlow, primera esposa de David Copperfield en la novela homónima de Charles Dickens (1812-1870). Dora Maar, fotógrafa, amante de Picasso (1907-1997).

Dorcas f

Nombre hebreo, equivalente a Tabita (v.).

Cat. /Dorcas.

Dorcas, cristiana de Joppé «rica de las buenas obras y las limosnas que hacía», resucitada por san Pedro (Ac 9,36-41).

Doris f

Aunque suele tomarse como variante de Dora, es en realidad nombre mitológico, y gentilicio de la Dórida, patria de los dorios, en la antigua Grecia.

Cat. /Doris. Gal. /Doris.

Doris, en la mitología griega, 'don' del Océano, esposa de Nereo y madre de cincuenta ninfas. La familia Doria fue una de las principales facciones del partido gibelino en el conflicto entre papas y emperadores. Doris Humphrey, danzarina y coreógrafa estadounidense (1895-1958). Doris Lessing, novelista inglesa (1919). Doris Day (Doris von Kappelhoff), actriz estadounidense (1924).

Doroteo/Dorotea m/f On. 9 de septiembre

Del griego *Doro-theos*, 'don de Dios'. Los mismos elementos, invertidos, forman Teodoro, y existen muchos más nombres con el mismo significado: Adeodato, Diosdado, Donadeo, Dositeo, Elesbaán, Elisabet, Godiva, Jonatán, Matías, Natanael, Teodoreto, Teodosio, Zenodoro.

Cat. Doroteu/Dorotea. Eus. Dorota/Dorote. Gal. Doroteo/Dorotea.

Dorotea Grauman, baronesa, pianista alemana (1781-1849). Dorothea Lange, fotógrafa estadounidense (1895-1965). Dorothy Lambert-Chambers, tenista británica (1878-1960). Dorothy, protagonista de *El mago de Oz*, de L. Frank Baum. Doroteo Arango (Pancho Villa), revolucionario mexicano (1878-1923). Dorotea, figura de la 'acción en prosa' de su nombre de Lope de Vega (1562-1635), obra complicada de infinidad de acontecimientos. Dorotea, heroína de la novela de Goethe *Hermann y Dorotea* (1797).

Douglas m

Nombre gaélico, derivado de *dubh glas*, 'el agua negra'.

Douglas Fairbanks, actor cinematográfico estadounidense (1883-1939). Douglas Sirk (Hans Detlef Sierck), realizador cinematográfico estadounidense nacido en Alemania (1900-1987).

Dulas/Dula m/f On. 15 de junio

Del griego *doulos*, 'esclavo, siervo'.

Cat. Dulas/Dula.

Dulce f On. 12 de septiembre

Nombre femenino. Del latín *dulcis*, 'dulce'. También alude al Dulce Nombre de María. De él derivó también el nombre de Dulcinea, aplicado por Cervantes a la amada de Don Quijote.

Cat. /Dolça, Dolç Nom de Maria. Eus. /Eztizen.

Dolça de Provença (s. XI-XII), esposa del conde de Barcelona Ramón Berenguer III y madre de Ramón Berenguer IV. Dulce de So, condesa de Pallars, que lo cedió a Alfonso *el Casto* (s. XII). Dulce María Loynaz, poetisa cubana (1903-1997).

Duna f On. 24 de octubre

Nombre germánico, derivación de *dun* o *tun*, 'colina'. Tomado como sinónimo de Dunia (v.).

Cat. /Duna. Gal. /Duna.

Dunia f

Nombre frecuente en los países rusos, como variante del germánico Duna (*dun* o *tun*, 'colina'). Es también nombre árabe (*dunya*, 'señora del mundo').

Cat. /Dúnia.

Dylan m

Apellido anglosajón, posiblemente derivado del nombre de pila Dil, antiguamente *Dulle*. Se ha especulado con su relación con el inglés *dull*, en su acepción de 'bobo, alocado'.

Dylan Thomas, poeta galés en lengua inglesa (1914-1953).

Eberardo/Eberarda m/f On. 7 de abril

Nombre germánico, popular en países anglosajones. De *eber*, 'jabalí', con el sufijo *hard*, 'fuerte' (v. Arduino). Por similitud fonética, ha acabado siendo identificado con Abelardo.

Variantes: Aberardo, Alardo, Everardo.

Cat. Eberard/Eberarda. Gal. Eberardo/Eberarda.

Eberhard Wächter, barítono austríaco (1929-1992).

Edda f On. 7 de julio

Nombre germánico, derivación de *hrod*, 'fama, gloria' (v. Eduardo). Se usa como abreviación de Edita, Edwina o Eduarda.

Designa la recopilación de tradiciones religiosas y legendarias de los antiguos pueblos escandinavos. Puesto de moda por el movimiento romántico.

Cat. /Edda.

Edda Moser, soprano (1938). Hedda Gabler, protagonista del drama homónimo de Henrik Ibsen (1828-1906), vivo personaje teatral, propensa a relaciones difíciles.

Edelberto/Edelberta m/f On. 24 de febrero

Variante anglosajona de Adalberto (v. Edel).

Cat. Edelbert/Edelberta.

San Edelberto, rey de Inglaterra (s. VII).

Edelmiro/Edelmira m/f

Variante de Etelmiro. Otras variantes: Adelmaro, Delmiro, Dalmiro.

Cat. Edelmir/Edelmira. Gal. Delmiro, Edelmiro/Delmira, Edelmira.

Edelmiro Julián Farrell, militar y político argentino, presidente de su país

(1887-1980). Edelmira Sampedro y Robato, primera esposa de Alfonso de Borbón, hijo de Alfonso XIII (1906-1994).

Edeltrudo/Edeltruda m/f On. 23 de junio

Forma originaria de Adeltrudo/Adeltrudis. Variante: Ediltrudo/Ediltrudis.

Cat. Edeltrud/Edeltruda.

Eder m

Nombre de origen vasco: *eder*, 'bello, gracioso'. De él deriva el femenino Ederne (v.).

Ederne f

Nombre vasco femenino. Sin equivalencia, seguramente relacionado con *eder*, 'bello, gracioso'.

Edgar/Edgara m/f

Forma inglesa antigua de Eduardo, con entidad propia principalmente a causa de un rey santo de Inglaterra (s. IX). Identificado con el danés *Ogiero*, nombre portado por uno de los paladines de Carlomagno. Poco conocidos hasta hace poco en el mundo latino, se introduce con especial fuerza.

Variante: Edgardo/Edgarda.

Cat. Otger/Otgera.

Edgar Allan Poe, poeta, narrador y crítico literario estadounidense (1809-1849). Edgar Degas (Hilaire-Germain-Edgar De Gas), pintor y escultor francés (1834-1917). Edgar Faure, político frances (1908-1988). Edgar Morin, sociólogo francés (1921). Edgardo, personaje de la ópera *Lucia de Lamermoor*, de Donizetti. Otger Cataló, personaje literario, originador de la actual Cataluña (s. VIII).

Edilmo/Edilma m/f

Contracción de Adelelmo, a su vez constituido con las raíces germánicas *athal-elm*, 'protector noble' (v. Adela; v. Anselmo). También de Eduardo y Vilma.

Cat. Edilm/Edilma.

Edito/Edita m/f

Nombre germánico, formado con la raíz *ed*, 'riqueza', y *gyth*, 'combate'. Popularizado hoy en España, especialmente a través de la forma original inglesa Edith.

Cat. Edit/Edita. Gal. Edito/Edita.

Edith Cavell, enfermera y heroína inglesa (1865-1915). Edith N. Wharton, novelista estadounidense (1862-1937). Edith Piaf, cantante francesa (1915-1963).

Edmundo/Edmunda m/f On. 20 de noviembre

Del germánico *hrod-mund*, 'protector de la victoria'. Popular en los países anglosajones.

Cat. Edmund, Edmon/Edmunda, Edmona. Eus. Emunda/Emunde. Gal. Edmundo/Edmunda.

Eamon De Valera, político irlandés, propulsor de la independencia de su país (1882-1975). Edmonia Lewis, artista estadounidense (1845-1890). Edmund Hillary, el primero en coronar el Everest en 1953 (1919-2008). Edmund Husserl, filósofo moravo de origen judío (1859-1938). San Edmundo, arzobispo de Cantorbey (s. XIII). San Edmundo, rey de Anglia (s. IX). Edmundo Dantés, personaje central de la novela *El conde de Montecristo* de Alexandre Dumas (1803-1870).

Eduardo/Eduarda m/f On. 13 de octubre

Del germánico *audo*, 'propiedad, riqueza', y *gair*, 'lanza' (v. Otón; v. Gerino). O, mejor, de *hrod-ward*, 'guardián glorioso' (v. Guarino). El componente germánico *hrod*, *hrom*, *hruom* o *hlod* es 'gloria, fama, distinción' (cf. el gr. *kleos*), y se halla en muchos nombres personales.

La supervivencia de este nombre se debe a la devoción del rey Enrique III por los santos Eduardo y Edmundo, y a su presencia en las listas reales inglesas. Hay renace apoyado por la cultura anglosajona, en la que es común el hip. *Teddy*, inmortalizado por el presidente de USA Theodore Roosevelt, así como su *Teddy bear* ('oso Teddy'), hoy juguete extendido a todo el mundo.

Derivados: Duardos, Duarte. Hip. Lalo. Variante inglesa: Edgar (v.).

Cat. Eduard/Eduarda. Eus. Edorta/Edorte. Gal. Eduardo, Duardos/Eduarda.

Édouard Jeanneret, *le Corbusier*, arquitecto y pintor suizo (1887-1965). Édouard Manet, pintor francés (1832-1883). Eduard Bernstein, político y pensador alemán (1850-1932). Eduard Fontserè, meteorólogo y sismólogo catalán (1870-1970). Eduard Junyent, arqueólogo e historiador catalán (1901-1978). Eduard Marquina, escritor catalán (1879-1946). Eduard Toda, diplomático y escritor catalán (1855-1941). Eduard Toldrà, músico catalán (1895-1962). Eduardo Chillida, escultor vasco (1924-2002). Eduardo Dato, político gallego, presidente de gobierno (1856-1921). Eduardo Rosales, pintor castellano (1836-1873). Edvard Benes, político checo (1884-1948). Edvard Grieg, compositor noruego (1843-1907). Edvard Munch, pintor y grabador noruego (1860-1939). Edward Bond, comediógrafo y director teatral inglés (1934). Edward Morgan Forster, novelista inglés (1879-1970). Edward Kennedy Ellington, *Duke Ellington*, compositor y pianista de jazz estadounidense (1899-1974). Eddie Merckx, ciclista belga (1945). Eduardo Mendoza, escritor español (1943).

Edurne f

Forma vasca de Nieves.

Eduvigis f On. 16 de octubre

Uno de los más populares nombres germánicos, aunque poco usado en España modernamente. De *hathu-wig*, duplicación de la palabra 'batalla': 'guerrero batallador' (v. Hildo; v. Clodoveo).

Variantes: Euduvigis, Edvigis. Hip: Avoiza.

Cat. /Eduvigis, Edvig. Eus. /Edubige. Gal. /Eduvixe.

Santa Eduvigis o Heduvigis, duquesa de Polonia (1174-1243). Eduvigis o Jadwiga, reina de Hungría y Pôlonia (1370-1399). Edwige Feuillère (Caroline Cunati), actriz francesa (1907-1998). Hedwige, personaje de la ópera *Guillaume Tell*, de Rossini. Hedy Lamarr (Hedwig Eva Maria Kiesler), actriz cinematográfica estadounidense de origen austríaco (1913-1999). Hedvig, personaje de *El pato silvestre* de Henrik Ibsen (1828-1906), niña precoz de alma sensible y mentalidad abierta a toda experiencia nueva.

Efraín/Efraína m/f

Del hebreo *ephraim* o *ephraraim*, 'muy fructífero, doblemente fructífero'. Sinónimo de Policarpo, Fructuoso, Carpóforo y Pomona.

Variantes: Efraím, Efrem, Efrén.

Cat. Efraïm, Efrem/Efraïma. Eus. Eperna/. Gal. Efraín/Efraína.

Efraín, patriarca bíblico, hijo de José y cabeza de una media tribu (Jos 14,4). San Efraín, diácono de Edesia, padre de la Iglesia Griega (s. I). Efraín Huerta, poeta mexicano (1914-1982). Efrain Cabot, viejo protagonista del drama *Deseo bajo los olmos*, de Eugene Gladstone O'Neill (1888-1953).

Egerio/Egeria m/f

Del verbo griego *egeiro*, 'excitar, mover', aludiendo a las cualidades de la ninfa Egeria.

Cat. Egeri/Egèria. Gal. Exerio/Exeria.

Egeria, en la mitología friega, ninfa portadora del atributo de la inspiración.

Egidio/Egidia m/f On. 1 de septiembre

Nombre de origen griego, traducible como 'protector' atendiendo a su origen, *aegis*, nombre del escudo de Júpiter y Minerva, así llamado por estar hecho con la piel curtida de la cabra Amaltea, nodriza del primero (aíx, 'cabra'). Popularísimo en España en el Siglo de Oro, especialmente bajo la forma hipocorística Gil (v.).

Cat. Egidi/Egídia. Gal. Exidio/Exidia.

Egidio, 'el conde Giles', general galorromano y fundador de un pequeño reino independiente al norte de la Galia (†464). Egidio R. Duni, compositor italiano (s. XVIII). San Egidio, compañero de san Francisco de Asís (s. XII-XIII).

Eglantina f

Nombre femenino, alusivo a una flor de la familia de las rosáceas. Del francés *églantine*, y este del latín *aquilentum*, 'rosa de bosque' (por *aculeatus*, 'que tiene espinas'). Popularizado en Cataluña por ser uno de los premios de los Juegos Florales.

Cat. /Eglantina, Englantina.

Egmont m

Nombre germánico: *aig-mund*, 'espada protectora' (v. Agerico; v. Mundo). Muy popular en los Países Bajos por el conde de este nombre, héroe nacional. Goethe pubicó en 1787 la tragedia *El conde de Egmont*, musicada por Beethoven en 1810.

Cat. Egmond, Egmont/.

Lamoral, conde de Egmont, (1522-1568), propulsor de una revuelta contra Felipe II en los Países Bajos, a consecuencia de la cual fue condenado y ejecutado.

Eladio/Eladia m/f On. 18 de febrero
Variante de Heladio.
Cat. Eladi, El·ladi/Elàdia, El·làdia. Eus. Eladi/Elade. Gal. Eladio/Eladia.
Eladi Homs, pedagogo catalán (1886-1973). Eladio Victoria, político dominicano, presidente de su país en 1912.

Eleazar m
Nombre bíblico del AT. Hebreo *el-azar*, 'Dios ha ayudado, me ha dado fuerzas'. Incorporado al santoral cristiano por un santo lionés. Variantes: Eleázaro, Eliecer, Eliezer. Al pasar al mundo latino, se convirtió en Lázaro (v.).
Cat. Eleàtzar/. Eus. Elazar/.
Eleazar, en el AT, hijo de Aarón (Ex 6,23). Eleazar de Carvalho, compositor brasileño (1912-1996). Jorge Eliecer Gaitán, abogado y político colombiano (1903-1948). Eleazar Gómez Contreras, político y militar venezolano, presidente de su país en 1936-41.

Electra f
Nombre de origen griego. De *elektron*, «ámbar».
Cat. /Electra.
Electra, personaje de la mitología griega, hija de Agamenón y Clitemnestra.

Elenio/Elena f
Variante ortográfica de Helena. Su difusión se debe a la madre de Constantino el Grande, 'inventora' (descubridora) de la Vera Cruz. La *Elaine* de los romances de la Tabla Redonda es la versión francesa de una antigua forma galesa del mismo nombre.
Cat. /Elena. Eus. /Elen. Gal. /Helena.
Elena Bonner, esposa de Andrei Sajarov (1923). Elena de Borbón, infanta de España (1963). Elena Kowalska, mística polaca (1905-1938). Elena Metzger, científica francesa (1889-1944). Elena Quiroga, novelista y académica española (1919-1995). Santa Elena, madre de Constantino el Grande y descubridora de la Vera Cruz (s. IV).

Eleonor f On. 21 de febrero
Nombre femenino, procedente del nombre propio gaélico *Leonorius*, portado por un obispo de Bretaña del s. VI (y este, seguramente, aglutinación de León y Honorio). Para otros es una mera variante de Elena.

Variante: Leonor. V. tambien Elionor.
Cat. /Eleonor, Elionor. Eus. /Lonore. Gal. /Leonor, Eleonor.
Eleonor de Aquitania, esposa de Luis VII y de Enrique Plantagenet, madre de Ricardo *Corazón de León* y de Juan *sin Tierra* (1122-1204). Anna Eleanor Roosevelt, escritora y política estadounidense, esposa del presidente Franklin Delano Roosevelt (1884-1964). Eleonor de Habsburgo, hermana de Carlos V y esposa de Manuel el Grande, rey de Portugal, y de Francisco I, rey de Francia (s. XVI). Eleonora Dusse, actriz italiana (1858-1924). Eleonora Holiday, *Billie*, cantante de *blues* y jazz estadounidense (*el Ángel de Harlem*)(1915-1959). Louise Éleonore de Warens, protectora de J. J. Rousseau (s. XVIII). Eleanor Dashwood, protagonista de la novela *Juicio y sentimiento* de Jane Austen (1775-1817).

Eleuterio/Eleuteria m/f On. 20 de febrero
Nombre romano (*eleutheria*, 'libertad'), derivado del griego *Eleutherion*, nombre de unas fiestas en honor de Júpiter Liberador. También es simplemente adjetivo: *eleutherios*, 'libre, que actúa como un hombre libre'. Sinónimo por tanto de Anempodisto, Argimiro, Liberio.
Cat. Eleuteri/Eleutèria. Eus. Eleuteri/Eleutere. Gal. Eleuterio, Leuter, Outelo/Eleuteria, Leutera, Outela.
San Eleuterio, papa de 175 a 189. Eleuthère Irénée Dupont de Nemours, químico francés, colaborador de Lavoisier (1771-1834). Elefterios Venizelos, político griego (1864-1936).

Elí m
V. Helí.
Cat. Elí/.
Elí, en el AT juez y gran sacerdote, educador de Samuel (I Sam 14,3).

Elías/Elia m/f On. 20 de julio
Del nombre hebreo *Elia*, latinizado posteriormente en *Elías*, y famoso por el profeta homónimo, abducido al cielo en un carro de fuego. Teóforo por excelencia, está formado por dos partículas, *el-iah*, cada una de las cuales es una alusión indirecta a Yahvé (cuyo nombre era impronunciable por respeto). Los nombres de este género son frecuentísimos, especialmente entre los judíos: Abdiel, Abdías, Amaniel, Amiel, Adonías, Abimélec, Joel, Eliú, Gutmar, Hiram, Jebedías, Jehú, Jeremías, Joab.

Variantes: Elía, Elihú, Eliú. Forma femenina: Elia (se usa a veces Delia).
Cat. Elias, Elies/Elia. Eus. Eli/.
Elías, profeta mayor bíblico (II Rey 1,9-13). Elias Canetti, escritor búlgaro, establecido en Londres (1905-1994). Elies Rogent, arquitecto catalán (1821-1897). Elías Portolu, personaje de la novela homónima de Grazia Deledda (1871-1936). Elis Fröböm, personaje del relato de E. T. A. Hoffmann (1776-1822) *La mina de Falun*, transición entre la balada romántica y el drama interior. Ilya Muromec, héroe ruso del ciclo épico de Kiev alrededor del príncipe Vladimiro.

Elicio/Elicia m/f
Del lat. *elicius*, 'el atraído por arte de magia'), pues el árbol consagrado al dios (el roble o la encina) atraía los rayos (*elicere*, 'atraer, hacer surgir'). Con el tiempo acabó confundiéndose con Elifio y con Eligio.
Cat. Elici/Elícia. Gal. Elixio/Elixia.
Elicio, sobrenombre romano del dios Júpiter de la mitología romana.

Elidio/Elidia m/f
Variante de Helidio/Helidia.
Variante: Elido/Elida.
Cat. Elidi/Elídia. Gal. Elido/Elida.
San Elidio, martirizado en Francia, junto con san Proyecto (s. VII).

Eliecer/Eliecera m/f
Variante de Eleazar.
Cat. Eliezer, Eleàtzar/.
V. Eleazar.

Elio/Elia m/f
Nombre en el que concurren varios. Por un lado, la forma femenina es variante de Elías (v.).
También es equivalente al griego Helio (de *helios*, 'el sol', aplicado a veces a los nacidos en domingo, día solar).
Finalmente, es también nombre latino, derivado de *Elicius*, epíteto de Júpiter, pues el árbol consagrado al dios (el roble o la encina) atraía los rayos (*elicere*, 'atraer, hacer surgir'). V. Elicio.
El emperador Elio Adriano dio el nombre de Elia Capitolina a Jerusalén al reconstruirla y dedicarla a Júpiter.

Cat. Eli/Elia. Gal. Elio/Elia.
Publio Elio Adriano, emperador romano (76-138). Elia Kazan (Elia Kazanjoglou), cineasta estadounidense de origen armenio (1909-2003). Elia María González-Álvarez ('Lilí Álvarez'), tenista, piloto de carreras y esquiadora española (1905-1998). Elio Antonio de Nebrija (Antonio Martínez de Cala), humanista sevillano (1442-1522). Élie Fréron, crítico francés (s. XVIII). Elie Wiesel, escritor estadounidense de origen rumano, Premio Nobel de la Paz en 1986 (1928).

Elisa f

Es considerado habitualmente como un hip. de Elisabet, aunque en realidad es nombre independiente: del hebreo *elyasa*, 'Dios ha ayudado'. De hecho es la feminización de Eliseo (v.). Pese al parecido, no es sinónimo de Isabel ni de Elisabet.
Variante gráfica, aunque es nombre distinto: Elissa (v.).
Cat. /Elisa.
Elisa Bonaparte, hermana de Napoleón I. Gran duquesa de Toscana (†1820). Elisa Lerner, escritora venezolana (1932). Elisa Orzeszkova, novelista polaca (1841-1910). Elisa Ramírez, actriz española (1945). Elosa O'Neill, actriz irlandesa (1791-1872).

Elisabet f

Antigua forma de Isabel, de la cual se considera equivalente, aunque en realidad son dos nombres distintos. Del hebreo *eli-zabad*, 'Dios da'. En otras versiones, de *elischeba*, 'promesa de Dios' (cf. Doroteo). Por su enorme popularidad en todos los tiempos presenta infinidad de formas en cada lengua. Suelen considerarse, impropiamente, Eliseo o Elisardo como sus formas masculinas.
V. también Bet.
Cat. /Elisabet. Eus. /Elisabete. Gal. /Elisabet.
Elisabeth ('Sissi'), emperatriz de Austria-Hungría, esposa de Francisco José (1837-1898). Elisabeth Schwarzkopf, soprano británica de origen alemán (1915-2006). Élisabeth Vigée-Lebrun, pintura francesa (1755-1842). Elizabeth Taylor, actriz cinematográfica estadounidense (1932). Liza Minnelli, actriz y cantante estadounidense (1946).

Elisendo/Elisenda m/f On. 14 de junio

Variante medieval de Elisa o de Elisabet, con el sufijo adjetivador *-endus*, 'relativo a' (cf. Mendo).

Cat. Elisend/Elisenda. Eus. /Elisenda, Erisenda. Gal. /Elisenda.

Elisenda de Moncada, reina de Aragón, tercera esposa de Jaime II (1292?-1364) y fundadora del monasterio de Pedralbes.

Elíseo/Elisea m/f On. 2 de febrero

Aunque es considerada la forma masculina de Elisa, es al contrario: se trata de un nombre bíblico con entidad propia. Del hebreo *el-i-shuah*, 'Dios es mi salud', portado por el célebre profeta compañero de Elías. Equivalente etimológico de Josué y de Jesúa.

Variante: Elíseo.

Cat. Eliseu, Elis/. Eus. Elixi/. Gal. Elíseo/.

Elíseo, profeta bíblico, amigo de Elías (I Rey 19,16). Eliseu Meifrèn, pintor catalán (1859-1940). Elisée Réclus, geógrafo y teórico francés del anarquismo (1830-1905). Eliseo Payán, vicepresidente de la Confederación Granadina en 1887.

Eliú m

Nombre hebreo del AT, de la familia de Elías. Reiterativo teóforo, *Elihu*, 'Dios es Dios'.

Cat. Eliú/.

Varios personajes de este nombre en el AT, entre ellos un hermano de David (I Cr 217,18).

Elmo/Elma m/f

Variante de Ermo, a su vez contracción de Erasmo (v.). Usado también como hip. de Guillermo (It Guglielmo), interpretable como la componente final del nombre, *helm*, 'protector'.

Cat. Elm/Elma. Gal. Elmo/Elma.

San Elmo, (Erasmo de Siria), obispo, patrón de los navegantes (s. VI).

Elodia f

Variante de Helodia, y también de Alodia (nombre germánico, de *all-od*, 'tierra íntegra, libre', v).

Cat. /Elòdia.

V. Nunilo.

Eloíno/Eloína m/f

Variante moderna de Eloísa, tomada en masculino y a su vez feminizada nuevamente (sufijo *-inus*, derivación del germánico *-win*, 'amigo'; v. Winoco).

Cat. Eloí/Eloïna.

Eloísa f On. 1 de diciembre

Aunque es tomado habitualmente como la forma femenina de Eloy, en este nombre concurren otras fuentes: así Aloísio, forma inglesa de Luis (v.), y también Alvisa, 'sabio eminente'. Incluso a veces vale como variante de Elisa. Famoso por la desdichada amante de Abelardo.

Variante: Eloína.

Cat. /Eloïsa. Gal. /Eloísa.

Eloísa (1101-1164), famosa por sus amores con Pedro Abelardo.

Eloy/Eloísa m/f

De *Eloy*, forma francesa del latín *Eligius*, 'elegido'. Forma parte de la constelación de nombres usados como equivalentes de Luis (v.). Sinónimos: Mustafá, Teócrito (v. también Eulogio). Inmortalizado por los célebres amantes medievales Abelardo y Eloísa.

Variante: Eligio. Femeninos: Eloína, Eloísa (v.).

Cat. Eloi/Eloïsa. Eus. Eloi/Eloe. Gal. Eloi/Eloisa.

San Eloy de Chatelac, ministro del rey Dagoberto y patrón de los plateros y metalúrgicos (590?-660?). Eloi, protagonista de la zarzuela *Cançó d'amor i de guerra*, de Rafael Martínez Valls. Eloy Alfaro, político ecuatoriano, presidente de su país en 1896-1901 y 1906-1911. Eloy Gonzalo, *el héroe de Cascorro*, patriota muerto en la guerra de Cuba (1876-1897).

Elsa f

Variante germánica de Elisa (v.) o de Elisabet (v.). Hip. In Elsie, Elsy.

Cat. /Elsa. Gal. /Elsa.

Elsa Anka, modelo y presentadora de TV española (1965). Elsa Martinelli, actriz italiana (1932). Elsa Morante, escritora italiana (1912-1985). Elsa, personaje de la ópera *Lohengrin* (1850), de Wagner. Elsie Janis, artista de *music-hall* estadounidense, pareja de Maurice Chevalier (1889-1956).

Elvino/Elvira m/f On. 25 de enero

La forma femenina procede directamente del germánico *athal-wira*, 'guardián noble'. Concurre con el lat. Elvia (v.). No puede descartarse sin embargo la influencia del topónimo *Illiberis*, ciudad de Granada donde se celebró un importante concilio, y hoy homónima. Muy corriente en la Edad Media, portado por varias reinas y por una hija del Cid.

La forma masculina está construida a partir del sufijo latino *-inus*, 'relativo a'.

Cat. Elví/Elvira. Eus. Elbiñ/Elbire, Elbiñe.

Doña Elvira, una de las hijas del Cid, azotada con su hermana Sol en el robledo de Corpes (v. Sol) (s. XI). Elvino, personaje de la ópera *La sonnambula*, de Bellini. Elvira ('Julie Charles'), heroína de la novela *Le lac*, de Lamartine (s. XIX). Elvira Bermúdez, abogada y crítica literaria mexicana (1916-1998). Elvira Lindo, escritora española (1962). Elvira Popesco, actriz francesa de origen rumano (1894-1993). María Elvira Lacaci, poetisa española (1929-1997).

Elvis m

Nombre popularizado por el famoso cantante de *rock and roll*, E. Presley. En los últimos años se ha introducido también en España e Hispanoamérica. Derivación de *Helois*, masculino de Eloísa. O quizá del germánico *Helewidis*, 'sano, robusto'.

Elvis Presley, cantante estadounidense (1935-1977).

Emanuel/Emanuela m/f On. 1 de enero

Nombre bíblico. Del hebreo *emmanu-el*, 'Dios con nosotros', alusión contenida en un pasaje de Ex 17, 7; Ps 46, donde se pretende ver una premonición del Mesías (Mt 1, 23). Por ello es considerado a veces variante de Jesús. Cf. Emma, Manuel. V. Ezequiel.

Variante: Emmanuel.

Cat. Emmanuel/Emmanuela.

Emmanuel Kant, filósofo alemán (1724-1804). Emmanuel Swedenborg, sabio y teósofo suizo (1688-1772). Emmanuel de Grouchy, mariscal de Francia (1766-1847). Emmanuel Piré ('Caran d'Ache'), diseñador humorístico francés (1858-1909). Emmanuel Sièyes, político francés (1748-1836). Emmanuelle Béart, actriz francesa (1963). Emmanuelle Lyon, lady Hamilton, dama británica, amante del almirante Nelson (1761-1815). Emmanuelle Riva, actriz francesa (1927).

Emerenciano/Emerenciana m/f On. 23 de enero
Del griego *hémeros*, 'culto, civilizado, dulce, agradable' deriva el nombre de Hemerio o Emerio. Gentilicio de este es Emerano, y de este, Emerencio y Emerenciano (sufijo lat. *-anus*, 'relativo, de la familia de').
Cat. Emerencià/Emerenciana. Eus. Emerentzen/Emerentzene.
Santa Emerenciana, hermana de santa Inés de Roma (s. III-IV).

Emeterio/Emeteria m/f On. 3 de marzo
Del griego *emen*, 'vomitar', que da *emeterion*, 'vomitivo', y por extensión, 'que rechaza, defensor' (cf. Alejandro).
Cat. Emeteri, Medir/Emetèria. Eus. Meder, Medel, Meterio, Mederi/Medere, Metere. Gal. Emeterio/Emeteria.
San Emeterio, hispano del s. III de mucha advocación en Barcelona, donde es conocido con la forma catalana *Medir*.

Emigdio/Emigdia m/f On. 5 de agosto
Nombre de origen poco claro, que la leyenda fija en Tréveris; se sugiere el griego *amygdale*, 'almendra'.
Variante: Emidio/Emidia.
Cat. Emigdi, Emigdius/Emígdia.
San Emigdio, obispo en Ascoli, martirizado a principios del s. IV.

Emiliano/Emiliana m/f On. 29 de abril
Del latín *Aemilianus*, sobrenombre del segundo Escipión Africano: 'relativo, de la familia de Emilio' (v.).
Cat. Emilià/Emiliana. Eus. Emillen/Emillene. Gal. Emiliano, Millán/Emiliana, Millana.
Escipión Emiliano, sobrino de Escipión Africano y vencedor en la tercera Guerra Púnica (184-129 a. C.). Emiliano (Marco Emilio E.), emperador romano (205?-254). Emiliano Zapata, dirigente y revolucionario mexicano (1883-1919). Emilienne Moreau, heroína francesa (1898-1971). Emiliano Figueroa, político chileno, presidente de su país en 1925-27. Emiliano González Navero, político paraguayo, presidente de su país en 1912-13.

Emilio/Emilia m/f On. 6 de octubre
La familia Emilia tuvo gran importancia en la historia de Roma, como lo prueban la provincia italiana de la Emilia y la Vía Emilia. El nombre es

protolatino, aunque se haya querido relacionarlo con el latino *aemulus*, 'émulo', o con el griego *aimílios*, 'amable'.
En los países germánicos se ha mezclado con otros nombres con la componente *amal*, como Amalberto, Amalarico... Conviene recordar la novela *Émile*, de Rousseau, que contribuyó a popularizarlo.
Variante: Emilo/Emila.
Derivado: Emiliano/Emiliana.
Cat. Emili/Emília. Eus. Emilli/Emille, Milia. Gal. Emilio/Emilia.
Emil Nolde (Emil Hansen), pintor alemán (1867-1956). Émile Herzog, *André Maurois*, escritor francés (1885-1967). Émile Zola, novelista francés (1840-1902). Emili Sala, pintor valenciano-castellano (1850-1910). Emili Vendrell, tenor catalán (1893-1962). Emili Vilanova, escritor catalán (1840-1905). Emilia Pardo Bazán, novelista, ensayista y feminista gallega (1851-1921). Emilia, personaje de la ópera *Otello*, de Verdi. Emilio Butragueño, futbolista español (1963). Emilio Castelar, político, orador y escritor andaluz (1832-1899). Emilio Sánchez-Vicario, tenista español (1965). Emily Brontë, novelista británica (1818-1848). Emily Dickinson, poetisa estadounidense (1830-1886). Emilio Arrieta (Pascual Arrieta), cantante español (1821-1894). Emilia Galotti, personaje del drama homónimo de Gotthold Ephraim Lessing (1729-1781). Emilio, personaje de la obra *Emilio o de la educación*, de Jean Jacques Rousseau (1712-1778), en el que se adelantan los principios psicológicos de la educación moderna.

Emma f On. 2 de enero
Aunque en principio es una abreviatura de Emmanuela (v. Manuel), concurre también con nombres germánicos con la voz *Ermin*, nombre de un dios y de una tribu (v. Ermelando, Erminia). Variante: Imma, derivado de Irma. No confundir con Inma (v. Inmaculada).
Concurre con el árabe Emma, 'don, favor, gracia'.
Cat. /Emma.
Emma, hija de Carlomagno y amante de su secretario Eginardo (s. VIII-IX). Emma, esposa de Etelredo II, rey de Inglaterra, y de Canuto el Grande, rey de Inglaterra, Dinamarca y Noruega (†1050?). Emma, hija de Wifredo I el Velloso y abadesa del monasterio de San Juan (s. IX). Emma Goldman, política y feminista rusa (1869-1940). Emma Luart, soprano belga (1892-1968). Emma Suárez, actriz española (1964). Emma Thompson, actriz cinematográfica y teatral británica (1959). Emma Bovary, protagonista de la novela

Madame Bovary de Gustave Flaubert (1821-1880), arquetipo de mujer capaz de desafiar los prejuicios sociales.

Encarnación f On. 25 de marzo
Nombre femenino, alusivo al misterio religioso (en-carnación, hacerse carne el Verbo). Variante: Encarna.
Cat. /Encarnació. Eus. /Gizane, Gizakunde, Gixane. Gal. /Encarnación.
Encarnación López *la Argentinita*, bailaora española de origen argentino (1895-1945) (cf. Antonia). Encarnación Ortega Pardo, dirigente española del Opus Dei (1920-1995). Encarnación Ezcurra, esposa del dirigente argentino Juan Manuel de Rosas (1795-1838). Encarna Paso, actriz española (1931).

Enedino/Enedina m/f
Variante de Henedina (v.).
Cat. Enedí, Henedí/Enedina, Henedina.

Engracia f On. 16 de abril
Nombre cristiano, alusivo al estado del alma *en gracia* divina (latín *in gratia*).
Cat. /Engràcia. Eus. /Geaxi, Ingartze, Graxi. Gal. /Engracia.
Santa Engracia, martirizada en Zaragoza con otros diecisiete muchachos, ejemplo de valor y resistencia ante el martirio (†303). Engracia, personaje de la novela *Tigre Juan*, de Ramón Pérez de Ayala.

Enio/Enia m/f
Antiguo nombre latino, considerado hoy en su forma femenina como variante de Ena. Posiblemente relacionado con *eno*, 'nadar'. También se usa la forma exótica Enya.
Cat. Eni/Ènia.
Ennius, poeta latino (s. III-II a. C.). Ennio Quirino Visconti, arqueólogo y político italiano (1751-1818). Ennio Morricone, compositor italiano (1928).

Enoc m On. 1 de marzo
Nombre hebreo del AT. Quizá de *hanaku*, 'seguidor', aludiendo a su padre. O, para otros, 'consagrado (a Dios)'. Variante: Henoc.
Cat. Enoc, Henoc/.
Enoc, hijo de Caín y padre de Irad (Gen 4,17-18). Enoch Arden, protagonista del pequeño poema de este nombre de Alfred Tennyson (1809-1892).

Enrique/Enrica m/f On. 13 de julio
Evolución del germánico *heimrich*, 'casa poderosa', o, en otra interpretación, 'caudillo de la casa, de la fortaleza'. Favorito en las casas reales de Castilla, Francia e Inglaterra.
Con el tiempo, el sufijo *rik* acabó siendo un mero antroponimizador masculino, olvidado su significado inicial, como ocurre con otras (v. Berta; v. Mirón; v. Fernando; v. Aldo). Suele usarse como forma femenina Enriqueta.
Variantes: Eimerico (forma antigua), Henrique. Es asimilado también a los escandinavos Haakón y Eric. Forma femenina habitual: Enriqueta (hip. Queta).
Cat. Enric/Enrica. Eus. Endika, Endrike/Endike. Gal. Henrique/Henrica.
Un emperador latino de Oriente, cuatro reyes de Francia, cuatro de Castilla (el más famoso, Enrique IV *el Impotente*), ocho en Inglaterra, etc. San Aimerico, Eimerico o Enrique, hijo de san Esteban rey de Hungría (†1031). Enric Borràs, actor catalán (1863-1957). Enric Casals, violinista y compositor catalán (1892-1986). Enric Casanovas, escultor catalán (1882-1948). Enric Granados, compositor y pianista catalán (1867-1916). Enric Monjo, escultor catalán (1896-1976). Enric Morera, compositor catalán (1865-1942). Enric Prat de la Riba, político, primer presidente de la Mancomunitat de Catalunya (1870-1917). Enrico Fermi, físico y matemático estadounidense de origen italiano (1901-1954). Enrique Tierno Galván, político y jurista castellano (1918-1986). Enrique VIII de Inglaterra, rey impulsor de la reforma protestante en su país (1491-1547). Enriqueta de Beaumont, primera mujer alpinista en escalar el Mont-Blanc (1794-1871). Enriqueta de Orleans, ('de Inglaterra'), esposa de Felipe de Orleans, hermano de Luis XIV (1644-1670). Harriet Beecher-Stowe, novelista estadounidense (1811-1896), autora de la novela *La cabaña del tío Tom*. Harrison Ford, actor cinematográfico estadounidense (1942). Harry s. Truman, político estadounidense, presidente de su país (1884-1972). Heinrich Böll, novelista alemán (1917-1985). Heinrich Heine, poeta alemán (1797-1856). Heinrich Himmler, político alemán (1900-1945). Heinrich Schliemann, arqueólogo alemán (1822-1890). Henri Bergson, filósofo y escritor francés (1859-1941). Henri Breuil, sacerdote y prehistoriador francés (1887-1961). Henri de Toulouse-Lautrec, pintor y litógrafo languedociano (1864-1901). Henri Matisse, pintor, dibujante, grabador y escultor francés (1869-1954). Henri Rousseau, *le Douanier*, pintor francés (1844-1910). Henrietta Leavitt, astrónoma estadouni-

dense (1868-1921). Henrik Ibsen, dramaturgo noruego (1828-1906). Henri-Philippe Pétain, militar y estadista francés (1856-1951). Henri-Thédore Fantin-Latour, pintor francés (1836-1904). Henry Beyle, *Stendhal*, escritor francés (1783-1842). Henry Fielding, escritor inglés (1707-1754). Henry Fonda, actor cinematográfico estadounidense (1905-1982). Henry Ford, industrial estadounidense (1863-1947). Henry J. Morgan, corsario inglés (1635?-1688). Henry James, novelista estadounidense naturalizado inglés (1843-1916). Henry Miller, novelista estadounidense (1891-1980). Henry Moore, escultor inglés (1898-1986). Henry Morton Stanley (John Rowlands), periodista y explorador británico (1841-1904). Henry Purcell, compositor inglés (1659-1695). Henryk Sienkiewicz, novelista polaco (1846-1916). Imre Nagy, político húngaro (1896-1958). Sarah Bernhardt (Henriette Rosine Bernard), actriz francesa (1844-1923). Enrico, antagonista del drama *El condenado por desconfiado* de Tirso de Molina (1584?-1648). Enriquillo, personaje de la novela homónima del escritor dominicano Manuel de Jesús Galván (1834-1910). Harry Bailly, dueño de la hostería del Tabardo (*Tabard Inn*) en los *Cuentos de Canterbury* de Geoffrey Chaucer (1340?-1400). Henry, personaje de la novela *Farewell to arms*, del escritor estadounidense Ernest Hemingway (1899-1961), sobre el conflicto de un teniente estadounidense que rechaza el amor. Henry o Denry Machin, protagonista de la novela *La tarjeta* del escritor inglés Arnold Bennett (1867-1931), muchacho provinciano que obtiene un gran éxito gracias a su audacia, decisión y confianza en sí mismo.

Epaminondas m

Nombre griego, compuesto de *epi*, 'sobre', y *ameninon*, 'el más valiente': 'que supera al más valiente'.

Cat. Epaminondes/.

Epaminondas, general y estadista tebano (418?-362 a. C.).

Epifanio/Epifania m/f On. 7 de abril

Nombre cristiano-romano, alusivo al misterio de la Epifanía, 'manifestación' (*epi-phainein*, 'brillar, mostrarse por sobre'), de donde el adjetivo *epiphanés*, 'que se muestra, visible, ilustre'). En la forma Epífanes fue anteriomente sobrenombre de Zeus y otros dioses.

Cat. Epifani/Epifània. Eus. Epipani, Iakus, Irakus, Irkus/Epipane. Gal. Epifanio/Epifania.

San Epifanio, obispo de Pavía (434-497). San Epifanio, obispo de Salamina y padre de la Iglesia Griega (310?-403). Epifanio Esteban, ingeniero de caminos (s. XIX).

Erasmo m On. 2 de junio

Del griego *erasmios*, 'agradable, gracioso, encantador' (sinónimo de Dulce, Emerio, Euterpe, Melindres, Melitón, Pamela y otros). Contraído por los italianos a Ermo o Elmo, de donde la identificación con Telmo o Elmo (por *Sant'Elmo*). Retomado modernamente gracias al humanista Erasmo de Rotterdam, que latinizó su nombre original, Desiderio (s. XVI).

Cat. Erasme/. Eus. Erasma/.

Erasmo de Narni ('il Gattamelata'), condotiero italiano (1370-1443). Desiderio Erasmo, *Erasmo de Rotterdam*, humanista neerlandés de expresión latina (1469?-1536). Erasmo Montanus, protagonista de la comedia homónima de Ludvig Holberg (1684-1754).

Erena f

Variante de Erenia.

Cat. /Erena.

Eréndira f

Nombre de una princesa purépecha, usado en México. Del tarasco *Iréndira*, 'la que sonríe, la risueña'.

Iréndira, legendaria princesa purépecha.

Erenio/Erenia m/f

V. Herenio.

Cat. Ereni/Erènia.

Eric m

Forma original de Erico. Se usan también las formas Erik/Erika.

Eric Arthur Blair ('George Orwell'), ensayista y novelista inglés (1903-1950). Eric Clapton, cantautor estadounidense (1945). Eric Rohmer (Maurice Schérer), director cinematográfico francés (1920-2010). Eric von Stroheim, cineasta y actor estadounidense de origen austríaco (1885-1957). Erica Jong, escritora estadounidense (1942). Erich Fromm, psicoanalista estadounidense de origen alemán (1900-1980). Erich Maria Remarque (Erich Paul Remark), novelista alemán (1898-1970). Erik Satie, compositor francés (1866-1925). Varios reyes de Dinamarca, Suecia y Noruega, entre ellos Erico III de Pomerania, rey de los tres países escandinavos (s. XV).

Erico/Erica m/f On. 18 de mayo

El germánico *ewaric*, 'regidor eterno'. Identificado también con Enrique. Es usada también la forma original germánica, Eric. La forma femenina es pronunciada a veces Érica por influencia del latín *erica*, 'brezo, madroño'. Popular en los países nórdicos, por Erico IX, rey de Suecia y Dinamarca. En España es conocida la variante Eurico, nombre de un rey visigodo.

Cat. Eric/Erica.

Erico Verissimo, escritor brasileño (1905-1975).

Ermelando/Ermelanda m/f

Del germánico *ermin-land*, 'tierra de ermiones' (v. Erminio).

Variante: Hermelando. Formas femeninas: Ermelinda (en realidad formada con el sufijo *lind*, 'dulce', v. Linda), Hermelinda, Ermelina, Hermelina.

Cat. Hermeland/Hermelanda.

V. Hermelando.

Ermengardo/Ermengarda m/f

Nombre germánico, compuesto de *Ermin* (v. Erminia) y *gar*, 'preparado para el combate', o el concepto análogo 'guardar, vigilar' (v. Guarino). Equivalente pues a Ermengol.

También es posible *gard*, 'jardín', respectivamente para las formas masculina y femenina. Identificado a menudo con Hermenegildo (v.) y con Gausio.

Variante: Ermengardis.

Cat. Ermengard, Ermenguer/Ermenguera.

Ermengarda, hija de Desiderio, segunda esposa de Carlomagno (†818). Santa Ermengarda, segunda esposa de Alain IV Fergent, duque de Bretaña, fundadora (s. XII).

Ermesindo/Ermesinda m/f

Nombre germánico, derivación de *Ermin-sind*, 'camino, expedición de hermiones' (tribu germánica; v. Erminia; v. Suintila).

Variantes: Ermesenda, Hermesinda, Hermesenda.
Cat. Ermessend, Ermessind/Ermessenda, Ermessinda. Eus. Ermisenda/Ermisende, Ermesinda. Gal. /Hermesinda.
Ermesinda (s. VIII), hija del primer rey asturiano Pelayo y esposa del rey Alfonso I *el Católico*. Ermessenda de Carcassona, esposa del conde Borrell de Barcelona (†1058).

Ermindo/Erminda m/f
Variante de Erminio/Erminia.
Cat. Ermind/Erminda.
San Ermindo, abad (†737).

Erminio/Erminia m/f On. 25 de abril
Nombre germánico, formado con la voz *Ermin* (nombre de un semidiós, que acabó designando una tribu, los Ermiones), o quizá de *airmans*, 'grande, fuerte' (v. Hermán).
Variante: Herminio/Herminia.
Cat. Ermini/Ermínia. Eus. Ermiñi/.
San Ermino o Erminio, obispo francés del s. VIII. Erminia, personaje de la *Jerusalén libertada* de Torquato Tasso (1544-1595).

Ernesto/Ernesta m/f On. 7 de noviembre
Del germánico *ernust*, 'combate'. La etimología popular inglesa lo asimila a la palabra del mismo origen *earnest*, 'serio, sereno', especialmente desde la obra de Shaw *The Importance to be Earnest* ('La importancia de llamarse Ernesto'), cuyo título juega con ambas palabras.
Variante femenina: Ernestina (v.).
Forma femenina habitual: Ernestina.
Cat. Ernest, Arnús/Ernesta. Eus. Arnulba/Arnulbe. Gal. Ernesto/Ernestina.
Ernest Hemingway, novelista estadounidense (1899-1961). Ernest Renan, historiador y crítico de las religiones y filósofo francés (1823-1892). Ernest Rutherford, físico británico (1871-1937). Ernesto Guevara (*Che Guevara*), revolucionario sudamericano (1928-1967). Ernesto Sábato, ensayista y novelista argentino (1911). Ernst Bloch, filósofo alemán (1885-1977). Ernst Jünger, escritor y ensayista alemán (1895-1998). Ernst Ludwig Kirchner, pintor alemán (1880-1938). Ernst Theodor Amadeus Hoffmann, escritor y compositor alemán (1776-1822). Ernesto, personaje de *El gran galeoto* de

José Echegaray (1832-1916), arquetipo de amor callado al principio, desbordante una vez eliminados los obstáculos.

Eros m

Nombre mitológico, dios del amor en Grecia. *Eros*, 'amor', especialmente en su sentido sensual.

Cat. Eros/.

Eros Ramazzoti, cantante italiano (1963).

Esaú m

Nombre bíblico. De *sea*, 'piel de cordero', alusivo al aspecto piloso que presentaba de recién nacido este patriarca, famoso por la venta a su hermano Jacob de sus derechos de primogenitura por un plato de lentejas.

Cat. Esaú/.

Esaú, en el AT, patriarca, hijo de Isaac (Gen 25,25).

Escarlata f

Creado por la novelista Margaret Mitchell para la protagonista de su famosa novela. El éxito de la película del mismo nombre, ha popularizado el nombre.

Cat. /Escarlata.

Scarlett O'Hara, protagonista de la novela *Lo que el viento se llevó*, de Margaret Mitchell.

Escipión m

Alude a una característica de su primer portador, Publio Cornelio, vencedor de Aníbal. Literalmente: 'báculo, bastón', en el sentido de 'ayuda al padre'.

Cat. Escipió/.

Publio Cornelio Escipión, *el Africano*, jefe del ejército romano (235?-185 a. C.).

Esclavitud f

Advocación mariana de gran popularidad en Galicia (Nuestra Señora de la Esclavitud). Por el bajo latín *sclavus*, 'esclavo, sirviente'.

Cat. /Esclavitud. Gal. /Escravitude.

Esmeralda f On. 8 de agosto

Nombre cristiano-romano. Del latín *smaragda*, 'esmeralda'. Son frecuentes los nombres de piedras preciosas convertidos en onomásticos, especialmente femeninos: Rubí, Perla, Adamantino, Gemma...
Hecho famoso por la gitana protagonista de *Nôtre Dame de Paris*, de Victor Hugo, arquetipo de bohemia trashumante.

Cat. /Esmaragda.

Esmeralda Cervantes (Clotilde Cerdà), harpista española (1862-1925), hija del ingeniero de caminos Ildefons Cerdà. Esmeralda, la zíngara, personaje de la novela *Nôtre Dame de Paris*, de Victor Hugo (1802-1885).

Esmeraldino/Esmeraldina m/f

Adjetivación gentilicia de Esmeralda, con el sufijo lat. *-inus*, 'relativo, de la familia de'. La forma masculina suele ser tomada como la de Esmeralda.

Cat. Esmaragdí/Esmaragdina.

San Esmeraldino, soldado romano, sacrificado en tiempos de Licinio, emperador de Oriente (†320).

Esopo m

Nombre griego, *Aesopos*, quizá derivado de *Aeson*, nombre del legendario padre de Jasón (v.).

Cat. Isop/. Gal. Esopo/.

Esopo, semilegendario fabulista griego de la Antigüedad (s. VI-V a. C.).

Espártaco m

Parece gentilicio de *Spártakos*, ciudad de la Tracia. El movimiento espartaquista, en la Alemania de entreguerras, inspiró su nombre en el del personaje romano.

Cat. Espàrtac/.

Espartaco, gladiador romano del s. I a. C., caudillo de una rebelión contra Roma brutalmente sofocada por Craso (†71 a. C.). Spartaco Santoni, actor venezolano (1937-1998).

Esperanza f On. 18 de diciembre

Santa Sofía, gran devota de las Virtudes Teologales, bautizó a sus tres hijas con los nombres de estas (Fe, Esperanza y Caridad): todas fueron mártires y santas. Del latín *spe*.

Variante: Spe, nombre de un santo italiano (s. VI). V. también Caridad.
Cat. /Esperança. Eus. /Espe, Itxaro, Itxaropen. Gal. /Esperanza.
Esperanza Aguirre, política española (1952). Esperanza Roy, actriz de revista española (1935). Santa Esperanza, hija de santa Sofía.

Esquilo m
Del gr. *Aischylos*, por *aischos*, 'vergüenza, pudor', con el sufijo diminutivo *-ylos*: 'el tímido'. Cf. Esquines.
Cat. Èsquil/.
Esquilo, padre de la tragedia griega (525-456 a. C.).

Estanislao/Estanislava m/f On. 7 de septiembre
Nombre polaco, difundido en España por san Estanislao de Kotska, y especialmente, por su introductor en Europa occidental, E. Leczinski. Formado con las palabras polacas *stan-slaf*, 'gloria eminente'. Hip. Estanis. Presenta una concurrencia forzada con el soviético Stalin, que aplicaban de oficio en el Registro Civil los funcionarios de los primeros tiempos franquistas.
Cat. Estanislau/Estanislava. Eus. Estanisla/Estanisle. Gal. Estanislao/Estanislava.
San Estanislao de Kotska (s. XVI), obispo de Cracovia y patrón de su país. Stanyslas Lesczinski, rey de Polonia (1677-1776). Stanyslas Poniatowski, último rey de Polonia (1732-1798). Estanislao del Campo, escritor argentino (1834-1880). Estanislau Figueras, dirigente republicano catalán, presidente de la I República Española (1819-1882). Estanislau Ruiz i Ponsetí, economista y político mallorquín-mexicano (1889-1967). Stan Laurel (Arthur Stanley Jefferson), actor cinematográfico estadounidense (1890-1965).

Esteban/Estefanía m/f On. 26 de diciembre
Del griego *stephanós*, 'coronado' (de laurel), o sea, por analogía, 'victorioso', lo que lo hace sinónimo de Laura (v.). Algo en desuso actualmente, conoce por contra un auge insospechado la forma femenina, Estefanía.
Cat. Esteve/Estefania, Estèfana, Estevenia. Eus. Eztebe, Istebe, Estepan/Estebeni, Istebeni, Itxebe, Fani. Gal. Estevo/Esteva, Estefanía.
Estefanía, mujer de Crescencio, rival de Benedicto VII. Doña Estefanía *la Desdichada*, hija natural de Alfonso VII (1146?-1180). Esteve Monegal, escultor, ensayista e industrial catalán (1888-1970). Esteve Terradas, ingenie-

ro industrial y de caminos y matemático catalán (1883-1950). San Esteban, protomártir lapidado en el s. I, ha merecido por ello ser el patrono de los canteros. Stefan Zweig, escritor austríaco de origen judío (1881-1942). Steffi Graf, tenista alemana (1970). Stéphane Mallarmé, poeta francés (1842-1898). Stéphanie Grimaldi, princesa de Mónaco (1965). Stephanie Kramer, actriz estadounidense (1956). Stephen Hawking, cosmólogo británico (1942). Stephen King, novelista estadounidense (1946). Steven Spielberg, realizador cinematográfico estadounidense (1947). Stevie Wonder, cantante y compositor estadounidense (1950). Estebanillo González, protagonista de *La vida y hechos de Estebanillo González*, autobiográfica; sátira bufonesca y atroz.

Estefan/Estéfana m/f

Forma antigua de Esteban, hoy resucitada, así como sus formas italianizante (Estéfano) y catalana (Esteve). Resucitada últimamente, pero por inducción de la forma alemana Stefan o en la inglesa Stephen.
V. Esteban.

Estela f On. 3 de mayo

Advocación mariana, tomada de una de las jaculatorias de las letanías (*Stella matutina*, 'estrella de la mañana'. Equivalente a Estrella y confundido a menudo con Eustelia.
Suele usarse a veces el diminutivo Estelita, influido por el nombre masculino Estilita (v.).
Cat. /Estela, Estel·la. Eus. /Izar, Izarne, Izarra. Gal. /Estela.
Santos Eutropio y Estela o Eustelia (s. III?), venerados en Saintes como mártires. María Estela Martínez de Perón, *Isabelita*, política argentina, esposa de Juan Domingo Perón y ella misma presidenta de su país (1931).

Ester f 1208.

Variante de *Isthar*, nombre de la diosa babilónica Astarté, a su vez de la raíz *st*, que ha dado 'astro, estrella' en otras lenguas. Curiosamente fue adoptado por los sometidos judíos y acabó evocando a su heroína por excelencia, mediadora de su pueblo ante el soberano.
Se usa la variante Esther.
Cat. /Ester. Gal. /Ester.
Estée Lauder (Esther Menster), empresaria de cosméticos estadounidense (1906-2004). Esther Tusquets, editora y novelista española (1936). Esther

Williams, actriz estadounidense (1923). Esther Koplowitz, empresaria española de origen judeoalemán (1950).

Estibaliz f

O Estíbaliz. Nombre vasco femenino. En la etimología popular, es una fórmula natalicia de buen augurio: *esti ba-litz*, 'que sea de miel, dulce'. Variante castellanizada: Estibáliz.

Cat. /Estibalitz. Eus. /Estibaliz, Estitxu, Estiñe.

Estibaliz Uranga, cantante vasca (1952).

Estilita m On. 5 de enero

Nombre de un san Simeón, así apodado por permanecer mucho tiempo en lo alto de una columna (*stylos* en griego, v. Estela).

Cat. Estilita/.

San Simeón Estilita, quien tras adquirir humildad pasando un tiempo en el fondo de un pozo, remató con treinta y siete años en lo alto de una columna, desde donde arengaba a los fieles (†439).

Estrabón m

Tomado del mote griego *strabós*, 'bizco'.

Cat. Estrabó/.

Estrabón, geógrafo e historiador grecorromano (63-19? a. C.).

Estrello/Estrella m/f

Del latín *stella*, 'estrella' (cf. Ester), visible en la variante Estela y en la forma extranjera Stella. Sinónimo de Asterio y Esterino.

Cat. /Estrella, Estel·la. Eus. /Izar, Izarra, Izaro. Gal. /Estrela.

Santa Estrella, virgen y mártir gala (s. III). Estrellita Castro, tonadillera española (1912-1983).

Etelvino/Etelvina m/f

Variante de Adelvino (v.). Del germánico *athal-win*, 'noble victorioso'. Hip. femenino, tomado de la forma bable: Telva.

Cat. Etelví/Etelvina. Gal. Etelvino/Etelvina.

Eucario/Eucaria m/f On. 8 de diciembre

Del griego *eu-charis*, 'gracioso, caritativo'. No confundir con Eucardio, 'de buen corazón' (*eu-kardios*).

Cat. Eucari/Eucària.
San Eucario, uno de los primeros apóstoles de Estrasburgo y obispo de Tréveris (s. IV).

Euclides m

Deformación de *Eu-kleidos*, 'el de buena (gran) gloria'. *Eu*, 'bueno'; *kels*, *kleidos*, 'gloria'.
Cat. Euclides/.
Euclides, sistematizador de la matemática antigua (330-275 a. C.). Euclides da Cunha, escritor e ingeniero brasileño (1866-1909). Euclides de Angulo, presidente designado de Colombia (1908).

Eudaldo/Eudalda m/f On. 11 de mayo

Nombre germánico: *hrod-ald*, 'gobernante famoso'. V. Eduardo; v. Aldo.
V. Ou.
Cat. Eudald (hip. Ou)/Eudalda.
Eudald Serra i Buixó, eclesiástico y escritor catalán (1882-1967).

Eudoxio/Eudoxia m/f On. 1 de marzo

Del griego *eu-doxos*, 'de buena opinión, doctrina o reputación' (cf. Clío, Eulalia, etc.).
Variantes: Eudosio, Eudocio.
Cat. Eudòxius, Eudoxos/Eudòxia. Eus. Eudosa/Eudose.
Atenais, llamada Eudoxia tras su conversión al cristianismo, emperatriz de Oriente, esposa de Teodosio II (†460?). Eudoxia o Eudocia, emperatriz de Oriente, esposa del emperador Arcadio (s. IV-V). Santa Eudoxia, virgen siria, martirizada por su fe (s. I).

Eufemio/Eufemia m/f On. 16 de septiembre

La elocuencia era una de las cualidades mejor apreciadas por los griegos. Por ello el significado de este nombre *eu-phemía*, 'de buena palabra', es compartido por Anaxágoras, Arquíloco, Crisólogo, Crisóstomo, Eulalia, Eulogio, Eurosio, Fantino y Protágoras, todos ellos griegos. Otros la interpretan como 'buena reputación', lo que lo iguala a Eudoxia.
Cat. Eufemi/Eufèmia. Eus. Eupema/Eupeme, Primia. Gal. Eufemio/Eufemia.
Santa Eufemia, mártir en Amida, en Asia Menor, durante la persecución de

Maximino II (s. IV). Eufemia, mujer de Justino I, emperador de Oriente (s. VI). Eufemia, regente de Sicilia (s. XIV).

Eufrasio/Eufrasia m/f On. 15 de mayo

Nombre latino, aplicado como gentilicio a la comarca del río Éufrates, en Mesopotamia. Alude también a la palabra griega *euphrasía*, 'alegría, sentimiento festivo'. Es también nombre de flor.

Cat. Eufrasi/Eufràsia. Eus. Eupartsi/Eupartse. Gal. Eufrasio/Eufrasia.

Santa Eufrasia, martirizada en Ancira, en Asia Menor (s. IV).

Eufrosino/Eufrosina m/f On. 7 de mayo

De *Euphros'yne*, 'la que tiene alegres pensamientos'.

Cat. /Eufrosina. Gal. /Eufrosina.

Eufrosina, una de las tres Gracias o Cárites de la mitología griega. Eufrosina, hija del gran duque de Kiev y esposa del rey húngaro Géza II (s. XII).

Eugenio/Eugenia m/f On. 24 de julio

Este nombre, largo tiempo popular se ve hoy algo en desuso. De *eu-genos*, 'de buen origen, de casta noble' (cf. Adelaida, Crisógeno, Genadio, Genciano, Genoveva, todos ellos con significado análogo). Fue un nombre bien corriente en el s. XIX (Eugène de Beauharnais, Eugène Delacroix...), aunque hoy ha decaído.

Cat. Eugeni/Eugènia. Eus. Euken, Eukeni/Eukene. Gal. Uxío, Euxenio, Ouxío/Uxía, Euxenia, Ouxía.

Eugène Delacroix, pintor, acuarelista, diseñador y litógrafo frances (1798-1863). Eugène Emmanuel Viollet-le-Duc, arquitecto y teórico francés (1814-1879). Eugène Ionesco, dramaturgo francés de origen rumano (1912-1994). Eugene O'Neill, dramaturgo estadounidense (1888-1953). Eugeni d'Ors (*Xènius*), escritor y filósofo catalán (1881-1954). Eugenia de Montijo, emperatriz de los franceses, esposa de Napoleón III (1826-1920). Eugenia Serrano, periodista y política española (1921-1991). Eugenio Cambaceres, escritor argentino (1843-1888). Eugenio Montero Ríos, político gallego (1832-1914). Mary Eugenia Charles, política de la Dominica, primera ministra (1919-2005). Eugenia Grandet, protagonista de la novela homónima de Honoré de Balzac (1799-1850), sublime personaje dependiente toda su vida de un amor de juventud. Eugène de Rastignac, personaje de *Papá Goriot* de Honoré de Balzac (1799-1850).

Eulalio/Eulalia m/f On. 10 de febrero
Popular patrona de Barcelona (s. IV), cuya leyenda aparece duplicada en Mérida. Del griego *eu-lalos*, 'bien hablada, elocuente' (cf. Facundo). Variantes: Olalla, Olava, Olaria, Olaja, Olea.
Cat. Eulali/Eulàlia (hip. Olalla, Olària, Laia). Eus. Eulale/Eulari, Olaria, Olaia. Gal. Eulalio/Eulalia (hip. Alla, Baia, Laia, Olaia, Olalla).
Santa Eulalia de Barcelona y santa Eulalia de Mérida, mártires (s. IV). Eulalia Abaitúa, fotógrafa española (1853-1943). María Eulalia de Borbón, infanta de España (1864-1958).

Eulogio/Eulogia m/f On. 11 de marzo
Nombre griego. *Eu-logos*, 'de buen discurso, buen orador'. Por similitud fonética es identificado a veces con Eloy, totalmente distinto (v.).
Cat. Eulogi/Eulògia. Eus. Eulogi/Euloge. Gal. Euloxio, Uloxio/Euloxia, Uloxia.
San Eulogio, mártir, metropolitano de Toledo, decapitado en Córdoba (†859).

Eunición/Eunice f
Nombre femenino, del griego *eunike*, 'que alcanza una buena victoria, victorioso', significación presente en multitud de nombres: Almanzor, Aniceto, Berenice, Victoria, Esteban, Lauro, Nicanor, Nicasio, Nicetas, Sicio, Suceso, Víctor, Victoriano.
Cat. Eunició/Eunice. Gal. Eunició/Eunice.
Eunice Waymon ('Nina Simone'), cantante estadounidense (1933-2003).

Eurico/Eurica m/f
Nombre germánico. Raíz *eu*, 'fuerza', con la terminación *rik*, 'poderoso, rico' (v. Enrique).
Cat. Euric/Eurica. Gal. Eurico/Eurica.
Eurico, rey visigodo (420-484), famoso por el *Código de Eurico*, creado en su época.

Eurídice f
De *euriedes*, 'espacioso', y *dike*, 'justicia': 'la gran justiciera'.
Cat. /Eurídice.
Eurídice, mitológica esposa de Orfeo, a quien este trató en vano de rescatar de los Infiernos.

Eurípides m

Nombre griego, derivado de *Euripós*, estrecho entre Eubea y Beocia, famoso por sus corrientes alternativas.

Cat. Eurípides/.

Eurípides, trágico griego humanista de la Antigüedad (485-406 a. C.).

Eusebio/Eusebia m/f On. 2 de agosto

Del nombre de la diosa griega *Eusebia*, a su vez de *eusébios*, 'de buena piedad, piadoso' (cf. Sebastián). Portado en la Edad Media abundantemente, su uso decae hoy.

Cat. Eusebi/Eusèbia. Eus. Eusebi/Eusebe, Usebi, Usabia. Gal. Eusebio/Eusebia.

San Eusebio, padre de la Iglesia Griega (260?-341?). San Eusebio (on. 14-8), que dio su casa para hacer de ella una iglesia (s. III). Santa Eusebia (on. 16-3), nieta de santa Rictrudis y abadesa desde los ¡doce! años (†680). Eusebio de Cesárea, escritor griego cristiano, fundador de la cronología cesárea (265-340). Eusebio de Nicomedia, obispo de Constantinopla y discípulo del heresiarca Arrio (s. IV). Eusebi Güell, industrial y mecenas catalán (1846-1918). Eusebio Poncela, actor cinematográfico español (1945). Eusebio Ayala, político paraguayo, presidente de su país en 1921-28 y 1932-36.

Eustacio/Eustacia m/f On. 28 de julio

Del griego *eu-sthakos*, «bien plantado, bien instalado». En la práctica, sinónimo de Eustadio (*eu-stadios* 'que se mantiene en pie').

Cat. Eustaci/Eustàcia.

Eustacio, hijo de Esteban, candidato al trono angevino (s. XII), muerto prematuramente. San Eustacio, obispo martirizado en Ancira (actual Ankara, en Turquía).

Eustaquio/Eustaquia m/f On. 20 de septiembre

Del griego *eu-stachys*, 'cargado de espigas', o sea 'fecundo'. En realidad, variante de Eustacio.

Cat. Eustaqui/Eustàquia. Eus. Eustaki/Eustake. Gal. Eustaquio/Eustaquia.

Eustache Descamps, poeta francés (1346-1406).

Eustasio/Eustasia m/f On. 2 de junio

Del griego *eustasios*, 'estabilidad, firmeza' (cf. Constancio).

Cat. Eustasi/Eustàsia. Eus. Eustasa/Eustase.

José Eustasio Rivera, novelista colombiano (1889-1928), autor de la novela *La vorágine*.

Euterpe f

Nombre mitológico griego. De *eu-terpes*, 'llena de encantos, agradable'.
Cat. /Euterpe.
Euterpe, en la mitología griega, una de las nueve musas, que presidía la música.

Evangelino/Evangelina m/f

Nombre cristiano, evocador del Evangelio (gr. *eu-aggelon*, 'buena nueva') y gentilizado en latín (*-inus*, 'relativo').
Cat. Evangelí/Evangelina. Gal. Evanxelino/Evanxelina.
Evangelina Booth, hija de William Booth y fundadora con él de un movimiento protestante cristiano *Ejército de Salvación* (1865-1950). Evangelina, personaje de la novela *La cabaña del tío Tom* de Harriet Beecher Stowe (1811-1896), dulce niña compadecida de las desgracias de los esclavos.

Evangelista m On. 27 de diciembre

Abreviación del nombre de San Juan Evangelista. Con el mismo origen que la palabra *Evangelio*: gr. *eu-aggelon*, 'buena nueva'.
Cat. Evangelista/. Gal. Evanxelista/.
San Juan Evangelista, autor del cuarto Evangelio (s. I). Evangelista Torricelli, físico y matemático italiano (1608-1647).

Evaristo/Evarista m/f On. 26 de octubre

Del griego *eu-arestos*. *Arestos* es 'selecto', de donde la palabra 'aristocracia'. El nombre significa pues 'bueno entre los mejores, complaciente, agradable' (cf. Gracia).
Cat. Evarist/Evarista. Eus. Ebarista/Ebariste. Gal. Evaristo/Evarista.
San Evaristo, papa mártir de 97 a 105, autor de la división de Roma en parroquias. Evaristo San Miguel, militar y político español (1785-1862). Evaristo Carriego, escritor argentino (1883-1912). Évariste Galois, matemático francés (1811-1832). Evaristo Gamelin, protagonista de la novela *Los dioses tienen sed* de Anatole France (1844-1924).

Evelino/Evelina m/f

Estrictamente se trata de un gentilicio lat. de Evelio (sufijo *-inus*, 'relativo, de la familia de'), aunque en la práctica es usado como sinónimo. En femenino, es considerado también como variante de Eva. Enlaza además con nombres germánicos con la raíz *avi*, como Avelino.

Cat. Evelí/Evelina.

Evelyn Waugh, escritor inglés (1903-1966). Evelyn Lear, soprano estadounidense (1926). Evelina Hanska, condesa polaca, amante y después esposa de Balzac (1800-1882).

Evelio/Evelia m/f

Masculinización de Eva, concurrente con el germánico *Eiblin*, con Avelina (v.) y, quizá, con el adjetivo griego *euélios*, 'bien soleado, luminoso, radiante'.

Variante: Evelino.

San Evelio, mártir en Roma en el s. I.

Everardo/Everarda m/f On. 8 de enero

Nombre germánico. Su significado literal ('verraco fuerte', *eufor-hard*) induce a considerarlo más bien como variante de Eberardo (*ebur-hard*, 'jabalí fuerte') o de Abelardo (v.).

Variante: Evrardo/Evrarda.

Cat. Everard/Everarda.

San Evrardo de Salzburgo, obispo en su ciudad y antagonista del emperador Barbarroja (†1164).

Evo/Eva m/f

A partir del significado del bíblico nombre de la primera mujer (*hiyya*, 'vida, la que da la vida') derivó la creencia, frecuente en la Edad media, de que las mujeres de este nombre vivían más: quizás esto explique su popularidad en esa época. Decaído luego su uso, ocupa hoy nuevamente uno de los primerísimos puestos en la preferencias de los padres.

Sinónimo: Zoé.

Cat. /Eva. Gal. /Eva.

Eva, madre de la humanidad en la Biblia (Gen 2,22). Eva Duarte de Perón, *Evita*, dirigente política argentina, esposa de Juan Domingo Perón (1919-1952). Éva Gonzalès, pintora impresionista francesa (1849-1883). Eve Lavallière, actriz francesa, amante de Luis XIV (1866-1929). Evo Morales, lider *cocalero* (partidario del cultivo de la cocaína) boliviano y presidente de su país (1959).

Exaltación f On. 14 de septiembre

Nombre cristiano, alusivo a la festividad de la Exaltación de la Santa Cruz (latín *ex-altus*, 'fuera de altura, de lo corriente, sublime').

Cat. /Exaltació. Eus. /Gorane, Goratze. Gal. /Exaltación.

Expósito/Expósita m/f

Nombre aplicado antiguamente a los niños abandonados por sus padres, 'expuestos' a la caridad pública, lo que motivó un tiempo cierto rechazo social para el apellido. Del latín *ex-positus*, 'puesto fuera'.

Cat. Expòsit/Expòsita.

Ezequiel/Ezequiela m/f

Del hebreo *hezeq-iel*, 'fuerza de Dios'. La partícula *el* (a veces *-ías*, v. Ezequías), contracción de *Elohim*, designaba entre los judíos a *Yahvé*, cuyo nombre no osaba pronunciarse directamente, recurriéndose a perífrasis para aludirlo.

El prefijo *ezr* o *hezeg*, 'fuerza', aparece en el nombre Ezrá y en otros bíblicos como Ezequías o Israel.

Cat. Ezequiel/Ezequiela. Eus. Ezekel/Ezekele. Gal. Ezequiel/Ezequiela.

Ezequiel, profeta del AT, hijo de Buzi, sacerdote en Jerusalén (Ez 1,3), anunciador de la ruina de Jerusalén y visionador de un carro de fuego que recibe hoy las más curiosas interpretaciones. Ezequiel Martínez Estrada, poeta argentino (1895-1964).

Ezrá m

Nombre hebreo moderno, popularizado por el famoso poeta estadounidense E. Pound. Significa 'fuerza (de Dios)' (cf. Israel, Esdras).

Cat. Ezrà/.

Ezra Pound, poeta y ensayista estadounidense (1885-1972), autor de los *Cantos*.

Fabián/Fabiana m/f On. 20 de enero

Del latino *Fabianus*, gentilicio de Fabio (v.). La *Fabian Society*, fundada en Londres en honor de Fabio Cunctator, miembro de una ilustre *gens* romana, desempeñó un papel de primer orden en la Inglaterra de principios de siglo como antecedente del partido laborista.

Cat. Fabià/Fabiana. Eus. Paben/Pabene. Gal. Fabián/Fabiana.

Fabià Estapé, economista político catalán (1923). Fabià Puigserver, escenógrafo i director teatral catalán (1938-1991). Fabián Conde, protagonista de la novela *El escándalo* de Pedro Antonio de Alarcón (1833-1891), libertino a quien no creen cuando se redime.

Fabio/Fabia m/f On. 31 de junio

Del nombre de familia romano *Fabius*, y este de *faba*, 'haba', legumbre de primer orden en la alimentación romana. Utilizado originalmente como apodo. Decaído tras las invasiones bárbaras, resucitó su popularidad con el Renacimiento.

Cat. Fabi, Favi/Fàbia, Fàvia. Eus. Pabi/Pabe. Gal. Fabio/Fabia.

Fabio, personaje de las poesías *Epístola moral* (Rodrigo Caro) y de las *Ruinas de Itálica*). Fabio Chigi, papa italiano con el nombre de Alejandro VII (s. XVII). Fabio Capello, entrenador italiano de fútbol (1946).

Fabiolo/Fabiola m/f On. 21 de marzo

Femenino del latín *Fabiolus*, diminutivo de Fabio (v.).

C Fabiola.

Cat. Fabiol/Fabiola.

Fabiola, protagonista de la novela homónima del cardenal Wiseman. Fabiola de Mora y Aragón, esposa de Balduino I y reina de los belgas (1928).

Fabricio/Fabricia m/f

La *gens* romana *Fabricius* se originó en la voz *faber*, 'artífice' (recuérdese la dicotomía etnológica *homo sapiens/homo faber*, que contrapone al hombre especulativo con el activo).

Cat. Fabrici/Fabrícia. Gal. Fabricio/Fabricia.

Fabrice de Hilden, cirujano alemán considerado como el creador de la cirugía científica en su país (1560-1636). Fabrice de Dongo, héroe de la novela *La cartuja de Parma* de Stendhal (1783-1842).

Facundo/Facunda m/f On. 27 de noviembre

Del latín *facundus*, 'que habla con facilidad, elocuente' (*faro*, 'hablar'). Es uno de los nombres con más sinónimos: Abudemio, Anaxágoras, Arquíloco, Crisólogo, Crisóstomo, Eufemio, Eulalia, Eulogio, Eurosio, Fantino, Farabundo, Nafanión, Protágoras.

Cat. Facundo/Facunda. Eus. Pakunda/Pakinde. Gal. Facundo, Fagundo/Facunda, Fagunda.

San Facundo, venerado en Sahagún (s. III). Facundo Quiroga, líder argentino en la lucha entre federales y unitarios (1793-1835), y personaje de la novela *Facundo*, de Domingo Faustino Sarmiento (1811-1888), arquetipo de gaucho y caudillo rural.

Faida m On. 24 de julio

Del germánico *faid*, 'desafío'. Nombre masculino, usado a menudo como femenino por concordancia.

Cat. Faida/.

Faína m

Nombre guanche. Sin traducción.

Fanny f

Hip. inglés de Francisca y de Estefanía.

Fanny Elssler, bailarina austríaca (1810-1884). Fanny Buitrago, escritora colombiana (1940). Fanny Price, protagonista de la novela *El parque Mansfield* de Jane Austen (1775-1817).

Farabundo/Farabunda m/f

Del latín *farabundus*, 'que habla, elocuente' (*farior*, 'hablar', de donde *in-fans*, 'que no habla, niño, infante'). Popularizado en los últimos años por el movimiento guerrillero sudamericano 'Farabundo Martí'.

Cat. Farabund/Farabunda.
Farabundo Martí, fundador del Partido Comunista de El Salvador (1893-1932).

Faro/Fara m/f On. 28 de octubre
Del gr. *pharos*, 'faro'. La forma femenina es también aféresis de Burgundófera, nombre germánico relativo a los burgundios, tribu bárbara que dio nombre a la actual región de la Borgoña, en Francia. Es también nombre árabe (*Faraj*), procedente de *farajân*, 'alegre'.
Cat. Far/Fara. Gal. Faro/Fara.
Farah Diba, exemperatriz de Irán, esposa del sha Mohamed Reza Pahlevi (1938).

Fátima f On. 13 de mayo
Nombre árabe ('doncella', por *fata*, 'joven'), extendido en Europa desde las apariciones de la Virgen en la localidad homónima portuguesa (1927).
Cat. /Fàtima. Gal. /Fátima.
Fátima, hija de Mahoma y esposa de Alí (605?-633). Fátima Mernissi, ensayista feminista marroquí (1941).

Faustino/Faustina m/f On. 15 de febrero
Gentilicio de Fausto: latín *Faustinus*, 'relativo, de la familia de Fausto'.
Cat. Faustí/Faustina. Eus. Paustin, Postin/Paustiñe, Postiñe. Gal. Faustino, Faustiño/Faustina, Faustiña.
Faustin Soulouque, esclavo iletrado emancipado, elegido presidente de Haití en 1847 y proclamado emperador con el nombre de Faustino I en 1849, derrocado en 1859. Faustin Hélie, jurisconsulto francés (1799-1884). Faustina Hasse, cantante italiana (1700-1781). Faustina Sáenz de Melgar, novelista española (1834-1895). Domingo Faustino Sarmiento, político y escritor argentino (1811-1888).

Fausto/Fausta m/f On. 13 de octubre
Nombre cristiano-romano. Del latín *faustus*, 'feliz'. Popularizado por el personaje de la obra de Goethe homónima, cuyo protagonista, el legendario doctor Fausto, había tomado en realidad su nombre de la voz alemana *Faust*, 'puño', latinizado erróneamente como *Faustus*.
Derivados: Faustino, Faustiniano.

Cat. Faust, Fost, Fusta/Fausta. Eus. Fausta, Pausta/Fauste, Pauste. Gal. Fausto/Fausta.
Fausto, alemán tomado como héroe en numerosos dramas y obras literarias a partir de *Faust* de Johann Wofgang von Goethe (1749-1832), que inspiró las óperas *La condenación de Fausto*, de Berlioz, y *Fausto*, de Gounod. Flavia Máxima Fausta, emperatriz romana (s. III-IV). Fausto Coppi, ciclista italiano (1919-1960). Fausto Dávila, político hondureño, presidente de su país en 1924. Fausto de Elhuyar, ingeniero riojano, descubridor de wolframio (1755-1833).

Fe f On. 1 de agosto

Nombre de esta vitud teologal, del latín *fides*. La santa dio nombre a bastantes poblaciones del Nuevo mundo. V. Esperanza.
Cat. /Fe. Eus. /Onuste, Pide. Gal. /Fe.
Santa Fe, martirizada en Agen (Aquitania) a fines del s. IV.

Febe f On. 3 de septiembre

Nombre griego, que significa 'la pura' (por *ephaibes* 'adolescente' (*epi-ebe*, 'sobre la infancia', de donde Efebo). Variante: Febes.
Cat. /Febe.
Febe, en la mitología griega, una de las titánides, hija de Urano y gea, identificada a veces con Selene.

Federico/Federica m/f On. 18 de julio

Nombre popularísimo en Alemania, hasta el punto de representar el teutón arquetípico a los ojos de los demás europeos. Del germánico *fridu-rik*, 'príncipe de la paz'. La partícula *fridu*, traducida como 'paz', es también 'pacífico, pacificador'. *Rik*, 'rico, poderoso', devenido con el tiempo una partícula antroponímica (v. Enrique).
Variante: Fadrique. Hip: Fede.
Cat. Frederic/Frederica. Eus. Perderika/Perderike. Gal. Frederico/Frederica.
Frederica Montseny, política anarquista catalana (1905-1994). Federico Fellini, director cinematográfico italiano (19201-1993). Federico García Lorca, poeta y dramaturgo andaluz (1898-1936). Federico I *Barbarroja*, emperador romano germánico y rey de Italia (1123?-1190). Federico II de Prusia, *el Grande*, rey en Prusia y de Prusia, déspota ilustrado (1712-1786). Federico Moreno Torroba, compositor castellano (1891-1982). Fred Astaire

(Frederic E. Austerlitz), actor y bailarín estadounidense (1899-1987). Frederic Escofet, militar catalán (1898-1987). Frederic Marès, escultor, erudito, coleccionista y pedagogo catalán (1893-1991). Frederic Mistral, escritor occitano, Premio Nobel 1904 (1830-1914). Frederic Mompou, músico catalán (1893-1987). Frederic Rahola, economista y político catalán (1858-1919). Frederic Soler (*Serafí Pitarra*), comediógrafo, dramaturgo y poeta romántico catalán (1839-1895). Frederick W. Taylor, ingeniero estadounidense, organizador científico del trabajo (1856-1915). Frederik De Klerk, político sudafricano (1936). Friedrich Dürrenmatt, escritor suizo en lengua alemana (1921-1990). Friedrich Engels, filósofo alemán (1820-1895). Friedrich Fröbel, pedagogo alemán (1782-1852). Friedrich Hölderlin, poeta alemán (1770-1843). Friedrich Schelling, filósofo alemán (1775-1854). Friedrich von Hardenberg, *Novalis*, escritor y poeta romántico alemán (1772-1801). Friedrich von Schlegel, poeta y crítico alemán (1771-1829). Friedrich W. Murnau, director cinematográfico estadounidense (1888-1931). Friedrich W. Nietzsche, filósofo alemán (1844-1900). Fryderyk Chopin, compositor y pianista polaco (1810-1849). Freddie Mercury (Frederick Bommi Bulsara), líder del grupo musical británico *Queen* (1946-1991). Fréderic Moreau, protagonista de *La educación sentimental* de Gustave Flaubert (1821-1880), nueva personificación del bovarysmo (v. Emma).

Fedro/Fedra m/f

Nombre mitológico, famoso por el trágico personaje. Del griego *phaidimos*, 'brillante, ilustre' (*phainein*, 'brillar'; v. Epifanía).

Cat. Fedre/Fedra. Gal. Fedro/Fedra.

Fedra, heroína griega mitológica, hija de Minos, hermana de Ariadna y esposa de Teseo. Fedro, protagonista del *Diálogo* platónico *El Banquete* y otros.

Felicidad f On. 8 de marzo

Nombre latino mitológico (*Felicitas*), adoptado por el cristianismo en múltiples derivados: Felicitas, Feliz, Félix (v.), Felicísimo, Feliciano, etc.

Cat. /Felicitat. Gal. /Felicidade.

Felicidad Blanc, escritora española, esposa del poeta Leopoldo Panero (1914-1990). Felicidad, diosa portadora del cuerno de la abundancia. Félicité Angers ('Laure Conan'), novelista canadiense (1845-1924). María Felicidad García, *la Malibrán*, mezzosoprano y soprano española, inspiradora de Alfred de Musset (1808-1836). Marie Félicité Pleyel, pianista virtuosa (1811-1875).

Felicito/Felicitas m/f On. 8 de marzo

Variante de Felicidad en su forma latina: *felicitas.*

Cat. Felicit/Felicites. Eus. Pelikite/Pelikite. Gal. Felicito/Felicitas.

Felicité de Lamennais, escritor francés (1782-1854). Felicitas, personaje de «Un corazón sencillo», en *Tres cuentos* de Gustave Flaubert (1821-1880). Signorina Felicitas, personaje muy logrado de la poesía de Guido Gozzano (1883-1916), casi fea, honrada y buena.

Felipe/Felipa m/f On. 3 de mayo

Del griego *philos-hippos*, literalmente, 'amigo de los caballos'. Se llamaron así varios reyes del Oriente Próximo, colonizado por los macedonios, en su forma antigua Filipo (v.). Famoso y aristocrático en la Edad Media, el nombre entró en España con Felipe el Hermoso, yerno de los Reyes Católicos, y daría nombre a cuatro reyes españoles más, así como a un estado moderno, antigua posesión española, las Islas Filipinas, llamadas así en honor de Felipe II.

Variantes: Filipe, Filipo.

Cat. Felip/Felipa. Eus. Pilipa/Pilipe. Gal. Filipe, Felipe, Filipo/Filipa, Felipa.

Felip Bauzà, cartógrafo y político mallorquín (1764-1834). Felip de Solà, jurisconsulto y político catalán (1905-1965). Felip Pedrell, compositor y musicólogo catalán (1841-1922). Felipe de Orleans, regente de Francia (1674-1723). Felipe González, político de origen andaluz (1942). Felipe II, rey de Castilla, Aragón y Portugal (1527-1598). Felipe III *el Atrevido*, rey de Francia, hijo de Luis IX (1245-1285). Felipe III, rey de Castilla, Aragón y Portugal (1578-1621). Felipe IV *el Bello*, rey de Francia y Navarra (1268-1314). Felipe IV, rey de Castilla, Aragón y Portugal (1605-1665). Felipe V, rey de España (1683-1746). Feliu Elias, crítico e historiador de arte catalán (1878-1948). Filippino Lippi, pintor italiano (1447-1504). Filippo di Ser Brunelleschi, arquitecto y escultor italiano (1377-1446). Philipp Melanchton (Philipp Schwartzert), humanista y reformador alemán (1497-1560). Philippe Auguste Villiers de L'Isle-Adam, escritor francés (1830-1889). San Felipe Neri, eclesiástico italiano, fundador (1515-1595). Felipe Derblay, persoanje de la novela *Le maître de forges* de Georges Ohnet (1848-1918). Felipa de Tolosa, segunda esposa de Sancho Ramírez, rey de Navarra (s. XI). Felipa Moniz de Perestrello, esposa de Cristóbal Colón (†1480?). Felipa de Lancaster (1360-1415), reina de Portugal, esposa de Juan I.

Félix/Felisa m/f On. 2 de agosto

Del latín *felix*, 'feliz', y también 'fértil'. Sinónimo de Beatriz, Fausto, Gaudencio, Macario y Próspero.

Forma femenina alternativa: Felicia. Variantes: Felio, Felío (tomadas también como variantes de Rafael).

Cat. Fèlix/Felisa. Eus. Peli/Pele. Gal. Félix, Fiz, Fins/Felisa.

San Feliu, mártir gerundense (†303?). San Félix Neff, apóstol de los Alpes (1798-1829). Fèlix d'Urgell, obispo de Urgell (†811?). Feliu Formosa, escritor, traductor y director escénico catalán (1934). Fèlix Cucurull, escritor e historiador catalán (1919-1996). Félix Lope de Vega y Carpio, poeta, prosista y autor dramático castellano (1562-1635). Felix Mendelssohn-Bartholdy, compositor alemán (1809-1847). Fèlix Sardà, eclesiàstico y apologeta catalán (1844-1916). Fèlix Torres, eclesiástico y erudito catalán (1772-1847). Félix Rodríguez de la Fuente, naturalista español (1928-1980). Félix, protagonista de la novela homónima de Ramon Llull (1233-1315). Félix Grandet, padre de Eugenia Grandet, personaje de la novela *Eugenie Grandet* de Honoré de Balzac (1799-1850). Félix de Vandeness, personaje de *La comedia humana* de Honoré de Balzac (1799-1850).

Fermín/Fermina m/f On. 7 de julio

Del latín *Firminus*, aplicado porque el santo portador de este nombre era hijo de un tal Firmo ('firme', especialmente 'en la fe' aunque aplicado también al último hijo con el sentido de 'me paro, basta').

Cat. Fermí/Fermina. Eus. Permiñ, Premiñ, Pirmin/Premiñe, Fermina. Gal. Firmino/Firmina.

San Fermín, primer obispo de Amiens (†303). Fermín Toro, escritor venezolano (1807-1865). Fermín Cacho, atleta español (1969). Don Fermín de Pas, logrado personaje de *La Regenta* de Leopoldo Alas (1852-1901).

Fernando/Fernanda m/f On. 30 de mayo

Del germánico *Fredenandus*, evolución de *frad*, 'inteligente', con *nand*, 'osado, atrevido', partícula que con el tiempo se convirtió en un mero sufijo antroponimizador masculino, como *hard* o *berht* (v. Arduino; v. Berta). Las casas reales de Castilla y Aragón extendieron este nombre en toda Europa, y el conquistador Hernán Cortés completó la difusión en América. Variantes: Fernán, Hernando, Hernán, Ferrante. Y no olvidemos al famoso cómico francés Fernandel.

Cat. Ferran/Ferranda. Eus. Ferran, Errando, Erlantz, Perrando/Errande, Perrande. Gal. Fernán, Fernando/Fernanda.
Ferdinand de Saussure, lingüista suizo (1857-1913). Ferdinand-Marie de Lesseps, diplomático y administrador francés (1805-1894). Ferdinand-Victor-Eugène Delacroix, pintor francés (1789-1863). Fernanda Bothelo, escritora portuguesa (1926-2007). Fernando Alvarez de Toledo, *el Gran Duque de Alba*, general y político castellano (1507-1582). Fernando Arrabal, dramaturgo hispanofrancés (1932). Fernando Botero, pintor y escultor colombiano (1932). Fernando de Rojas, escritor castellano (1476?-1541). Fernando Fernán Gómez, director, actor y autor de cine y teatro español (1921-2007). Fernando I (*Fernán González*), primer conde de Castilla (905?-970). Fernando I *el de Antequera*, rey de Aragón (1380-1416). Fernando II de Aragón y V de Castilla, *el Rey Católico* (1452-1516). Fernando III *el Santo*, rey de Castilla-León (1199-1252). Fernando Pessoa, poeta portugués (1888-1935). Fernando Tarrida, anarquista catalán (1861-1915). Fernando VI, rey de España (1713-1759). Fernando VII, rey de España (1784-1833). Fernando Yáñez de la Almedina, pintor castellano (†1540?). Fernao Magalhaes (Magallanes), navegante portugués (1480?-1521). Ferran Casablancas, industrial catalán, innovador en la industria algodonera (1874-1960). Ferran Patxot, escritor e historiador menorquín (1812-1859). Ferran Soldevila, historiador y escritor catalán (1894-1971). Ferran Valls i Taberner, jurista e historiador catalán (1888-1942). Luisa Fernanda, protagonista de la zarzuela homónima de Federico Moreno Torroba. Luisa Fernanda Rudi, política española, presidenta de las Cortes (1950). Fernando Ossorio, protagonista de la novela de Pío Baroja (1872-1956) *Camino de perfección*, donde se confunden una tendencia mística con una desgana vital; personaje clave para la comprensión de la Generación del 98.

Ferrer m
En catalán, 'herrero'. Apellido del valenciano san Vicente Ferrer (1350?-1419), cuya gran fama en su tiempo lo convirtió en nombre de pila.
Cat. Ferrer/.
Ferrer Bassa, pintor catalán (s. XIV).

Fidel/Fidela m/f On. 24 de abril

Del latín *fidelis*, 'fiel', por *fides*, 'fe' (v. Fe).

Variante: Fidelio.

Cat. Fidel/Fidela. Eus. Pidel/Pidele. Gal. Fidel/Fidela.

Fidel Castro, revolucionario y estadista cubano (1926). Fidel Fita, historiador y eclesiástico catalán (1836-1917). Fidelio, personaje de la ópera homónima de Beethoven, arquetipo de amor y fidelidad conyugal.

Fidias m

Nombre griego, posible derivación de *pheidon*, 'avaro'.

Cat. Fídies/.

Fidias, escultor y pintor griego, autor del Partenón (490-431 a. C.).

Filadelfo/Filadelfa m/f On. 2 de septiembre

Del griego *philádelphos*, 'que ama a su hermano'. Sobrenombre de Ptolomeo, rey egipcio, pero universalizado por la ciudad estadounidense de Filadelfia, capital del estado de Pennsylvania, fundada por William Penn para fomentar 'el amor fraternal'.

Cat. Filadelf/Filadelfa.

Filemón/Filemona m

Nombre griego, vinculado a la fábula *Filemón y Baucis* (v. Baucis). Parece derivación de *phileo*, 'cantar': *philémon*, 'amable, amigo'.

Cat. Filemó/Filemona. Eus. Pillemon/Pillemone. Gal. Filemón/Filemona.

Filemón, protocristiano mencionado por san Pablo (Philemon 1). Filemón, poeta cómico griego (361?-330 a. C.).

Filiberto/Filiberta m/f On. 20 de agosto

Del germánico *fili-berht*, 'muy famoso' (*fili*, 'mucho', como el actual alemán *viel*, v. Falomiro; *berht*, 'famoso', cf. Berta).

Cat. Filibert, Filbert/Filiberta. Eus. Piliberta/Piliberte.

San Filiberto, religioso francés, fundador (s. VII). Hippolyte Philibert Passy, político y economista francés (1793-1880).

Filipo/Filipa m/f On. 17 de agosto

Forma antigua de Felipe (*Philippos*), aplicada especialmente a Filipo de Macedonia.

Cat. Filip/Filipa. Gal. Filipo/Filipa.
Filipo II de Macedonia (382-336 a. C.), padre de Alejandro Magno. Filipo Carrizales, protagonista de la novela *El celoso extremeño*, de Miguel de Cervantes.

Filomeno/Filomena m/f On. 14 de noviembre
Transliteración por disimilación de Filomelo: del griego *philos-melos*, 'amante del canto' (*philos*, 'amigo'; *melos*, 'música, canto, melodía').
Cat. Filomè/Filomena. Eus. Pillomen/Pillomene. Gal. Filomeno/Filomena.
Philomène Boudin, amiga de Paul Verlaine (s. XIX).

Fiona f
Del galés *fionn*, 'limpio'. De origen parecido es el nombre de la isla de Fionia, en Dinamarca (*fionn*, 'blanco'), usado también como nombre femenino, y a veces asimilado a Fe.
Cat. /Fiona.
Fiona, personaje de varias novelas de William Sharp (s. XIX), quien al parecer inventó el nombre.

Fiveller m
Nombre patriótico catalán, conmemorativo del barcelonés Joan Fiveller. El apellido alude a que hacía o vendía *fivelles* (hebillas, *fibula* en latín). V. Fibicio.
Cat. Fiveller/.
Joan Fiveller (s. XIV-XV), patricio barcelonés defensor de las libertades ciudadanas frente al rey Fernando de Antequera.

Flavio/Flavia m/f On. 11 de mayo
Popular nombre romano, derivado del latín *flavus*, 'amarillo, de pelo rubio' (cf. Helvio). Dio nombre a dos célebres dinastías de emperadores. En la población gallega de Iria Flavia se encontró en la Edad Media el sepulcro del apóstol Santiago.
Derivados: Flavino, Flaviano. También el apellido Chávez, que nada tiene que ver con las 'llaves' del gallego *chaves*.
Cat. Flavi/Flàvia. Eus. Palbi/Palbe. Gal. Flavio/Flavia.
Flavio Valente, emperador romano de Oriente (328?-378). Flavio Estilicón, general romano (†408). Flavio Josefo (Josep ben Matías), historiador judío (38-100). Flavia Acosta, mezzosoprano puertorriqueña (s. XX). Tito Flavio

Vespasiano, emperador romano (9-79). Tito (Tito Flavio Sabino Vespasiano), emperador romano (39-81). Domiciano (Tito Flavio D.), emperador romano (51-96). Flavio Procopio Antemio, emperador romano de 467 a 472 (†472).

Flérida f

Nombre de fantasía, propio del Renacimiento. Seguramente inspirado en el griego *phléo*, 'desbordar': 'la abundante, la rica, la agraciada'.
Cat. /Flèrida.
Flérida, personaje de la novela caballeresca *Palmerín de Inglaterra.*

Flor f On. 26 de octubre

Nombre femenino, derivación del latín *Florus.*
Derivados: Floreal (nombre del octavo mes del calendario republicano francés), Floregio, Florencia, Florestán, Florente, Florenciano, Florentino, Florián, Floriano, Floriberto, Florida (nombre de un estado de USA, a cuyas costas se llegó por primera vez el día de Pascua Florida), Florindo, Florino, Florio.
Variante: Flora.
Cat. /Flor. Gal. /Flor, Frol.
Flora, en la mitología romana, esposa de Céfiro, diosa de las flores. Santa Flor, religiosa hospitalaria francesa (†1347), múltiples veces tentada sin éxito por el diablo.

Floreal m

Octavo mes del calendario republicano francés (21 abril-20 mayo), segundo de la primavera. De ahí el nombre: francés *Floréal*, de *floral*, 'floral, florido'. V. Brumario.
Cat. Floreal/.
Floreal Ruiz, cantante de tangos argentino (1916-1978).

Florencio/Florencia m/f On. 7 de noviembre

Uno de los derivados de Flor (v.), procedente del latín *florens*, 'floreciente, en flor'. Dio nombre a una célebre ciudad italiana, y, por las flores de lis del escudo de esta, a una moneda, el florín.
En gallego el nombre se injerta con Froilán, resultando la variante Frolencio/Frolencia.
Variante: Florente. Derivados: Florián, Floriano, Florentino.

Cat. Florenci, Florenç/Florència, Florença. Eus. Polentzi/Polentze, Florentxi. Gal. Florencio, Frolencio, Forencio/Florencia, Frolencia, Forencia.
Florencio, párroco, enemigo de san Benito (s. IV). Florence Clerc, danzarina máxima en la Opera de Paris (1820-1910). Florence Griffith-Joyner, atleta estadounidense (1959-1998). Florence King De Wolfe Harding (1860-1924), esposa de Warren Harding, presidente de Estados Unidos. Florence Nightingale, enfermera inglesa, organizadora de los hospitales militares de campaña durante las guerras de Crimea (1820-1910). Florencio Sánchez, escritor argentino (1875-1910).

Florentino/Florentina m/f On. 20 de junio
Gentilicio (latino (*Florentinus*) de Florente (*florens*, 'en flor, florido'). También de Florencia, ciudad italiana.
Cat. Florentí/Florentina. Eus. Polendin/Polendiñe. Gal. Florentino/Florentina.
Santa Florentina, hermana de san Isidoro, san Fulgencio y san Leandro, quien le dedicó el libro *Institución de las vírgenes*. Abadesa de Écija (†633).

Florindo/Florinda m/f
Adaptación germánica del latín Floro (v. Flor), con la terminación *-lind* (v. Linda). O directamente de *fraujis*, 'señor'.
Variante: Florina.
Cat. Florind/Florinda. Gal. Florindo/Florinda.
Florinda de la Cava, trágica amante del rey Rodrigo (s. VII-VIII). Florinda Chico, actriz cinematográfica española (1926-2011). Florindo, personaje de la Commedia dell'arte, enamorado optimista.

Floro/Flora m/f On. 24 de noviembre
Nombre latino, procedente del mitológico femenino *Flora*, derivado de *flos*, «flor». Variantes: Florio/Flor, Floris.
Cat. Flori/Flora. Eus. Lora/Lore, Lorea. Gal. Floro/Flora.
Santos Lauro y Floro (on. 18-8), sepultados vivos en defensa de su templo (†150). Flora, en la mitología griega, esposa de Céfiro y diosa de las flores. Flora Bervoix, personaje de la ópera *La traviata*, de Verdi. Flora MacDonald, heroína jacobina (1722-1790). Flora Tristán, feminista y socialista revolucionaria francesa (1803-1844). Floris Osmond, metalúrgico francés revolucionario (1849-1912).

Fortunato/Fortunata m/f On. 21 de febrero

Del latín *fortunatus*, 'afortunado, favorecido por la fortuna'. Sinónimos: Dubia, Gad, Ticón, Tucídides. Derivados: Fortunio y su variante Ordoño.

Cat. Fortunat, Fortunet, Fortuny/Fortunata. Eus. Portunata/Portunate. Gal. Fortunato/Fortunata.

Fortunato, obispo maniqueo de Hipona, vencido por san Agustín (s. IV-V). Fortunata, personaje del *Satiricón* de Petronio. Fortunata, personaje de la novela *Fortunata y Jacinta*, de Benito Pérez Galdós (1845-1920), guapísima chica amante del marido de Jacinta, la chica *bien*. Fortunato, personaje que da nombre a la comedia neogriega escrita en Creta en 1669.

Fortunio/Fortunia m/f

Concurrencia del nombre latín *Fortunius* ('afortunado') con el germánico Ordoño (v.).

Cat. Fortuny/Fortúnia, Fortunya. Eus. Fortun/Fortune.

Fortunio (o Fortuño) Almoravit, jefe de la oposición navarra a los reyes franceses (s. XIII-XIV). Marià Fortuny (1838-1884), pintor, grabador, dibujante y aguafortista. Fortunio, lozana figura de adolescente enamorado en *El candelero* de Alfred de Musset (1810-1857).

Francino/Francina m/f

Variante catalana de Francisca, usada especialmente en la Cataluña Norte.

Cat. Francí/Francina. Eus. Frantxina/Frantxiñe.

Francina, protagonista de la zarzuela *Cançó d'amor i de guerra*, de Rafael Martínez Valls.

Francisco/Francisca m/f On. 4 de octubre

Del italiano *Francesco*, 'francés', apodo dado por Bernardone de Asís a su hijo Juan por su afición a la lengua francesa. El *Poverello* de Asís lo convertiría en uno de los nombres más universales. Así, solo en España encontramos los hips. Frasquito (contracción de Francisquito), Paco (oclusión de *Phacus*, y este contracción de *Phranciscus*, todo ello concurrente con el antiguo nombre ibero *Pacciaecus*, que por otro lado dio Pacheco), Pancho, Curro (por Franciscurro), Quico (por Francisquico), Francis, etc.

Cat. Francesc (hip. Cesc)/Francesca. Eus. Fraisku, Patxi, Patxiko, Prantxes/Patxika, Prantxiska, Pantxika. Gal. Francisco (hip. Farruco, Fuco)/Francisca. San Francisco de Asís, reformador religioso, fundador de la orden franciscana (1182-1226). Ferenc (Franz) Liszt, compositor y pianista húngaro (1811-1886). Ferenc Lehár, compositor húngaro (1870-1948). Francesc Aragó, científico catalán (1786-1853). Francesc Cambó, político, abogado y financiero catalán (1876-1947). Francesc d'Assís Galí, pintor, dibujante y pedagogo catalán (1880-1965). Francesc de Borja Moll, lingüista y editor mallorquín (1903-1991). Francesc de Borja, cardenal valenciano (†1511). Francesc de Tamarit, militar y político catalán (1600-1653?). Francesc de Verntallat, caudillo de la remensa catalana (1444-1500?). Francesc Duran i Reynals, médico e investigador catalán-estadounidense (1899-1958). Francesc Eiximenis, escritor catalán (1327?-1409). Francesc Ferrer i Guàrdia, pedagogo y pensador catalán (1854-1909). Francesc Fontanella, escritor catalán (1610?-1685?). Francesc Layret i Foix, abogado y político catalán (1880-1920). Francesc Macià, político catalán, presidente de la Generalitat (1859-1933). Francesc Matheu, editor y escritor catalán (1851-1938). Francesc Molina, arquitecto catalán (1812-1867). Francesc Pi de la Serra, cantautor catalán (1942). Francesc Pi i Margall, político republicano catalán, presidente de la I República Española (1824-1901). Francesc Pujols, escritor catalán (1882-1962). Francesc Ribalta, pintor catalán-castellano (1565-1628). Francesc Salvà i Campillo, médico, profesor e investigador catalán (1751-1828). Francesc Sans i Cabot, pintor catalán-castellano (1834-1881). Francesc Savalls, militar carlista catalán (1817-1885?). Francesc Serrano, militar y político andaluz-castellano (1810-1885). Francesc Trabal, novelista catalán-chileno (1899-1957). Francesc Tremulles, pintor catalán (1717-1773). Francesc Vicent Garcia i Torres, poeta catalán (1582?-1623). Francesc Vicent Pérez i Baier, hebraísta y canónigo valenciano (1711-1794). Francesc Vidal i Barraquer, cardenal y arzobispo de Tarragona (1868-1843). Francesc Viñas, tenor catalán (1863-1933). Francesc Xavier Llorens i Barba, filósofo catalán (1820-1872). Francesca Cuzzoni, cantante italiana (1700-1770). Francesco Borromini (Francesco Castelli), arquitecto italiano (1599-1667). Francesco Mazzola, *Il Parmiglianino*, pintor italiano (1503-1540). Francesco Petrarca, poeta italiano (1304-1374). Francis Bacon, filósofo y estadista inglés (1561-1626). Francis Bacon, pintor irlandés (1909-1992). Francis Drake, marinero y corsario inglés (1543-1596). Francis Ford Coppola, realizador, productor y guionista cinematográfico estadounidense (1939). Francis Picabia, pintor francés (1879-1953). Francis Poulenc, compositor francés (1899-1963). Francis Scott Fitgerald, novelista estadounidense (1896-1940). Francisco (*Paco*), Martínez Soria, actor teatral aragonés-catalán (1902-1982). Francisco de Borja Queipo de Llano, abogado y político castellano (1840-1890). Francisco de Orellana, conquistador extremeño (1511?-1546). Francisco de Paula Maspons, jurisconsulto catalán (1872-1966). Francisco de Paula Rius i Taulet, político catalán, alcalde de Barcelona (1833-1889). Francisco de Quevedo y Villegas, poeta y prosista castellano (1580-1645). Francisco de Rojas Zorrilla, dramaturgo castellano (1607-1648). Francisco de Zurbarán, pintor extremeño (1598-1664). Francisco Franco Bahamonde, militar y estadista de origen gallego (1892-1975). Francisco Goya, pintor y grabador aragonés (1746-1828). Francisco I, rey de Francia (1494-1547). Francisco Jiménez de Cisneros, eclesiástico y político castellano (1436-1517). Francisco José I, emperador de Austria y rey de Hungría y Bohemia (1830-1916). Francisco Largo Caballero, político y sindicalista castellano (1869-1946). Francisco Pizarro, conquistador extremeño (1478-1541). Francisco Salzillo, escultor murciano (1707-1783). Francisco Suárez, teólogo, filósofo y teórico jurídico-político andaluz (1548-1617). Francisco Zea Bermúdez, diplomático y político andaluz (1772-1850). Francisquita Coronado, protagonista de la zarzuela *Doña Francisquita*, de Amadeo Vives. François de Salignac de La Mothe Fénelon, prelado, orador y escritor francés (1651-1715). François Gérard, pintor francés (1770-1837). François Mauriac, escritor francés (1885-1970). François Mitterrand, político francés, presidente de la V República (1916-1996). François Rabelais, escritor y médico francés (1494?-1553). François René de Chateaubriand, vizconde de Chateaubriand, escritor francés (1768-1848). François Truffaut, director cinematográfico francés (1932-1984). François Villon (François de Montcorbier), poeta francés (1430?-1489).

Franklin m

En principio es un apellido anglosajón, derivación de *Frankelein*, diminutivo de Frank (v. Francisco). La gran fama del Benjamín Franklin lo convirtió en nombre de pila.

Benjamín Franklin, político e inventor norteamericano(1706-1790). Franklin Perce, presidente de Estados Unidos (1804-1869). Franklin Delano Roosevelt, político estadounidense, presidente de su país (1882-1945).

Frido/Frida m/f

El componente germánico *fridu*, 'paz', aparece como sufijo en muchos nombres. Su sentido puede ser 'pacífico', 'pacificador', y por extensión, 'noble, importante'.
El nombre es también equivalente a Fred (hip. anglosajón de Federico) e hip. de diversos nombres femeninos.
Variante: Friedo/Frieda.
Cat. /Frida. Gal. /Frida.
Frida Kahlo, pintora mexicana, esposa de Diego Rivera (1907-1954). Frida Leider, soprano alemana (1888-1975). Fryda Schultz de Montovani, escritora argentina de literatura infantil (1912-1978).

Frieda f

Variante de Frida.
Cat. /Frieda.

Friné f

Del griego *phr'yne*, 'sapo', dado como sobrenombre a algunas cortesanas atenienses por su tez morena, muy valorada.
Cat. /Friné.
Friné, amiga de Praxíteles (por cierto blanca y rubia), consiguió ser absuelta del delito de impiedad exhibiendo ante los jueces su perfecta desnudez (s. v a. C.).

Froilán/Froilana m/f On. 5 de octubre

Nombre germánico, portado por un rey de Asturias en la variante Fruela o Froila. Derivación de *frauji*, 'señor', y, quizá, *land*, 'tierra, país'. Portado también por un santo obispo de León (s. IX-X).
Variantes: Fruela, Friolán.
Cat. Froilà/Froilana. Eus. Purlan/Purlane. Gal. Froilán/Froilana.
San Froilán (s. IX-X), obispo de León. Fruela I, rey de Asturias (†768). Fruela II, rey de León (†925). Froilán Largacha, presidente designado de la Confederación Granadina en 1863.

Fructuoso/Fructuosa m/f On. 20 de enero

Del latín *fructuosus*, 'fructuoso, que da fruto'. O sea sinónimo de Frumencio, Carpo, Carpóforo, Efraín.

Variantes: Frutoso, Frúctor, Frutor, Frutos, Fructidor (tomado del duodécimo mes del calendario republicano francés), Frúctulo.
Cat. Fructuós/Fructuosa. Eus. Prutos, Purtos/Oneraspen, Oneretsu. Gal. Froitoso/Froitosa.
San Fructuoso, obispo deTarragona, martirizado (†259). Fructuoso Rivera, político uruguayo, presidente de su país en 1830-34.

Frutos m
Una de las formas de Fructuoso, nombre de un santo obispo de Tarragona, martirizado en el s. III. Del latín *frux*, 'fruto'. Sinónimo de Frumencio, Carpo, Efraín.
Otras variantes: Frutoso, Frúctor, Frutor, Fructidor (tomado del duodécimo mes del calendario republicano francés), Frúctulo.
Cat. Fructuós/. Eus. Purta/Oneraspen, Oneretsu.
San Frutos, eremita español, hoy patrón de Segovia (s. VII).

Fuencisla f
Variante de Fuenciscla.
Cat. /Foncisla.

Fuensanta f On. 8 de septiembre
Advocación mariana relativa a Nuestra Señora de la Fuensanta ('fuente santa'), patrona de Murcia desde la milagrosa curación obrada por una pequeña imagen de la Virgen hallada cerca de una fuente.
Variante: Fonsanta. Hip. Fuen.
Cat. /Font, Fontsanta.

Fulgencio/Fulgencia m/f On. 16 de enero
Del latín *fulgens*, 'refulgente, brillante, resplandeciente'. Equivalentes: Refulgente, Fúlgido, Berta.
Cat. Fulgenci/Fulgència. Eus. Pulgentzi/Pulgentze. Gal. Fulxencio, Xencio/Fulxencia, Xencia.
Fulgencio, sabio hermano de san Leandro, san Isidoro y santa Florentina (†625). Fulgence Bienvenüe, ingeniero francés, autor del primer metro de París (1852-1936). Fulgencio Batista, dictador cubano (1901-1973).

Fulvio/Fulvia m/f

Nombre latino, derivado de *fulvidus*, 'rojoamarillento'. Cf. Flavio.

Cat. Fulvi/Fúlvia. Gal. Fulvio/Fulvia.

Fulvio, general romano (s. III a. C.). Fulvia, patricia romana, esposa sucesivamente de Clodio, de Curión y de Marco Antonio (†40 a. C.). Tito Aurelio Fulvio, nombre de nacimiento de Antonino Pío, emperador romano (86-161).

Gabino/Gabina m/f On. 19 de febrero

Gentilicio (*Gabinius*) de Gabio, ciudad del Lacio. Variantes: Gabinio, Gavino.

Cat. Gabí/Gabina. Eus. Gabin/Gabiñe. Gal. Gabino/Gabina.

San Gabino, senador y hermano del papa Cayo, mártir (†296). Gabino Diego, actor cinematográfico español (1968). Gabino Díaz Merchán, ex presidente de la Conferencia Episcopal española (1926).

Gabriel/Gabriela m/f On. 29 de septiembre

Del hebreo *gabar-el*, 'fuerza de Dios' (cf. Ezequiel). O, en otra interpretación, de *gabr-el*, 'hombre de Dios, enviado por Dios' (v. Ezequiel). Portado por el arcángel bíblico anunciador de la maternidad de María, motivo por el que Pío XII lo designó patrón de las telecomunicaciones. Son corrientes los hip. Gaby y Gabo, incluso Biel, por una transliteración seguida de aféresis.

Hip. Gabi.

Cat. Gabriel/Gabriela. Eus. Gabirel/Gabirelle. Gal. Gabriel/Gabriela.

Gabriel, arcángel en el AT (Dan 8, 16-26). Fray Gabriel Téllez, *Tirso de Molina*, autor dramático castellano (1584-1648). Gabriel Alomar, ensayista, poeta y político mallorquín (1873-1941). Gabriel Celaya (Rafael Múgica), poeta vasco (1911-1991). Gabriel Ferrater, escritor y lingüista catalán (1922-1972). Gabriel García Márquez, novelista colombiano, Premio Nobel en 1982 (1928). Gabriel Miró i Ferrer, escritor catalán (1879-1930). Gabrielle D'Annunzio (Gaetano Rapagnetta), escritor italiano (1863-1938). Gabriela Mistral (Lucila Godoy), poetisa chilena, Premio Nobel de Literatura 1945 (1889-1957). Gabriela Sabatini, tenista argentina (1970). Gabrielle Bonheur Chanel ('Coco Chanel'), diseñadora de modas francesa (1883-1971). Gabriel, personaje de *El loco Dios* de José Echegaray (1832-1916), superhombre bondadoso y justo.

Gadea f

Variante antigua de Águeda, utilizada en Galicia y León. Famosa por la iglesia de Santa Gadea de Burgos, donde el Cid tomó juramento a Alfonso VI sobre su presunto fratricidio.

Cat. /Gadea.

Galileo/Galilea m

Nombre frecuente en Italia, hecho famoso por el sabio descubridor del péndulo. Es gentilicio de la Galilea, patria de Jesucristo (hebreo *galil*, 'región, distrito').

Cat. Galileu/Galilea.

Galileo (Galileo Galilei), médico, astrónomo y físico italiano (1564-1642).

Galo/Gala m/f On. 3 de mayo

Nombre germánico, alusivo a los galos, tribu bárbara establecida en Francia, cuyo nombre se originaba en la voz bárbara *gal*, *gamald* ('canoso, viejo, antiguo', y, por extensión, 'gobernante', v. Aldo).

Cat. Gal/Gala, Gal·la. Eus. Gala/Ederne, Gale. Gal. Galo/Gala.

Gala Placidia, reina visigoda por su matrimonio con Ataúlfo y emperatriz romana (390-450). Gala (Elena Dimitrievna Diakonova), esposa y musa del pintor Salvador Dalí (1894-1982). Galo Plaza, político ecuatoriano, presidente de su país en 1948-52. Galo (Cayo Vibio Treboniano G.), emperador romano (206-254).

Garbiñe f

Forma vasca de Inmaculada.

García m On. 29 de septiembre

Antiguo nombre vasco, hoy relegado casi totalmente al terreno del apellido. De origen desconocido, tradicionalmente se ve en él la partícula vasco-ibera *artz*, 'oso'. Subsisten las formas primitivas *Garsea*, *Garsias*, y otras.

Cat. Garcia, Garcés, Gasset/. Gal. García/.

García Íñiguez I, rey de Navarra (†870?). García Jiménez, rey navarro (†882?). San García, abad de Arlanza (Burgos, s. XI). García Sánchez, rey de Navarra (†970), en quien confluye además en cetro de Aragón. García Jofre de Loaysa, navegante castellano (s. XVI). García Alvarez de Toledo-Osorio, marinero y político castellano (†1649?). García Orta, sabio y viajero portugués (s. XVI). García Moreno, estadista ecuatoriano (1821-1875). Don García, protagonista de la novela de Juan Ruiz de Alarcón (1580?-1639) *La verdad sopechosa*, personaje mentiroso compulsivo. García del Castañar, protagonista de *Del rey abajo, ninguno* de Francisco Rojas Zorrilla (1607-1648), vasallo que lucha entre la necesidad de defender su honor y el respeto al monarca.

Garcilaso/Garcilasa m/f
Nombre frecuente durante el Renacimiento. Contracción del nombre y apellido del más famoso portador, García Lasso de la Vega.
Cat. Garcilàs/Garcilasa.
Garcilaso de la Vega, poeta castellano (1501?-1536).

Gardenia f
Nombre femenino, inspirado en el de la flor dedicada a Alejandro Garden. Se da la coincidencia de que la palabra *garden* es 'jardín' en inglés.
Cat. /Gardènia.

Gary m
Nombre inventado, hecho famoso por el actor Gary Cooper.
Gary Cooper (Frank C. Cooper), actor cinematográfico estadounidense (1901-1961).

Gaspar/Gaspara m On. 4 de julio
Forma latina del nombre atribuido por la tradición cristiana a uno de los tres Reyes Magos de Oriente. De origen incierto, quizá deformación del nombre sirio *Gushnassaph*, aunque también se ha propuesto el persa *kansbar*, 'administrador del tesoro'.
Para otros, 'el que viene a ver' en sánscrito.
En Alemania, el nombre *Kasperletheater* designa el teatro de marionetas o guiñol.
Cat. Gaspar/Gaspara. Eus. Gaxpar/. Gal. Gaspar/.
San Gaspar del Buffalo (on. 23-6), famoso orador, fiel acompañante de Pío VII en el destierro (1786-1815). Kaspar Hauser, enigmático personaje alemán, cuya vida trágica inspiró innumerables novelas y obras teatrales. *Gaspard de la nuit*, obra maestra de Aloysius Bertrand. (1807-1841). Gaspar de Guzmán y de Fonseca, Conde-Duque de Olivares (1587-1645), valido del rey Feli-

pe IV. Caspar D. Friedrich, pintor alemán (1774-1840). Gaspar Melchor de Jovellanos, escritor y político asturiano (1744-1811). Gaspar Remisa, banquero catalán-castellano (1784-1847). Gaspard Monge, matemático francés (1746-1818). Gaspara Stampa, poetisa italiana (1523-1554). Gaspar Hernández, escritor y periodista catalán (1971).

Gastón/Gastona m/f

Nombre de procedencia francesa. Deformación de *gascon*, 'de la Gascuña, gascón'. Nada tiene que ver con el germánico *gast*, 'huésped', que sin embargo está presente en muchos nombres germánicos (cf. el ing. *guest*). Poco popular, quizá por asociarlo con el servicio doméstico.

Cat. Gastó/Gastona. Eus. Gaston/Gastone.

Gaston III ('Gaston Phoebus'), conde de Foix (1331-1391). Gaston Leroux, novelista francés (1846-1916). Gaston Defferre, político francés (1910-1986). Gastón, personaje de la ópera *La traviata*, de Verdi.

Gedeón/Gedeona m/f On. 1 de septiembre

Nombre hebreo. Del *gid'on*, quizás 'valentón'. O, para otros, de *gedehon*, 'el que rompe, que humilla', o incluso 'manco'.

Cat. Gedeó/Gedeona. Gal. Xedeón/.

Gedeón, sexto juez de Israel, que liberó a su pueblo de la esclavitud medianita (Jue 6,11). Gédéon Tallemant des Réaux, memorialista francés (s. XVII).

Gemma f

Nombre entrado en el santoral con la estigmatizada Gemma Galgani. Del latín *gemma*, 'gema, piedra preciosa', por extensión del sentido originario de 'yema, brote de una planta' (raíz indoeuropea *gembh*, 'morder', de donde *gombho's*, 'diente', y por analogía, botón de una planta.

Variante: Gema.

Cat. /Gemma. Gal. /Xema.

Santa Gemma, mártir gala (s. II). Santa Gemma Galgani (1878-1903), santa de Lucca (Italia). Gemma Nierga, periodista y locutora radiofónica española (1965). Gemma, esposa de Dante Alighieri (s. XIV).

Genaro/Genara m/f

La grafía etimológicamente más correcta es en realidad Jenaro, pues deriva del mes de enero, en latín *Januarius*, en el cual el año abría su puerta o *janua*. Era aplicado a los niños nacidos en este mes.

Cat. Gener, Genari/Genara. Eus. Kenari/Kenare. Gal. Xenaro/Xenara.
San Genaro, mártir, obispo de Benevento (†295).

Geneveo/Genevea m/f On. 3 de enero
Forma masculina de Genoveva, feminizada a su vez posteriormente.
La forma inglesa hipocorística, Gene, es tanto masculina como femenina.
Cat. Geneveu/Genevea. Eus. Kenubep/Kenubepe. Gal. Xenovevo/Xenoveva.

Genguis m
En realidad es un título: 'Universal', que seguido de *Khan* designaba al mongol Temujin.
Genguis Khan (Soberano Universal), título adoptado por Temujin (1167-1227).

Genís/Genisa m/f
Forma catalana de Ginés/Ginesa.
San Genís de Arlés, notario mártir por su oposición a los decretos de persecución contra los crisitanos (†303).

Genovevo/Genoveva m/f
Famosísimo nombre medieval. Procede de las voces germánicas *gen*, 'origen' (a su vez tomado del gr. *genos*), y *wifa*, 'mujer' (v. Witburga). Posteriormente fue injertado del significado de la voz galesa *gwenhuifar*, 'blanca como la espuma del mar', lo que la hace equivalente a Ginebra (v.). Existe también el derivado masculino Junípero, famoso por el frailecillo compañero de Francisco de Asís.
V. también Jennifer.
Cat. Geneveu/Genoveva. Eus. /Kenubep. Gal. /Xenoveva.
Santa Genoveva, patrona de París (425-512), salvadora de la ciudad ante los hunos. Genoveva de Brabante, heroína legendaria medieval, condenada injustamente por infidelidad conyugal y exiliada durante seis años antes de ver resplandecer su inocencia. *Genoveva*, ópera de Schumann sobre Genoveva de Brabante. Anne Geneviève de Bourbon-Condé, dama francesa (s. XVII).

Gentil/Gentila m/f On. 5 de septiembre
Del latín *gentilis*, 'de la misma *gens* (familia)'. También 'gentil, pagano'.
Cat. Gentil/Gentila.

Gentile da Fabriano, pintor italiano (1370-1427). Gentile Bellini, pintor veneciano, hijo de Jacopo (1429-1507).

Georgino/Georgina m/f On. 23 de abril

Gentilicio lat. de Jorge/Georgia, con la partícula gentilizadora *-inus*, 'relativo, de la familia de'. La forma femenina es usada en realidad como equivalente de Georgia.

Cat. /Georgina, Jordina. Gal. /Xurxa.

Santa Georgina, borrosa joven de la Alvernia, aficionada a las palomas (†500).

Geraldo/Geralda m/f On. 13 de octubre

Aunque este nombre germánico puede ser una simple variante de Gerardo (v.), puede tener entidad propia como evolución de *gair-ald*, 'lanza del gobernante', o 'gobierno por la lanza'.

Variante: Giraldo/Giralda.

Cat. Gerald, Garald/Geralda, Garalda. Eus. Keralta/Keralte. Gal. Xeraldo, Xiraldo/Xeralda, Xiralda.

Gerald Durrell, naturalista y escritor inglés (1925-1995). Gerald Edelman, bioquímico estadounidense, premo Nobel de Medicina en 1972 (1929). Gerald Ford, presidente de Estados Unidos de 1974 a 1976 (1913-2006). Gerald Brenan (Edward Fitzgerald Brenan), hispanista e historiador británico (1894-1987).

Gerardo/Gerarda m/f On. 24 de septiembre

Del germánico *gair-hard*, 'fuerte con la lanza' (v. Gerino; v. Arduino). O de *gair-ald*, 'noble por la lanza' (v. Aldo). Como en tantos otros nombres, los sufijos *-hard* y *-ald* han sido confundidos. Y aunque desde un punto de vista estrictamente etimológico Gerardo y Geraldo sean distintos, en la práctica son tomados como equivalentes. Esta imprecisión proporciona numerosas variantes: Gereardo, Geroldo, Giraldo, Girardo, Grao, Guerao.

Cat. Gerard, Garau, Grau, Guerau/Gerarda, Gueraua. Eus. Kerarta, Gerarta/Kerarte, Gerarde. Gal. Xerardo/Xerarda.

Geraldine Chaplin, actriz cinematográfica estadounidense, hija del actor Charles Chaplin, *Charlot* (1944). Gerhard Kremer (*Mercator*), geógrafo, inventor de su sistema de proyección (1512-1594). Geraldine Farrar, cantante de ópera estadounidense (1882-1967). Gérard Depardieu, actor cinematográfico francés (1948). Gerardo Diego, poeta y crítico castellano (1896-1987). Gerhard Schröder, político alemán (1944). Gerry Adams, líder nacionalista irlandés (1948). Guerau de Liost (Jaume Bofill i Mates), poeta catalán (1878-1933). Jerry Lewis, actor y director cinematográfico estadounidense (1926). Gerarda, figura de la 'acción en prosa' de *La Dorotea* de Lope de Vega (1562-1635), joven desenvuelta y frívola. Girarde Rossilho, protagonista de un cantar de gesta francés independiente.

Gerásimo/Gerásima m/f On. 5 de marzo

Quizás una adjetivación del griego *geras*, 'anciano'. Pero más probablemente deformación del adjetivo griego *gerasmios*, 'honorable, digno de respeto'.

Cat. Geràsim/Geràsima.

San Gerásimo, anacoreta de Palestina (†475).

Gerión m On. 10 de octubre

Nombre griego. De *geros*, 'viejo, honorable, venerable'. Cf. Aldo.

Cat. Gerió/.

Gerión, tirano de Siracusa, protector de Arquímedes (s. III a. C.). Gerión, figura del *Infierno* de *La Divina Comedia* de Dante.

Germán/Germana m/f On. 18 de junio

Nombre muy discutido: el latín *germanus*, 'hermano' (formado a partir de la voz *germen*, 'semilla'), aplicado a uno de los pueblos invasores del Imperio, era probablemente solo la adaptación del nombre de este, *wehrmann*, 'hombre que se defiende', o *heer-mann*, 'guerrero', o *gair-mann*, 'hombre de la lanza'.

Variantes: Hermán, Hermano. Derivado: Germánico.

Cat. Germà/Germana. Eus. Kerman/Kermane. Gal. Xermán, Xermao/Xermana.

Germaine Crussard ('Claude'), pianista, clavicenista y directora de orquesta francesa (1893-1947). Germaine Lefèbvre, *Capucine*, actriz cinematográfica francesa (1933-1990). Germaine Necker (1766-1817), baronesa de Staël-Holstein ('Mme. De Staël'). Germana de Foix (1488?-1538), segunda mujer de Fernando el Católico, autora en su calidad de regente de Carlos I de una fuerte represión contra las Germanías de Valencia. San Germán de Auxerre (on. 28-5), que dio nombre al barrio parisino de *Saint-Germain-des-Prés* (s. V). Germaine Dulac, directora cinematográfica francesa (1882-1942). Germán

Suárez Flamerich, político venezolano, presidente de su país en 1950-52. Germán Busch, político boliviano, presidente de su país en el interregno de 1936. Germán Riesco, político chileno, presidente de su país en 1901-06.

Gertrudis f On. 14 de noviembre
Del germánico *gair-trud*. *Gair*, 'lanza' (v. Gerino); *drud*, *throt*, *trudo* o *trud*, 'caro, querido', y también 'fuerza', en el sentido de 'poder, atracción'. Cf. el alemán *traut* o el it. *drudo*, 'amante'. Según una u otra acepción, figura en nombres femeninos o masculinos.
Hoy en desuso, pero frecuente en el mundo literario... y sobre todo en la novela *La tía Tula*, de Miguel de Unamuno.
Variantes: Gertruda, Gertrude. Hip. Tula.
Cat. /Gertrudis (hip. Tuies). Eus. /Gerturde, Gertirudi. Eus. /Xertrude.
Santa Gertrudis *la Grande*, discípula de santa Mechtildis, teóloga y mística (s. XIII). Geertruida Bosboom, novelista neerlandesa (1812-1886). Gertrude Stein, novelista y poetisa estadounidense (1874-1946). Gertudis Gómez de Avellaneda, escritora cubana-española (1814-1873). Margaretha Geertruida Zella, *Mata-Hari*, bailarina y espía holandesa (1876-1917). Tula, protagonista de la novela *La tía Tula*, de Miguel de Unamuno. Gertrudis, personaje de la novela *Los novios* de Alessandro Manzoni (1785-1873).

Gervasio/Gervasia m/f On. 19 de junio
Variante de Girbal, procedente del germánico *gair-bald*, 'audaz con la lanza' (v. Gerino; v. Baldo), aunque seguramente influido por el griego *Gerásimos* (v. Gerásimo).
Cat. Gervàs, Gervasi/Gervàsia. Eus. Kerbasi, Gerbasi/Kerbase, Gerbase. Gal. Xervasio/Xervasia.
Santos Gervasio y Protasio, mártires en Milán (†165?). Gervais de Cantorbey, cronista (s. XII). Gervais du Bus, poeta (s. XIII-XIV). José Gervasio Artigas, patriota uruguayo (1764-1850). Gervasio Antonio Posadas, político argentino, presidente de su país en 1811.

Getulio/Getulia m/f On. 10 de junio
Del latín *Gaetulus*, nombre de una tribu norteafricana, los gétulos (nombre a su vez incierto, quizá derivación de *gaesus*, 'dardo').
Variante: Gétulo/Gétula.
Cat. Getuli/Getúlia. Gal. Getulio/Getulia.
Getulio Vargas (1882-1954), presidente de Brasil en cuatro ocasiones.

Gil/Gila m/f

Forma moderna de Egidio (v.), muy popular en España a partir del Renacimiento (recuérdese la novela de Tirso de Molina, *Don Gil de las calzas verdes*).

Cat. Gil, Gili/Gila. Eus. Egidi, Gilen/Egide, Gilene. Gal. Xil/Xila.

Gilles de Roma ('Egidio Romano'), teólogo italiano (1243-1316). Gil Álvarez de Albornoz, cardenal y político castellano (1303-1367). Gil Vicente, dramaturgo portugués (1465?-1537?). *Don Gil de las calzas verdes*, comedia de Tirso de Molina (Fray Gabriel Téllez), (1584?-1648). Gigliola Cinquetti, cantante italiana (1948). Gil Blas de Santilla, personaje creado por Alain-René Lesage (1668-1747) para la novela homónima, arquetipo de aventurero español del Siglo de Oro.

Gilberto/Gilberta m/f On. 4 de febrero

Del germánico *gisil-berht*, 'famoso con la flecha, buen arquero' (v. Gisleno; v. Berta). Nombre muy popular en Francia, algo abandonado últimamente.

Variantes: Gisberto, Gisilberto, Giberto, Quildeberto.

Cat. Gilbert, Gelabert/Gilberta. Gal. Xilberto/Xilberta.

San Gilberto de Neuffontaines (on. 6-6), cruzado, premostratense y constructor de hospitales (†1152). Gilberte, personaje del conjunto de relatos *À la recherche du temps perdu*, de Marcel Proust. Gilbert K. Chesterton, escritor inglés (1874-1936). Gilberto Freyre, escritor brasileño (1900-1987). Gilbert Bécaud, cantautor francés (1927-1996).

Gildo/Gilda m/f

Hip., de origen italiano, de Hermenegilda (v.). Famoso por un filme de los años 40. Pero también es nombre con entidad propia, del germánico *gild*, 'tributo, impuesto' (cf. con el inglés *gold*, 'oro', o el alemán *Geld*). Más conocido como Gildas o Guedas.

Cat. Gild/Gilda, Guedas.

Gilda, nombre del personaje interpretado por Rita Hayworth en el filme homónimo (1946). Gildas, santo escocés (†570).

Ginebra f

Del galés *gwenhuifar*, 'blanca como la espuma del mar'. Suele tomarse como equivalente a Genoveva (v.).

Cat. /Ginebra. Gal. /Xenebra, Guenebra.

Ginebra (*Guenièvre*), nombre con que es designada habitualmente la esposa del rey Artús (v. Arturo), jefe de los Caballeros de la Tabla Redonda. Ginevra de Almieri, leyenda popular florentina del Renacimiento, en poema de Agostino Velletti, personaje cuya aparente muerte, que provoca el rechazo de los suyos, la hace renacer a una nueva vida.

Ginés/Ginesa m/f On. 25 de agosto

Del latín *Genesius*, y este del griego *genesis*, 'origen, nacimiento' (raíz indoeuropea *gen*, 'generar', de donde las voces 'genético', 'generación', etc.). *Genesios*, 'protector de la familia', aunque se ha señalado el parentesco con el latín *Genista*, 'retama', y también 'enhiesto, derecho' (visible en los nombres de la forma catalana Genís y de la planta, *ginesta*).
Variante: Genesio.
Cat. Genís/Genisa. Eus. Giñes/Giñese. Gal. Xes, Xenxo, Xinés/Xesa, Xenxa, Xinesa.
San Ginés de Arlés, martirizado por negarse a transcriibir un edicto de persecución contra los cristianos (s. IV). Ginés de Pasamonte («Ginesillo de Paropillo»), personaje de la novela *El ingenioso hidalgo don Quijote de la Mancha*, de Cervantes.

Gino/Gina m/f

Nombre italiano, aféresis de *Luigina*, diminutivo de Luisa, aunque puede ser derivado de otros nombres con la misma terminación.
Cat. /Gina.
Gino Severini, pintor y mosaísta italiano (1883-1966). Gina Lollobrigida, actriz cinematográfica italiana (1927). Gino Cervi, actor cinematográfico italiano (1901-1974). Ghino de Tacco, hidalgo campesino de Siena convertido en salteador de caminos, protagonista de un cuento del *Decamerón*.

Giotto m

Hip. medieval italiano de nombres como *Ambrogiotto*, *Angiolotto* (formas de Ambrosio y Ángel, respectivamente). Continúa su popularidad por el prestigio del pintor medieval.
Giotto di Bondone, pintor florentino (1267-1337).

Giselo/Gisela m/f

Entra en este nombre, como componente principal y quizás único, la raíz germánica *gisil*, 'flecha', posiblemente acompañada del sufijo *-hard*,

'fuerte'. Corrientísimo en Francia desde que una hermana santa de Carlomagno, llamada en realidad Isberga (v.) lo adoptó como segundo nombre, por lo que hoy son considerados como equivalentes. La forma masculina es también Gisleno.
Sinónimos: Gelardo, Gelesvinta, Ia, Zebina.
Cat. Gislè/Gisela.
Santa Gisela, hija de Pipino el Breve y hermana de Carlomagno (s. VIII-IX). Gisèle Freund, fotógrafa francesa de origen alemán (1912-1995). Gisèle Parry, actriz francesa (s. XX). Gisèle, hija de Carlos III el Simple de Francia (s. X).

Gladis f

Del galés *Gwladys*, 'gobernador de un gran territorio'. Generalmente es asociado con Claudia, y considerado como su equivalente.
Variante: Gladys.
Cat. /Gladis.
Santa Gladis, madre de san Cadoc, un gran misisionero bretón (s. V-VI). Gladys Cromwell, poetisa estadounidense (1885-1919). Gladys Mary Smith ('Mary Pickford'), actriz cinematográfica estadounidense (1893-1979).

Glendo/Glenda m/f

Nombre irlandés, tomado del gaélico *gelann*, 'valle'.
Cat. /Glenda.
Glenda Jackson (1936), actriz cinematográfica inglesa.

Glenn m

Variante de Glendo. Toma su popularidad por el actor Glenn Ford, quien adoptó su seudónimo por Glenford, una ciudad canadiense. Inglés *glen*, 'valle estrecho'; *ford*, 'vado'. (v. Glendo).
Glenn Ford (Gwyllyn Samuel Newton), actor cinematográfico estadounidense de origen canadiense (1916-2006). Glenn Miller, músico estadounidense (1904-1944). Glenn T. Seaborg, físico nuclear estadounidense (1912-1999).

Glorio/Gloria m/f On. 25 de marzo

Del latín *gloria*, 'fama, reputación'. Es fundamentalmente nombre cristiano alusivo a la Pascua de Resurrección o Domingo de Gloria. Derivados: Glorialdo, Glorinda. Sinónimos: v. Berta.

Cat. Glori/Glòria. Eus. Zoriontasun/Aintza, Aintzane. Gal. Glorio/Gloria.
Gloria Alcorta, escritora franco-argentina (1915). Gloria Fuertes, poetisa y escritora de cuentos española (1918-1998). Gloria Lasso, cantante hispanofrancesa (1922-2005). Gloria Stefan (Gloria María Fajardo), cantante cubana (1957). Gloria Swanson, actriz estadounidense (1899-1983). Gloria Vandervilt, cantante estadounidense (1924). Gloria, protagonista de la novela homónima de Benito Pérez Galdós (1843-1920), contradicción entre el camino marcado y el que le dicta su fértil imaginación.

Godelivo/Godeliva m/f

Del germánico *God-leuba*, 'amada por Dios' (cf. con María). V. Gudelio; v. Leubacio. Por concurrencia es identificada con Godiva. Sinónimo: Godoleva.
Cat. /Godeliva.
Santa Godeliva, esposa de un aristócrata de Brujas, mandada asesinar por su suegra (†1070).

Godiva f

Del germánico *God-gifu*, 'regalo de Dios' (sinónimo de Doroteo, v). Raíz *gifu*, 'don, regalo' (cf. el ing. *to give*, 'dar', o el alemán *geben*, 'dar'). V. Gudelio. O, quizá, simplificación de Godeliva. Nombre muy corriente en los Países Bajos e Inglaterra.
Cat. /Godiva.
Lady Godiva, esposa de Leofric, conde de Mercia, heroína de una leyenda recogida por Roger de Wendower, cronista inglés (s. XIII), según la cual cabalgó desnuda por el pueblo de sus súbditos para merecer por parte de su marido un mejor trato para estos, sin ser vista por sus habitantes, que voluntariamente se recluyeron en sus casas (¡excepto el célebre *Peeping Tom*!).

Godofredo/Godofreda m/f On. 8 de noviembre

Del germánico *Gott-fried*, 'paz de Dios'. V. Gudelio; v. Frida.
Cat. Godofred/Godofreda, Eus. Godepirda/Godepirde.
Godofredo de Bouillon, (1061-1110), el primer Barón del Santo Sepulcro, protector de los lugares santos tras la primera Cruzada. Geoffrey Chaucer, poeta inglés (1343-1400). Gottfried Wilhelm Leibniz, filósofo alemán (1646-1716). Godfrey H. Hardy, matemático inglés (1877-1947).

Gomaro/Gomara m/f

O Gómaro/Gómara. Nombre germánico. Para unos, de *Guda*, 'Dios' (v. Gudelio), aunque más bien parece originado en *gundi-maru*, 'famoso e insigne' (v. Gundenes; v. Mirón). Posible concurrencia con el árabe *Umar* (v. Omar). Variantes: Gómaro, Gomero.

Cat. Gomar, Jaumar/Gomara, Jaumira.

San Gomaro, soldado, viudo y monje (†690).

Gomila m

Del germánico *guma*, 'hombre', latinizado con el sufijo *-ilus*.

Cat. Gomila/.

Gonzalo/Gonzala m/f On. 21 de octubre

Del antiguo nombre Gonzalvo, contracción a su vez de Gundisalvo, hoy solo sobreviviente como apellido. *Gund*, 'lucha'; *all*, 'total'; *vus*, 'dispuesto, preparado': 'guerrero totalmente dispuesto para la lucha'. V. Gundenes; v. Alvisa. Para otros, de *gund-alv*, siendo *alv* una variante de *elf* (v. Alvino).

Cat. Gonçal/Gonçala. Eus. Gontzal, Onsalu, Untzalu/Gontzale. Gal. Gonzalo/Gonzala.

San Gonzalo de Galicia (on. 6-6), obispo (s. IX). Gonzalo de Berceo, poeta castellano (1180-1246). Gonzalo Fernández de Córdoba, *el Gran Capitán*, militar andaluz (1453-1515). Gonzalo Torrente Ballester, escritor gallego en lengua castellana (1910-1998). Gonzalo Suárez, escritor y director cinematográfico español (1934). *Don Gonzalo González de la Gonzalera*, novela de José María de Pereda (1879), sobre un indiano pretencioso e intrigante por venganza.

Goretti f On. 6 de julio

Apellido de una santa María italiana. El apellido es gentilicio de *Goretto*, un hip. de Gregorio (v.).

Cat. /Goretti. Gal. /Goretti.

Santa María Goretti, asesinada en 1902 en Nettuno (Italia) por defender su virginidad.

Gorka m

Forma euskera de Jorge.

Gracia f On. 25 de marzo

Nombre mitológico griego de origen antiquísimo: del sánscrito *gurta*, 'bienvenido, agradable', que pasó al latín *gratus*, 'grato, agradable', aunque más bien suele referise al valor teológico de la gracia divina.
Derivados: Gracián (portado como apellido por un famoso escritor del Siglo de Oro), Graciano, Grato, Gratiriano, Graciniano, Altagracia, Engracia, Graciosa.
Cat. /Gràcia. Eus. /Atsegiñe, Gartze, Graxi. Gal. /Gracia.
En la mitología griega, las tres hermanas Gracias o Cárites (Aglaya, Eufrosina y Talía), hijas de Zeus y de Afrodita. Grace Patrice Kelly, actriz cinematográfica estadounidense y princesa de Mónaco (1928-1982). Grace Moore, soprano estadounidense (1901-1947). Grazia Deledda, novelista italiana (1871-1936).

Graciela f

Diminutivo de Gracia, inspirado en la forma italiana *Graziella*, que ha eclipsado en popularidad al nombre original tras la famosa novela de Lamartine.
Procede del lat.
Cat. /Graciel·la. Gal. /Graciela.
Graciela, protagonista de la novela de Lamartine *Graziella* (1849), sobre el 'primer amor'.

Graciliano/Graciliana m/f On. 18 de diciembre

Variante de Gracinianao/Graciniana.
Cat. Gracilià/Graciliana. Gal. Graciliano/Graciliana.
San Graciliano, mártir italiano de Faleria (s. IV).

Graco m

Del latín *gracilis*, 'grácil, delgado, esbelto'.
Cat. Grac/.
Familia noble romana, famosa por los hermanos Tiberio Sempronio Graco (162-133 a. C.) y Cayo Sempronio Graco (154-121 a. C.), defensores de los derechos de los plebeyos romanos. Gracchus Babeuf (François Noèl Babeuf), teórico y revolucionario francés (1760-1797).

Graham m

Apellido escocés, derivado del topónimo *Grantham* (Lincs).

Graham Greene, novelista y periodista inglés (1904-1991). Alexander Graham Bell, físico británico, inventor del teléfono (1847-1922).

Gregorio/Gregoria m/f On. 3 de septiembre

Del griego *egrégorien*, 'que vela, vigilante'. Sinónimo de Eduardo, Sergio y Vigilio. Portado por trece papas de la Iglesia.

Hip. Goyo.

Cat. Gregori (hip. Gori)/Gregòria. Eus. Gergori, Goio, Gorgorio/Gergore, Gergori. Gal. Gregorio, Xilgorio (hip. Goro, Gorecho)/Gregoria, Xilgoria.

San Gregorio *el Iluminador*, apóstol de Armenia (256-331). San Gregorio I *el Grande*, papa y padre de la Iglesia Latina (540-604). San Gregorio Nacianceno, padre de la Iglesia Griega (330-390). San Gregorio de Nisa, Nysa o Niseno, padre de la Iglesia Griega (†395?). San Gregorio Taumaturgo, padre primitivo de la Iglesia (s. III). Gregori Maians i Siscar, erudito valenciano (1699-1781). Gregorio López Raimundo, político aragonés-catalán (1914-2007). Gregorio Marañón, médico, historiador y ensayista castellano (1887-1960). Gregorio VII (Hildebrando), papa (1020?-1085). Grigori Rasputin, monje ruso, influyente en política (1872-1916). Gregorio XIII, papa reformador del calendario (1502-1585). Gregorio Hernández, escultor barroco español (1576?-1636). Gregory Peck, actor cinematográfico estadounidense (1916-2003). Gregory Pincus, investigador estadounidense, descubridor de la píldora anticonceptiva (1903-1967). Goriot, protagonista de la novela *Papa Goriot* de Honoré de Balzac (1799-1850), arquetipo de amor paternal. Gregorio Michailovich Litvinov, protagonista de la novela *Humo* de Iván Turguenev (1818-1883), hombre que no consigue ser 'nuevo' por el 'humo' que ciega su vida. Grégoire Rigou, personaje de la novela *Los aldeanos* de Honoré de Balzac (1799-1850), personaje calculador y maquiavélico.

Greta f

Hip. de Margarita, muy popular en los países nórdicos (recuérdese a la actriz G. Garbo, y el hip. alemán Gretchen).

Derivado alemán: Gretel.

Cat. /Greta.

Greta Garbo (Greta Loyisa Gustaffson), actriz cinematográfica sueca (1905-1990). Gretel, protagonista del cuento *Hansel und Gretel*.

Griseldo/Griselda m/f On. 21 de octubre

Nombre germánico, preferentemente femenino. Origen dudoso: *gris* es apelativo aplicado a los 'hombres de cabellos grises', o sea 'hombres de edad'. *Ald*, reforzador de la misma palabra, significa 'viejo, ilustre, gobernante' (v. Aldo).

Cat. Griseld/Griselda. Gal. Griseldo/Griselda.

Griselda, personaje en *Los cuentos de Canterbury*, de Chaucer. Griselda Gambaro, escritora argentina (1928). Griselda, la heroína más célebre de los cuentos del *Decamerón* de Boccaccio (1313-1375), humilde y obediente pastora.

Guadalupe m+f On. 12 de diciembre

Del árabe *wadi al-lub*, 'río de cantos negros' (raíz *wadi*, 'agua, río', presente en hidrónimos como Guadiana, Guadalquivir, etc.). Otras etimologías populares: *wadi-lupi*, 'río de lobos' (que abrevaban cerca del santuario de este nombre), o incluso la náhuatl *coatlaxopeuh*, 'la que pisoteó la serpiente'. Iniciado en un santuario extremeño, pasó a México, donde es su Virgen patrona. En el país, su nombre está expandidísmo. Hips. Lupe, Lupita, Pita.

Cat. /Guadalupe. Eus. /Godalupe. Gal. /Guadalupe.

Guadalupe Victoria, presidente de la República Mexicana en 1824-29. Guadalupe Victoria Ramón, *Lupe*, cantante cubana del *latin sound* (1936-1992). Guadalupe Amor, poetisa mexicana (1918-2000).

Gualterio/Gualteria m/f On. 2 de febrero

Del germánico *wald-hari*, 'que gobierna el ejército' (*wald*, v. Waldo; *hari*, 'ejército'). Una forma antigua del nombre, Gutierre, dio lugar al frecuente apellido Gutiérrez, 'hijo de Gutierre'.

Cat. Gualter, Gualteri/Gualtèria, Gualtera.

Gutierre de Cetina, poeta español (1520-1557). Gutierre Tibón, lingüista mexicano (1905-1999). Lord Gualtiero Valton, personaje de la ópera *I puritani di Scozia*, de Bellini.

Guarnerio/Guarneria m/f On. 18 de abril

Nombre germánico. De *wari*, 'protector', y *hari*, 'ejército': 'ejército protector'. V. Guarino; v. Haroldo.

Cat. Guarner/Guarnèria.

Weerner von Fritsch, general alemán (1880-1939). Werner Heisenberg, físico alemán, premio Nobel en 1932 (1901-1976).

Gudelio/Gudelia m/f On. 29 de septiembre
Latinización (*Gudelius*) del germánico *Gudag*, 'Dios' (v. Gudelio). Nombres relacionados: Gudulia, Gúdula.
Cat. Gudeli/Gudèlia. Eus. Gudela/Gudele.
Santa Gúdula, ya de una familia de santos, patrona de Bruselas (†712).

Guendalino/Guendalina m/f On. 18 de octubre
Más que un nombre, se trata de una constelación de ellos: Gundelina, Gundelinda, Güendolina, Guvendolina... y otra constelación de interpretaciones: 'la de blancas pestañas'; 'la del círculo blanco'; 'mujer dulce'. En los países anglosajones, en la forma *Gwendolyne* es considerada equivalente a Genoveva (v.).
Cat. Guendalí/Guendalina.
Gwenole, abad armoricano (†532). Gwen John, pintora británica (1876-1939). Ellen Gwendolen Rees ('Jean Rhys'), escritora caribeña (1894-1979). Gwynneth Paltrow, actriz cinematográfica estadounidense (1973).

Guido/Guida m/f On. 12 de septiembre
Del germánico *widu*, 'amplio, extenso' (de donde el inglés *wide*). O quizá de *witu*, 'madera, bosque', que daría *wood*.
Por similitud fonética es asimilado a menudo con Vito y con Egidio o Gil, nombres en realidad bien distintos.
Variante: Guidón/Guidona.
Cat. Guido, Guiu/Guida, Guiua. Gal. Guido/Guida.
Guido, duque de Espoleto, rey de Italia (s. IX-X). Guido Reni, pintor italiano (1575-1642). Guido Ferracin, boxeador italiano (1926-1973).

Guifré m
Variante catalana de Jofre (v.).
Guifré I *el Pilós* (Wifredo I *el Velloso*), conde de Barcelona (840?-897).

Guillem/Guillema m/f
Forma catalana de Guillermo, recastellanizada en el nombre o apellido Guillén.

Guillermo/Guillerma m/f On. 25 de junio
Nombre popularísimo en todos los tiempos en los países de tradición germánica. Corriente en la Edad Media, especialmente en Cataluña, solo

ha trascendido al resto de España en los últimos años. De *will*, 'voluntad' (v. Willa), y *helm*, 'yelmo' (v. Anselmo), que trasciende su significado a 'protector, el que da protección'. Significado en versión libre: 'protector decidido'. Formas femeninas: Guillerma, Guillermina.
V. también William
Cat. Guillem/Guillema, Guilleuma. Eus. Gilamu, Gilen, Gillen/Gillelme. Gal. Guillelme, Guillelmo/Guillelma.
Bill Clinton, político estadounidense, presidente de su país (1946). Billy Wilder, productor y director cinematográfico estadounidense (1906-2002). Guglielmo Marconi, inventor y físico italiano (1874-1937). Guillaume Apollinaire (Wilhelm-Albert Kostrowitzky), poeta vanguardista francés (1880-1918). Guillem de Berguedà, trovador catalán (1138-1196). Guillem de Cervera, *Cerverí*, trovador catalán (1259?-1285?). Guillem Díaz-Plaja, escritor catalán-castellano (1909-1984). Guillem Graell, economista catalán (1846-1927). Guillermina Motta, cantante catalana (1942). Guillermina, reina de los Países Bajos (1880-1962). Guillermo Cabrera Infante, escritor y ensayista cubano (1919-2005). Guillermo de Occam, teólogo y filósofo inglés (1290?-1349). Guillermo II, emperador alemán y rey de Prusia (1859-1941). Guillermo III, rey de Inglaterra (1650-1702). Marie Wilhelmine Benoist, retratista francesa ((1768-1826). Billy *the Kid* (Guillermito *el Niño*), seudónimo del estadounidense William H. Bonney (1859-1881), asesino incorporado al folklore de su país.

Guiomar f
O Güiomar. Del germánico *wig-maru*, 'mujer ilustre'. Variante: Güiomar. Popular en los países de habla portuguesa.
Cat. /Guiomar. Gal. /Guiomar.
Guiomar, personaje femenino en los poemas de Antonio Machado, cuya existencia era real, según probó Concha Espina. Guiomar Castro, influyente dama portuguesa (s. XV).

Gumersindo/Gumersinda m/f On. 13 de enero
Del germánico *guma-swind*, 'hombre fuerte'. O de *guma-sind*, 'expedición de guerreros'.
Variante: Gumesindo.
Cat. Gumersind, Gumessind/Gumersinda, Gumessinda. Eus. Gumesinda/Gumesinde. Gal. Gumersindo/Gumersinda.

San Gumersindo de Toledo, martirizado por los árabes en Córdoba (†852).

Gunter m On. 30 de septiembre

Del germánico *gundi-hari*, 'ejército famoso' (v. Gundenes; v. Haroldo), o *gundi-theud*, 'pueblo famoso' (v. Teudis). Muy corriente en Alemania y Suecia.

Variantes: Guntero, Guntario.

Cat. Gunter/.

Gunter, rey burgundio en la *Canción de los Nibelungos*, inspirado en un personaje histórico (†437). Günter Grass, escritor alemán (1927), premio Nobel de Literatura en 1999.

Gustavo/Gustava m/f On. 3 de agosto

Nombre particularmente popular en Suecia, donde ha sido llevado por varios reyes. Difícilmente descifrable. Quizá de *gund-staf*, 'cetro real', posiblemente influido por el latín Augusto.

Cat. Gustau/Gustava. Gal. Gustavo/Gustava.

San Augusto o Gustavo, abad de dos monasterios en Bourges (s. VI). Gustav Kirchhoff, físico alemán (1824-1887). Gustav Klimt, pintor austríaco (1862-1918). Gustav Mahler, compositor y director de orquesta austríaco (1860-1911). Gustave Courbet, pintor francés (1819-1877). Gustave Doré, dibujante, grabador y litógrafo francés (1832-1883). Gustave Flaubert, novelista francés (1821-1880). Gustave Moreau, pintor simbolista francés (1826-1898). Gustavo Adolfo Bécquer, poeta castellano romántico (1836-1870). Gustavo Martínez Zuviria (Hugo Wast), escritor argentino (1883-1962). Gustavo Díaz Ordaz, político mexicano (1911-1979). Gustavo Gutiérrez, teólogo peruano de la liberación (1928). Gustavo, personaje de la novela *El cartujo* de József Eötvös (1813-1871), figura insatisfecha. Gustavo Adolfo, drama de Strindberg (1849-1912). Gustavo Vasa, fundador de la dinastía de los Vasa, regentes de Suecia (s. XVI), tomado para un drama por J. A. Strindberg (1849-1912).

Gutierre m

Variante antigua de Gualterio. Apellido derivado: Gutiérrez, «hijo de Gutierre» (variante: Gutes).

Cat. Gutier/. Gal. Gutier/.

Gutierre de Cetina, poeta español (1520-1557). Gutierre Tibón, lingüista mexicano (1905-1998).

Gyula m

Nombre húngaro. Significado desconocido.

Gyula Illyés, poeta, dramaturgo, novelista, ensayista y traductor húngaro (1902-1983).

Haroldo/Harolda m/f On. 17 de marzo

Nombre germánico, portado por diversos reyes noruegos, ingleses y daneses. Del germánico *hari*, o *harji*, 'ejército', y también 'pueblo'. Complementado con el sufijo *-old* o *-ald*, 'fuerte, gobernante' (v. Aldo). Posible traducción: 'gobernante del ejército', y también 'pueblo ilustre' (de la misma fuente deriva la palabra *heraldo*).

Variantes y derivados: Haribaldo, Heribaldo, Aroldo.

Cat. Harold/Harolda. Gal. Haroldo/Harolda.

Haroldo II, último rey anglosajón, vencido y muerto en Hastings (1022?-1066). Harold Lloyd, actor teatral y cinematográfico estadounidense (1893-1971). Harold Macmillan, primer ministro británico (1884-1986). Harold Wilson, primer ministro británico (1916-1995). Harold Pinter, dramaturgo y guionista británico (1930-2008).

Hassán m

Nombre árabe: *hasan* o *hassan*, 'bello'. V. Hussein.

Hassán II, rey de Marruecos (1929-1999).

Haydée f

Nombre usado literariamente por Byron y Dumas padre. Del griego moderno *Xaïde*, y este del verbo *xaïdéyo*, 'acariciar': 'la acariciada'. Podría también estar relacionado con *aidos*, 'venerable, respetable'.

Variantes gráficas: Aidé, Haidée, Haydé.

Cat. /Haydée.

Haydée, protagonista de la novela *El conde de Montecristo*, de Alejandro Dumas padre. Haydée Santamaría, revolucionaria cubana (1927-1980).

Hebe f

Nombre de la mitología griega, personificación de la juventud (griego *hébe*, 'joven'), encargada de servir a los dioses el néctar y la ambrosía, que los liberaba de la senectud y de la muerte.

Cat. /Hebe.

Hebe, mitológica hija de Zeus y de Hera.

Héctor m

Nombre mitológico, portado por el más famoso héroe troyano de *La Ilíada*, ejecutor de Patroclo y vencido a su vez por Aquiles. Quizá relacionado con *hektoreon*, 'esculpir, formar, educar'; 'persona formada'. O de *sech*, 'coger'; 'el que tiene firmemente'.

Cat. Hèctor/. Eus. Etor/.

Ettore Scola, realizador cinematográfico italiano (1931). Héctor Berlioz, compositor francés (1803-1869). Ettore Sottsass, arquitecto y diseñador italiano (1917-2007). Atahualpa Yupanqui (Héctor Roberto Chavero), cantautor argentino (1908-1992). Ettore Fieramosca, héroe de la novela homónima de Massimo d'Azeglio (1798-1866), campeón italiano contra las injurias francesas. Héctor Hulot, personaje de la familia ideada por Honoré de Balzac (1799-1850), vicioso y lujurioso. Héctor Servadac, héroe de la novela *Viajes y aventuras a través del mundo solar* de Julio Verne (1828-1905). Héctor Faubel, piloto de motos valenciano (1983). Ettore Messina, entrenador de baloncesto italiano (1959).

Heladio/Heladia m/f On. 28 de mayo

Del griego *helladios*, 'de la Hélade, griego'. Variante: Eladio.

Cat. Heladi, Hel·ladi/Hel·làdia. Gal. Heladio/Heladia.

Heladio, obispo galo (s. IV).

Helenio/Helena m/f On. 7 de octubre

La interpretación popular asignó al nombre la interpretación *eliandros*, 'destructora de hombres', por el personaje literario, facilitándose así también la pérdida de la h inicial. En realidad el nombre procede de *Heléne*, 'antorcha', lo que la hace sinónimo de Berta, Fulgencio, Roxana y otros. Otros apuntan, más simplemente, 'la griega' (*Hellas*).

Variantes: Elena, Olga (v.), Eleonor (v.). Hip. Lena.

Cat. Heleni/Helena, Elena. Eus. Heren/Elene, Heleni. Gal. Helenio/Helena.

Helen Keller, escritora y políglota estadounidense, ciega y sordomuda desde edad temprana, ejemplo de autosuperación (1880-1968). Helena de Italia, esposa de Víctor Manuel III, «reina de la caridad» (1873-1952). Helena Fourment, segunda esposa de Rubens (1614-1673). Helena Petrovna Blavatski, princesa rusa y teósofa (1831-1891). Helena Rubinstein, esteticista y empresaria estadounidense de origen polaco (1870-1965). Helena, heroína de *La Ilíada* de Homero, la mujer más bella del mundo, esposa de Menelao y causa de la guerra de Troya. Heleno, en la mitología griega, hijo de Príamo, guerrero y profeta. Helenio Herrera, entrenador de fútbol argentino (1916-1990).

Helga f

Del germánico *heah*, 'alto, sublime, excelso' (cf. el ing. *high* y el alemán *heil*; también Alá deriva d euna raíz emparentada).
También es relacionado con el antiguo adjetivo sueco *helagher*, 'feliz, próspero', que derivó a 'invulnerable', y posteriormente a 'santo'. De gran popularidad en España hace unos años a raíz de un filme homónimo.
Sinónimos: Ariadna, Panacea.
Cat. /Helga. Gal. /Helga.
Santa Helga u Olga, primera santa rusa (s. X). *Helga*, poema de Oelenschläger (1814).

Helí m

Nombre hebreo del AT, portado por un sacerdote judío educador de Samuel. De la voz perifrástica *eli*, con que se aludía a Dios para no profanar su sagrado nombre pronunciándolo.
Variante gráfica: Elí.
Cat. Helí/. Gal. Helí/.
Helí, en el AT juez y gran sacerdote, educador de Samuel (I Sam 14,3). Elie Wiesel, escritor rumano en lengua francesa (1928).

Heliodoro/Heliodora m

Del griego *helios-doron*, 'don del sol'.
Cat. Heliodor/Heliodora. Eus. Eludor/. Gal. Heliodoro/Heliodora.
Heliodoro, compañero de infancia y después ministro de Seleuco IV Filopátor de Siria (s. II a. C.). Heliodoro, novelista griego (s. III-IV).

Helmut m
Popular nombre alemán, variante de Hellmund, derivado del germánico *helm*, 'yelmo, protección' y *mund*, 'pueblo': 'protector del pueblo'.
Helmut Kohl, político alemán, primer presidente tras la reunificación (1990) (1930).

Heracleo/Heraclea m/f On. 29 de septiembre
Variante de Heráclido: gr. *herakleios*, 'relativo a Heracles'.
Cat. Heracleu/Heraclea.

Heracles m
Forma griega de Hércules: *Herakles*. De *Hera-kleos*, 'gloria de Hera', la diosa esposa de Zeus.
Cat. Hèracles/Heraclea.
Heracles, héroe nacional griego, figura mitológica famoso por sus doce trabajos. Asimilado al Hércules latino.

Heraclio/Heraclia m/f On. 1 de septiembre
Derivado del gr. *heráklida*, con que los dorios se consideraban descendientes del famoso héroe Heracles, o sea Hércules.
Variante oriental: Heraclios.
Cat. Heracli/Heràclia. Eus. Erakil/Erakille. Gal. Heraclio/Heraclia.
Flavio Heraclio Constante II, emperador de Oriente (630-668). Heraclios, emperador de Oriente, derrotado por los árabes (575-641). Heraclio, obispo de París (s. VI). Heraclio Alfaro Fournier, ingeniero aeronáutico español (1893-1961).

Heráclito/Heráclita m/f
Variante clàsica de Heraclio/Heraclia.
Cat. Heràclit, Heraclit/Heràclita, Heraclita.
Heráclito, filósofo griego (544?-483? a. C.).

Hércules m
Nombre de la mitología romana, equivalente al Heracles o Herakles griego. Se ha señalado su parentesco con *herce*, 'cerrar', aludiendo a su primitiva función de defensa de la propiedad.
Cat. Hèrcules/.

Hércules, en la mitología, héroe griego de fuerza descomunal, famoso por sus doce 'trabajos', donde combinó fuerza y astucia.

Herenio/Herenia m/f On. 8 de marzo

Del latín *herenus*, 'relativo a Hera, divinidad griega esposa de Zeus. Por concurrencia fonética es identificado a veces con Irene.

Variantes: Erenia, Herena, Erenia.

Cat. Hereni/Herènia, Herena.

Heriberto/Heriberta m/f On. 16 de marzo

Del germánico *hari-berht*, 'ejército famoso' (v. Haroldo; v. Barta). Variantes: Heberto, Herberto.

Cat. Heribert/Heriberta. Eus. Eriberta/Eriberte. Gal. Heriberto/Heriberta.

Heribert Barrera, político y científico catalán (1917).

Hermán/Hermana m/f On. 7 de abril

De origen germánico, considerado como equivalente de Germán, aunque quizá proceda de *airman*, 'grande, fuerte' (por *air*, v. Airaldo, y *mann*, v. Manio). Variante: Hermano.

Cat. Hermà, Herman/Hermana. Eus. Kerman/Kermane.

Herman Melville, novelista estadounidense (1819-1891). Hermann Göring, militar y estadista alemán (1893-1946). Hermann Hesse, novelista alemán (1877-1962). Hermann Julius Oberth, científico alemán (1894-1989). Hermann von Helmholtz, fisiólogo y físico alemán (1821-1894). Hermann Maier, esquiador austríaco (1972). Hermann, príncipe germánico, vencedor de Varo en las selvas de Teutoburgo, símbolo de la conciencia nacional germánica. Hermann y Dorotea, protagonistas del poema homónimo de de Johann Wolfgang Goethe (1749-1832).

Hermelando/Hermelanda m/f

Variante de Ermelando.

Cat. Hermeland/Hermelanda.

San Hermelando, fundador (†710).

Hermelindo/Hermelinda m/f

Forma femenina y variante de Hermelando o Ermelando (v.). Sufijo *-land* (v. Lamberto) o *lind* (v. Linda).

Cat. Hermelind/Hermelinda. Gal. Hermelindo/Hermelinda.

Hermenegildo/Hermenegilda m/f

Del germánico *ermin-hild*, 'guerrero ermión' (v. Erminio). Otros interpretan *airmanagild*, 'valor del ganado'. Nombre de un hijo del rey visigodo Recaredo (s. VI), martirizado en Sevilla, ciudad donde el nombre es muy popular.

Variantes: Armengol, Ermengol, Ermengoldo, Ermengardo, Menendo, Melendo, Mendo, Armagilo, Ermengandio, Mengual.

Cat. Hermenegild, Ermengol/Hermenenegilda, Ermengola. Eus. Kermeilda/Kermeilde. Gal. Hermenexildo, Hermexildo/Hermenexilda, Hermexilda.

San Hermenegildo, hijo de Leovigildo, rey visigodo arriano, convertido al cristianismo y rebelado contra su padre, quien por ello lo ejecutó (†585). Hermenegildo Pérez, hacendado de la ría de Arosa, sublevado contra Alfonso III de Asturias. Hermenegild Anglada i Camarasa, pintor catalán (1871-1959).

Hermes/Hermia m/f

Nombre mitológico. Dios griego, mensajero de los dioses y protector del comercio. También vinculado con la alquimia (recuérdese el cierre 'hermético'). Literalmente, 'intérprete, mensajero' (*hermeneus*).

Cat. Hermes/Hermia. Eus. Erma/Erme. Gal. Hermes/Hermia.

Hermes, divinidad griega, llamado Mercurio por los romanos. Hermes da Fonseca, político brasileño, presidente de su país en 1910-14.

Herminio/Herminia m/f

Variante de Erminio/Herminia, influida por la *h* de *hari* (v. Haroldo).

Cat. Hermini/Hermínia. Eus. Ermiñ/Ermiñe, Irmina. Gal. Herminio/Herminia.

Santa Herminia, irlandesa del s. VI. Herminia, personaje de la novela *Tigre Juan*, de Ramón Pérez de Ayala.

Hermógenes/Hermógena m/f

Del griego *Hermos-genos*, 'engendrado por Hermes, de la casta de Hermes'. v. Hermogio.

Cat. Hermògenes/Hermògena. Eus. Ermogen/. Gal. Hermóxenes/Hermóxena.

Hermógenes, arquitecto griego de la época helenística (s. III a. C.), constructor del templo de Artemisa. Hermógenes de Tarso, filósofo gnóstico cristiano combatido por Tertuliano (s. II). Hermógenes López, político venezolano, presidente de su país en 1887-88.

Hermosindo/Hermosinda m/f
Variante de Hermosino/Hermosina.
Cat. Formosí/Fermosina. Gal. Hermosindo/Hermosinda.

Hernán/Hernanda m
Forma antigua de Fernando, por aspiración de la inicial. Popularizado por Hernán Cortés, conquistador de México, y hoy nuevamente popular en España.
Hernán Cortés, conquistador español de México (1485-1547). Hernán Siles, político boliviano, presidente de su país en 1952 y 1956-60.

Herodes/Herodías m/f
Nombre griego, derivación de *heros*, 'héroe', o sea 'caudillo, gobernante'. La forma femenina es aplicada como adjetivo a la mujer de Herodes, rey de Judea.
Cat. Herodes/Herodias. Gal. Herodes/Herodías.
Herodes *el Grande*, rey de Judea (73 a. C.-4 d. C.). Herodías, personaje del NT, esposa de Herodes, rey de Judea, e inductora de la muerte de san Juan Bautista.

Heródoto m
Nombre griego: *Herodotos*, 'regalo, don de Hera'.
Variante: Herodoto.
Cat. Heròdot/.
Heródoto, el padre de la historia, historiador griego de la Antigüedad (484-430 a. C.).

Herón m On. 28 de junio
Nombre griego. De *hero-on*, 'héroe, persona heroica'.
Cat. Heró/.
Herón de Alejandría (s. II a. C.), matemático descubridor de la fórmula del área del triángulo en función del semiperímetro.

Hersilio/Hersilia m/f
Nombre mitológico romano, portado por la esposa de Rómulo, el legendario fundador de Roma. Quizá del griego *herse*, 'rocío'. Nada tiene que ver con el germánico Ersilia, formado con la raíz *hairus*, 'espada'.

Cat. Hersili/Hersília.
Hersilia, sabina raptada por Rómulo, el fundador de Roma, dentro del episodio del rapto de las sabinas.

Hesíodo m
Nombre griego. Probablemente es una derivación de Hesione, nombre mitológico griego de etimología desconocida (quizá *hesson*, 'inferior').
Cat. Hesiode/.
Hesíodo, agricultor y pastor de la Antigüedad, autor de la *Teogonía*, sistematización de la tradición mitológica griega (s. IX-VIII a. C.).

Hesperia f
Nombre femenino, inspirado en el antiguo de la Península Ibérica. Y este del griego *hesperos*, 'el que sigue a la estrella vespertina, el occidente' (aludiendo a la posición de la península para los griegos).
Variantes: Esperia, Hespéride (el Jardín de las Hespérides era el símbolo de la tierra fabulosa en los confines orientales del mundo clásico griego).
Cat. /Hespèria. Gal. /Hesperia.

Higinio/Higinia m/f On. 11 de enero
Del griego *hygies*, 'sano' (de donde 'higiene'). *Higinos*, 'vigoroso'.
Cat. Higini/Higínia. Eus. Ikini/Ikiñe. Gal. Hixino, Hixiño/Hixina, Hixiña.
San Higinio, papa de 136 a 140. Higinio Uriarte, político paraguayo, presidente de su país en 1877-78.

Hilario/Hilaria m/f On. 13 de enero
Del latín *hilaris*, 'alegre' (sinónimo de Alegre, Caralampio, Cayo, Eufrasio, Gaudelio, Isaac, Letancio, Pancario, Quilino).
Derivados: Hilarino, Hilarión.
Cat. Hilari/Hilària. Eus. Ilari/Ilare, Ilariñe. Gal. Hilario/Hilaria.
San Hilario, padre de la Iglesia Latina (s. IV). Hilaire de Gas ('Edgar Degas'), pintor, pastelista, diseñador y grabador francés (1834-1917). Hilaire Belloc, poeta, historiador y novelista inglés (1870-1953). Hillary Clinton, de soltera H. Rodham, abogada y política, esposa del expresidente estadounidense Bill Clinton (1947).

Hildebrando/Hildebranda m/f On. 11 de abril

Nombre netamente germánico de gran difusión, especialmente en Italia, por el papa Gregorio VII. *Hild*, 'guerrero' (v. Hildo); *brand*, cuyo sentido primario es 'fuego', de donde deriva a significados como 'oscilar, blandir' y 'espada', como en el caso presente: 'espada del guerrero'.

Cat. Hildebrand/Hildebranda.

Hildebrando, rey de los lombardos, nieto de Liutprando (s. VIII). Hildebrando de Soana, consejero de seis papas sucesivos y papa también con el nombre de san Gregorio VII (1020?-1085). Hildebrando, personaje del *Cantar de los Nibelungos* (s. VIII), héroe que por deber debe matar a su hijo.

Hildegardo/Hildegarda m/f On. 17 de septiembre

Nombre germánico: *hild-gard*, 'guerrero vigilante'. Formado con *hild*, 'guerrero' (v. Hildo) y el sufijo *gar* o *gard*, 'preparado, dispuesto'.

Otros intérpretes prefieren, especialmente para la versión femenina, *hild-gart*, 'jardín de sabiduría' (v. Guarino).

Cat. Hildegard/Hildegarda.

Santa Hildegarda, hija de Childebrando, rey de los suevos, y tercera esposa de Carlomagno (757-783).

Hildelita f On. 24 de marzo

Latinización del germánico *hild*, 'guerrero'. Aunque son nombres distintos, suelen tomarse como sinónimos Hildelina, Hildelisa e Hildeliva.

Cat. /Hildelita.

Santa Hildelita, abadesa (†717?).

Hildo/Hilda m/f

Nombre de la principal de las valquirias germánicas. *Hildr* genitivo del germánico *hathus*, *hilds* con variantes *hathu*, *his*, *hit*, 'lucha combate, pugna'). Es utilizado también como hip. de numerosos nombres, especialmente femeninos, con esa terminación: Brunilda, Casilda, Leovigilda... Y también como hip. de nombres con esta raíz: Hildegardo, Hildebrando.

La misma raíz figura en innumerables patronímicos. Sinónimos: Armagilo, Antenor, Armenio, Fiacrio, Germán, Gonzalo, Hipólito, Marcial, Poleno...

Cat. Hild/Hilda. Gal. Hild/Hilda.

Hilda Doolittle, escritora estadounidense, cofundadora del movimiento imaginista (1886-1961). Santa Hilda, abadesa real en Whitby (Inglaterra), (†680). Hilde, valkiria encarnación de la ferocidad en las leyendas germánicas.

Hipócrates m

Del griego *hippos-krateo*, 'caballo fuerte', o 'poderoso por su caballo'.

Cat. Hipòcrates/. Gal. Hipócrates/.

Hipócrates, médico de la Antigüedad griega, iniciador de la observación clínica (460-377 a. C.).

Hipólito/Hipólita m/f On. 13 de agosto

Nombre mitológico. Del griego hippós-lytós, 'el que desata los caballos', o sea 'corredor a rienda suelta, guerrero'.

Cat. Hipòlit/Hipòlita. Eus. Ipolita/Ipolite. Gal. Hipólito/Hipólita.

Hipólito, en la mitología griega, hijo de Teseo, amigo de Hércules, víctima del amor incestuoso de su madrastra Fedra. Hipólita, mitológica reina de las amazonas, poseedora del famoso cinturón, que le arrebató Hércules. Hippolyte Taine, crítico literario, filósofo e historiador francés (1828-1893). Hippolyte Fizeau, físico francés (1819-1896). Hipólito Lázaro, tenor español (1887-1974). Hipólito Yrigoyen, político argentino, presidente de su país en 1916-22 (1850-1933).

Hiram m

Nombre hebreo: 'Dios es excelso' (*ahi*, 'hermano'; y, por extensión, 'Dios'; *ram*, 'alto, excelso').

Cat. Hiram/.

Hiram I (969-936 a. C.), en el AT rey de Tiro, amigo de David y Salomón, a quien ayudó a edificar su templo (II Cro 2, 2.10-11).

Hiro m

Nombre japonés, derivado de *hirói*, 'grande'. Famoso por el anterior emperador nipón, Hiro Hito (*hito*, 'hombre').

Hiro Hito I, emperador de Japón (1901-1989).

Ho m

Nombre vietnamita. 'Ilustre'.

Ho Chi Minh (Nguyen That Thanh), revolucionario y político vietnamita (1890-1969).

Homero/Homera m/f

Semilengendario nombre del más famoso poeta griego. Se ha propuesto como origen *ho-me-oron*, 'el que no ve', de donde la tradición de su ceguera. También *omeros*, 'rehén'.

Cat. Homer/Homera.

Homero, poeta, autor del poema épico *La Ilíada* y (probablemente) de *La Odisea* (s. VIII a. C.). Homero Manzi, compositor de tangos argentino (1907-1951). Homer Vrionis, musulmán albanés, puntal del dominio otomano durante los años de la insurrección de Grecia contra el imperio turco.

Honorato/Honorata m/f On. 16 de mayo

Del latín *honoratus*, 'honrado', más bien en el sentido de 'honorado', o sea que ha recibido honores, que ha ejercido algún cargo público. San Honorato, obispo de los panaderos.

Cat. Honorat/Honorata. Eus. Onorata/Onorate. Gal. Honorato/Honorata.

Honoré de Balzac, escritor francés (1799-1850). Honoré-Victorin Daumier, pintor, dibujante, grabador y escultor francés (1808-1879). Honorata de Pavía, virgen y mártir italiana (s. V).

Honorio/Honoria m/f On. 24 de abril

Del latín *honorius*, 'honorable'.

Derivados: Honorino, Honorato.

Cat. Honori/Honòria. Eus. Onori/Onore. Gal. Honorio/Honoria.

Flavio Honorio, primer emperador del Imperio Romano de Occidente, el primero en que se consumó la división del Imperio Romano (384-423). Justa Grata Honoria, princesa romana, hija del emperador Constancio III y Gala Placidia (427-452?). Honorio I, papa (†638).

Horacio/Horacia m/f

Del latín *Horatius*, portado por una familia romana, famosa especialmente por el poeta Quinto H. Flaco. Origen incierto, posiblemente etrusco, aunque la etimología popular ve una alusión a *Hora*, la diosa de la juventud.

Cat. Horaci/Horàcia. Gal. Horacio/Horacia.

Horacio Quiroga, escritor uruguayo (1878-1937). Horatio Nelson, almirante inglés (1758-1805). Quinto Horacio Flaco, poeta latino (65 a. C.-8 d. C.). Horace Walpole, escritor inglés (1717-1797). Horacio Vázquez, político dominicano, presidente de su país en 1902-1903. Horacio Alger, escritor y pastor protestante estadounidense (1834-1899).

Hortensio/Hortensia m/f On. 11 de enero

Nombre derivado del gentilicio latino *hortensius*, 'relativo al jardín' (*hors*). Hoy se usa más como alusión a la flor exótica, bautizada así en honor de Hortense Lepaute (s. XVII).

Variante gráfica: Ortensio/Ortensia.

Cat. /Hortènsia. Gal. /Hortensia.

Hortense de Beauharnais, reina consorte de Holanda, madre de Napoleón III (1783-1837). Hortense Schneider, diva francesa (1833-1920). Hortensia, jurisconsulta romana (s. I a. C.).

Hosni m

Nombre árabe, derivación de *husn*, 'belleza'.

Muhammad Hosni Mubarak, militar y político egipcio (1928).

Hubardo/Hubarda m/f

Del germánico *huc-hard*, 'inteligente y fuerte'. V. Hugo; v. Arduino.

Cat. Hubard/Hubarda.

Howard Hawks, director cinematográfico estadounidense (1896-1977). Howard Hugues, magnate y director cinematográfico estadounidense (1905-1976).

Hugo/Huga Ger.

Nombre germánico, alusivo a uno de los cuervos del mitológico Odín, que le informan de lo que sucede en la tierra (*hugh*, 'inteligencia, juicio'). Con multitud de sinónimos (Fradila, Frontón, Gaciano, Tancón) y derivados (Hugón, Hugocio, Hugoso, Hugolino), aunque el nombre *hugonotes*, dado a los protestantes franceses, es una deformación del alemán *Eidgenossen*, 'confederados'. Diversos condes catalanes medievales llevaron asimismo este nombre.

Cat. Hug/Huga. Eus. Uga/. Gal. Hugo/Huga.

Hugo Capeto, fundador de la casa real francesa de los Capeto (938?-996). Hugo de Vries, botánico neerlandés (1848-1935). Hugo Riemann, musicólogo alemán (1849-1919). Hugo Wast (Adolfo Martínez Zuviria), escritor argentino (1883-1962). Hugo Sánchez, futbolista mexicano (1958). Hugh

Grant, actor cinematográfico británico (1961). Hugo Ballivián, político y militar boliviano, presidente de su país en 1950-52. Hugo del Carril, cantante y actor cinematográfico argentino (1912-1989).

Humberto/Humberta m/f On. 25 de marzo

Del germánico *hunn-berht*, 'oso famoso'. Nombre muy popular en Italia. Confundido en la práctica con Huberto, en realidad distinto (*hugh-berht*, 'de pensamiento famoso').

Variante: Umberto (popular por la forma italiana, difundida por los reyes de ese país).

Cat. Humbert/Humberta. Eus. Uberta, Unberta/Uberte, Unberte. Gal. Humberto/Humberta.

Tres reyes de Italia, entre ellos Umberto II, rey efímero en mayo-junio 1946. Umberto Eco, semiólogo, crítico literario y novelista italiano (1932).

Hunifredo/Hunifreda m/f

Nombre germánico: *huni-frid*, 'gigante pacificador'.

Popularizado en su forma inglesa por el actor estadounidense Humphrey Bogart.

Variantes: Hunfrido, Hunifrido.

Cat. Hunifred/Hunifreda.

Hunifredo o Hunifrido, séptimo conde de Barcelona (†858). San Hunifrido, monje benedictino, obispo de Thérouanne (Francia), s. VIII. Humphrey Bogart, actor cinematográfico estadounidense (1900-1957). Humphry Clinker, protagonista de la novela *La expedición de Humphry Clinker*, de Tobias G. Smollett (1721-1771).

Ian/Iana m/f

Forma gaélica de Juan. Sinónimo: Iain. De su creciente popularidad en Inglaterra es reflejo la española, que la asimila a la forma Jan (v.).

Cat. Jan/Jana.

Ian Fleming, novelista inglés (1908-1964). Ian Smith, político declarador de la independencia de Rhodesia (hoy Zimbabwe) en 1965 (1919-2007). Ian Robert Maxwell, magnate de la comunicación británico (1923-1991).

Iciar f

Adaptación al castellano del nombre vasco Itziar, posible topónimo (*iz-i-ar*, 'altura encarada al mar').

Cat. /Itziar. Gal. /Itziar.

Icíar Bollaín, actriz y directora cinematográfica española (1967).

Idoya f

Nombre vasco femenino (*Idoia*), sin equivalencia. Parece proceder de *idoi*, 'charco, pozo', aludiendo una circunstancia topográfico del santuario de la Virgen de este nombre.

Cat. /Idoia. Gal. /Idoia, Iduia.

Ignacio/Ignacia m/f On. 17 de octubre

Basándose en la forma latina del nombre, *ignatius*, se han propuesto diversas interpretaciones: *igneus*, 'ardiente, fogoso', o 'nacido, hijo' (por *gen*, 'casta'). En realidad es una modificación culta del hispánico *Ennecus*, con el que concurriría nuevamente por Íñigo López de Recalde (s. XVI), fundador de los jesuitas y canonizado como san Ignacio de Loyola.

Cat. Ignasi/Ignàsia. Eus. Iñaki, Iñaxio, Inazio/IñakeGal. Ignacio/Ignacia.

San Ignacio de Antioquía (on. 17-10), identificado en diversas epístolas a los Romanos, a los Efesios, a Policarpo, etc. (s. I), padre apostólico de la Iglesia. Ignacio Zuloaga, pintor vasco-castellano (1870-1945). Ignasi Barraquer i Barraquer, oftalmólogo catalán (1884-1965). Ignasi Casanovas, filósofo e historiador de la cultura catalán (1872-1936). Ignasi Iglésias, dramaturgo catalán (1871-1928). Ignasi Mallol, pintor y pedagogo catalán-colombiano (1892-1940). Ignasi Villalonga, financiero y político valenciano-castellano (1895-1973). María Ignacia Ibáñez, actriz española, amante de José Cadalso (1745-1771). San Ignacio de Loyola (Íñigo López de Loyola), fundador de la Compañía de Jesús (1491-1556).

Igor m

Nombre germánico, popular en Rusia por san Igor. De *Ing-warr*, nombre que alude al dios Ingvi, o al pueblo que lo tiene por epónimo, los ingviones. Con el sufijo *wari*, 'defensor'. V. Guarino.

Cat. Ígor/. Gal. Igor/.

San Igor, duque de Kiev (s. XII). Igor, príncipe de Kiev, esposo de santa Olga (s. IX-X). Igor Stravinsky, compositor ruso naturalizado estadounidense (1882-1971). Igor Markevich, director de orquesta y compositor italiano de origen ruso (1912-1983). Igor Sikorsky, ingeniero aeronáutico estadounidense (1889-1972). Igor, héroe del *Canto de Igor*, breve poema anónimo ruso de fines del s. XII.

Iker/Ikerne m/f

Formas vascas masculina y femenina de Visitación.

Iker Casillas, futbolista español (1981).

Ildefonso/Ildefonsa m/f On. 23 de enero

Variante gráfica de Hildefonso.

Cat. Ildefons/Ildefonsa. Eus. Albontsa/Albontse. Gal. Ildefonso/Ildefonsa.

Ildefons Cerdà, ingeniero, urbanista y político catalán (1815-1876).

Ildo/Ilda m/f

Variante de Hildo/Hilda.

Cat. Ild/Ilda. Gal. Ildo/Ilda.

Imanol m

Forma vasca de Manuel, que ha ganado en popularidad en los últimos años.

Imanol Arias, actor cinematográfico español (1956).

Imelda f On. 17 de septiembre

Del germánico *Irmhild*, a su vez de *airman* y *hild*, 'guerrero' (v. Hermán; v. Hildo). Es en realidad la forma italiana de Ermenilda, popularizada por beata I. Lambertini.

Cat. /Imelda. Gal. /Imelda.

Beata Imelda Lambertini, mística precoz (1920-1333). Imelda Marcos, de soltera Romuáldez, (1930), política filipina, viuda del dictador Ferdinand Marcos.

Imperio f

Del latín *imperium*, 'mando, imperio', aplicado inicialmente al *imperator* o comandante del ejército. Desde Augusto pasó a ser expresivo de la dignidad imperial.

Cat. /Imperi.

Imperio Argentina (Magdalena Nile del Río), actriz, cantante y bailaora argentina (1906-2003).

Indalecio/Indalecia m/f On. 15 de mayo

Nombre genuinamente ibero, relacionado tradicionalmente con la palabra vasca similar *inda*, 'fuerza' (cf. Arduino).

Cat. Indaleci/Indalècia. Eus. Indaleki/Indaleke. Gal. Indalecio/Indalecia.

Indalecio Prieto, político español (1883-1962). Francisco Indalecio Madero, político mexicano, presidente de su país (1873-1913).

Indira f

Nombre indio. Se trata de uno de los nombres de la diosa Lakshmi, esposa de Narayan.

Cat. /Indira.

Shrimati Indira Gandhi, estadista india (1917-1984).

Inesio/Inés m/f On. 21 de enero

Nombre popularísimo en todos los lugares y épocas. Del griego *agne*, 'pura, casta', incorrectamente aproximado al latino *agnus*, 'cordero (de

Dios)', razón por la que este animal se convirtió en símbolo de la santa y de la pureza en general. Comparte el significado con Aretes, Febe, Catalina (v.) y otros. Nombre de «buen tono», su popularidad sigue incólume. La más famosa Inés fue la de Castro, amante del infante Pedro de Portugal, este hizo exhumar su cuepo asesinado y rendirle pleitesía en cuanto fue rey.

Cat. Agnesi/Agnès. Eus. Aña/Añes, Aiñes, Iñes. Gal. Einesio, Inesio/Einés, Inés.

Santa Inés, mártir a los doce años (292-404). Agnes de Mille, bailarina y coreógrafa estadounidense (1909-1993). Agnes Heller, filósofa y socióloga húngara (1929). Agnès Sorel, favorita del rey francés Carlos VII (s. xv). Inés de Castro, amante y después esposa de Pedro I de Portugal, que inspiró el drama *Reinar después de morir* de Vélez de Guevara (1320?-1355). Inés Sastre, modelo y actriz española (1973). Inés, personaje de la *Escuela de las mujeres* de Molière (1622-1673).

Ingemaro/Ingemara m/f

Nombre germánico, compuesto de la raíz *ing*, nombre de dios y una tribu (v. Ingo) y el sufijo *maru*, 'insigne' (v. Mirón).

Variante: Ingemaro.

Cat. Ingemar/Ingemara.

Ingmar Bergman, realizador cinematográfico sueco (1918-2007).

Ingo/Inga m/f

Nombre sueco, derivado de la voz *ingvi*, alusiva a la tribu de los ingviones (a su vez del dios *Ingvi*, cf. Igor). En realidad es usado como hip. de nombres con esta componente (Íngrid, Ingeburga, Ingemaro).

Cat. Ing/Inga. Eus. Inko/Inke.

Inge Borkh, soprano alemana (1917).

Íngrid f

La tribu germánica de los *ingviones* daría lugar a una serie de nombres todos corrientes hoy en Escandinavia: Inga, Ingemaro, Ingeburga... El más popular es Íngrid, quizá por la actriz cinematográfica I. Bergman (v. Ingo). Variaciones escandinavas: Inga, Inger, Ingunna.

Cat. /Íngrid.

Ingrid Bergman, actriz teatral y cinematográfica sueca (1915-1982). Ingrid Kristiansen, atleta noruega (1958).

Inmaculada f On. 8 de diciembre

Nombre místico mariano, alusivo a la Inmaculada Concepción, proclamada dogma de fe por Pío IX. Del latín *in-macula*, 'sin mácula, sin mancha'.
Hip: Inma. Variante: Concepción.
Cat. /Immaculada (hip. Imma). Eus. /Sorkunde, Garbiñe. Gal. /Inmaculada.

Inocencio/Inocencia m/f On. 22 de septiembre

Del nombre latino *Innocentius*, y este de *innocens*, 'inocente, puro'.
Variante: Inocente.
Cat. Innocenci, Innocent/Innocència. Eus. Iñoskentzi/Iñoskentze, Seiñe, Seña. Gal. Inocencio, Nocencio/Inocencia.
Un antipapa y trece papas, entre ellos Inocencio III (Lotario dei conti de Segni), papa (1160-1216). Inocencio Félix Arias Llamas, diplomático español (1940).

Iñaki m

Forma hip. vasca de Ignacio. Hip. de Ignacio (v.) o Éneko (v.).

Íñigo/Íñiga m/f On. 22 de agosto

Resultado de la evolución del antiquísimo nombre vasco *Ennecus* o *Éneko*, de origen incierto: se ha propuesto el topónimo *en-ko*, 'lugar en la pendiente de una extremidad montañosa'. El portador más famoso es Í. López de Recalde (v. Ignacio). A partir del Renacimiento tiende a fundirse con Ignacio (v.).
Cat. Ínyigo/Ínyiga. Eus. Eneka, Anexo, Yeneko/Eneka.
Íñigo Arista, primer rey de Pamplona (770?-852). San Íñigo (on. 1-6), abad del monasterio de Oña (†1068). Íñigo López de Mendoza, marqués de Santillana, literato y estadista castellano (1398-1458).

Iracema f

Nombre de aire tupí, creado por José de Alençar. Es anagrama de América, y significa 'salida de la miel'.
Variante: Irasema.
Iracema, protagonista de la novela homónima de José Martiniano de Alençar.

Iraides/Iraida m On. 22 de septiembre

Del griego *heraïs*, 'descendiente de Hera' (reina de los dioses, de *héra*, 'soberana, señora').

Variantes femeninas: Iraís, Iraida.

Cat. Iraides/. Gal. Iraide/.

Santa Iraida, virgen y mártir alejandrina (primeros siglos del cristianismo).

Irene f

Extendidísimo nombre griego, originado en *eiréne*, 'paz'. Suele tomarse como forma masculina correspondiente Ireneo.

Sinónimos: Frida, Paz, Salem, Casimiro, Federico, Onofre, Pacífico, Salomón, Zulima.

Cat. /Irene. Eus. /Ireñe, Irea. Gal. /Irene, Erea.

Irene Gutiérrez Caba, actriz española (1929-1995). Irène Jacob, actriz francesa (1966). Irène Joliot-Curie, física francesa (1897-1956), premio Nobel 1935. Irene Papas, actriz trágica griega (1926). Irene, emperatriz de Oriente (752-803), esposa de León IV. Irina, personaje de *Humo* de Iván Turguenev (1818-1883), mujer distinguida de carácter apasionado pero inconstante.

Ireneo/Irenea m/f On. 28 de junio

Del gr. *eirenaios*, 'pacífico' (cf. Irene). La forma masculina suele tomarse como equivalente a la de Irene.

Cat. Ireneu/Irenea. Eus. Iren/Irene. Gal. Ireneo/Irenea.

San Ireneo, apóstol de los galos (130-200). San Ireneo, padre primitivo de la Iglesia (s. v).

Iría f

Nombre latino antiguo, famoso por la *Cova d'Iria*, donde tuvieron lugar las visiones de la Virgen de Fátima. De *iris*, 'arco iris' (v. Iris). Identificado a veces con Irene.

Cat. /Iria. Gal. /Iría.

Irina f

Forma rusa de Irene (v.).

Irina Rodnina, campeona rusa de patinaje artístico (1949). Olga, Macha e Irina, protagonistas de drama *Las tres hermanas* de Antón Chejov (1860-1904), huidas a Moscú en un intento de superar la gris monotonía de sus vidas.

Iris f

En Grecia, mitológica mensajera de los dioses. En la religión cristiana, es nombre femenino derivado de la Virgen del Arco Iris. Del griego *eiro*, 'anunciar', aludiendo a la función de la diosa.

A veces es confundido con Irene.

Cat. /Iris.

Iris, en la mitología griega, mensajera de los dioses, personificada en el arco de su nombre. Iris Murdoch (Jean O. Bayley), novelista inglesa (1919-1999).

Irma f

Etimológicamente es variante de Erminia.

Cat. /Irma. Gal. /Irma.

Irma la Douce, heroína de una opereta de Marguerite Monnot (1957).

Isaac m On. 27 de marzo

Hebreo *yz'hak* o *izhak*, 'chico alegre', o '¡que se ría!', según un deseo formulado por la madre del patriarca portador de este nombre al alumbrarlo (parece más probable, sin embargo, 'risa de Yahvé').

Variantes: Isahac, Isac.

Cat. Isaac/. Eus. Ixaka, Isaka/. Gal. Isaac/.

Isaac, patriarca bíblico (Gen 17,17). Isaac Albéniz, pianista y compositor catalán (1860-1909). Isaac Asimov, científico y escritor estadounidense de origen ruso (1920-1992). Isaac Newton, físico inglés (1642-1727). Itzak Rabin, estadista israelí (1922-1995). Isaak Bickerstaff, personaje de Jonathan Swift (1667-1745), personificación de la burla de las predicciones en los almanaques de su tiempo. Isaac Stern, violinista (1920-2001).

Isabel f

Nombre babilónico ('el dios Bel o Baal es salud'), adoptado por los judíos pese a permanecer dominados e identificado por los puristas, por similitud fonética, con Elisabet (v.).

Variantes: Isabela, Jezabel. Hips.: Isa, Bel, Bela, Sabel. Derivados: Sabelio, Isabelino (este es considerado su forma masculina).

Cat. /Isabel. Eus. /Elixabet. Gal. /Isabela (hip. Sabela).

Isabel Allende, novelista chilena de origen peruano (1942). Isabel de Baviera, reina de los belgas (1876-1965). Isabel de Este, humanista y mecenas italiana (1474-1539). Isabel I de Castilla, *la Católica*, reina de Castilla y León

(1451-1504). Isabel I, reina de Inglaterra e Irlanda, hija de Enrique VIII (1533-1603). Isabel II de Inglaterra, reina del Reino Unido y la Commonwealth (1926). Isabel II, reina de España (1830-1904). Isabel Pantoja, cantante folclórica española (1956). Isabella Bird-Bishop, viajera británica, miembro de la Royal Geographic Society (1831-1904). Isabella, protagonista de la ópera *L'italiana in Algieri*, de Rossini. Diego Mansilla e Isabel de Segura, protagonistas de *Los amantes de Teruel*, drama de amor desgraciado basado en un hecho real de varias versiones, la más importante de ellas la elaborada por Eugenio Hartzenbusch (1805-1880). Santa Isabel de Portugal, reina (1270-1336). Isabel de Portugal, emperatriz, esposa de Carlos VI de España y de Alemania (1503-1539). Isabel de Valois, reina de España, esposa de Felipe II (1546-1568). Isabel Clara Eugenia, infanta de España y gobernadora de los Países Bajos (1566-1633). Isabel de Borbón, reina de España, esposa de Felipe IV (1603-1644). Isabel Farnesio, reina de España, esposa de Felipe V (1692-1766). Isabel de Braganza, reina de España, esposa de Fernando VII (1797-1818).

Isabelino/Isabelina m/f

Gentilicio latino de Isabel (v.). La forma masculina (Isabelino) lo es también de aquel nombre.
Cat. Isabel·lí/Isabel·lina.

Isadora f

Variante de Isidora, por atracción de Isabel.
Cat. /Isadora. Gal. /Isadora.
Isadora Duncan, bailarina estadounidense (1878-1927).

Isaías/Isaína m/f

Curiosamente, los nombres de Isaías y Jesús (v. nota sobre portadores) están relacionados etimológicamente al constar de los mismos elementos en orden inverso: *yeshah-yahu*, 'Yahvé salva, es salud'. Otro nombre derivado, Joshua, es un antecedente de la forma Jesúa.
Forma femenina de fantasía: Isaína.
Cat. Isaïes/. Eus. Isai/. Gal. Isaias/.
Isaías, profeta en el AT, anunciador de la venida de Jesús (Is 6). Isaías Medina Angarita, político y militar venezolano, presidente de su país en 1941-45.

Isbergo/Isberga m/f On. 21 de mayo

Germánico *isan*, 'hielo, acero', con el sufijo *berg*, 'protección' (v. Iseo; v. Bergo). La hermana de Carlomagno de este nombre lo cambió a Gisela, por lo que ambos son considerados a veces como equivalentes.

Cat. Isberg/Isberga.

Isberga, hermana de Carlomagno (s. VIII-IX).

Isidoro/Isidora m/f

El célebre santo autor de *Las Etimologías* (s. VI-VII) hizo perdurable este nombre en España, casi inexistente en otros países. Del griego *Isis-doron*, 'don de Isis', diosa egipcia venerada también en Grecia.

V. también Isadora.

Cat. Isidor, Isidori/Isidora. Eus. Isidor/Isidore. Gal. Isidoro/Isidora.

Isidoro de Sevilla, doctor de la Iglesia (560?-636). Isidoro de Mileto, arquitecto bizantino (s. VI). Isidoro de Kiev, metropolita de todas las Rusias (s. XV). Isidore Ducasse, conde de Lautréamont, poeta francés (1846-1870). Isidora Rufete, protagonista de la novela *La desheredada*, de Benito Pérez Galdós.

Isidro/Isidra m/f On. 15 de mayo

Variante de Isidoro (v.), famosa por el santo patrono de Madrid.

Cat. Isidre/Isidra. Eus. Isidro/Isidre. Gal. Isidro, Cidre/Isidra, Cidra.

San Isidro Labrador (1070?-1130), campesino madrileño. Isidre Gomà, eclesiástico y escritor catalán-castellano (1869-1940). Isidre Nonell, pintor y dibujante catalán (1873-1911). Isidro Ayora, político ecuatoriano, presidente de su país en 1929-31. Isidro Maltrana, protagonista de la novela homónima de Vicente Blasco Ibáñez (1867-1928), víctima de la falta de voluntad y abulia de la juventud intelectual del s. XIX en España.

Ismael/Ismaela m/f On. 17 de junio

Nombre hebreo del AT (v. Abraham). De *Ichma-* o *Isma-el*, 'Dios escucha'. V. Ezequiel.

Cat. Ismael/Ismaela. Gal. Ismael/Ismaela.

Ismael, en el AT, progenitor del pueblo árabe o *ismaelita*, también llamado *agareno* por la madre, Agar, sierva a quien repudió Abraham (Gen 16,3-16). Ismael Enrique Arciniegas, poeta colombiano (1865-1938). Ismaïl Kadare, escritor albanés (1936). Ismael Rodríguez, director y productor cinematográfico mexicano (1917-2004).

Isolda f

Derivado del germánico *is, isan*, 'hielo' o 'hierro' (genéricamente, 'brillante', v. Iseo), y el sufijo *wald*, 'caudillaje, mando' (v. Waldo). Considerado a veces como equivalente de Isabel.

Variante: Isolina.

Cat. /Isolda.

Isolda, protagonista de la leyenda medieval del ciclo artúrico *Tristán e Isolda*, en la que se inspiró la ópera ópera *Tristan und Isolde*, de Wagner.

Isoroku m

Nombre japonés. Significado: 'cincuenta y seis'.

Isoroku Yamamoto, almirante japonés (1884-1943).

Israel/Israela m/f

Nombre bíblico del AT. Concedido a Jacob tras su lucha con el ángel, recordando el episodio: 'fuerte contra Dios', o mejor, 'fuerza de Dios'(*isra-*, *ezra-* o *ezri-el*). V. Ezequiel. El nombre se extendió a toda la nación judía e incluso al Estado moderno israelí.

Cat. Israel/Israela.

Israel, patriarca bíblico (Gen 32,39). Israel Baline (Irving Berlin), escritor estadounidense (1888-1964).

Ítalo/Ítala m/f

Del latín *italus*, 'ítalo, de Italia'.

Cat. Ítal/Ítala.

Italo Calvino, novelista y crítico italiano (1923-1985). Italo Svevo (Ettore Schmitz), escritor italiano (1861-1928).

Itziar f

Forma original vasca de Iciar.

Iván m

Forma rusa y búlgara de Juan. Concurre con el nombre de origen germánico Ibán, formado con la raíz *iv*, 'glorioso' (variante de *hrod*, 'gloria', v. Clodio).

Cat. Ivan/. Gal. Iván/.

Iván Illich, pedagogo y ensayista mexicano de origen austríaco (1926-2002). Iván S. Turgenev, escritor ruso (1818-1883). Varios zares rusos, entre ellos

Iván Vasilievich IV *el Terrible* (1530-1584). Ivan Krylov, fabulista ruso (1769-1844). Ivan Vazov, escritor búgaro (1850-1921). Ivan Lendl, tenista checo (1960). Ivan Pavlov, fisiólogo ruso (1849-1936). Iván de la Peña López, futbolista español (1971). Ivain, El Caballero del León (Iwein), caballero del rey Artús. Iván Fedorovich Karamazov, personaje de la novela *Los hermanos Karamazov*, de Fedor Dostoievski (1821-1881), personificación del racionalista negativo. Iván Ilich, protagonista de la novela *La muerte de Iván Ilich* de Lev Tolstoi (1828-1910). Ivanushka, personaje de la novela *El brigadier* de Denis Ivanovich Fonvizin (1745-1792), en la que se satiriza la ignorancia de los petimetres rusos de su época. Iván Stepanovic Mazeppa (1644-1709), personaje legendario repetidamente llevado a la literatura en forma de libertino intrigante. Iván Ilich Oblomov, héroe de la novela rusa *Oblomov* de Iván Goncharov (1812-1891), tipo característico de la época anterior a la liberación de los siervos de la gleba en Rusia.

Ivette f

Diminutivo francés femenino de Ivo. Variantes: Ivet, Yvette.
Cat. /Ivette.
Santa Ivette, viuda y monja de Lieja (Bélgica), (†1228). Yvette Guilbert, cantante francesa de variedades (1867-1944).

Ivo/Iva m/f On. 21 de noviembre

Tradicional nombre germánico, del mismo origen que Ibán (v. Iván), que, procedente de Francia, goza hoy de gran popularidad entre nosotros en sus variantes: Ives, Ivón (v.), o las formas femeninas: Ivona, Ivette.
Concurre a veces con Iván (v.).
Cat. Ïu, Iu, Ivany/Iva. Eus. Ibon/Ibone.
Ïu Pascual i Rodés, pintor catalán (1883-1949). Iva Majoli, tenista croata (1977). Ivo Andric, escritor y diplomático bosnio en lengua serbocroata (1892-1975). Jacques-Yves Cousteau, oceanógrafo francés (1910-1997). Yves Saint Laurent (Yves Henry Donat Dave Mathieu-Saint Laurent), diseñador de moda francés (1936-2008).

Ivón/Ivona m/f On. 19 de mayo

Formas antiguas de Ivo/Iva, la femenina influida por el francés *Ivonne*.
Cat. Ivó/Ivona. Eus. Ibon/Ibone.

San Ivón, juez eclesiástico en Renne, al servicio del obispo (†1303). Yvonne de Carlo, actriz estadounidense de origen canadiense (1924-1994).

Izaskun f

Nombre vasco femenino. Quizá del topónimo protovasco *Izatz*, 'retamal en lo alto del valle'.

Cat. /Izaskum.

Jacinto/Jacinta m/f On. 17 de agosto

Nombre mitológico griego, portado por un efebo amado por Apolo y transformado, al morir desgraciadamente, en la flor de su nombre (*ai-anthos*, 'flor del ¡ay!').

Cat. Jacint (hip. Cinto)/Jacinta (hip. Cinta). Eus. Gaxinta, Gasento/Jakinde. Gal. Xacinto/Xacinta.

Jacint Rigau-Ros, pintor rosellonés (1659-1743). Jacint Verdaguer, poeta y escritor romántico catalán (1845-1902). Jacinto Benavente, dramaturgo castellano (1866-1954). Jacinta, protagonista de la novela homónima de Luigi Capuana (1839-1915), adúltera y suicida. Jacinta, personaje de la novela *Fortunata y Jacinta*, de Benito Pérez Galdós.

Jackson m

En realidad es un apellido, *Jack's son*, 'hijo de Jack', o sea de Juan. Frecuente como nombre de pila en Estados Unidos por alusión al presidente Andrew Jackson (1767-1845).

Jackson Paul Pollock, pintor estadounidense (1912-1956). Jackson Browne, cantante estadounidense (1948).

Jacob/Jacoba m/f On. 5 de febrero

Del hebreo *yah-aqob*. El primer componente, presente en multitud de nombres bíblicos, es 'Dios' (v. Elías), pero el segundo da lugar a controversias. Quizá *ageb*, 'talón', aludiendo el nacimiento del patriarca, que tenía asido por el calcañar a su hermano gemelo Esaú. *Yahaqob*, 'el suplantador' o sea el 'sub-plantador', pues andando los años usurparía a aquel los derechos de primogenitura.

Variante: Jacobo.

El nombre conoció gran auge en la Edad Media, muestra del cual son sus

derivados: Jacobo, Yago, Santiago (por Sant-Yago) y Jaime (por el italiano Giacomo). Hip. Diego.
Cat. Jacob/Jacoba. Eus. Jakobe, Jakue, Jagoba/Jagobe. Gal. Xacobe/Xacoba.
Jacob, patriarca bíblico (Gen 25,21-26). Iacopo Ropusti, *Il Tintoretto*, pintor italiano (1518-1594). Jacob Grimm, escritor alemán (1785-1863). Jacob van Ruysdael, pintor paisajista holandés (1636-1682).

Jadiya f
Forma castellanizada de Khadija (v.).
Jadiya, primera esposa de Mahoma, una de las cuatro «mujeres incomparables» para el islamismo (563?- 619).

Jaime/Jaimita m/f On. 25 de julio
La más popular derivación de Jacob (v.). Popularísimo en España y Francia, portado por reyes de la Corona de Aragón e innumerables personajes célebres e introducida en el lenguaje diario: las francesas *jacqueries* eran las revueltas de paisanos, pues el personaje *jacques* designaba una persona corriente. Los jacobinos, el más célebre partido de la Revolución Francesa, adoptaron este nombre por su lugar de reunión, el convento de *Saint Jacques*. Entre nosotros, el Jaimito es un personaje muy conocido.
Variante antigua: Jácome.
V. también Jaume.
Cat. Jaume/Jauma, Jaumeta, Jaquelina. Eus. Jakoma, Jakes/Jakome. Gal. Xaime, Xácome/Xácoma, Xaquelina.
Jacqueline Kennedy, después Onassis (1926-1994). Jacqueline Picasso, musa y esposa de Pablo Picasso (1926-1986). James Clerk Maxwell, físico escocés (1831-1879). James Cook, navegante inglés (1728-1779). James Dean, actor cinematográfico estadounidense (1931-1955). James Earl Carter (*Jimmy Carter*), político estadounidense, presidente (1924). James Mason, actor cinematográfico y teatral angloestadounidense (1909-1984). James Stewart, actor cinematográfico estgadounidense (1908-1994). James Watt, ingeniero, mecánico e inventor escocés (1736-1819). James Whistler, pintor y grabador estadounidense (1834-1903). Jesse Owens, atleta estadounidense (1913-1980). James Joyce, escritor irlandés en lengua inglesa (1882-1941). Jacques Bonhomme, nombre que según el historiador Augustin Thierry (1795-1856) dio la nobleza al desdeñado «tercer estado»

francés, de ahí el témino de *jacquerie* con que se designaba las rebeliones de campesinos. Jake Barnes, protagonista de la novela *Fiesta* (*The Sun also Rises*) del escritor estadounidense Ernest Hemingway (1899-1961), hombre inquieto y desesperado. James Gray, protagonista masculino de la novela del escritor argentino Benito Lynch (1885-1951) *El inglés de los güesos*, conflicto entre el anglosajón y el mundo de los gauchos. Jim Hawkins, joven héroe de *La isla del tesoro*, de Robert L. Stevenson (1850-1894).

Jairo m

Nombre bíblico. De *ya'ir*, 'Dios quiera lucir'.

Cat. Jaire/.

Jairo, personaje del Nuevo Testamento (Mt 9,18; Mc 5,21; Lc 8,40), jefe judío, cuya hija fue resucitada por Jesús.

Jan/Jana m/f

Hip. de Juan/Juana.

Cat. Jan/Jana.

Jan Hus, teólogo y predicador checo (1369-1415). Jan Ulrich, ciclista alemán (1973). Jan van Eyck, pintor flamenco (1390?-1441). Jan Vermeer, pintor holandés (1632-1675). Jana Novotna, tenista checa (1968). Jane Austen, novelista británica (1775-1817). Jane Campion, directora cinematográfica neozelandesa (1954). Jane Fonda, actriz cinematográfica estadounidense (1937). Jan Maria Plojhar, protagonista de la novela *Plojhar* del escritor checo Julius Zeyer (1841-1901), característico tipo de romántico retrasado.

Janira f

Nombre mitológico griego. De *iannos*, 'jónico'.

Cat. /Janira.

Janira, hija de Océano y Tetis.

Javier/Javiera m/f On. 3 de diciembre

Del vasco *etxe-berri*, 'casa nueva', aludiendo al lugar de nacimiento de Francisco de Azpilicueta, que llegaría a ser el famoso jesuita apóstol de las Indias san Francisco Javier.

Cat. Xavier/Xaviera. Eus. Xabier, Jabier/Xabiere, Jabiere. Gal. Xavier, Xabier/Xaviera, Xabiera.

Javier de Borbón-Parma, duque de Parma, pretendiente al trono francés (1889-1977). Xavier Benguerel i Godó, compositor catalán (1931). Xavier Benguerel i Llobet, escritor catalán (1905-1990). Xavier Mariscal (Francesc Xavier Errando Mariscal), diseñador y artista plástico (1950). Xavier Montsalvatge, músico catalán (1912-2002). Xavier Rubert de Ventós, filósofo y político catalán (1939). Javier Marías, novelista español (1951). Javier Solana Madariaga, político español (1942). Javier Sotomayor, atleta cubano (1967). Javier Bardem, actor cinematográfico español (1969).

Jawaharlal m

Nombre indio. Del hindi *jawar*, 'joya'.

Jawaharlal Nehru, político indio (1889-1964).

Jazmín f

Nombre de flor, originado en el persa *jasamin*, devenido onomástico femenino. Del mismo origen es Yasmina, y también el italiano Gelsomina.

Cat. /Gessamí. Gal. /Xasmín.

Jazmina, segunda hija de Job (Jb 42,14).

Jennifer f

Forma inglesa de Ginebra.

Hip: Jenny (v.).

Jennifer Aniston, actriz cinematográfica y de TV canadiense (1969). Jennifer Capriati, tenista estadounidense (1976). Jennifer Jones (Phyllis Isley), actriz cinematográfica estadounidense (1919-2009). Jennifer Lopez, actriz y cantante estadounidense de origen cubano (1969).

Jenofonte m On. 26 de enero

Del griego *xeno*, 'extranjero', y *phanein*, 'brillar, manifestarse', de donde también 'hablar': 'que habla lenguas extranjeras, políglota'. *Xenophonia*, 'habla extranjera'. Cf. Jenófanes.

Cat. Xenofont/.

Jenofonte de Éfeso, novelista griego (s. II a. C.). Jenofonte, soldado e historiador griego de la Antigüedad (430-355 a. C.).

Jeremías m On. 16 de febrero

Típico nombre teóforo del AT: *jeram-* o *jerem-iah*, 'Dios'. Uno de los profetas mayores, cuyos reproches en el *Libro de las Lamentaciones*, que le es atribuido, han dado lugar a la palabra 'jeremiada'. V. Ezequías.
Es muy popular su actual hip. inglés Jerry, tomado por el cómico J. Lewis.
Cat. Jeremies/. Eus. Jeremi/. Gal. Xeremías/.
Jeremías, profeta mayor en el AT (Jer 1,1). Jeremy Bentham, filósofo, político, jurista y economista inglés (1848-1832). Jeremy Irons, actor cinematográfico británico (1948).

Jerjes m

Nombre persa, portado por un emperador. De *xsayarsa* (*xsay*, 'dominar'; *arsa*, 'justo'): 'gobernante justo'. V. Asuero.
Cat. Xerxes/.
Jerjes I de Persia, emperador persa, hijo de Darío I (†465 a. C.).

Jerónimo/Jerónima m/f On. 30 de septiembre

Del griego *hieronimus*, 'nombre santo', retomado por el cristianismo y popularizado por el redactor de la célebre Vulgata, la traducción de la Biblia al latín todavía hoy vigente.
Variantes: Hierónimo, Gerónimo.
Cat. Jeroni, Jerònim/Jerònima. Eus. Jerolin/Jeroline. Gal. Xerome, Xerónimo/Xeroma, Xerónima.
San Jerónimo, padre de la Iglesia Latina (335?-420). Hyeronimus Bosch, *el Bosch* (Hieronimus van Aeken), pintor y dibujante holandés (1450-1516). Girolamo Savonarola, predicador, escritor y político italiano (1452-1498). Jerome David Salinger, escritor estadounidense (1919-2010). Jeroni Pujades, cronista, profesor y oidor catalán (1568-1635). Jerónimo Zurita, historiador aragonés (1512-1580). Gerolamo Cardano, matemático y nigromante italiano (1501-1576). Jerónima Burgos, actriz española (s. XVII). Jerome Robbins, coreógrafo estadounidense (1918-1998). Jerónimo Méndez, político chileno, presidente de su país en 1941-42. Jerónima, protagonista de *El amor médico* de Tirso de Molina, seudónimo de fray Gabriel Téllez (1584?-1648). Jerónimo Coignard, figura creada por Anatole France (18544-1924), resumen de la cultura y las contradicciones del espíritu europeo en la segunda mitad del s. XIX.

Jessica f

Forma original escocesa de Jesica.

Jesús/Jesusa m/f On. 1 de enero

Poco usado en los primeros tiempos del cristianismo por considerarse su uso irreverente, es hoy uno de los nombres más populares en ciertas partes de España e Iberoamérica. Etimológicamente es una derivación de *yehoshúah*, 'Yahvé salva, socorre', del que derivaron también Joshua y Josué. La Orden de la Compañía de Jesús, fundada por San Ignacio, ha sido siempre una de las más activas en el seno de la Iglesia.

Cat. Jesús/Jesusa. Eus. Josu, Yosu/Josune. Gal. Xesús/Xesusa.

Jesús de Nazaret, fundador del cristianismo (4? a. C.-29? d. C.). Jesús Ernest Martínez i Ferrando, historiador y literato valenciano (1891-1965). Jesús Hermida, periodista español (1937). Jesús Puente, actor, director teatral y showman español (1930-2000). Jesús de Polanco, empresario de medios de comunicación español (1929-2007). Jesús Janeiro, *Jesulín de Ubrique*, torero español (1974). Jesús Ferrero, novelista y poeta español (1952).

Jimeno/Jimena m/f

Variante medieval de Simeón. Nombre originario de Navarra, por lo que se ha propuesto también una relación con el vasco *eiz-mendi*, 'fiera de la montaña'.

Cat. Eiximenis, Ximeno/Ximena. Eus. Ximen/Ximena.

Jimena (s. IX-X), hija del conde García III Íñiguez y esposa del rey asturiano Alfonso III *el Magno*, con lo que fue reconocida la independencia del país vasconavarro. Jimena Díaz, dama castellana, esposa del Cid Campeador (s. XI-XII). Jimena Menéndez Pidal, profesora española (1901-1990).

Joab m

Nombre hebreo. Teóforo reiterativo: *jo-ab* o *ah*, 'Dios es Dios'.

Cat. Joab/.

Joab, personaje del AT, sobrino de David (II Sal, 8,16).

Joaquín/Joaquina m/f On. 26 de julio

Hasta el s. XIV apenas fue tomado en consideración el nombre del patriarca padre de la Virgen María, hoy devenido uno de los más usados. Del hebreo, *yehoyaqim*, 'Yahvé construirá, erigirá'.

Cat. Joaquim /Joaquima (hip. Quima). Eus. Jokin/Jokiñe. Gal. Xaquín, Xoaquín/Xaquina, Xoaquina.

Joaquín, en los Apócrifos, padre de la Virgen María. Carlota Joaquina, reina de Portugal, hija de Carlos IV de España (1775-1830). Gioacchino Rossini, compositor italiano (1792-1868). Joaquim Carbó, escritor catalán (1932). Joaquim de Camps, jurista, historiador y político catalán (1894-1975). Joaquim Llorenç Villanueva, eclesiástico, escritor y político valenciano (1757-1837). Joaquim Maurín, dirigente político marxista catalán (1896-1973). Joaquim Mir, pintor catalán (1873-1940). Joaquim Miret, historiador catalán (1858-1919). Joaquim Molas, historiador de la literatura catalana (1930). Joaquim Rodrigo, músico valenciano (1901-1999). Joaquim Rubió i Ors, escritor y catedrático catalán (1818-1899). Joaquim Ruyra, escritor catalán (1858-1939). Joaquim Sorolla, pintor valenciano (1863-1923). Joaquim Sunyer, pintor y grabador catalán (1874-1956). Joaquim Torres i García, pintor y teórico del arte uruguayo-catalán (1874-1949). Joaquim Vayreda, pintor catalán (1843-1894). Joaquim Xirau, filósofo catalán (1895-1946). Joaquín Alvarez Quintero, comediógrafo andaluz-castellano (1873-1944). Joaquín Blume, gimnasta español (1933-1959). Joaquín Cortés, bailarín y coreógrafo español de danza clásica y flamenco (1969). Joaquín Fernández Alvarez, *Espartero*, militar y político castellano (1793-1879). Joaquín Lavado, *Quino*, dibujante argentino (1932). Joaquín Ruiz-Giménez, político castellano (1913-2009). Quim Monzó (Joaquim Monzó i Gómez), escritor español en lengua catalana (1952). Iachimo, personaje de *Cimbelino*, de William Shakespeare (1564-1616), libidinoso y traidor, pero arrepentido al final.

Job m On. 30 de marzo

Nombre hebreo del AT, convertido en arquetipo de la paciencia. Variante de Joab (v.), aunque otros autores prefieren el término *eyob*, 'perseguido, afligido', aludiendo a su destino.

Cat. Job/. Eus. Yoba/. Gal. Xob/.

Job, patriarca célebre por su fidelidad a la voluntad de Dios frente a las mayores calamidades (Libro de Job).

Jocundo/Jocunda m/f On. 27 de julio

Del latín *iucundus*, 'agradable, festivo'.

Cat. Jocund/Jocunda.

Gioconda (*Madonna Lisa*, esposa de Zanobi del Giocondo, inmortalizada por el cuadro *La Mona Lisa*, de Leonardo da Vinci (pintado hacia 1502-1506).

Joel/Joela m/f On. 13 de julio

Del hebreo *yo'el*, 'Dios es Dios' (las mismas partículas teóforas, en orden inverso, dan Elías). V. Ezequiel.

Cat. Joel/Joela. Eus. Yoel, Jol/Jole. Gal. Xoel/Xoela.

Joel, uno de los doce profetas menores en el AT (Joe 1,1).

Jofre/Jofresa m/f

De *Gaut*, divinidad germánica (v. Gausio). Forma primitiva catalana de Wifredo (v.).

Wifredo el Velloso (*Jofre el Pilós*), conde de Barcelona (840?-898). García Jofre de Loaysa, navegante castellano (s. XVI).

Jonás m On. 21 de septiembre

El personaje bíblico Jonás (del hebreo *yonah*, 'paloma') simboliza, con su permanencia de tres días en el vientre de una ballena, el cautiverio del pueblo israelita. El 'signo de Jonás', nombrado por Jesucristo, alude al período de tres días y tres noches, de fuerte carga simbólica por su alusión a la Resurrección. Parecido, pero distinto de Jonatán (v.).

Cat. Jonàs/. Gal. Xonás/.

Jonás, profeta menor en el AT (II Rey 14,25). Jonás Oldbuck, el personaje más vivo de *El anticuario* de Walter Scott (1771-1832).

Jonatán m

Del hebreo *jo-nathan*, 'don de dios' (cf. Doroteo). Personaje bíblico, hijo del rey Saúl y amigo de David, que lloró su muerte por ser su amistad 'más maravillosa que el amor de las mujeres'.

Cat. Jonatan/.

Jonatán, en el AT, hermano de Judas Macabeo (I Sal 14,1). Jonathan Swift, escritor irlandés en lengua inglesa (1667-1745). Jonathan Edwards, teólogo y predicador estadounidense (s. XVIII). Jonathan Wild, protagonista de la *Historia de la vida del difunto señor Jonathan Wild el Grande*, de Henry Fielding (1707-1754).

Jordán/Jordana m/f On. 13 de febrero

Nombre cristiano, evocador del río bíblico del mismo nombre en que fue bautizado Jesús, y que señalaba del límite oriental de la Tierra Prometida. Del hebreo *jordan*, 'el que baja'.

Cat. Jordà/Jordana. Eus. Yordana, Jurdan/Jurdana, Yurdana, Xurdana.

Giordano Bruno (Filipo Bruno), filósofo y religioso italiano (1548-1600). Jordana Brewster, actriz cinematográfica estadounidense (1980). Monsieur Jourdain, protagonista de la comedia de Molière (1622-1673) *Le bourgeois gentilhomme*, el que ignoraba que hablaba en prosa.

Jordi m

Forma catalana de Jorge, hoy popularizada en toda España.

Jordi Carbonell, filólogo y político catalán (1924). Jordi de Sant Jordi, caballero y escritor valenciano (†1424?). Jordi Joan (*Jordi de Déu*), escultor catalán de origen griego (†1406?). Jordi Pàmias, poeta catalán (1938). Jordi Pujol, político catalán, expresidente de la Generalitat (1930). Jordi Rubió i Balaguer, profesor, bibliotecario e investigador catalán (1887-1982). Jordi Sarsanedas, escritor catalán (1924-2006). Jordi Ventura i Subirats, historiador catalán (1932-1999). Jordi Tarrés, motociclista catalán (1966). Jordi Mollà, actor cinematográfico catalán (1970). Mestre Jordi, el 'ferrer de tall' protagonista de la comedia homónima de Frederic Soler, 'Pitarra' (1838-1895), enfrentamiento de la nueva clase menestral y artesana con la nobleza decadente y cruel. Jordi González, periodista y presentador de radio y televisión catalán (1962).

V. Jorge.

Jorge/Georgia m/f On. 23 de abril

Del griego *Georgos* (*ge-ergon*, 'el que trabaja la tierra, agricultor'). San Jorge y su lucha con el dragón que devastaba Libia para liberar la doncella, leyenda tan atractiva al espíritu caballeresco, influiría fuertemente en Europa a través de los Cruzados, lo que explica que tantos países adoptaran el santo como patrón: Inglaterra, Irlanda, Aragón, Cataluña, Portugal, Georgia y Sicilia.

Formas femeninas: Georgia, Georgina.

Sinónimos: Agrícola, Campaniano, Ruricio.

Cat. Jordi/Geòrgia. Eus. Gorka/. Gal. Xurxo, Xorxe/Xorxina.

Georg Cantor, matemático alemán (1845-1918). Georg Friedrich Händel, compositor alemán, establecido en Inglaterra (1685-1759). Georg Telemann, compositor alemán (1681-1767). Georg Wilhelm Hegel, filósofo alemán (1770-1831). George Bush, político estadounidense, expresidente de su país (1924). George Cukor, director cinematográfico estadounidense (1899-1983). George Eliot (Mary Ann Evans), escritora inglesa (1819-1880). George Gershwin, compositor estadounidense (1898-1937). George Gordon, *Lord Byron*, poeta romántico inglés (1788-1824). George Orwell (Eric Arthur Blair), ensayista y novelista inglés (1903-1950). George Sand (Armandine-Aurore-Lucie Dupin), novelista francesa (1804-1876). George Washington, militar y político estadounidense, presidente de su país (1732-1799). Georges Bizet, compositor francés (1838-1875). Georges Braque, pintor, grabador y escultor francés (1882-1963). Georges Brassens, cantautor francés (1921-1981). Georges Clemenceau, político francés (1841-1929). Georges Cuvier, naturalista francés (1769-1832). Georges de La Tour, pintor francés (1593-1652). Georges Jacques Danton, político francés revolucionario (1759-1794). Georges Méliès, director cinematográfico francés (1861-1938). Georges Moustaki (Jusep Mustacchi), cantautor francés de origen griego (1934). Georges Seurat, pintor francés (1859-1891). Georges Simenon, novelista belga en lengua francesa (1903-1989). Georgius Agricola (Georg Bauer), médico y mineralogista sajón (1494-1555). Giorgio Armani, diseñador italiano (1934). Giorgio De Chirico, pintor italiano (1888-1978). Giorgio Vasari, historiador de arte, pintor y arquitecto italiano (1511-1574). Gorge Bernard Shaw, dramaturgo, crítico y ensayista irlandés en lengua inglesa (1856-1950). György Lukács, filósofo marxista y crítico literario húngaro (1885-1971). Iorgos Seferis (Géorgios Seferiadis), poeta y diplomático griego (1900-1971). Jorge de Oteiza, escultor vasco (1908-2003). Jorge Guillén, poeta castellano-andaluz (1893-1984). Jorge Luis Borges, poeta, narrador y ensayista argentino (1899-1986). Jorge Manrique, poeta y noble castellano (1440-1479). Jorge Semprún, político, cineasta y escritor castellano en lenguas francesa y castellana (1923). Jürgen Habermas, filósofo y sociólogo alemán (1929). San Jordi, mártir cristiano oriental (s. IV). Jorge Dózsa, figura histórica que capitaneó la sangrienta rebelión de los siervos de la gleba, protagonista de la novela *Hungría en 1514* de Józsej Eötvös (1813-1871).

José/Josefa m/f On. 19 de marzo

Era el nombre más expandido en España hasta hace poco, portado por el undécimo hijo del patriarca Jacob, cuya madre Raquel, jubilosa de salir

de su largo período de esterilidad, exclamó al darlo a luz: 'Auménteme (Dios) la familia' (*yosef*). Su popularidad masiva no se inició hasta el siglo pasado, cuando el papa Pío IX nombró a san José, esposo de la Virgen María, patrono de la Iglesia universal. Por su omnipresencia forma abundantísimos compuestos (José María, José Ramón, etc. etc.), hips. (Pepe, Chema, Pito, José). Formas antiguas: Josef, Josefo. Formas femeninas: Josefa, Josefina, Fina.
Cat. Josep (hips. Jep, Bep, Pep, Po, Zep)/Josepa. Eus. Joseba, Josepe Joxe, Josu/Iosebe,Goxepa, Kospa. Gal. Xosé/Xosefa.
José, patriarca Bíblico, undécimo hijo de Jacob (y Raquel), Gén 30,23-25. José de Nazaret, esposo de María en los Evangelios (Mt 13,55). Giuseppe Garibaldi, militar y político italiano (1807-1882). Giuseppe Mazzini, patriota y político italiano (1805-1872). Giuseppe Verdi, compositor italiano (1813-1901). José Artigas, político uruguayo (1764-1850). José Balari i Jovany, filólogo e historiador catalán (1844-1904). José Batlle y Ordóñez, político y estadista uruguayo (1856-1929). José Benito Churriguera, arquitecto y escultor castellano (1665-1725). José Bonaparte, rey intruso de España (1768-1844). José Calvo Sotelo, político gallego, asesinado en 1936 (1893-1936). José Canalejas, abogado y político liberal castellano (1854-1912). José Clemente Orozco, pintor muralista mexicano (1883-1949). José de Espronceda, poeta castellano (1808-1842). José de San Martín, prohombre de la independencia sudamericana (1778-1850). José Echegaray, dramaturgo e ingeniero castellano (1832-1916). José Gómez Ortega, *Joselito*, torero español (1895-1920). José Martí, político, escritor, periodista y orador cubano (1853-1895). José Martínez Ruiz (*Azorín*), escritor castellano (1873-1967). José Ortega y Gasset, ensayista y filósofo castellano (1883-1955). José Patiño, estadista y funcionario castellano (1666-1736). José Rebolledo de Palafox, militar aragonés (1776-1847). José Saramago, novelista portugués (1922-2010). Josep A. Vandellòs, economista y demógrafo catalán-estadounidense (1899-1950). Josep Alsina i Bofill, médico catalán (1904-1993). Josep Andreu i Abelló, abogado y político catalán (1906-1993). Josep Anselm Clavé, músico, poeta y político catalán (1824-1874). Josep Aparici i Mercader, hombre de negocios, funcionario real y geógrafo catalán (1653-1731). Josep Benet i Morell, político historiador y abogado catalán (1920-2008). Josep Carner, escritor catalán (1884-1970). Josep Carreras, tenor catalán (1946). Josep Clarà, escultor catalán (1878-1958). Josep Comas i Solà, astrónomo catalán (1868-1937). Josep Dalmau, sacerdote y escritor catalán

(1926). Josep de Calassanç Serra i Ràfols, arqueólogo menorquín-catalán (1902-1971). Josep de Calassanç, eclesiástico, educador y fundador aragonés (1557-1648). Josep de Letamendi i de Manjarrés, médico catalán (1828-1897). Josep de Margarit, militar y político catalán (1602-1685). Josep de Ribera, pintor valenciano-italiano (1591-1652). Josep Ferran Sorts, guitarrista y compositor catalán (1778-1839). Josep Ferrater i Móra, filósofo y ensayista catalán-estadounidense (1912-1991). Josep Finestres, jurista catalán (1688-1777). Josep Gudiol i Cunill, arqueólogo e historiador de arte catalán (1892-1931). Josep Gudiol i Ricart, historiador de arte catalán (1904-1985). Josep Guinovart, pintor catalán (1927-2007). Josep Iglésies, historiador, geógrafo y escritor catalán (1902-1986). Josep Irla i Bosch, político catalán, presidente de la Generalitat (1874-1958). Josep Iturbi, pianista y director de orquesta valenciano-estadounidense (1895-1980). Josep Llimona, escultor catalán (1864-1934). Josep Llorens, ceramista y crítico de arte catalán (1892-1980). Josep Lluís Sert, arquitecto catalán (1902-1983). Josep Manso, militar catalán, capitán general de Aragón, Valencia y Castilla (1785-1863). Josep Maria Trias de Bes, jurista y político catalán (1890-1965). Josep Moix, dirigente obrero catalán (1898-1973). Josep Morató, escritor y periodista catalán (1875-1918). Josep Morgades i Gil, eclesiástico y promotor cultural catalán (1826-1901). Josep Obiols, pintor catalán (1894-1967). Josep Palau i Fabre, escritor catalán (1917-2008). Josep Pallach, político y pedagogo catalán (1920-1977). Josep Pedragosa, sacerdote y educador catalán (1872-1954). Josep Pella, historiador, jurista y político catalán (1852-1918). Josep Pijoan, historiador, poeta, ensayista y tratadista de arte catalán (1869-1963). Josep Pin i Soler, escritor catalán (1842-1927). Josep Pla, escritor catalán (1897-1981). Josep Pous i Pagès, escritor y periodista catalán (1873-1952). Josep Puig i Cadafalch, arquitecto, historiador del arte y político catalán (1867-1956). Josep Renau, pintor, grafista y político valenciano-alemán (1907-1982). Josep Roca, periodista, escritor y político catalán (1848-1924). Josep Roig, abogado y político catalán (1864-1937). Josep Romeu i Figueras, escritor e investigador catalán (1917-2004). Josep Sanabre, eclesiástico e historiador catalán (1892-1976). Josep Sebastià Pons, escritor catalán-francés (1886-1962). Josep Solé i Barberà, político y abogado catalán (1913-1988). Josep Soler i Sardà, compositor catalán (1935). Josep Tarradellas, político catalán, presidente de la Generalitat (1899-1988). Josep Torras i Bages, eclesiástico y escritor catalán (1846-1916). Josep Torres i Clavé, arquitecto catalán (1906-1939). Josep Trueta, cirujano catalán (1897-

1977). Josep Vallverdú, escritor y traductor catalán (1923). Josep Vicent Foix, poeta, periodista y ensayista catalán (1893-1987). Josep Viladomat, escultor catalán (1899-1989). Don Giuseppe Flores, personaje de la novela *Pequeño mundo moderno* de Antonio Fogazzaro (1842-1911). Josep (Pep) Guardiola, exfutbolista y entrenador (1971).

Joshua m
Forma inglesa de Josué, más aproximada al original hebreo (*Jehoshea*).
Cat. Joshua/.
Joshua Reynolds, pintor inglés (1723-1792).

Josué m On. 1 de septiembre
Nombre hebreo, popular en los países anglosajones bajo la forma de Joshua. De *J(eh)o-shua*, 'Dios es salud'.
Sinónimo de Josías. Derivado: Jesús.
Cat. Josuè/. Gal. Xosué/.
Josué, servidor de Moisés en la Biblia (Ex 24,3).

Jovita m+f On. 15 de febrero
Gentilicio de *Jovis*, genitivo de Júpiter (*Iuppiter*). Por su terminación es usado impropiamente como femenino.
Cat. Jovita/Jovita. Eus. Iobita/Iobite. Gal. Xovita/Xovita.
Jovita, mártir cristiano, martirizado con su hermano Faustino entre 117-138.

Juan/Juana m/f On. 24 de junio
Uno de los nombres más populares en todos lugares y épocas. Del hebreo *yohannan*, 'Dios es propicio, se ha compadecido' (cf. Ana). San Juan Bautista inició su masiva difusión, que ha dado lugar a multitud de portadores célebres y arquetipos relacionados con su uso. El *John Bull* inglés es tan representativo del personaje medio de ese país como lo es el Juan Español entre nosotros. El personaje *Jan Kaas* (Juan Queso) es, para sus vecinos, el holandés típico, y la palabra *yanqui*, aplicada a los estadounidenses, deriva del también holandés *Yankee* o *Janke* (Juanito). Bajo el pabellón de la *Union Jack* se acogen los británicos, y los personajes *Hansel und Gretel* son los héroes de cuento de Grimm más famosos de Alemania.
Variantes: Iván, Jan (v.).

[Lituano Jonas; Griego Ioánnes; Árabe Yahya.].
Cat. Joan (hip. Jan)/Joana. Eus. Joanes, Jon, Manez, Ganix/Joana, Jone, Maneixa, Joaniza. Gal. Xan, Xoán, Xohán/Xoana, Xohana.
San Juan Bautista, profeta en el NT, bautizador de Jesús (Lc 3,2). San Juan Evangelista, autor del cuarto Evangelio (Lc 22,8). Billie-Jean King, tenista estadounidense (1943). Gian Lorenzo Bernini, arquitecto, escultor y pintor italiano (1598-1680). Giovanni Agnelli, empresario italiano (1866-1945). Giovanni Antonio Canal (*Canaletto*), pintor italiano (1697-1768). Giovanni Boccaccio, escritor italiano (1313-1375). Giovanni Bologna, *Giambologna*, escultor italiano (1529-1608). Giovanni Bosco, eclesiástico y pedagogo italiano (1815-1888). Giovanni Paisiello, compositor italiano (1740-1816). Giovanni Palestrina, compositor italiano (1525?-1594). Giovanni Pico della Mirandola, filósofo humanista italiano (1463-1494). Giovanni Pisano, escultor y arquitecto italiano (1250?-1314?). Giovanni Verga, escritor italiano (1840-1922). Hans Adolf Krebs, bioquímico germanoinglés (1900-1981). Hans Christian Andersen, novelista y poeta danés (1805-1875). Hans Holbein, *el Joven*, pintor, grabador y dibujante alemán (1497-1543). Hans Küng, teólogo suizo (1928). Hans Memling, pintor flamenco de origen alemán (1435-1494). Ivan Pavlov, fisiólogo ruso (1849-1936). Jack Lemmon, actor cinematográfico estadounidense (1925-2001). Jean Anouilh, dramaturgo francés (1910-1987). Jean Bernard Foucault, físico francés (1819-1868). Jean Cocteau, escritor, dibujante y director cinematográfico francés (1889-1963). Jean de La Fontaine, poeta y narrador francés (1621-1695). Jean Genet, escritor francés (1910-1986). Jean Piaget, psicólogo suizo (1896-1980). Jean Racine, poeta dramático francés (1639-1699). Jean Renoir, director cinematográfico francés (1894-1979). Jean Sibelius, compositor finlandés (1865-1957). Jean-Antoine Watteau, pintor francés (1684-1721). Jean-Auguste-Dominique Ingres, pintor francés (1780-1867). Jean-Baptiste D'Alembert, enciclopedista francés (1717-1783). Jean-Baptiste de La Salle, pedagogo francés (1651-1719). Jean-François Champollion, egiptólogo francés (1790-1832). Jean-François Millet, pintor francés (1814-1875). Jean-Honoré Fragonard, pintor, dibujante y grabador francés (1732-1806). Jean-Jacques Rousseau, escritor y filósofo suizo en lengua francesa (1712-1778). Jean-Luc Godard, director cinematográfico francés (1930). Jean-Paul Marat, revolucionario francés (1743-1793). Jean-Paul Sartre, filósofo y escritor francés (1905-1980). Jean-Philippe Rameau, compositor francés (1683-1764). Joan Agell, científico catalán (1809-1868). Joan Ainaud i de Lasarte,

historiador de arte catalán (1919-1995). Joan Alcover i Maspons, poeta, ensayista y político mallorquín (1854-1926). Joan Amades, folclorista catalán (1890-1959). Joan Antoni Samaranch, dirigente deportivo y diplomático catalán (1920-2010). Joan Baez, cantautora *folk* estadounidense (1941). Joan Boscà, poeta catalán (1490?-1542). Joan Brossa, poeta y dramaturgo catalán (1919-1998). Joan Cererols, compositor catalán (1618-1680). Joan Coromines, lingüista catalán (1905-1997). Joan Cortada, escritor catalán (1805-1868). Joan Crawford, actriz cinematográfica y empresaria estadounidense (1904-1977). Joan Crexells, humanista y escritor catalán (1896-1926). Joan de Serrallonga (Joan Sala i Ferrer), bandolero catalán nyerro (1594-1634). Joan Estelrich, escritor y político mallorquín (1896-1958). Joan Fiveller, político y hombre público barcelonés (s. XIV-XV). Joan Fuster i Bonnín, pintor mallorquín (1870-1943). Joan Fuster, escritor valenciano (1922-1992). Joan Genovés, pintor valenciano (1930). Joan Güell, fabricante, economista y polemista catalán (1800-1872). Joan Hernández i Pijuan, pintor catalán (1931-2005). Joan I *el Cazador*, rey de Aragón, conde de Barcelona (1350-1396). Joan II, rey de Aragón, de Navarra y conde de Barcelona (1398-1479). Joan Josep Permanyer, político y jurista catalán (1848-1919). Joan Josep Tharrats, pintor, escritor de arte y editor catalán (1918-2001). Joan Junceda (Joan García-Junceda i Supervia), dibujante catalán (1881-1948). Joan Lamote de Grignon i Bocquet, músico catalán (1872-1949). Joan Lerma i Blasco, político valenciano (1951). Joan Llimona, pintor catalán (1860-1926). Joan Llongueras, músico catalán (1880-1953). Joan Lluhí, abogado y político catalán-mexicano (1897-1944). Joan Lluís Vives, humanista y filósofo valenciano-belga (1492-1540). Joan Maluquer de Motes, prehistoriador y arqueólogo catalán (1915-1988). Joan Manel Serrat, cantante catalán (1943). Joan Mañé i Flaquer, periodista y escritor catalán (1823-1901). Joan Maragall, escritor catalán (1860-1911). Joan March, financiero mallorquín (1880-1962). Joan Marsé, escritor catalán (1933). Joan Mercader, historiador catalán (1917-1989). Joan Miró, pintor y escultor catalán (1893-1983). Joan Oliver, escritor catalán (1899-1986). Joan Oró, bioquímico catalán-estadounidense (1923-2004). Joan Peiró, anarcosindicalista catalán (1887-1942). Joan Perucho, juez y escritor catalán (1920-2003). Joan Pich i Pon, político republicano (1878-1937). Joan Ponç, pintor y dibujante catalán (1927-1984). Joan Prim i Prats, militar y político catalán-castellano (1814-1870). Joan Puig i Ferreter, escritor catalán (1882-1956). Joan Ramon Masoliver, escritor (1910-1997). John Falstaff, viejo caballero obeso, gracioso juerguista y bebedor, protagonista de esa obra de William Shakespeare (1564-1616). Giannettino Doria, personaje del drama *La conjuración de Fiesco* de Schiller (1759-1805), arquetipo del tirano envuelto en intrigas. Giannina, personaje de *El abanico*, obra de Goldoni (1707-1793), tipo de campesina de modales rústicos pero personalidad compleja. Giovanni Episcopo, protagonista de la novela homónima de Gabrielle D'Annunzio (1863-1938). Han de Islandia, protagonista de la novela de su nombre de Victor Hugo (1802-1885), feroz expresión de brutalidad. Hannele, sombrío personaje femenino creado por el dramaturgo Gerhart Hauptmann (1862-1946). Hans Sachs, popular poeta dramático de Nürenberg, amigo de Durero. Jane Eyre, protagonista de la novela homónima de Charlotte Brontë (1816-1855), mujer poco agraciada pero dotada de gran sensibilidad. Juana de Ibarbourou, poetisa uruguaya (1892-1979).

Judas m On. 28 de octubre

Forma grecolatina de Judá. Este puede derivar de *hud*, 'elegir'.

Cat. Judes/. Gal. Xudas/.

Judas Tadeo, apóstol (Mt 13,55). Judas Iscariote, apóstol traidor (Mt 26,14-47).

Judito/Judit m/f

Nombre de la más famosa heroína judía. Es femenino de *Iehuda*, 'judá': 'la judía'. Confundido a veces con el germánico Jutta ('guerra').

Variantes: Judith, Judita.

Cat. /Judit.

Judit, heroína judía, ejecutora de Holofernes (Jud 8,1). Judit, segunda esposa de Ludovico Pío y madre Carlos *el Calvo* (s. IX). Jodie Foster, actriz cinematográfica estadounidense (1962). Judit de Baviera, madre de Carlos *el Calvo* de Francia (s. IX). Judit Mascó, modelo española (1969). Judith de Bretaña, esposa de Ricardo II, duque de Normandía, fundadora de la abadía de Bernay (s. XI). Judy Chicago, pintora y ceramista estadounidense (1939). Judy Garland (Frances Gumm), actriz cinematográfica estadounidense (1922-1969). Yehudi Menuhin, violinista estadounidense judío (1916-1999). Judi Dench, actriz británica (1934).

Julián/Juliana m/f On. 4 de enero

Del latín *Iulianus*, gentilicio de Julio. Famoso por una santa en cuyo honor se levantó un santuario en Santillana (contracción de Santa Juliana) de Mar. La tradición asigna al conde Julián, Olián u Olibán, ofendido

contra el rey visigodo don Rodrigo, la traición que permitió a los árabes invadir España en 711.
Variante: Juliano.
Cat. Julià/Juliana. Eus. Julen, Illan/Julene. Gal. Xulián, Xián, Xiao/Xuliana, Xiana.
Santas Juliana y Semproniana, mártires mataronenses (s. IV). Giuliano de Sangallo (Giuliano Giamberti), arquitecto italiano (1445-1516). Julián del Casal, poeta cubano (1863-1893). Julián Marías, escritor y filósofo español (1914-2005). Juliano *el Apóstata*, emperador romano (s. IV). Julian Barnes, escritor británico (1946). Julien Green, escritor francés (1900-1998). Julien Sorel, héroe de la novela de Stendhal *El rojo y el negro* (1830). Julienne de Norwich, mística inglesa (1342-1416). Juliano (Marco Salvio Didio J.), emperador romano (135?-193).

Julieta f
Diminutivo de Julia, con entidad propia tras ser popularizado por la protagonista de la obra de Shakespeare.
Cat. /Julieta. Gal. /Xulieta.
Julieta, protagonista de la obra *Romeo y Julieta*, de William Shakespeare (1564-1616). Santa Juliette Verolat, mártir carmelita guillotinada en Compiègne (†1794). Giulieta Massina, actriz cinematográfica italiana (1920-1994). Juliet Lewis, actriz estadounidense (1973). Juliette Binoche, actriz cinematográfica francesa (1964). Juliette Drouet, artista, compañera de Victor Hugo (1802-1885). Juliette Gréco, cantante francesa, musa del existencialismo (1927). Juliette Récamier, dama francesa (1777-1849).

Julio/Julia m/f On. 4 de enero
Nombre popularísimo en Roma. Alusivo al legendario *Iulus*, hijo de Eneas, del cual se consideraba descendiente la familia romana Julia. Difundido por el famoso caudillo Julio César, quien dio su nombre y un mes al calendario *juliano*, vigente hasta 1582. Por ello fue aplicado también el nombre a nacidos en este mes (v. Enero).
Prosiguió la fama del nombre con numerosos papas... y con la Julieta shakespeariana. Derivados: Julieta, Julita.
Cat. Juli, Juliol/Júlia. Eus. Iuli, Yuli/Iule, Yule. Gal. Xulio/Xulia.
Giulia Gonzaga, mecenas italiana, famosa por su belleza, refinamiento y cultura (1513-1566). Giulio Alberoni, cardenal y político italiano (1664-1752).

Giulio Raimondo Mazzarino, gobernante francés de origen italiano (1602-1661). Jules Massenet, compositor francés (1842-1912). Julio Verne, escritor francés (1818-1905). Juli Garreta, músico catalán (1875-1925). Juli Vallmitjana, escritor, pintor y platero catalán (1873-1937). Julia Caba Alba, actriz española (1902-1988). Julia Otero, periodista española (1959). Julia Roberts, actriz cinematográfica estadounidense (1967). Julia, princesa romana, hija de Augusto y Escribonia (39 a. C.-14 d. C.). Julie Candeille, autora dramática francesa (1767-1834). Julio Bocca, bailarín y coreógrafo argentino (1968). Julio Caro Baroja, etnólogo, sociólogo e historiador castellano (1914-1995). Cayo Julio César, militar, político e historiador romano (100-44 a. C.). Julio César de Mello e Souza (*Malba Tahan*), escritor brasileño sobre temas matemáticos (1895-1974). Julio Cortázar, escritor argentino (1914-1984). Julio Iglesias, cantante español (1943). Julio María Sanguinetti, político uruguayo, presidente de su país (1936). Julius (*Groucho*) Marx, actor cinematográfico estadounidense (1895-1977). Jules Munshin, bailarín i actor cinematográfico estadounidense (1915-1970).

Julita f On. 30 de enero

Variante diminutiva de Julia. Variante de Julieta.

Cat. /Julita.

Julita Martínez, actriz española (1935).

Junípero/Junípera m/f

El nombre de Ginebro, discípulo de san Francisco de Asís, fue latinizado en *Juniperus*, por la homofonía con ginebro, 'enebro' (v. Ginebra). El fraile mallorquín Junípero Serra (s. XVIII), evangelizador de California, es recordado allí como uno de los principales fundadores del país.

Cat. Juníper, Ginebró/Junípera. Gal. Xunípero, Xenebro/Xenebra.

Fray Junípero Serra (Miquel Josep Serra i Ferrer), franciscano, fundador de misiones en California (1713-1784).

Júpiter m

Nombre mitológico del rey de los dioses en el panteón romano, equivalente al Zeus griego. De él toma su nombre: *Zeus pater* 'Dios Padre'.

Cat. Júpiter/.

Júpiter, dios máximo de la mitología griega.

Justiniano/Justiniana m/f On. 17 de diciembre
Del latino *Iustinianus*, doble gentilicio de Justo (v.) a través de Justino (v.): 'relativo, de la familia de Justino'.
Cat. Justinià/Justiniana. Eus. Iustiñen/Iustiñene.
Justiniano I, emperador bizantino (482-565). Justiniano Borgoño, presidente de Perú (1836-1921).

Justino/Justina m/f On. 1 de junio
Del latín *Iustinus*, gentilicio de Justo. Sufijo lat. *-inus*, 'relativo, de la familia de'.
Derivado: Justiniano.
Cat. Justí/Justina. Eus. Justin/Justiñe. Gal. Xustino/Xustina.
Justina (†338?), emperatriz romana, esposa de Majencio y después de Valentiniano I. Justino, emperador de Oriente (450-527). Flavia Augusta Justina, emperatriz romana, madre de Valentiniano II (†388). San Justino, padre primitivo de la Iglesia (s. II). Justine Duronceray, madame Favart, actriz y cantante francesa (1727-1772). Justine, protagonista de la más célebre novela (homónima) del marqués de Sade. Justino I y Justino II, emperadores de Oriente (s. V-VI). Justino, historiador latino (s. II). La Pícara Justina, personaje de la novela de este nombre atribuida a Francisco López de Úbeda (XVI-XVII), mujer de raro ingenio, amorosa y alegre.

Justo/Justa m/f On. 9 de julio
Del latín *Iustus*, 'recto, conforme a la ley, al uso' (*ius*).
Cat. Just/Justa. Eus. Justi, Zuzen/Egokiñe, Zuzene. Gal. Xusto/Xusta.
Justa Grata Honoria, princesa romana, hija del emperador Constancio III y Gala Placidia (427-452?). San Justo, degollado por Daciano en Barcelona con su hermano san Pastor (s. IV). Justo Barrios, político guatemalteco, presidente de la república (1835-1885). Justa Sánchez del Castillo, poetisa española (s. XVIII). Justo José Urquiza, político argentino, presidente de su país en 1852-59.

Juvenal/Juvenalia m/f On. 7 de mayo
Del lat. *iuvenalis*, 'juvenil'.
Cat. Juvenal/Juvenàlia.
Juvenal, poeta satírico romano (60-140), autor de las *Sátiras*.

Karamchand m

Nombre indio compuesto de *Karan*, uno de los hijos de Kunti, la madre de los Padavas, y *chandak*, 'la luna'.

Mohandas Karamchand Gandhi, político y pensador indio (1869-1948).

Karen f

Forma danesa de Catalina.

Karen Horney, psicoanalista estadounidense (1885-1952). Karen Blixen, novelista danesa (1885-1962).

Katia f

Hip. ruso de Catalina.

Kemal m

Nombre turco, popularizado por el creador de la nueva Turquía, Mustafa Kemal (*kemal*, 'maduro, fuerte'), que adoptó el título de *Atatürk*, 'padre de los turcos' (v. Atila).

Mustafá Kemal Atatürk («Padre de los Turcos»), político turco, creador de la Turquía moderna (1881-1938).

Kenneth m On. 11 de octubre

Forma inglesa del gaélico *Cinaed*, santo del s. VI. Nombre muy popular en Escocia. Expandido últimamente por España.

Cat. Kenneth/.

Kenneth I, primer rey de Escocia (†860). Kenneth David Kaunda, jefe de estado de Zambia (1924). Kenneth Branagh, actor, director y productor cinematográfico británico (1960).

Kevin m

Del antiguo irlandés *Coemgen*, 'bonito nacimiento'. Para otros, del apellido Mac Eoin, 'hijo de Eoin' (Juan). Nombre de un santo irlandés, común en Irlanda. Popularizado en España en los últimos años a través del cine.

Kevin Costner, actor y director cinematográfico estadounidense (1955). Kevin Kline, actor cinematográfico estadounidense (1947).

Khadija f

Nombre árabe, también en la forma Jadiya.

Khadija, esposa de Mahoma (v. Jadiya).

Kilian m

Nombre al parecer forma céltica de Cecilio. Para otros, derivado del céltico 'lucha'. Efimeramente de moda en los años 70.

San Kilian, monje irlandés, evangelizador del Artois (s. VI o VII), mártir en Wurzburgo. Kilian, personaje de la ópera *Der Freischutz* ('El cazador furtivo'), de Carl Maria Ernst von Weber.

King m

En inglés, 'rey', adoptado a menudo como nombre de pila.

King Vidor, director cinematográfico estadounidense (1894-1982).

Kingsley m

En principio es un apellido inglés, compuesto de *kings*, 'rey, fuerte', y *ley*, forma de *Lea*, frecuente topónimo, o *lye*, 'habitante del bosque'. Utilizado hoy como nombre por la popularidad del escritor Kingsley Amis.

Kingsley Amis, escritor inglés (1922-1995).

Kirian m On. 9 de septiembre

Nombre irlandés, interpretado como 'el oscurito', topónimo aplicado a la localidad de Cape Clear, patria del santo. Para otros es una mera anglosajona del griego *kyros*, 'señor'. Para otros, simple variante de Kilian (v.). Cat. Kírian/.

San Kirian (s. IV), eremita alzenobio en Saighiar, después obispo, antecesor de san Patricio.

Kirk m

Derivación del irlandés *kirk*, 'iglesia', aplicado como calificativo a quien vive cerca de una de ellas.

Kirk Douglas (Issur Danilovich Demski), actor cinematográfico estadounidense (1916).

Kitagawa m

Nombre japonés. De *kita*, 'norte', y *kawa*, 'piel, borde, límite'.

Kitagawa Utamaro, pintor y grabador japonés (1753-1806).

Koldo m

Hip. vasco de Luis (*Koldobika*, que recuerda la antigua forma Clodovico).

Koldo Aguirre, entrenador de fútbol español (1939).

Ladislao/Ladislava m/f On. 22 de octubre

Del eslavo *vladi-slava*, 'señor glorioso', portado por un rey santo de Hungría (s. XI). Muy extendido en este país.

Cat. Ladislau/Ladislava. Eus. Ladisla/Ladisle. Gal. Ladislau/Ladislava.

Ladislao o Lancelot el Magnánimo, rey de Nápoles (1376-1414). Ladislav Klima, escritor checo (1878-1928). Wladyslaw Gomulka, estadista polaco (1905-1982). László Kubala, futbolista húngaro-español (1927-2002). László Moholy-Nagy, pintor, fotógrafo y teórico del arte húngaro (1895-1946).

Laia f

Hip. catalán de Eulalia (a través de *Olalla* i *Lalla*). Muy difundido primero en Cataluña, hoy en toda España.

Cat. /Laia.

Laia, personaje protagonista de la novela homónima del escritor catalán Salvador Espriu.

Lamberto/Lamberta m/f On. 14 de abril

Del germánico *land-berht*, 'país ilustre'. Frecuente en Francia y Alemania.

Cat. Lambert, Llambert/Lamberta, Llamberta. Eus. Lamberta/Lamberte.

San Lamberto, que intervino activamente en las luchas de los burgundios contra la casa de Neustria (640?-708?). Lamberto, rey de Italia (880?-898). Lamberto de Waterloo, cronista (s. XI). Lamberto Dini, político italiano, primer ministro en su país (1931). Lambert Strether, protagonista de la novela *Los embajadores* del escritor estadounidense Henry James (1843-1916).

Landelino/Landelina m/f On. 15 de junio

Del germánico *land*, 'tierra, patria', latinizado con el gentilicio gentilicio *-inus*: 'del país, que ama al país'.

Variante ortográfica: Laudelino (producida por una defectuosa escritura).
Cat. Landelí/Landelina.
Landelino Lavilla, político español (1930).

Lanzarote m On. 27 de junio
Adaptación española del Lancelot del ciclo bretón (v.). Asimilado posteriormente a Ladislao (v, y también Landelino). En todo caso, la 'lanza rota' es meramente una etimología popular.
Cat. Lancelot/.
Lanzarote del Lago, caballero del rey Artús en el romance de la Tabla Redonda, amante de la reina Ginebra. Lanzarote el Magnánimo, rey de Nápoles (1376-1414).

Lara f
Nombre griego, procede de *lala*, 'la charlatana', aludiendo al personaje mitológico, madre de los dioses Lares romanos, que presidían la casa (latín *lar* 'lar, hogar, casa'). Nombre muy extendido en Rusia.
Cat. /Lara.
Lara, en la mitología griega, ninfa condenada al silencio eterno por haber revelado un secreto. Lara, heroína de la novela *El doctor Jivago*, de Boris Pasternak. Santa Larisa (s. IV), venerada con sus compañeras por la iglesia ortodoxa.

Laureano/Laureana m/f On. 4 de junio
Derivado de Laura: de su gentilicio latino *Laureanus*, 'coronado de laurel, victorioso'. Sufijo *-anus*, 'relativo, de la famila de'.
Cat. Laureà, Llorà, Llorac/Laureana, Lloraca. Eus. Lauran, Lauren/Laurane. Gal. Laureano/Laureana.
Laureà Figuerola, economista y político catalán (1816-1904). Lauren Bacall, actriz estadounidense (1924). Laureano López Rodó, político español (1920-2000). Laureano Gómez, político colombiano, presidente de su país (1889-1965).

Laurencio/Laurencia m/f
Del latín *Laurentius*, gentilicio de *Laurentum*, ciudad del Lacio así denominada, según Virgilio, por un famoso laurel (*laurus*). Por extensión, pasó a significar 'coronado de laurel', es decir, 'victorioso' (v. también Laura).

Variante: Lorenzo.
Cat. Laurenci/Laurència. Eus. Laurendi, Laurentxu/Laurende. Gal. Lourenzo/Lourenza.
Laurence Sterne, novelista inglés (1713-1768). Laurence Kerr Olivier, actor y escenógrafo inglés (1907-1989). Laurent Fignon, ciclista francés (1960-2010). Lawrence Durrell, novelista británico (1912-1990). Laurencia, personaje de la comedia dramática *Fuenteobejuna* de Lope de Vega (1562-1635), violada por el señor del lugar, Fernán Gómez.

Laurio/Lauria m/f
Variantes de Lauro/Laura.

Lauro/Laura m/f On. 18 de agosto
Del latín *laurus*, 'laurel', y, por extensión, 'victorioso' (v. Laurencio), aludiendo especialmente a Apolo, cuyos templos se adornaban con esta planta.
Sinónimo de numerosísimos nombres, todos alusivos a la idea victoriosa: Almanzor, Aniceto, Berenice, Dafne, Esteban, Eunice, Laureano, Loreto, Nicanor, Nicasio, Nicetas, Panteno, Sicio, Siglinda, Suceso, Víctor, Victoria. Popularizado por la dama provenzal inspiradora del famoso 'Cancionero' al poeta Petrarca, ha pasado a ser uno de los preferidos en España en los últimos años. Es especialmente famosa la variante Lorelei, la sirena del Rin.
Cat. Laure/Laura. Gal. Lauro/Laura.
Santos Lauro y Floro (on. 18-8), sepultados vivos en defensa de su templo (†150). Laura Bassi, científica y filósofo aitaliana (1711-1778). Laura Dern, actriz cinematográfica estadounidense (1967). Laura, amada del poeta italiano Petrarca (s. XIV), al que inspiró su *Cancionero*. Laurie Anderson, representante del multimedia artístico estadounidense (1947). Lauro Olmo, escritor español (1922-1994). Santa Laura Vicuña, chilena (1892-1904).

Lautaro m
Nombre llevado por un caudillo araucano de la época de la conquista. Corriente hoy en Hispanoamérica, especialmente Chile. De *lev*, 'veloz', y *tharu*, nombre de un ave de rapiña andina, el traro.
Lautaro, caudillo araucano (1534-1557). Lautaro Murúa, actor cinematográfico argentino (1926-1996).

Lavinia f

Nombre mitológico, creado por Virgilio a fin de justificar el origen de la ciudad de *Lavinium* (que en realidad procede del griego *laphas*, 'piedra'). Identificado a veces con Lavena, nombre germánico (celta *laouen*, 'alegre', cf. Leto).

Cat. /Lavínia. Gal. /Lavinia.

Lavinia, hija del rey Latino y esposa de Eneas en el poema *la Eneida* de Virgilio.

Lázaro/Lázara m/f On. 25 de febrero

Nombre hebreo, una del bíblico Eleazar (y este de *el'azar*, 'Dios ayuda').

Cat. Llàtzer/. Eus. Elazar/.

Lázaro de Betania, en el NT, resucitado por Jesús (Jn 11, 1-5.11). Lázaro Cárdenas, político mexicano (1895-1970). Lazarillo de Tormes, protagonista de la novela picaresca de autor anónimo, en el Siglo de Oro español. El pobre Lázaro, protagonista del episodio bíblico con el rico Epulón (Lc 16,20). Lázara María Lladó, soprano cubana (1956). José Lázaro Galdiano, financiero, mecenas, editor, bibliófilo y coleccionista de arte español (1862-1947).

Lea f On. 22 de marzo

Del lat. *lea*, 'leona'. También variante de Lía.

Cat. /Lea.

Lea Thompson, actriz estadounidense (1961).

Leandro/Leandra m/f On. 13 de noviembre

Nombre del santo hermano de san Isidoro, y obispo de Sevilla, ciudad donde está muy prodigado. Del griego *léandros*, 'león-hombre'. Sin relación con Alejandro.

Cat. Lleandre/Lleandra. Eus. Lander/Landere, Landerra. Gal. Leandre/Leandra.

Leandro Fernández de Moratín, dramaturgo y poeta castellano (1760-1828). Leandro Alviña, violinista y folclorista peruano (1880-1919). Leandro y Hero, personajes de una célebre historia de amor de origen alejandrino. Leandro, protagonista de la novela de Jean-François Regnard (1655-1709) *El distraído*, arquetipo de amante siempre en las nubes.

Lech m

Nombre polaco, variante de Lucio.

Lech Walesa, dirigente sindical y político polaco, presidente de su país (1943).

Ledia f On. 27 de marzo

Variante de Leda.

Cat. /Lèdia. Gal. /Ledia.

Leila f

Nombre femenino de origen persa, adaptado después por el hebreo y el árabe, por el parecido con la palabra de esas lenguas *leilah*, 'noche', lo que lo hacía adecuado para jóvenes de tez morena. Se popularizó en Inglaterra gracias a Lord Byron.

Cat. /Leila.

Leila, heroína del popular cuento *Leila y Majnun*. Nombre de dos personajes de Lord Byron: la niña musulmana de *Don Juan* y la protagonista de *The Giaour*. Leila Khaled, activista palestina (1946). Leila, protagonista de la novela de este nombre de Antonio Fogazzaro (1842-1911), desconcertante criatura tanto más seductora cuanto más enigmática.

Lena f

Hip., especialmente anglosajón, de Magdalena o Helena.

Cat. /Lena.

Leo/Lea m/f

En masculino, variante de León (latín *lea*, 'leona'). En femenino, además, variante de Lía (v.), pero no de Clea (Cleopatra), con la que es confundida a veces.

Cat. /Lea.

Lía, en la Biblia, hermana de Raquel y primera esposa de Jacob (Gen 29,16).

Leocadio/Leocadia m/f On. 11 de noviembre

Nombre de la patrona de Toledo, muy popular en el siglo pasado y algo en desuso hoy. Del griego *leukádios*, 'habitante de las islas de Leucade' (a su vez este nombre significa 'rocas blancas'). Asimilado posteriormente, por similitud fonética, con Lutgardo/a. Otra variante: Lafcadio.

Cat. Leocadi, Llogai/Leocàdia, Llogaia. Eus. Lakade/Lokade. Gal. Leocadio, Locaio/Leocadia, Locaia.
Santa Leocadia, mártir en Toledo (†304).

León/Leona m/f
Nombre típicamente masculino, alusivo a la bravura del animal (del griego *léon*). Portado por trece papas, y presente en numerosos onomásticos: Pantaleón, Rubén, Singh, Timoleón.
Se usa también Lea como forma femenina.
Derivados: Leonardo, Leoncio, Leonel, Leónidas, Leonildo, Leonilo, Leonor.
Cat. Lleó/Lleona. Gal. León/Leona.
Leon Battista Alberti, arquitecto y humanista italiano (1404-1472). León Blum, político francés de familia judía (1872-1950). León XIII (Vincenzo Gioacchino Pecci), papa (1810-1903). Lev Tolstoi, escritor ruso (1828-1910). Lev Trotski (Lev Davidovich Bronstein), teórico marxista, escritor y político soviético (1879-1940). San León I Magno, papa (†461). San León IX (Bruno de Dagsburg), papa (1002-1054). Léonie d'Aunet, madame Biard, amante y luego esposa del pintor August Biard, y amante de Victor Hugo (1802-1885). León Felipe Camilo y Galicia, poeta español (1884-1968). Léo Ferré, cantautor francés (1916-1993). León Roch, personaje de la obra *La familia de León Roch*, de Benito Pérez Galdós (1843-1920), personaje progresista, reflejo del autor.

Leonardo/Leonarda m/f On. 26 de noviembre
Adaptación germánica del nombre clásico León (v.) con el sufijo *-hard*, 'fuerte', presente en numerosos onomásticos (v. Arduino, y cf. con Abelardo). Desde sus cinco santos portadores hasta el más célebre artista de todas las épocas, Leonardo da Vinci, el nombre ha gozado siempre de favor universal.
Cat. Lleonard/Lleonarda. Eus. Lonarta/Lonarte. Gal. Leonardo/Leonarda.
Leonard Bernstein, compositor y director de orquesta estadounidense (1918-1990). Leonard Norman Cohen, cantautor canadiense (1934). Leonardo (*Chico*) Marx, actor cinematográfico estadounidense (1891-1961). Leonardo Boff, religioso brasileño de la teología de la liberación (1938). Leonardo da Vinci, polifacético italiano (1452-1519). Leonardo de Pisa, matemático italiano (s. XII-XIII). Leonardo Di Caprio, actor cinematográfico

estadounidense (1974). Leonardo Sciascia, escritor siciliano (1921-1898). Leonardo Torres Quevedo, ingeniero español (1852-1936). Leonhard Euler, matemático suizo (1707-1783). Leonardo Pataca, personaje de la novela *Memorias de un sargento de milicias* del brasileño Manuel Antonio de Almeida (1830-1861).

Leónidas/Leónida m/f On. 22 de abril

Nombre gr., de *leonidas*, '(valiente) como el león'. Variante, inspirada en la forma ática: Leónides.

Cat. Leònidas/Leònida. Eus. Lonida/Lonide. Gal. Leónidas/Leónida.

Leónidas I, rey de Esparta, héroe en las Termópilas (†480 a. C.). Rafael Leónidas Trujillo, dictador dominicano (1891-1961). Leonid Brezhnev, político soviético (1906-1982). Leónidas Plaza, político y diplomático ecuatoriano, presidente de su país (1866-1932).

Leonorio/Leonor m/f On. 1 de julio

Derivación de Eleonor (v.). Algunos arabistas ven en este nombre la frase 'Dios es mi luz'. Muy usado en la Edad Media, y portado por varias reinas de Castilla y la Corona de Aragón. Hoy revitalizado por la hija mayor de los príncipes Felipe y Letizia.

Variante: Leonora. V. también Elionora, Eleonor.

Cat. Leonori/Elionor, Leonor. Eus. /Lonora, Lonore. Gal. /Leonor.

Leonor de Aquitania, esposa de Luis VII y de Enrique Plantagener, madre de Ricardo Corazón de León y de Juan sin Tierra (1122-1204). Leonor de Habsburgo, hermana de Carlos v. y esposa de Manuel el Grande, rey de Portugal, y de Francisco I, rey de Francia (s. XVI). Leonora Carrington, pintora mexicana (1917-1996). Leonora de Bargas, personaje de la ópera *La forza del destino*, de Verdi. Leonora de Guzmán, personaje de la ópera *La favorita*, de Donizetti. Leonora, esposa de Florestán en la ópera *Fidelio* de Beethoven (1805). Louise Éleonore de Warens, protectora de J. J. Rousseau (s. XVIII).

Leopoldo/Leopolda m/f On. 15 de noviembre

Del germánico *leud-bald*, 'pueblo audaz', muy popular en la Edad media y renacido en el último siglo por algunos soberanos belgas.

Variantes: Leobaldo, Leodobaldo.

Es usado también Leopoldina como forma femenina.

Cat. Leopold/Leopolda. Eus. Lopolda/Lopolde. Gal. Leopoldo/Leopolda.
Léopold Sédar Senghor, político y poeta senegalés en lengua francesa (1906-2001). Leopoldo Alas, *Clarín*, escritor asturiano (1852-1901). Leopoldo Calvo Sotelo, político español, presidente de gobierno (1926- 2008). Leopoldo Díaz, poeta argentino (1862-1947). Leopoldo Lugones, poeta argentino (1874-1938). Leopoldo O'Donnell, militar castellano de origen irlandés (1809-1867). Leopoldo Pirelli, empresario italiano (1925- 2007).

Leovigildo/Leovigilda m/f On. 20 de agosto
Nombre germánico, popularizado en España por un rey visigodo. Del germánico *leuba-hild*, 'guerrero amado'.
Cat. Leovigild/Leovigilda. Eus. Lobigilda/Lobigilde.
Leovigildo, rey visigodo (?-586), último rey arriano, ejecutor de su hijo san Hermenegildo.

Leticia f
Del latín *laetitia*, inicialmente 'fecundidad', y más tarde 'opulencia, alegría' (cf. Félix, Fortunato). Es uno de los 'nombres del Renacimiento', tomados en esa época directamente del latín.
Cat. /Letícia. Gal. /Ledicia, Leticia.
Laetitia Casta, modelo y actriz cinematográfica francesa (1978). Leticia Sabater, presentadora de TV española (1966). Letitia Christian Tyler, esposa de John Tyler, presidente de Estados Unidos (1790-1842). María Leticia Ramolino, madre de Napoleón Bonaparte, que fue conocida durante el Imperio como *Madame Mère* (s. XVIII-XIX).

Lía f
Del hebreo *leah*, 'cansada, lánguida', o según otros, 'vaca montesa'. Los dos personajes homónimos, en *La Divina Comedia*, adoptan papeles similares a los de las Marta y María evangélicas: amor meditativo frente al activo.
Variante: Lea.
Cat. /Lia. Gal. /Lía.
Lía, en la Biblia, hermana de Raquel y primera esposa de Jacob (Gen 29,16).

Libertad f

Nombre femenino, de fuerte sabor ácrata. Usado especialmente en épocas revolucionarias. Del latín *libertas*.

Cat. /Llibertat.

Libertad Lamarque, cantante y actriz cinematográfica argentina (1909-2000).

Liberto/Liberta m/f On. 23 de diciembre

Concurrencia del latín *libertus* ('liberto, esclavo que ha recibido la libertad') con el germánico *leud-berht*, 'pueblo ilustre'. Además, por similitud fonética es identificado con Oliverio (v.) y con Leobardo.

Cat. Llibert/Lliberta.

Liberto, obispo de Tours (s. VI). San Liberto de Cambrai, obispo francés (s. XI). Liberto Rabal, actor cinematográfico español (1975).

Libio/Libia m/f On. 15 de junio

De la mitología griega. Origen incierto, quizá relacionado con 'seco'.

Cat. /Líbia. Eus. /Libe.

Libia, en la mitología, esposa de Poseidón, dio su nombre a Libia, que antiguamente designaba toda África, y hoy a un estado de este continente. San Libio, mártir en Panonia (primeros siglos del cristianismo). Santa Libia, mártir en Palmira (Siria) en el s. III. Libio Severo, emperador romano (s. V).

Licerio/Liceria m/f On. 27 de agosto

Del griego *Lykérios*, derivado de *lyke*, 'luz', o de *lykos*, 'lobo' (cf. con Licia).

Cat. Lleïr, Llicer, Liceri/Licèria.

San Lleïr o Licerio, obispo de Lleida, muerto en una batalla contra la Media Luna (s. X).

Licinio/Licinia m/f On. 7 de agosto

Variante de Licio/Licia.

Cat. Licini/Licínia. Gal. Licinio/Licinia.

Lucio Licinio Lúculo, general romano famoso por sus convites y tertulias (†58? a. C.). Galieno (Publio Licinio G.), emperador romano (218?-268). Licinio de la Fuente, político y abogado español (1923).

Licio/Licia m/f

Diversas interpretaciones pueden darse a este nombre. Por analogía con Lidia, podría creérselo gentilicio de la comarca de Licia, en Asia. Pero

quizá sea más probable relacionarlo con sobrenombres mitológicos originados en el griego *lyke*, 'luz', o con *lykos*, 'lobo', símbolo de la violenta luz del sol (v. también Lucía).
Cat. Lici/Lícia.
Licia, sobrenombre de Artemisa y de Hermes. Alice Perron ('Lycette Darsonval'), danzarina francesa (1917).

Lidia f On. 26 de marzo
Del griego *lydía*, 'originario de *Lyd*', antiguo nombre de la comarca de Lidia, en el Asia Menor. Variantes: Lida, Lydia.
Cat. /Lídia, Lydia. Eus. /Lide. Gal. /Lidia.
Lídia Bosch, actriz catalana (1963). Lidia Gueiler, revolucionaria boliviana (1921). Lidia Rolfi, heroína de la resistencia italiana en la II Guerra Mundial. Lydia Cabrera, escritora cubana (1899-1991). Lydia Maria Child, escritora estadounidense (1802-1880).

Lidón f
Nombre de la Virgen patrona de Castellón de la Plana. Relativo al ledón (almez), arbusto relacionado con su imagen.
Cat. /Lledó.

Liduvino/Liduvina m/f On. 15 de abril
Del germánico *leud-win*, 'amigo del pueblo', o 'pueblo victorioso' (v. Leubacio; v. Winoco). Por proximidad fonética, ha derivado modernamente a Ludivina y a Luzdivina.
Cat. Liduví/Liduvina. Gal. Liduvino/Liduvina.
Santa Liduvina, modelo de resistencia cristiana al dolor (1380-1433). Liduvina, personaje de la novela *Niebla*, de Miguel de Unamuno.

Ligio/Ligia m/f
Del griego *ligeia*, 'flexible, dócil'. En otras interpretaciones, de *lygys*, 'melodiosa'. Nombre de una sirena, difundido modernamente gracias a un personaje de novela, donde por cierto era relacionada con el país de los ligios, en la Silesia Occidental.
Cat. Ligi/Lígia.
Ligia, joven cristiana protagonista de la novela *Quo Vadis?* del polaco Henryk Sienkiewicz (1846-1916).

Liliano/Liliana m/f

Gentilicio de Lilio/Lilia. Sufijo lat. gentilicio *-anus*, 'relativo, de la familia de'. Pero también es identificado en ciertas zonas con Isabel.

Cat. Lilià/Liliana. Gal. Liliano/Liliana.

Liliana Cavani, directora cinematográfica italiana (1937). Liliane de Réthy, segunda esposa del rey Leopoldo III de Bélgica (1916-2002). Lillian Gish, actriz cinematográfica estadounidense (1896-1993). Lillian Hellman, escritora estadounidense (1905-1984).

Lilio/Lilia m/f On. 27 de març.

Del lat. *lilium*, 'lirio'. Esta flor es considerada símbolo de la pureza.

Cat. Lili/Lília. Gal. /Lilia.

Lilio/Lilia m/f

Del latín *lilium*, 'lirio', símbolo de pureza (cf. Inés). Influido posteriormente por los nombre singleses Lily, Lilla, hips. de Elizabeth.

Derivados: Liliosa, Liliana.

Cat. /Lília. Gal. /Lilia.

Lily Pons, cantante estadounidense (1904-1976). Lily Boulanger, compositora francesa (1893-1918).

Lina f

Hip. de Paulina, Carolina u otros nombres. También femenino de Lino (v.).

Cat. /Lina.

Lindo/Linda m/f

Nombre con entidad propia, derivado del germánico *lind*, 'dulce'. Pero originariamente la palabra significaba 'suave, flexible', de donde también 'serpiente', animal sagrado y sin connotaciones negativas en las culturas germánicas. En la práctica acabó usado como sufijo feminizador (a veces *-ind* o *-indus*), y así lo vemos en abundantes nombres de los que es usado como hip: Siglinda, Belinda, Regulinda... Este sentido se ha superpuesto, en castellano, con el de 'bella', derivado del latín *legitimus*, 'completo, perfecto'.

Cat. /Linda. Gal. /Linda.

Linda Darnell, actriz estadounidense (1921-1965). Linda Evangelista, modelo estadounidense (1965). Lindsay Davenport, tenista estadounidense (1976).

Linda Thelma (Hermelinda Spinelli), cupletista italiana afincada en España (1885-1939).

Lino/Lina m/f On. 23 de septiembre

Del nombre griego *Línos*, originado en la planta *linon*, 'lino', del cual estabe hecho el hilo de la vida que cortaba la parca Atropos (*Línos* inventó la melodía funeraria, *aílinon*). Portado por el primer papa después de san Pedro, lo que induce a relacionarlo también con el latín *linio*, 'ungir'. La forma femenina es hip. de otros nombres con esta terminación (Carolina, Paulina)...).

Cat. Linus, Lli/Lina. Eus. Lin/Liñe. Gal. Lino, Liño/Lina, Liña.

Lina Cavalieri, soprano italiana (1874-1944). Lina Morgan (María de los Ángeles López Segovia), actriz y empresaria teatrale spañola (1938). Lina Wertmüller, directora cinematográfica italiana (1928). Lino Eneas Spilimbergo, pintor argentino (1896-1964). Linus Pauling, químico premio Nobel por dos veces (1901-1994). San Lino (†76), segundo papa.

Lirio/Liria m/f

Del griego *lírion*, forma derivada de *leiron*, 'lirio'. En la práctica es variante de Lira, evocador del instrumento musical (griego *lyra*).

Cat. Lliri/Líria, Llira.

Lisandro/Lisandra m/f

Del gr. *lysandros*, 'hombre que desata, que libera'.

Cat. Lisandre/Lisandra. Gal. Lisandro/Lisandra.

Lisandro, militar y poeta espartano (†395 a. C.). Lisandro de la Torre, personaje en los relatos de Jorge Luis Borges. Lisandro Alvarado, antropólogo e historiador venezolano (1859-1929).

Livio/Livia m/f On. 12 de noviembre

Nombre latino, portado por un historiador romano de los s. I a. C.-I d. C. Del verbo *lino*, 'ungir' (v. también Lino), aunque otros lo relacionan con *liueo*, 'estar pálido'.

Cat. Livi/Lívia.

Tito Livio, historiador romano (50 a. C.-17 d. C.). Livio Sanuto, geógrafo italiano (1532-1587). Livia Drusila, mujer del emperador Augusto y madre de Tiberio (55? a. C.-29 d. C.).

Llanos f On. 8 de septiembre

Advocación mariana de especial fervor en Albacete, población enclavada en la parte más llana de la Mancha. Del latín *planus*, 'plano, llano'.

Lleïr/Lleïra m/f

Forma catalana de Licerio.

Llorente m

Variante de Florente, y este de Florencio (v.).

Lolo/Lola m/f

Hip. español de Dolores (v.), a través de Lores y Loles. Hecho famoso internacionalmente por la novela *Lolita* de Vladimir Nabokov.

Cat. /Lola. Eus. /Lola. Gal. /Lola.

Lola Flores (Dolores Flores), cantante y bailarina española (1925-1996). Lola Gaos, actriz teatral española (1924-1993). Lola Anglada (Dolors Anglada), dibujante y narradora catalana (1892-1984). Lola Membrives, actriz argentina (1888-1969). Lola Montes o Montez (María Dolores Gilbert), bailarina y aventurera irlandesa (1818-1861).

Lope/Lupa m/f

El lobo (*lupus*) desempeñó en la cultura clásica un importante papel: desde la fundación de Roma, donde aparecen Rómulo y Remo amamantados por una loba, a las *lupercalia*, extrañas fiestas orgiásticas que marcaban el final del invierno. De ahí la importancia de su nombre, usado como onomástico, que se continuó en la Edad Media en la antigua forma Lupo (la reina Lupa halló el sepulcro de Santiago), y en la Moderna (recordemos a Lope de Vega). Hoy el nombre está casi abandonado.

Cat. Llop/Lloba. Gal. Lopo/Lupa.

Félix Lope de Vega y Carpio, poeta, prosista y autor dramático castellano (1562-1635). Lope de Rueda, actor y autor teatral andaluz (1510?-1565). Lupa, semilegendaria reina gallega que posibilitó el Voto de Santiago (s. IX). Lope de Aguirre, aventurero español en tierras americanas (1510?-1561).

Lorena f

Advocación mariana francesa, alusiva a la Virgen de la comarca de *Lorraine*, antigua *Lotharingia*, nombre alusivo a su soberano *Lotharius*, hijo de Ludovico Pío (v. Lotario y Luis).

Cat. /Lorena.
Lorena Harding, protagonista en una serie de novelas de José Mallorquí. Lorena Gómez Pérez, cantante española (1986).

Lorenzo/Lorenza m/f On. 10 de agosto

Forma evolucionada de Laurencio (v.), por monoptongación. La leyenda afirma que san Lorenzo, diácono de la iglesia Romana, había nacido bajo un laurel. Su martirio (fue quemado vivo en unas parrillas) fue rememorado por Felipe II en el monasterio de El Escorial, consagrado al santo, y con la forma de una parrilla invertida.
Cat. Llorenç/Llorença. Eus. Laurendi, Laurentz, Lontxo/Laurende, Laurentze. Gal. Lourenzo/Lourenza.
San Lorenzo, diácono romano, mártir (†258). Lorenzo, candidato a papa frente a Símaco (s. V-VI). Lawrence Durrell, escritor inglés (1912-1990). Llorenç Riber, escritor mallorquín (1881-1958). Llorenç Villalonga, escritor mallorquín (1897-1980). Lorenzo de Medici, *el Magnífico*, político y humanista italiano (1449-1492). Lorenzo Batlle, político uruguayo, presidente de su país en 1868-72. Lorenzo Latorre, político uruguayo, presidente de su país en 1876-80. Lorenzaccio, protagonista del drama de este nombre de Alfred de Musset (1810-1857), turbulento, medroso y lleno de odio hacia su tiránico señor.

Loreto f On. 10 de diciembre

Advocación mariana italiana. Según la tradición los ángeles llevaron en 1294 a un lugar de Ancona poblado de laureles (un *lauretum*) la casa de Belén donde nació Jesús, por lo que la Virgen de esa localidad ha sido denominada patrona de la Aviación.
Cat. /Loreto, Lloret. Eus. /Lorete.
Loretta Young, actriz cinematográfica estadounidense (1913-2000). Loreto Valverde, actriz y presentadora de TV española (1966).

Lotario/Lotaria m/f

Del germánico *hlod-hari*, 'ejército glorioso'. V. Clodio; v. Haroldo.
Cat. Lotari/Lotària.
Portado por varios reyes francos (v. Lorena) y un obispo santo del s. VIII). Lotario, hijo de Ludovico Pío, asociado al trono (s. IX). Giovanni Lotario de Segni, papa con el nombre de Inocencio III (1160-1216).

Lourdes f On. 11 de febrero

Advocación mariana francesa, alusiva a las apariciones de la Virgen a la vidente Bernardette Soubirous en la localidad homónima (1858). La forma original del topónimo es *Lorde*, palabra vasca que significa 'altura prolongada en pendiente'.

Variante: Lurdes.

Cat. /Lourdes, Lorda. Gal. /Lorda.

Lourdes Ortiz, novelista española (1943).

Luano/Luana m/f On. 5 de diciembre

Derivación gentilicia de *Lua*, la diosa romana que presidía las expiaciones (latín *luo*, «lavar»).

Cat. Lluà/Lluana.

Lucano/Lucana m/f On. 30 de octubre

Nombre de un célebre filósofo y poeta romano, nacido en Córdoba (s. I), autor de *La Farsalia*. De *lucanos*, 'matinal'. O gentilicio de Lucas, o gentilicio de Lucca (Italia).

Cat. Lucà/Lucana.

Marco Anneo Lucano, poeta latino (39-65), compañero de Nerón, quien le obligó a suicidarse. San Lucano, religioso francés, mártir en París (s. V).

Lucas/Luca m/f

Del griego *Loukas*, donde aparece la misma raíz que en Lucía (v.). Popularizado por el autor del tercer Evangelio y de *Los hechos de los apóstoles*. A veces es tomado erróneamente como sinónimo de Luis.

Derivado: Lucano.

Cat. Lluc/Lluca. Eus. Luca, Lukas, Luk/. Gal. Lucas/.

Luca Della Robbia, escultor y ceramista florentino (1400?-1482). Luca Signorelli, pintor italiano (1450?-1523). Lucas Cranach, pintor y grabador alemán (1472-1553). Luce Irigaray, psicoanalista, teórica feminista y filósofa francesa, de origen belga (1930).

Lucero f

Nombre femenino, tomado del del planeta Venus, estrella de la mañana (*Lucifer*, 'lo que luce o da luz'). Del mismo origen es Lucífera (on. 20-5).

Lucero Tena, bailarina y concertista de castañuelas española de origen mexicano (1939).

Lucho/Lucha m/f

Hip. de Luis, usado en Hispanoamérica.

Lucho Gatica, cantante latinoamericano (1928).

Luciano/Luciana m/f On. 7 de enero

Del latín *Lucianus*, gentilicio de Lucas, variante de Lucano.

Cat. Lluçà, Llucià/Lluçana, Lluciana. Eus. Luken/Lukene. Gal. Luciano, Xano/ Luciana, Xana.

Lucian Freud, pintor británico de origen alemán (1922). Luciano Benetton, emperesario en la confección italiano (1935). Luciano de Samósata, filósofo sirio-griego (125-192). Luciano Oslé, escultor catalán (1880-1951). Lucien Bonaparte, hermano de Napoleón I (1775-1840). Lucien de Rubempré, personaje protagonista de *Las ilusiones perdidas* de Honoré de Balzac (1799-1850).

Lucilo/Lucila m/f On. 25 de agosto

Del latín *Lucilla*, 'lucecita', aunque más bien es considerado como un diminutivo de Lucía.

Cat. Lucil/Lucil·la. Eus. Lukin, Luxil/Lukiñe, Luxila, Lukille.

Lucila Gemero de Medina, escritora brasileña (1873-1964). Lucila Godoy ('Gabriela Mistral'), poetisa chilena, Premio Nobel 1945 (1889-1957). Lucila Palacios, escritora venezolana de origen antillano (1902-1994). Lucila Pérez, escritora e historiadora venezolana (1882-1973). Lucille Ball, actriz cinematográfica estadounidense (1911-1989). Lucile de Chateaubriand, hermana del poeta francés (1764-1804).

Lucino/Lucina m/f On. 30 de junio

Nombre de la diosa romana de los alumbramientos, adecuado a la acción (*Lucina*, 'que da la luz'), asimilada a Juno y Diana. Se trata de un gentilicio de Lucio/Lucia (sufijo *-inus*, 'relativo, de la familia de').

Cat. Llucí/Llucina. Gal. Lucino/Lucina.

Lucina, en la mitología romana, diosa de los partos.

Lucio/Lucia m/f

Nombre latino, variante de Lucía, aplicado a los *prima luce natus*, 'nacidos con la primera luz del día'.

Cat. Lluç, Lluci/Llúcia, Lluça.

Lucio Licinio Lúculo, general romano famoso por sus convites y tertulias (†58? a. C.). Lucio Cornelio Sila (138-78 a. C.), general y político romano. Lucio Anneo Séneca *el Viejo*, retórico e historiador latino (s. I a. C.-37?). Lucio Anneo Séneca, escritor, filósofo y político latino (4 a. C.-65 d. C.). Lucio Aurelio Cómodo, emperador romano (161-192). Lucio Tarquinio, último rey de Roma (s. VI a. C.). Lucio Vicente López, escritor argentino (1848-1893). Lucio II, papa de 1144 a 1145. Lúcio Costa, arquitecto y urbanista brasileño (1902-1998). Lucio, personaje de *La Metamorfosis* de Apuleyo (s. II), personaje irónico y burlón.

Lucío/Lucía m/f On. 13 de diciembre

Del latín *Lucius* (y este de *lux*, 'luz'), abreviatura de *prima luce natus*, 'nacido con la primera luz'. Santa Lucía, virgen siciliana a quien martirizaron sacándole los ojos, es por esta razón patrona de los ciegos y mediadora en las enfermedades de la vista.

El nombre, de gran popularidad, conoce numerosísimos derivados y variantes: Lucelia, Luciano, Lucinda, Lucidio, Lucila, Lucina, Lucinio, Luciniano, Lucino. Suele tomarse como forma masculina Lucio.

Fue popularizado por la ópera *Lucia de Lamermoor* de Donizetti.

Cat. Lluç/Llúcia, Lluça. Eus. Luki/Lutxi. Gal. /Lucía.

Lucia Ashton, personaje de la ópera *Lucia de Lamermoor*, de Donizetti. Lucía Bosé, actriz cinematográfica italoespañola (1931). Lucia Stone, abolicionista estadounidense (1818-1893). Lucie Delarue-Mardrus, escritora francesa (1880-1945). Santa Lucía, virgen y mártir cristiana (283?-304?). Lucía Ashton, protagonista de *La novia de Lamermoor* de Walter Scott (1771-1832), graciosa y llorosa damita de las novelas góticas de la época. Lucia Mondella, personaje de la novela *Los novios* de Alessandro Manzoni (1785-1873).

Lucitas f On. 4 de julio

Derivación del latín *lux*, *lucis*, 'luz'.

Cat. /Lucitas.

Lucrecio/Lucrecia m/f On. 3 de marzo

Del latín *lucro*, 'ganar': 'el que ha ganado, el que está aventajado'.

Cat. Lucreci/Lucrècia. Eus. Lukertza/Lukertze.

Lucrecia Borgia, duquesa de Módena, hija del papa Alejandro VI (1480-1519). Lucrecia Bori, cantante de ópera italoespañola (1887-1960). Lucrecia Coffin Moth, abolicionista y feminista estadounidense (1793-1880). Lucrecio (Tito Lucrecio Caro), poeta y filósofo latino (94-55? a. C.). Lucretia Rudolph Garfield, esposa de James Garfield, presidente de Estados Unidos (1832-1918).

Ludmila f On. 13 de septiembre
Nombre eslavo, que significa 'amada por el pueblo'. Posibles concurrencias con la raíz germánica *hlod*, 'gloria', y la latina germanizada *milus*, 'dulce'.
Variante: Ludomila.
Cat. /Ludmila.
Santa Ludmila o Ludomila, duquesa de Bohemia (873?-927). Ludmila Belusova, patinadora rusa (1935). Ludmila Pitoëff, actriz francesa de origen ruso (1895-1951). Ludmila Tcherina (Monique Roi), bailarina francesa (1924-2004).

Luis/Luisa m/f On. 21 de junio
Más que un nombre, se trata de una constelación donde concurren diversas fuentes onomásticas. La forma primitiva es *hluot-wig*, 'combate invicto, glorioso', derivado rápidamente a *Clodovicus*, este a *Ludovicus* y finalmente a la forma moderna. Pero con esta línea principal concurren *all-wisa*, 'sabio eminente' (v. Alvisa), que produce *Aloysius*, y de esta Aloísio y Aloíto (confundidos a su vez con Eloísa), e incluso *Eligius*, que da Eloy, o Lisa (en realidad derivado de Elisa). Asimilado también al germánico Liuva, portado por un rey visigodo (de hecho, este nombre procede de *leuba*, 'amado'). En catalán es también confundido con Llovet o Llobet, que en realidad proceden de Llop (v. Lope). Otras formas: Alvisa, Clodoveo, Clovis, Clodovico, Ludovico.
El nombre de Luis aparece ligado a dieciocho reyes franceses, el más famoso el santo del s. XIII, por el que los franceses gustan denominarse 'hijos de san Luis'.
Cat. Lluís/Lluïsa. Eus. Aloxi, Koldobika, Koldo/Aloixe, Koldobike, Koldobiñe. Gal. Lois, Luís/Loisa.
Fray Luis de Granada (Luis de Sarria), escritor y predicador granadino (1504-1588). Fray Luis de León, escritor castellano (1527-1591). Lewis Carroll (Charles Lutwidge Dodgson), matemático y escritor inglés (1832-1898). Lluís Bonifaç, escultor catalán (1730-1786). Lluís Borrassà, pintor catalán

(†1425). Lluís Casassas, geógrafo catalán (1922-1992). Lluís Companys, político catalán, presidente de la Generalitat (1882-1940). Lluís de Requesens, alto funcionario real catalán (1528-1576). Lluís Domènech i Montaner, arquitecto, historiador y político catalán (1850-1923). Lluís Duran i Ventosa, político, abogado y periodista catalán (1870-1954). Lluís Llach, cantautor catalán (1948). Lluís Llongueras, empresario peluquero catalán (1936). Lluís Millet, músico catalán, fundador del Orfeó Català (1867-1941). Lluís Nicolau d'Olwer, historiador, helenista, periodista y político catalán (1888-1961). Lluís Pericot, prehistoriador catalán (1899-1978). Lluís Solé i Sabarís, geólogo y geógrafo catalán (1908-1985). Lou Reed (Louis Fairbank), músico de rock estadounidense (1942). Louis Althusser, filósofo francés (1918-1990). Louis Aragon, escritor francés (1897-1982). Louis Armstrong, trompeta y cantante de jazz estadounidense (1900-1971). Louis Braille, educador francés (1809-1852). Louis Gay-Lussac, físico y químico lemosín (1778-1850). Louis Malle, director cinematográfico francés (1932-1995). Louis Mountbatten, primer conde de Mountbatten de Birmania, almirante británico (1900-1979). Louis Pasteur, biólogo francés (1822-1895). Louise Labé, poetisa erótica francesa (*la Safo lionesa*) (1906-1994). Louise May Alcott, escritora estadounidense, autora de *Those Little Women*, «Mujercitas» (1832-1888). Louis-Jacques Daguerre, inventor y pintor francés (1789-1851). Louis-Victor de Broglie, físico francés (1892-1987). Ludovico Ariosto, poeta italiano (1474-1533). Ludwig Mies van der Rohe, arquitecto alemán (1886-1969). Ludwig van Beethoven, compositor alemán de origen flamenco (1770-1827). Luigi Pirandello, escritor italiano (1867-1936). Luis Buñuel, realizador cinematográfico aragonés (1900-1983). Luis Cernuda, poeta español (1904-1963). Luis de Belluga, cardenal y político andaluz (1662-1743). Luis de Góngora, poeta castellano (1561-1627). Luis de Morales, pintor extremeño del Renacimiento (1510-1586). Luis del Olmo, periodista radiofónico español (1937). Luis I, *el Piadoso*, rey de Aquitania y emperador de los francos (778-840). Luís Vaz de Camoes, poeta portugués (1524-1580). Luis XIII, *el Justo*, rey de Francia (1601-1643). Luis XIV, *el Rey Sol*, rey de Francia (1638-1715). Luis XV, *el Bien Amado*, rey de Francia (1710-1774). Luis XVI, rey de Francia, guillotinado por la Revolución (1754-1792). Luisa Isabel de Orleans, reina de España, esposa de Luis I (1709-1742). San Lluís Bertran, religioso dominicano valenciano (1526-1581). San Luis Gonzaga, jesuíta, marqués de Castiglione (1568-1591). San Luis IX, rey de Francia (1423-1483). Luis I, rey de España (1708-1725). Luisa Miller, protagonista de *Cábalas y amor* de F. Schiller (1759-1805). Luis Mejía, personaje del drama *Don Juan Tenorio* de Zorrilla (1817-1893). Luka, personaje de *Bajos fondos* de Máximo Gorki (1868-1936).

Lúo/Lúa m/f

Nombre de una diosa romana que presidía las expiaciones. De *luo*, 'lavar, purificar'. V. Luano.

Lupe f

Hip. de Guadalupe.

Cat. /Lupe. Gal. /Lupe.

Guadalupe Victoria Ramón, *Lupe*, cantante cubana del *latin* sound (1936-1992). Lupe Vélez (Guadalupe Villalobos), actriz mexicana, casada sucesivamente con Gary Cooper y con Johnny Weissmuller (1906-1944).

Lupercio/Lupercia m/f On. 30 de octubre

Variante de Luperco.

Derivados: Luperio, Lupiano, Lupino, Lupiciano, Lupicinio, Lupicino.

Cat. Luperci/Lupèrcia.

Lupercio Leonardo de Argensola, poeta y cronista español (1559-1630).

Lupo/Lupa m/f

Forma antigua de Lobo.

Cat. Llop/Lloba.

Lupo, obispo de Troyes en tiempos de Atila (373-479). Lupo I, duque de Aquitania y Vasconia (s. VIII), antecesor de los reyes navarros. Lupa, semilegendaria reina gallega en tiempos del descubrimiento del sepulcro de Santiago (s. IX).

Luquino/Luquina m/f

Gentilicio italiano de *Lucca*, Lucas (v.).

Luchino Visconti, director cinematográfico italiano (1906-1976).

Lutecio/Lutecia m/f

Nombre femenino, tomado del antiguo de París (v.). *Lutetia*, 'lugar arcilloso, lacustre', extendido luego al masculino.

Cat. Luteci/Lutècia.

Luz f On. 1 de julio

Abreviación de la advocación mariana de la Virgen de la Luz. Latín *lux*. También variante de Lucía.

Cat. /Llum. Eus. /Argiñe, Argia, Argune.

Luz Casal, cantante española (1958).

Lydia f On. 3 de agosto

Variante gráfica de Lidia.

Cat. /Lydia.

Santa Lydia, en el NT primera conversa al cristianismo por san Pablo (Ac 16,14-15). Lydia Gueiler Tejada, presidenta de Bolivia en 1979-1980.

Mabel f

Hip. de María Isabel. También del inglés *Amabel*, variante de Anabel. En Francia, forma de *Aimable*, o sea Amable.

Cat. /Mabel.

Macarena f

Advocación a la Virgen María muy popular en Sevilla, alusiva a un barrio cuyo nombre procede de un antiguo edificio relacionado con san Macario (v.).

Macario/Macaria m/f On. 15 de enero

Del griego *machaera*, 'espada', o sea 'el que lleva la espada' (cf. Hildebrando, Igor). O de *makar*, 'feliz', de donde *makarios*, 'que ha alcanzado la felicidad, difunto'.

Sinónimo a su vez de Apatilo, Demetrio, Eleucadio, Metastasio, Pailo.

Cat. Macari/Macària. Eus. Makari/Makare. Gal. Macario/Macaria.

Macario, arzobispo de Novgorod y despues metropolita de Moscú y consejero de Iván el Terrible (s. XVI). Makàrios III, arzobispo y etnarca de Chipre, gobernador de su parte griega (1913-1977).

Madrona f On. 20 de marzo

Del latín *madrona*, 'madre de familia'. Nombre muy popular en Barcelona.

Variante: Matrona.

Cat. /Madrona.

Santa Madrona o Matrona (s. I), mártir, copatrona de Barcelona por haber llegado allí sus restos en una barca procedente deTesalónica (s. X). Venerable Madrona Clarina i Colomer, religiosa barcelonesa (1688-1744).

Mafalda f On. 2 de mayo

Del germánico *magan-frid*, 'pacificador fuerte'. En Portugal es considerado sinónimo de Matilde (v.). Variante de hecho: Mahalta.

Cat. /Mafalda. Gal. /Mafalda.

Beata Mafalda, portuguesa, hija de Sancho I y esposa de Enrique I de Castilla (1202?-1252). Mafalda o Mahalta (1059?-1112?), condesa de Barcelona y vizcondesa de Narbona, esposa de Ramón Berenguer I, conde de Barcelona. Mafalda, personaje cómico creado en 1961 por el dibujante argentino Quino.

Magalí f

Hip. provenzal de Margarita, popularizado por un personaje del poema de F. Mistral *Mirèio* (v. Mireya).

Magali Noël, actriz francesa (1932).

Magdaleno/Magdalena m/f On. 22 de julio

Gentilicio de la ciudad de Magdala en Galilea (de *migdal*, 'torre'), aplicado a María, la famosa pecadora arrepentida ante Jesús. Sinónimo hoy de 'mujer arrepentida' o de 'mujer llorosa'.

En Francia, *La Madelon* fue una célebre canción de la soldadesca en la Primera Guerra Mundial.

Hips. Magda, Lena.

Cat. Magdalè/Magdalena. Eus. Maletala/Matale, Malen, Maialen, Madalen. Gal. Magdaleno/Magdalena (hip. Malena).

Madeleine Basseporte, pintora francesa (1701-1780). Madeleine d'Orléans (s. XVI), hermana de Francisco I, rey de Francia. Madeleine Stowe, actriz cinematográfica estadounidense (1958). Magda Andrade, pintora venezolana (1900-1994). Magdalena Nile del Río, Imperio Argentina, actriz, cantante y bailaora argentina (1906). Santa Magdalena, personaje del Nuevo Testamento (s. I). Mileva Maric, primera esposa de Albert Einstein (s. XIX-XX). Magda, protagonista del drama *Casa paterna* de Hermann Sudermann (1857-1928), mujer triunfadora a duro precio. Magdalena, personaje de la comedia *El vergonzoso en palacio* de Tirso de Molina, seudónimo de fray Gabriel Téllez (1584-1648), mujer decidida en busca de su amor por encima de imposicionones y convenciones sociales.

Magín/Magina m/f On. 25 de agosto
Nombre popular en Tarragona. Del latín *maginus*, quizá de *magnus*, 'grande', o, mejor, variante de *Maximus* (v. Máximo).
Variante: Magino.
Cat. Magí, Magem/Magina. Eus. Maxin/Maxiñe. Gal. Maxín/Maxina.
San Magín, ermitaño en Tarragona (†306). Magí Morera i Galícia, escritor, político y abogado catalán (1853-1927).

Magnolia f
Nombre de flor, dado en honor del botánico francés Pierre Magnol cuyo apellido procede a su vez de *magnen*, 'gusano de seda' en el Midi francés. Aplicado como nombre femenino.
Cat. /Magnòlia.
Pierre Magnol, botánico francés (1638-1715).

Mahalta f
Aunque es considerado una variante poética de Mafalda (v.), también podría estar originada en la raíz *mahal*, 'hermano, aliado'. Posiblemente influido por el hebreo Mahala, de *mahala*, 'ternura'.
Cat. /Mahalta.
Mahalta o Mafalda (1059?-1112?), condesa de Barcelona y vizcondesa de Narbona, esposa de Ramón Berenguer II, conde de Barcelona.

Mahoma m
Nombre que los árabes dan al profeta de Alá, 'Dios'. Literalmente, significa 'laudable, alabado'. V. Ahmed.
Cat. Mahoma/.
Mahoma (Abu-l-Qasim Muhammad ibn Abd Allah), creador del islamismo (570?-632).

Maimónides m
Nombre hebreo, sobreviviente hoy en el apellido Maimó o Maymó. Significa 'feliz, afortunado'.
Cat. Maimònides/.
Maimónides (Mose ben Maimon), filósofo, médico y talmudista hebreo (1135-1204).

Maite f On. 25 de marzo

Nombre usado en el País Vasco como variante de Encarnación (en vasco, maite es 'amada'). También es hip. de María Teresa.

Cat. /Maite, Mait. Eus. /Maite, Marimaite. Gal. Maite.

Malva f

Nombre femenino, tomado del de la flor. Y este del griego *malache*, 'suave, blando' (de donde Malaquías).

Cat. /Malva.

Malvino/Malvina m/f

Del latín *malvinus*, derivado de *malva*, 'malva', germanizado con la raíz *win*, 'amigo'. Nada tiene que ver con las islas Malvinas, que proceden del francés *Malouines*, por los pescadores de Saint-Malo que allí se establecieron.

Cat. Malví/Malvina. Gal. Malvino/Malvina.

Malwida von Meysenburg, escritora alemana (1816-1903).

Mamés m On. 17 de agosto

Del griego *Mamás*, nombre de un santo del s. III, que en su orfandad llamaba *mamá* (palabra no corriente en griego) a su madre adoptiva.

Variantes: Mamete, Mamas, Mama.

Cat. Mamés/. Eus. Maberta, Mamiñe/.

San Mamés, evangelizador de las montañas de la Auvernia (s. I).

Manes m

Nombre del fundador del maniqueísmo, doctrina religiosa persa. De origen desconocido, aunque presenta afinidad morfológica con el latino *Manius* (*mane natus*, 'nacido de los dioses Manes', o sea por la mañana, *mane* en latín). También es parecido a *Mani*, nombre del primer hombre según la religión egipcia.

Variante: Mani.

Cat. Manes/.

Manes (o Mani), predicador persa, fundador del maniqueísmo (216?-276).

Manfredo/Manfreda m/f

El difusor de este nombre germánico (*mann-frid*,'hombre pacífico, pacificador') fue un rey de Sicilia del s. XIII. V. Manio; v. Frida.

Cat. Manfred/Manfreda. Gal. Manfredo/Manfreda.
Manfredo, héroe del poema dramático de Byron (1817). Manfredo, rey de Sicilia (1231-1266), hijo de Federico II y defensor de su reino contra las ambiciones de Carlos I de Anjou.

Manrique/Manrica m/f

Del germánico *manrich*, 'hombre rico, poderoso'. Tomado en la práctica como variante de Amalarico. Hecho famoso por Jorge Manrique, autor de las *Coplas a la muerte de su padre*.
Cat. Manric/Manrica. Gal. Manrique/Manrica.
Jorge Manrique, poeta español (1440?-1479). Manrique Pérez de Lara, conde de Lara y vizconde de Narbona (†1164).

Manuel/Manuela m/f

Abreviación del nombre hebreo Emmanuel, personaje citado por el profeta Isaías (Emmanuel, 'Dios con nosotros'), identificado posteriormente con el Mesías (v. Emanuel).
Hip. Manolo. Hip. femenino Emma.
Cat. Manel, Manuel/Manela, Manuela. Eus. Imanol, Manu/Imanole, Manoli. Gal. Manuel, Manel/Manuela, Manela.
Immanuel Kant, filósofo alemán (1724-1804). Joan Manuel Serrat, cantautor catalán (1943). Manolo Millares, pintor canario (1926-1972). Manolo Santana, tenista español (1938). Manuel Ainaud i Sánchez, artista y pedagogo catalán (1885-1932). Manuel Azaña, escritor castellano y político (1880-1940). Manuel Benítez, *el Cordobés*, torero español (1936). Manuel Carrasco i Formiguera, político y abogado catalán (1890-1938). Manuel d'Amat i Junyent, virrey de Perú de origen catalán (1700?-1782). Manuel de Falla, compositor andaluz (1876-1946). Manuel de Godoy, estadista extremeño (1767-1851). Manuel de Montoliu, crítico e historiador de la literatura catalán (1877-1961). Manuel de Pedrolo, escritor catalán (1918-1990). Manuel de Torres Martínez, economista valenciano (1903-1960). Manuel Duran i Bas, jurisconsulto y político catalán (1823-1907). Manuel Estiarte, jugador de waterpolo español (1961). Manuel Fraga Iribarne, político gallego (1922). Manuel Goded, militar castellano de origen portorriqueño (1882-1936). Manuel Martínez i Hugué, escultor y pintor catalán (1872-1945). Manuel Milà i Fontanals, filólogo y escritor catalán (1818-1884). Manuel Mundó i Marcet (*Anscari M. Mundó*), historiador y paleógrafo catalán (1923). Manuel Reventós,

economista catalán (1889-1942). Manuel Sacristán, pensador y escritor castellano-catalám (1925-1985). Manuel Sanchis i Guarner, filólogo, historiador y folklorista valenciano (1911-1981). Manuel Serra i Moret, político y escritor catalán (1884-1963). Manuel Trens, eclesiástico e historiador de arte catalán (1892-1976). Manuel Vázquez Montalbán, escritor catalán en lengua castellana (1939-2003). Manuela Cañizares, patriota y revolucionaria ecuatoriana (†1809). Manuela Malasaña, heroína de la Guerra de la Independencia española (1791-1808). Manuela Sáenz, patriota ecuatoriana, amante de Simón Bolívar (1797-1856). Manuel Bueno, primera de las narraciones de Miguel de Unamuno (1864-1939), párroco de pueblo.

Mao m

Nombre chino: «fuerte».

Mao Zedong (Mao Tse-tung), político y revolucionario chino (1893-1976).

Mar f On. 15 de agosto

Nombre abreviado de Nuestra Señora del Mar, patrona de marinos y variados oficios náuticos. También de otros nombres femeninos con esta sílaba inicial (María, Marcela). A él derivan nombres como el hebreo *Marah*, 'amargura'.

Cat. /Mar. Eus. /Itsaso, Itxaso.

María del Mar Bonet, cantautora mallorquina (1947).

Maravillas f

Variante de Maravilla.

Marçal/Marçala m/f

Forma catalana de Marcial (v.).

Marçal (Marcel·lí Gonfau i Casadesús), militar carlista (1814-1855).

Marcelino/Marcelina m/f On. 29 de mayo

Gentilicio de Marcelio o Marcelo (*Marcellinus*). Sufijo lat. *-inus*, 'relativo, de la familia de'.

Cat. Marcel·lí/Marcel·lina. Eus. Markelin, Martxelin/Martxeliñe. Gal. Marcelino/Marcelina.

Amiano Marcelino, oficial del ejército romano e historiador (330-400). Marcel·lí Domingo, político y escritor catalán (1884-1939). Marcelin Berthelot, químico y político francés (1827-1907). Marcelina, personaje de la ópera *Le nozze di Figaro*, de Mozart. Marceline Desbordes-Valmore, escritora francesa (1786-1959). Marcelino Camacho, líder sindicalista español (1918-2010). Marcelino Menéndez y Pelayo, historiador de la cultura castellano (1856-1912).

Marcelo/Marcela m/f On. 16 de enero

Del latín *Marcellus*, diminutivo de *Marcus* (v. Marcos).

Variante: Marcelio.

Cat. Marcel/Marcel·la. Eus. Markel, Martxel, Martzel/Markele. Gal. Marcelo/Marcela.

Santa Marcela, «el honor de la villa de Roma», modelo de viudas cristianas (s. V). Marcel Breuer, arquitecto y decorador húngaro (1902-1981). Marcel Duchamp, pintor francés (1887-1968). Marcel Proust, escritor francés (1871-1922). Marcello Malpighi, médico y anatomista italiano (1628-1694). Marcello Mastroianni, actor cinematográfico italiano (1923-1996). Marcel Pagnol, escritor y autor dramático francés (1895-1974). Marcelle Tinayre, novelista francesa (1872-1948). Marcela Sembrich, pianista, violinista y soprano polaca (1858-1935).

Marcial/Marciala m/f On. 3 de junio

Del latín *martialis*, 'relativo, consagrado a Marte', dios de la guerra (v. Marcos). La raíz *-mar* es 'varón, valiente'.

Cat. Marcial, Marçal/Marcial·la, Marçala. Eus. Martza, Gudasko/Martze, Gudane. Gal. Marcial/Marciala.

Marco Valerio Marcial, escritor latino (41?-104). Macial Lafuente Estefanía, ingeniero de caminos y escritor español (1903-1984).

Marciano/Marciana m/f On. 26 de marzo

Del latín *Martianus*, 'relativo, de la familia de Marte o de Marco' (sufijo gentilicio -anus).

Cat. Marçà, Marcià/Marçana, Marciana.

Marciano, emperador de Oriente (396-457), canonizado por la iglesia ortodoxa griega.

Marco/Marca m/f

Variante de Marcos (v.), muy utilizada en el nombre compuesto Marco Antonio, alusivo al célebre general romano.

Cat. Marc/Màrcia.

Marco Antonio, triunviro romano, amante de Cleopatra (82-30 a. C.). Marco Aurelio Antonino Vero, filósofo, escritor y emperador romano (121-180). Marco Polo, viajero veneciano (1254-1324). Marco Ulpio Trajano, emperador romano (53-117). Marco Pantani, ciclista italiano (1970-2004). Marco Valerio Marcial, epigramista latino (40-104). Marco Coceyo Nerva, emperador romano (30-98). Marco Ulpio Trajano, emperador romano (53-117). Marco Salvio Otón, emperador romano (32-69).

Marcos/Marcosa m/f

Tras unos siglos de decadencia, este nombre registra hoy una sorprendente popularidad. Del latín *Marcus*, derivado de Marte, dios de la guerra, que inspira muchos otros nombres (Marceliano, Marcelino, Marcelo, Marcial, Marciano, Marcio), por la raíz *mar*, 'varón' (cf. *marido*). Portado por un evangelista y patrón de Venecia, cuyo famoso león es el símbolo de aquel.

Variante: Marco.

Cat. Marc/. Eus. Marka/. Gal. Marcos/.

San Marcos o Juan Marcos, evangelista (s. I). Marc Chagall, pintor francés de origen ruso (1887-1985). Marc Knopfler, guitarrista de rock británico, miembro de Dire Straits (1949). Marc Spitz, nadador estadounidense (1950). Marcos Redondo, barítono andaluz-catalán (1893-1976). Marcus van Basten, futbolista holandés (1964). Mark Twain (Samuel Langhorne Clemens), escritor estadounidense (1835-1910). Marcos de Obregón, protagonista de la novela de este nombre de Vicente Espinel (1550-1624), al modo del Lazarillo de Tormes.

Margarito/Margarita m/f

Del latín *margarita*, 'perla'. Para distinguirla de la flor, a la que también alude el nombre, se hizo habitual denominar la joya *pernula*, diminutivo de *perna*, 'pierna', aludiendo al hueso redondo y brillante del jamón. Nombre popularísimo, como lo prueban sus numerosos hips. y derivados: Marga, Margot, Magelonne (tomado de la forma hip. francesa), Magalí (de la provenzal), Greta (del sueco), Grete (del alemán), Rita (del italiano).

Cat. Margarit/Margarida. Eus. Txirlarri/Hostaizka, Hostaitza, Ostaizka, Margarite. Gal. Margarido/Margarida.

Julia Margaret Cameron, fotógrafa británica (1815-1879). Margaret Atwood, escritora canadiense en lengua inglesa (1939). Margaret Mead, antropóloga estadounidense (1901-1978). Margaret Thatcher, política inglesa, presidente de gobierno (1925). Margaretha Gertruida Zelle, *Mata-Hari*, bailarina y espía holandesa (1876-1917). Margarida Comas, bióloga y pedagoga mallorquina (1897-1972). Margarida Xirgu, actriz catalana (1888-1969). Margarita Luti, *la Fornarina*, amante y modelo del Rafael (†1545). Marguerite Duras, novelista francesa (1914-1996). Marguerite Yourcenar (Marguerite de Crayencour), escritora francesa (1903-1987). Magelonne, protagonista del cuento *Maravillosa historia de amor de la bella Magalona y del conde Pierre de Provenza* de Ludwig Tieck (1773-1853), artificioso relato de aventuras. Margarona, transcripción bizantina de la antigua Magalona. Maggie, heroína de la novela *Maggie, muchacha de la calle* del escritor estadounidense Stephen Crane (1871-1900), sobre la vida en el *Bowery* de Nueva York (el barrio más pobre y de peor fama). Margarita, el personaje más sinceramente poético del *Fausto* de Johann Wolfgang Goethe (1749-1832); amada y abandonada. Margarita Gautier, protagonista de una novela y todavía más famoso drama de Alexandre Dumas hijo (1824-1895), tipo femenino de cortesana inspirador de la Violeta de *La Traviata*. Margarita la Tornera, protagonista de la leyenda de este nombre de José Zorrilla (1817-1893), monja pecadora que vuelve al convento.

Margot f

Variante francesa de Margarita.

Margarita de Valois, esposa de Enrique IV, reina de Navarra y Francia, llamada Margot (1553-1614). Margot Byra Hemingway, actriz estadounidense (1954-1996). Margot Fonteyn, bailarina británica (1919-1991).

María f On. 15 de agosto

Es sin duda es el nombre femenino más popular en España, pero por esta misma causa es poco frecuente solo, y es habitualmente el complemento de otro. Aunque en los últimos años haya debido ceder los primeros lugares a otros, conserva empero un puesto privilegiado. Del hebreo *Miryam*, para el cual se han propuesto hasta setenta interpretaciones: por citar un par de las más conocidas, el hebreo *mara*, 'contumaz', y el egipcio *mrym*, 'amada de Amón', es decir, de Dios). El nombre aparece transformado en la Vulgata en la actual María, cuyo uso no se populari-

zó hasta bien entrada la Edad Media por tabúes religiosos análogos a los que rodeaban los nombres de Cristo o Jesús (v.).
Derivados y equivalentes: Marina, Marica, Míriam, Mireya, Mariona, Mari.
Cat. /Maria (hips. Mari, Mariona). Eus. /Miren, Mari, Maddi, Maia. Gal. /María (hip. Marica, Maruxa).
Maria Antònia Salvà, poetisa mallorquina (1869-1958). Maria Aurèlia Capmany, escritora catalana (1918-1991). Maria Bethania, cantante brasileña (1949). Maria Callas (Maria Kalogerópulos), soprano griega (1923-1977). María Casares, actriz española, miembro de la Comédie Française (1922-1996). María Cristina de Austria, reina y regente de España, madre de Alfonso XIII (1858-1929). María Cristina de las Dos Sicilias, reina y regente de España, madre de Isabel II (1806-1878). María del Mar Bonet, cantautora mallorquino-catalana (1947). María Félix, actriz cinematográfica mexicana (1915-2002). María Guerrero, actriz y empresaria teatral española (1868-1928). María Luisa de Parma, reina de España, esposa de Carlos IV (1751-1819). María Moliner, lexicógrafa española (1900-1981). Maria Montessori, pedagoga italiana (1870-1952). Maria Santpere (*Mary Santpere*), actriz catalana (1917-1992). María Teresa I, archiduquesa de Austria y reina de Hungría y Bohemia (1717-1780). María Zambrano, escritora y filósofa española (1904-1991). María, madre de Jesús de Nazaret, personaje del Nuevo Testamento (s. I). Marie Brizard, industrial licorera francesa (1714-1801). Marie Curie (Maria Sklodowska), física polaco-francesa (1867-1934). Marie Duplesis, cortesana francesa, modelo de Dumas para su Marguerite Gaurtier en *La dama de las camelias* (1823-1847). Marie Joseph Motier, marqués de La Fayette, militar y político francés (1757-1834). Mary Pickford, actriz cinematográfica canadiense (1893-1979). Mary Shelley, novelista británica (1797-1861).

Mariam f

Forma antigua de María, hoy nombre de fantasía, formado combinando María (v.) con su equivalente hebreo Míriam (v.). De hecho es una posible pronunciación del original hebreo *mr'm*
Cat. /Mariam
Beata Mariam Baouardy (1846-1878), hija de árabes, beatificada en 1983.

Mariano/Mariana m/f On. 19 de agosto

Del latín *Marianus*, gentilicio de Mario (sufijo *-anus*, 'relativo, de la familia de'). Alude también a la devoción a la Virgen María. Sin relación con los femeninos Marianne (F) o Marianna (It), compuestos de María y Ana.

Variante femenina: Marian.

Cat. Marià, Marian/Mariana, Marianna. Eus. Maren/Marene. Gal. Mariano/Mariana.

Marià Aguiló, filólogo y bibliógrafo mallorquín-catalán (1825-1897). Marià Benlliure, escultor valenciano (1862-1947). Marià Faura, paleontólogo y geólogo catalán (1883-1941). Marià Fortuny, pintor, dibujante y grabador catalán (1838-1874). Marià Manent, escritor catalán (1898-1988). Marià Vayreda, pintor y escritor catalán (1853-1903). Marià Villangómez, escritor ibicenco (1913). Mariana de Austria (1634-1696), reina de España, esposa de Felipe IV. Mariana de Neoburgo (1667-1740), reina de España, esposa de Carlos II. Mariana Pineda, heroína andaluza (1804-1831). Marianne North, naturalista y pintora británica (1830-1890). Mariano Alvarez de Castro, militar castellano (1749-1810). Mariano Azuela, escritor mexicano (1873-1952). Mariano Haro, corredor de fondo español (1940). Mariano José de Larra, escritor castellano (1809-1837). Mariana, personaje de *Medida por medida* de William Shakespeare (1564-1616), mujer abandonada por su amante. Marianela, protagonista de la novela de este nombre de Benito Pérez Galdós (1843-1920), alma hermosa encerrada en un cuerpo poco agraciado.

Marilyn f

Nombre inglés de fantasía, formado a partir de María con el sufijo anglosajón *-ilyn*, que hallamos en otros nombres como Purilyn, Annilyn.

Marilyn Monroe (Norma Jean Baker), actriz cinematográfica estadounidense (1926-1962).

Marino/Marina m/f On. 4 de septiembre

Del latín *Marinus*, 'marinero, del mar' (como Pelagio, Morgan, Póntico). En femenino, es considerado variante de María (en realidad, procede de *Marinus*, el verdadero gentilicio de María, cf. Mariano).

Variante: Marín.

Cat. Marí/Marina. Eus. Marin/Mariñe, Itsasne. Gal. Mariño/Mariña.

Marí Civera, sindicalista y escritor valenciano (1900-1975). Marin Mersenne, presbítero, filósofo y matemático francés (1588-1648). Marina Mniszek, dama polaca que llegó a zarina (1588-1614). Marina Rossell, cantautora catalana (1953). Marina Tsvetaieva, poetisa rusa (1894-1941). Marino de Tiro, matemático y geógrafo griego (s. I). Marino Marini, pintor y escultor italiano (1901-1980). Marina de Malombra, protagonista de *Malombra*, primera novela de Antonio Fogazzaro (1842-1911), tipo de mujer que exalta por la misma enemistad que suscita.

Mario m On. 19 de enero

Aunque es considerado a menudo el masculino de María, en realidad lo es de Mariana, y aparece en Roma antes de nuestra era con el general Mario, perteneciente a una *gens* romana que pretendía descender de Marte, dios de la guerra (v. Marcos). El probable origen del nombre está en *Maris*, forma etrusca de Marte.

Cat. Màrius/. Gal. Mario/.

Mario (Cayo Mario), general romano adversario de Sila y defensor de los derechos del pueblo (157-86 a. C.). San Mario (on. 19-1), noble persa martirizado en Roma, hoy proscrito del santoral (s. III). Mario Benedetti, escritor uruguayo (1.920-2009). Mario Conde, financiero español (1948). Mário de Sá Carneiro, poeta portugués (1890-1916). Mario del Mónaco, tenor italiano (1915). Mario Moreno, *Cantinflas*, actor cinematográfico mexicano (1911-1993). Mário Soares, político portugués, presidente de su país (1924). Mario Vargas Llosa, novelista peruano (1936). Màrius Torres, poeta catalán (1910-1942). Mario, personaje de *Los miserables* de Víctor Hugo (1802-1885); en él esboza el autor una figura de sí mismo.

Mariona f

Hip. catalán de María, formado a partir del francés *Marion*.

Cat. /Mariona.

Mariona Rebull, personaje de la novela homónima de Ignacio Agustí. Marion levy ('Paulette Goddard'), actriz estadounidense, segunda esposa de Charlie Chaplin (1911-1990).

Marisol f

Hip. de María del Sol y también de Soledad.

Cat. /Marisol. Gal. /Marisol.

Marisol (Pepa Flores), actriz y cantante española (1948).

Marlena f

Nombre reciente, creado para la actriz Marlene Dietrich (*Marlene*) como equivalente de María Elena.

Variantes: Marilena, Marlene, Marlen (este último es también nombre de fantasía revolucionario, formado por las sílabas iniciales de Marx-Lenin).

Cat. /Marlena.

Marlene Dietrich (Maria Magdalena von Losch), actriz cinematográfica alemana (1902-1992). Marlene Morreau, actriz y presentadora de TV hispanofrancesa (1962).

Marlon m

Nombre anglosajón, posiblemente relacionado con Marion, variante de María.

Marlon Brando, actor cinematográfico estadounidense (1924-2004).

Marsala m

Nombre masculino, tomado del de la ciudad de Sicilia homónima (hoy Mesina).

Cat. Marsala/.

Marsala, personaje de la novela *Ben Hur*, de Lewis Wallace.

Marte m

Divinidad latina. Origen desconocido, relacionado con la voz mar, 'varón', sinónima de 'fuerte, poderoso'.

Cat. Mart/.

Marte, figura de la mitología latina, dios de la guerra, identificado con el Ares griego.

Martín/Martina m/f On. 11 de noviembre

Del latín *martinus*, gentilicio de Marte: 'hombre marcial, belicoso, guerrero'. Difundido en la Edad Media por san Martín de Tours.

Cat. Martí/Martina. Eus. Martie, Martixa, Mattin, Martiñ/Martiñe, Martixa, Martiza. Gal. Martiño/Martiña.

Martí de Riquer, romanista catalán (1914). Martin Amis, novelista británico (1949). Martin Heidegger, filósofo alemán (1889-1976). Martín I *el Humano* (1356-1410), rey de la Corona de Aragón, truncó la dinastía al morir sin descendencia, dando lugar al célebre Compromiso de Caspe (1412). Martine Carol, actriz cinematográfica francesa (1922-1967). Martín López-Zubero, nadador español (1969). Martín Luter, reformador alemán (1483-1546). Martin Scorsese, director cinematográfico estadounidense (1942). Martiz Fiz, corredor español de maratón (1963). San Martín de Tours (s. IV), que compartió su capa con un mendigo. Martina Hingis, tenista suiza (1980). Martina Navratilova, tenista estadounidense de origen checo (1956). Martín Fierro, personaje del poema homónimo de José Hernández (1834-1886), gaucho bueno obligado a defenderse de las arbitrariedades de quienes le gobiernan.

Martiniano/Martiniana m/f On. 2 de julio

Nombre latino, gentilicio de Martín (v.): *Martinianus*, 'relativo, de la familia de Martín'. Sufijo gentilicio *-anus*, 'relativo, de la familia de'.

Cat. Martinià/Martiniana.

Martiniano Leguizamón, escritor argentino (1858-1935).

Martirián m

Variante de Martiriano.

Cat. Martirià.

San Martirián, obispo y mártir cristiano gerundense (s. III?).

Martiriano/Martiriana m/f

Nombre latino, gentilicio de Mártir (*martyros*, 'testimonio'). Sufijo gentilicio *-anus*, 'relativo, de la familia de'.

Variantes: Marturián, Martiriano, Marturiano.

Cat. Martirià/Martiriana.

Marto/Marta m/f On. 29 de julio

Suele interpretarse como el femenino del arameo *mar*, 'señor' (presente en el persa *Marza*). Nombre bíblico del NT, popularizado desde la reforma protestante.

Cat. Mart/Marta. Eus. /Marte. Gal. /Marta.

Marta, personaje de la Biblia, hermana de María y de Lázaro (Lc 10, 38-41). Marta Mata, pedagoga catalana (1926-2006). Marta Robles, periodista y locutora de radio española (1963). Marta Sánchez, cantante española (1966). Marthe Robin, mística francesa, fundadora de los *Foyers de charité* (1902-1981).

Maruja f

Hip. de María, tomado del gallego *Maruxa.*

Cat. /Maruxa. Gal. /Maruxa.

Maruxa, protagonista de la zarzuela homónima de Amadeu Vives. Maruja Torres (María Dolores Torres Manzaneda), escritora española (1945). Marujita Díaz, actriz y cantante española (1932).

Mateo/Matea m/f On. 21 de septiembre

Forma helenizada de Matías, portada por un evangelista, que era recaudador de tributos al ser incoporado por Jesús al grupo de apóstoles. Ello le ha valido ser patrón de los aduaneros.

Cat. Mateu/Matea. Eus. Matai, Matei/Mate. Gal. Mateo/Matea.

San Mateo, en el NT, apóstol evangelista (Mt 9,9). Gordon Mattew Sumner, *Sting*, músico británico (1949). Mateo Alemán, escritor español (1547-1614). Mateo Garralda, jugador de balonmano español (1969). Mateu Morral, anarquista catalán (1880-1906). Mateu Orfila, médico y químico catalán (1787-1853). San Mateo, uno de los doce apóstoles, autor del primer Evangelio según la tradición (s. I).

Maternidad f On. 1 de enero

Nombre mariano, alusivo a la Maternidad de la Virgen María.

Cat. /Maternitat. Eus. /Amane, Amatza.

Matías m

Simplificación del hebreo Matatías, este a su vez de *mattithyah*, 'don de Yahvé' (en otra interpretación, *mathyah*, 'fiel a Dios'). Nombre real en Hungría. Su hip. más corriente es Teo (que en realidad lo es de Doroteo o Teodoro).

Variante: Macías.

Cat. Maties, Matias, Maicà/Maciana. Eus. Matia, Maties, Mattie/Matte. Gal. Macias, Matías/.

Matías, apóstol sustituto de Judas (Ac 1,21-26). Matías I Corvino, rey de Hungría (s. XV). Mathias Jacob Schleiden, botánico alemán (1804-1881). Mats Wilander, jugador de tenis sueco (1964). Matt Damon, actor cinematográfico estadounidense (1974). Matías de las Ocas, (Ludas Matyl), villano de agudo ingenio, que da nombre al breve poema del autor húngaro Mihály Fazekas (1766-1828). Matías Pascal, protagonista y *deus ex machina* de *El difunto Matías Pascal* del italiano Luigi Pirandello (1867-1936), naturalista relato de personajes que desean evadirse de su condición.

Matilde f On. 14 de marzo

Del germánico *maht-hild*, 'guerrero fuerte' (v. Magán; v. Hildo). Muy popular en los países germánicos, conoce gran difusión en España actualmente. Presenta numerosas variantes: Matilda (inventada por las reglas de concordancia castellana), Mectilda, Mechtildis (formas antiguas), Mahalta (v.), Mafalda (v.).

Cat. /Matilde. Eus. /Matilde. Gal. /Matilde.

Matilda Sarao, periodista y novelista italiana (1856-1927). Matilde de Flandes, esposa de Guillermo el Conquistador (s. XI). Matilde deToscana ('la condesa Matilde'), amiga del papa Gregorio VII (1046-1115). Matilde Rodríguez, actriz española (1860-1913). Matilde de la Móle, importante personaje femenino en la novela de Stendhal (1783-1842) *Rojo y Negro*, segunda amante y finalmente esposa de Julián Sorel.

Mauricio/Mauricia m/f On. 22 de septiembre

Del latín *Mauritius*, gentilicio de Mauro. Sufijo gentilicio *-itius*, 'relativo, de la familia de'.

Es de los pocos nombres propios que han dado lugar al de un estado (cf. Felipe), en honor de un navegante portugués.

Cat. Maurici/Maurícia. Eus. Maurixi, Maurin/Maurixe, Mauriñe. Gal. Mauricio/Mauricio.

Maurice Béjart, bailarín y coreógrafo francés (1927-2007). Maurice Chevalier, actor y *chansonnier* francés (1888-1972). Maurice Maeterlinck, escritor belga (1862-1949). Maurice Ravel, compositor francés (1875-1937). Maurice Vlaminck, pintor francés (1876-1958). Maurici Serrahima, escritor y político catalán (1902-1979). Mauricio Bacarisse, poeta, novelista y ensayista español (1895-1931). Mauricio Magdaleno, escritor mexicano (1906-1986). Maurizio Pollini, virtuoso al piano italiano (1942). Mauricio Gómez Herrera, protagonista de la novela en buena parte autobiográfica *Divertidas aventuras del nieto de Juan Moreira*, del escritor argentino Roberto J. Payró (1867-1928). Máximo y Mauricio, héroes del relato *Máximo y Mauricio, una historia de muchachos en siete travesuras* de Wilhelm Busch (1832-1908), pilletes rudimentarios y crueles.

Mauro/Maura m/f On. 15 de enero

Del griego *mauros*, 'oscuro', aplicado especialmente a los habitantes de la región llamada Mauritania aludiendo al color de su piel (de aquí los 'mauros', o sea moros).

Presenta gran cantidad de derivados: Mauricio, Maurilio, Maurilo, Maurino. Variante gallego-portuguesa: Amaro.

Cat. Maur, Maür, Maure/Maura. Eus. Maura, Maore/Maure. Gal. Amaro, Mauro/Maura.

Mauro Vetranovic, poeta dálmata (1482-1576).

Max m

Hip. de Máximo, Maximino, Maximiano y Maximiliano.

Cat. Max. Eus. Max. Gal. Max.

Max Aub, escritor de origen alemán en lengua castellana (1903-1972). Max Born, físico alemán (1882-1970). Max Cahner, editor, político e historiador de la literatura, catalán de origen renano (1936). Max Ernst, pintor y escultor alemán (1891-1976). Max Frisch, novelista y dramaturgo suizo en lengua alemana (1911-1991). Max Horkheimer, filósofo y sociólogo alemán (1895-1973). Max Planck, físico alemán (1858-1947). Max Scheler, filósofo alemán (1874-1928). Max Weber, historiador y sociólogo alemán (1864-1920). Max Piccolomini, personaje de *Wallenstein* de Friedrich Schiller (1759-1803), noble de origen italiano.

Maximiliano/Maximiliana m/f On. 12 de marzo

Del latino *Maximilianus*, gentilicio doble de Máximo. Sufijos gentilicios *-ilus* y *-anus*, 'relativo, de la familia de'. También puede interpretarse como 'varón máximo de la familia Emilia' (v. Máximo y Emilio), derivado posteriormente al nombre actual. Evocador de emperadores germánicos, es todavía muy popular hoy en Alemania. Por largo, se abrevia casi siempre en Max.

Cat. Maximilià/Maximiliana. Gal. Maximiliano/Maximiliana.

Maximiliano I, archiduque de Austria (1459-1519). Maximilien de Robespierre, político y revolucionario francés (1758-1794). Maximiliano de Habsburgo, emperador de México, fusilado en Querétaro (1832-1867). Maximilian Schell, actor estadounidense de origen alemán (1930).

Maximino/Maximina m/f On. 25 de enero
Nombre latino, de *Maximinus*, 'relativo, de la família de Máximo' (v.). Sufijo gentilicio *-inus*, 'relativo, de la familia de'.
Cat. Maximí/Maximina. Eus. Maximin/Maximiñe. Gal. Maximino/Maximina.
Maximino I de Tracia, pastor devenido emperador (s. III). Maximino Daia, perseguidor de los cristianos (s. IV). Maximino (Cayo Julio Vero M.), emperador romano (173-238).

Máximo/Máxima m/f On. 27 de noviembre
Del latín *Maximus*, 'máximo, mayor', aplicado al hijo primogénito de una familia. Popularizado por dos emperadores romanos y muy frecuente en Roma, como atestiguan sus derivados: Maximino, Maximiano, Maximiliano.
Cat. Màxim/Màxima, Maxima. Eus. Masima/Masime. Gal. Máximo/Máxima.
Máximo, en la mitología romana, epíteto de Júpiter, dios máximo. Maksim Gorkij (Aleksei Maximovich Peshkov), escritor ruso (1868-1936). Massimo Montempelli, escritor y autor dramático italiano (1878-1960). Maxime Weygand, general francés (1867-1965). Máximo el Hagiorita, monje y humanista ruso (s. XVI). Máximo Gómez, héroe de la independencia de Cuba (1836-1905). Máximo Morera, político y poeta expañol (1853-1927). Máximo Santos, político uruguayo, presidente de su país en 1882-86. Máximo Tajes, político uruguayo, presidente de su país en 1886-90. Maksim Maksimovich, personaje de la novela *Un héroe de nuestro tiempo* de Michail Jur'evich Lermontov (1814-1841), viejo y celoso militar ruso en la época de las luchas por la sujeción del Cáucaso. Máximo y Mauricio, héroes del relato *Máximo y Mauricio, una historia de muchachos en siete travesuras* de Wilhelm Busch (1832-1908), pilletes rudimentarios y crueles.

Maya f
Nombre mitológico, llevado por la madre de Hermes (*maia*, 'madre' en griego). Quizás es palabra adoptada de una diosa sánscrita: *Maya*, 'ilusión', pero en el sentido de «esencia, propiedad de las cosas en cuanto afecta a nuestros sentidos y hace posible conocerlas». (*Bhagavad Gita*). Maia (v.) es también la forma vasca de María.
V. también Maeva.
Cat. /Maia. Eus. /Maia. Gal. /Maia.
Maya, en la literatura india, madre de Gautama Sakiamuni, Buda (s. V a. C.).

Maya Angelou, escritora afroamericana (1928). Maya Deren, directora cinematográfica estadounidense de origen ucraniano (1908-1961). Maya, en la mitología, hija de Atlas y madre de Hermes, una de las Pléyades.

Mayer m

Apellido alemán convertido en prenombre. Variante de Meyer, con significado de 'aparejo, carga de un buque'.

Mayer Amschel Rothschild, magnate judío de la banca y finanzas alemanas, fundador de su dinastía (1743-1812).

Mecenas m

Nombre latino, seguramente gentilicio de la *Maecia*, una de las tribus rústicas romanas. Usado como nombre común para referirse a los protectores de las artes.

Cat. Mecenes/.

Cayo Clinio Mecenas, caballero romano, protector de las artes (69? a. C.-8 d. C.).

Medardo/Medarda m/f On. 8 de junio

Del germánico *maht-hard*, reduplicación de la voz 'fuerte' (o de *mods*, 'espíritu, valor'). Traducible por 'gobernante fuerte'.

Cat. Medard/Medarda. Eus. Meder/Medere. Gal. Medardo/Medarda.

Medardo Rosso, escultor italiano (1858-1928). Medardo Fraile, escritor español (1925). Medardo, personaje de *El elixir del diablo*, de E. T. A. Hoffmann (1776-1822), figura fantástica de monje sobre el que pesa una maldición.

Medea f

Nombre de la mitología griega. Quizá de *medeia*, 'exclusión', aludiendo al carácter intransigente del personaje.

Cat. /Medea.

Medea, heroína de la mitología griega, hija del rey de Cólquida, esposa de Jasón, que abandonada por este se vengó terriblemente, matando a sus hijos y a la rival.

Medín/Medina m/f

Variante de Emeterio (v.), usada en Cataluña.

Cat. Medí, Medir/Medina, Medira.

San Medir, santo hispano de mucha advocación en Barcelona (s. III).

Melanio/Melania m/f On. 6 de enero

Del griego *melánios*, 'negro, oscuro', o 'con manchas negras'. Sinónimos: Austro, Colmano, Fineas, Indíbil, Melandro, Melas.

Cat. Melani/Melània.Gal. Melanio/Melania.

Santa Melania (amiga de san Agustín), que dio todos sus bienes a los pobres (s. IV-V). Melania, dado como sobrenombre a Deméter por el luto que llevaba a su hija Proserpina, raptada a los Infiernos por Plutón. Melanie Klein, psicoanalista inglesa de origen austríaco (1882-1960). Melanie Griffith (1957), actriz cinematográfica estadounidense. Mélanie Waldor, escritora francesa (1796-1871). Melanie Klein, psicoanalista austriaca (1882-1960).

Melba f

La cantante australiana Elena Poter Mitchel, que tomó el seudónimo, quiso honrar con él la ciudad de Melbourne, donde cursó sus estudios e inició su fama. La ciudad se origina a su vez en el lugar británico *Melbourne*, 'arroyo de Mel'.

Cat. /Melba.

Melba, seudónimo de la cantante australiana Elena Poter Mitchel.

Melchor/Melchora m/f On. 6 de enero

Transcripción latina del hebreo *malki-or*, 'rey de la luz'. Atribuido por la tradición a uno de los tres Reyes Magos, representante de los pueblos semitas mediterráneos.

Cat. Melcior/Melciora. Eus. Metxor/Metxore. Gal. Melchor/Melchora.

Melchor Broederlam, pintor flamenco (s. XIV-XV). Melchior Frank, compositor alemán (s. XVII). Melchiorre Gioia, economista y filósofo italiano (1767-1829). Melchor Fernández Almagro, historiador español (1893-1966).

Melindo/Melinda m/f

Nombre poético, formado con el griego *mélos*, 'armonioso' (v. Filomeno). Modificado posteriormente con el sufijo germánico *-lind* (v. Linda). Concurre con Melina, en realidad derivado de *meli*, 'miel'.

Cat. Melind/Melinda.

Melinda, personaje de la tragedia *El Ban Bank* de Jószef Katona (791-1830), esposa de Bank, imagen de la pureza y la inocencia.

Meliso/Melisa m/f

Del gr. *mélissa*, 'abeja'. Nombre muy popular en USA en la forma *Melissa*. Emparentado con Melina.

Cat. Melis/Melissa.

Melisa, en la mitología griega, nodriza de Zeus. Meliso de Samos, filósofo griego (s. v a. C.), discípulo de Parménides. Melissa, ninfa mitológica encargada de la recolecccíón de miel. Melissa Etheridge, cantautora estadounidense (1961). Melissa Gilbert, actriz estadounidense (1964).

Melitón/Melitona m/f On. 1 de abril

Del latín *mellitus*, 'dulce como la miel'. Las palabras griegas *mélissa*, 'abeja' y *méli*, 'miel', originaron multitud de nombres propios, especialmente femeninos, con el contenido de 'dulce, agradable': Melinda, Melisa, Melitina, Melita... La misma significación aparece en los sinónimos Dulce, Emerio, Erasmo, Estibáliz, Euterpe, Glicerio, Graciosa, Hada, Liberio, Linda, Melindres, Pamela.

Cat. Melitó/Melitona. Eus. Meliton/Melitone. Gal. Melitón/Melitona.

San Melitón, obispo de Sardes (Lidia), s. II. Fray Melitón, personaje de la ópera *La forza del destino*, de Verdi. Melitón Manzanas, comisario de policía, primera víctima de ETA (1909-1968).

Mena f

Hip. de Filomena. Distinto de Menna (masculino Mennas), germánico frecuente en los Países Bajos, derivación de *mann*, 'hombre'.

Cat. /Mena.

Mena Suvari, actriz cinematográfica estadounidense (1979).

Menahem m

Forma moderna de Manahén, en el AT: «consolador».

San Manahén, compañero de infancia del tetrarca Herodes Antipas, en el exilio profeta y doctor de la comunidad cristiana de Antioquía (s. I). Menahem Begin, político israelí (1913-1992).

Mencio/Mencia m/f

Latinización (*Mencius*, por el original *Meng-tse*, 'médico sabio'), de Mencio, propagador de la doctrina de Confucio. Usado también como hip. de Clemencio/Clemencia (v. Clemente).

Cat. Menci/Mència.
Mencio, filósofo chino de los s. IV-III a. C.

Mendo/Menda m/f On. 11 de junio
Contracción gallegoportuguesa de Menendo o Melendo, ambas a su vez formas ya contractas de Hermenegildo (v.).
Cat. Mend/Menda. Gal. Mendo/Menda.

Mercedes f On. 24 de septiembre
Advocación mariana: la Virgen de la Merced, patrona de Barcelona. Del latín *merx*, 'mercancía, valor de una mercancía', de donde el sentido posterior de 'merced, misericordia, perdón'. La orden de la Merced fue fundada en 1218 para la redención de los cautivos apresados por los piratas berberiscos.
Hip. Merche.
Cat. /Mercè. Eus. /Eskarne, Mertxe, Mesede.Gal. /Mercedes, Mercede.
Mercè Capsir, cantante catalana (1902-1969). Mercè Rodoreda, escritora catalana (1909-1983). Mercedes Cabello de Carbonera, escritora peruana (1847-1909). Mercedes Milà, periodista catalana (1948). Mercedes Sosa, cantante popular argentina (1935-2009).

Mercurio m On. 25 de noviembre
Del lat. *merx, mercis*, 'mercancía', y *cura*, 'cuidado': el que cuida del comercio'.
Derivado: Mercurino.
Cat. Mercuri/.
Mercurio, divinidad romana antigua, protectora del comercio, asimilada al Hermes griego. Mercurino Gattinara (1475-1530), eclesiástico y estadista italiano.

Meritxell f On. 8 de septiembre
(Pronunciado /merichell/). Nombre de un célebre santuario andorrano, presidido por la Virgen patrona del Principado. Parece que se trata de un mero hip. de María.
Cat. /Meritxell.

Meryl f

Hip. de Mary, usado en USA.

Meryl Streep (Mary Louise Streep), actriz cinematográfica estadounidense (1949).

Mesala m

Nombre masculino, de familia romano. Gentilicio de Messana, hoy Mesina, en Sicilia.

Derivado: Mesalino/Mesalina.

Cat. Messala/.

Mesala, personaje de la novela *Ben Hur*, de Lewis Wallace.

Miguel/Miguela m/f On. 28 de septiembre

Nombre hebreo del AT, portado por el arcángel jefe de las cohortes celestiales que derrotó a Satanás. Del hebreo *mika-el*, 'Dios es justo, incomparable', o, simplemente, '¿Quién como Dios?'. V. Ezequiel. Popularísimo en España desde el Renacimiento.

Variante femenina: Micaela (v.).

Suele usarse también la forma femenina Miguelina.

Formas femeninas: Micaela, Miguelina.

Cat. Miquel/Miquela. Eus. Mikel, Mitxel, Mixel, Garikoiz/Mikele, Mikela. Gal. Miguel/Miguela.

San Miguel, en la Biblia, arcángel vencedor de Satanás (Ac 12,7). Michael Collins, héroe del nacionalismo irlandés (1890-1922). Michael Collins, uno de los tres primeros astronautas en alcanzar la Luna (1930). Michael Faraday, físico y químico inglés (1791-1867). Michael Jackson, cantante estadounidense (1958-2009). Michael Jordan, jugador de básquet estadounidense (1963). Michael Schumacher, piloto alemán de Fórmula 1 (1969). Michel de Montaigne (Michel Eyquem, señor de Montaigne), moralista francés (1533-1592). Michel Platini, futbolista francés (1955). Michel Tournier, escritor francés (1924). Michelangelo Antonioni, realizador cinematográfico italiano (1912-2007). Michelangelo Caravaggio, pintor italiano (1573-1610). Michèle Morgan (Simone Roussel), actriz cinematográfica francesa (1920). Michelle Pfeiffer, actriz cinematográfica estadounidense (1958). Michelozzo di Bartolomeo Michelozzi, arquitecto, ornamentista y escultor italiano (1396-1472). Mick Jagger, cantante británico (1943). Miguel Ángel (Michelangelo Buonarroti), escultor, pintor, arquitecto y poeta (1475-1564). Miguel Ángel

Asturias, escritor guatemalteco (1899-1974). Miguel de Cervantes, escritor castellano (1547-1616). Miguel de Unamuno, escritor y profesor universitario vasco (1864-1936). Miguel Delibes, novelista castellano (1920-2010). Miguel Hernández, poeta valenciano (1910-1942). Miguel Indurain, ciclista español (1964). Miguel Primo de Rivera, militar y político andaluz (1870-1930). Miguel Servet (Miguel Serveto Conesa), humanista, médico y teólogo reformado aragonés (1511-1553). Miguel VIII Paleólogo, emperador de Oriente (†1225). Mijail Bakunin, dirigente y pensador revolucionario anarquista (1814-1876). Mijail Glinka, compositor ruso (1804-1857). Mijail Gorbachov, político ruso, iniciador del *glassnost* (1931). Mikis Theodorakis, músico y político griego (1925). Miquel Barceló i Artigues, pintor mallorquín (1957). Miquel Batllori, historiador catalán (1909-2003). Miquel Coll i Alentorn, historiador y político catalán (1904-1990). Miquel Costa i Llobera, escritor y eclesiástico mallorquín (1854-1922). Miquel dels Sants Oliver, ideólogo, periodista y escritor mallorquín-catalán (1864-1920). Miquel Llor, novelista catalán (1894-1966). Miquel Martí i Pol, poeta catalán (1929-2003). Miquel Oslé, escultor catalán (1879-1960). Miquel Porter i Moix, crítico cinematográfico catalán (1930-2004). Miquel Roca i Junyent, político catalán (1940). Miquel Santaló, político y pedagogo catalán-mexicano (1888-1962). Miquel Serra i Arbós, pintor catalán-italiano-francés (1658-1733). Miquel Taradell, arqueólogo e historiador catalán (1920-1995). Miquel Utrillo, promotor artístico y pintor catalán (1862-1934). Mikhail Ilarionovich Kutuzov, general ruso que mandó las tropas contra Napoleón. Miguel Kolhaas, personaje de la obra homónima de Heinrich Kleist (1777-1811), hombre justo transformado en bandido por obra de una injusticia. Miguel Strogoff, protagonista de la novela homónima de Julio Verne (1828-1905), correo del Zar, sujeto de múltiples aventuras. Michelle Obama (1964), esposa del presidente de USA Barack Obama.

Mika m

Forma finlandesa de Miguel (a través de *Mikael*).

Mika Waltari, escritor finlandés (1908-1979). Mika Hakkinen, piloto automovilista finlandés (1968).

Mila f

Hip. de Milagrosa y de Milena (este, a su vez, lo es de Ludmila). También de Emilia.

Cat. /Mila. Gal. /Mila.

Mila, protagonista de la novela rural catalana *Soledad*, por Víctor Català (Caterina Albert i Paradís, 1869-1966), mujer abandonada espiritualmente que encuentra en la naturaleza su consuelo. Mila di Codra, nombre de 'la hija de lorio' en la tragedia así titulada de Gabrielle D'Annunzio (1863-1938), prostituta rural liberada por el amor que infunde a un recién casado.

Milagros f On. 9 de septiembre

Advocación mariana, Nuestra Señora de los Milagros. Del latín *miraculum*, 'maravilla, prodigio'.

Variante: Milagro.

Cat. /Miracle. Eus. /Alazne, Milari, Mirai. Gal. /Milagres.

Milan m

Forma eslovaca de Amando o Amato, popularizada por el célebre escritor checo.

Milan Kundera, escritor checo (1929).

Milburga f On. 23 de febrero

El término *milu*, de origen latino (*milus*, 'agradable', a su vez del griego melos, 'armonioso'), aparece en muchos nombres germánicos, especialmente femeninos. El sufijo -burg, también frecuente, significa 'protección, amparo'. V. Burgo.

Variante: Milburgues.

Cat. /Milburga. Gal. /Milburga.

Santa Milburga, hija de santa Ermenburga, fundadora de la abadía de Wenlock (Inglaterra) (†722).

Milcíades m

Nombre de un político y militar griego (*Miltiades*). Su origen es oscuro; quizá relacionado con *miltos*, 'oscuro', con la terminación patronímica *-ades*. Interpretación: 'de la familia de pelo rojo'.

Cat. Milcíades/.

Milcíades *el Joven*, político y estratega ateniense (540-489 a. C.). San Milcíades, papa de 311 a 314.

Milena f

Hip. de María Elena, usado en Francia y otros países.

Cat. /Milena.

Mylène Démongeot, actriz cinematográfica francesa (1925). Milena Jasenska-Pollak, compañera de Franz Kafka.

Milos/Mila m/f

Nombre portado por algunos príncipes de Serbia. Origen emparentado con el latín Milus, frecuente en nombres germánicos. V. Milburga.

Cat. Milos/.

Milos Obrenovic, príncipe de Serbia (1780-1860). Milos Forman, realizador cinematográfico checo (1932).

Milton m

En principio es un apellido anglosajón, procedente de la raíz *mill*, 'molino', con el sufijo *-ton*, 'campamento, establecimiento, ciudad'. Ha sido adoptado como nombre de pila por la fama del poeta inglés.

Milton Friedman, economista estadounidense (1912-2006), premio Nobel de Economía en 1976. John Milton, poeta inglés, autor de *El paraíso perdido* (1608-1674).

Milvio/Milva m/f

Del latín *milvius*, 'milano'. Famoso por la batalla del puente Milvio (313), en la que Constantino el Grande venció a Majencio (v.), consiguiendo así el Imperio y dando libertad de culto al cristianismo.

Cat. Milvi/Milva.

Milva, cantante italiana (1941).

Minervo/Minerva m/f On. 23 de agosto

Divinidad romana de la sabiduría, equivalente a la Atenea griega. Del latín *mente*, a su vez de *menervare*, 'advertir'. Derivados masculinos: Minervo, Minervino, Minerviano.

Cat. Minervus/Minerva. Gal. Minervo/Minerva.

Minerva, divinidad itálica, asimilada a la Atenea griega. Minerva Bernardino, política dominicana (1907). Minerva Piquero, meteoróloga española (1965).

Minoru m

Nombre japonés. Probablemente relacionado con *minami*, 'sur', y *oriru*, 'pendiente, descenso': 'la pendiente del sur'.

Minoru Yamasaki, arquitecto estadounidense de origen japonés (1912-1986).

Miren f

Forma vasca de María.

Mireya f

Nombre popularizado por el poeta F. Mistral en su poema homónimo (1859), *Mirèio*. El propio poeta declaraba haberlo recibido de su abuela materna, y lo asimilaba a Míriam, pero existe una santa *Mirella* en el s. v, por lo que parece más probable referirlo a *miracla*, 'milagro'. O, según otras fuentes, a Margarita (v.). Muy popular en la Provenza, y transmitido, por Cataluña, a toda España.

Con el mismo significado: Milagros, Miranda, Maravilla, Mirón, Prodigios.

Cat. /Mireia. Eus. /Mireia.

Mireille Balin, actriz francesa (†1969). Mireille Mathieu, cantante francesa (1938). Mireille Darc, actriz francesa (1938). Mirella Freni, soprano de ópera italiana (1936). Mireya, protagonista del poema de este nombre de Fréderic Mistral (1830-1914), personaje de suave feminidad.

Míriam f On. 15 de agosto

Forma primitiva hebrea de María (v.). Variante gráfica: Miryam

Cat. /Míriam. Gal. /Míriam

Míriam, nombre de María Madre de Jesús en el original griego de la Biblia. Miriam Fried, violinista israelí de origen rumano (1946). Miriam Makeba, cantante sudafricana, difusora de la cultura zulú (1932-2008). Miriam Schapiro, pintora estadounidense de origen canadiense (1923). Míriam, protagonista de la novela *El fauno de mármol* del escritor estadounidense Nathaniel Hawthorne (1804-1864), joven pintora bella y misteriosa.

Mirón/Mirona m/f

Concurren aquí tres nombres de orígenes distintos: el latín *mirus*, 'maravilla', confundido con el griego *Myron*, nombre de un perfume, y posteriormente con el germánico *maru*, *mir*, *mêru*, *miru* o *mêrs*, 'insigne',

derivación de *marha*, 'caballo de batalla' (v. Marcano), presente hoy en apellidos (el pintor Joan Miró).
Con el tiempo, el sufijo *miro* acabó siendo un mero antroponimizador masculino, olvidado su significado inicial, como ocurre con otras (v. Enrique; v. Berta; v. Fernando; v. Aldo).
Cat. Mir, Miró/Mirona.
Mirón, hermano y co-conde de Barcelona con Wifredo I *el Velloso* (s. IX). Mirón, conde de Barcelona (†966). Mir Geribert, *príncep d'Olèrdola*, noble del condado de Barcelona (†1060). Mirón, escultor griego (s. VI-V a. C.).

Mirto/Mirta m/f
Del griego *myrtos*, 'mirto'.
Derivado: Mirtala.
Cat. Mirt/Mirta. Gal. /Mirta.
Mirta, sobrenombre de Afrodita, asociada al mirto, arbusto consagrado a la diosa. Mirta Díaz-Balart, primera esposa de Fidel Castro (casados en 1948). Mirtha Legrand (Mirta Martínez), actriz cinematográfica y presentadora en TV argentina (1927).

Mirza f
Antiguo nombre persa: 'señora, princesa' (cf. Marta).
Cat. /Mirza.

Mitra m+f
Dios del panteón persa, identificado con Venus o con el mismo Sol, que halló cabida incluso en el panteón romano. Intèrpretado como 'ornamento'. Recuperado como nombre femenino cristiano.
Cat. Mitra/.
Mitra, divinidad iránica solar. Mitra, santa provenzal, esclava en Aix-en-Provence (s. III).

Mitrídates m
Nombre de un rey de Ponto vencido por Pompeyo. Del persa *Mithridatta*, 'dado por Mitra, don de Mitra' (v.).
Cat. Mitrídates/.
Mitrídates VI Eupátor, rey del Ponto (132?-63 a. C.).

Moammar m

Nombre árabe, variante de Muhammad, 'alabado' (v. Ahmed, Mahoma).

Moammar al-Gaddafi, militar y político libio (1942).

Moctezuma m

Del nahuátl *Motecuhzoma*, 'tu señor enojado'. Usado hoy en ese país en memoria de su emperador.

Moctezuma II (1466-1520), emperador azteca al advenimiento de los españoles en México.

Modesto/Modesta m/f On. 24 de febrero

Del latín *Modestus*, 'con modo, con medida, moderado'.

Cat. Modest/Modesta. Eus. Eratsi/Eratse. Gal. Modesto/Modesta.

Modest Cuixart, pintor catalán (1925-2007). Modest Musorgski, compositor ruso (1839-1881). Modest Urgell, pintor y comediógrafo catalán (1839-1919).

Mohamed m

En realidad no es un nombre, sino un título usado en los países árabes, equivalente a 'honorable'. Pero en otros países es usado como apelativo. Derivación del nombre del profeta Mahoma, *Muhammad*.

San Bernardo, nombre adoptado por el árabe Mohamed al bautizarse (s. XII). Mohamed Ali (Cassius Clay), boxeador estadounidense (1942).

Moisés m On. 28 de agosto

Nombre del gran patriarca del AT, guía del pueblo judío hacia la Tierra Prometida y verdadero fundador de la religión monoteísta.

La interpretación tradicional del nombre (*Moshèh*, 'salvado de las aguas') alude a un episodio de su niñez y parece, como en tantos otros nombres bíblicos, una creación popular posterior. Más bien habría que ver en él el egipcio mesu, 'niño, hijo'.

Cat. Moisès/. Eus. Mois/. Gal. Moisés/.

Moisés (s. XIII a. C.), personaje bíblico, máxima figura de la religión judía (Ex). Moisé Mendelssohn, filósofo alemán (1729.1786). Moïse Kisling, pintor y diseñador francés de origen polaco (1891-1953).

Mónico/Mónica m/f On. 27 de agosto

Aunque siempre utilizado, el nombre conoce una popularidad arrolladora actualmente. Es femenino del griego monachós, 'monje' (por monos, 'uno, solo, solitario').

Cat. Mònic/Mònica. Eus. Monika/Monike. Gal. Mónico/Mónica.

Monica Seles, tenista serbia (1973). Monica Vitti (Maria Luisa Cecciarelli), actriz cinematográfica italiana (1931). Monique Cerf ('Barbara'), cantante francesa (1930-1997). Monique Tchemerzine ('Ludmila Tcherina'), danzarina francesa (1924-2004). Santa Mónica, madre de san Agustín (s. IV).

Montserrat m+f On. 27 de abril

Advocación mariana: Virgen del *Mont-serrat*, 'monte aserrado' (por el aspecto de los picachos), patrona de Cataluña.

Hip. Montse. Hip. C Rat.

Variante usada en Hispanoamérica: Monserrat.

Cat. Montserrat/Montserrat, Eus. Muntsaratz, Muntxaraz/Muntsaratz, Muntxaraz. Gal. /Montserrat.

Montserrat Caballé, soprano lírica catalana (1933). Montserrat Gudiol, pintora catalana (1933). Montserrat Roig, escritora catalana (1946-1991).

Mstislav m

Nombre ruso: «señor glorioso». V. Miroslavo.

Mstislav Rostropovich, violoncelista y director de orquesta ruso (1927-2007).

Muriel f

Seguramente del irlandés *muirgheal*, 'brillante como el mar' (*muir*, 'mar'). Es también forma normanda de María.

Cat. /Muriel.

Muriel Spark, escritora británica (1918-2006).

Nabucodonosor m

Nombre asirio (*Nabuchodonosor*). Literalmente, 'que el dios Nabo (v. Nabor) proteja la corona'.

Cat. Nabucodonosor/.

Nabucodonosor II, rey de Babilonia (s. VII-VI a. C.), nombrado en la Biblia (Jer 36,29).

Nadia f

De hecho es nombre ruso masculino, pero por concordancia es usado como femenino, equiparándolo al diminutivo del nombre ruso *Nadezhna*, equivalente a nuestra Esperanza. La moda lo ha convertido en los últimos años en uno de los más empleados, al igual que su variante Nadina (la auténtica forma femenina).

Cat. /Nàdia.

Nadia Boulanger, compositor y profesor francés (1887-1979). Nadia Comaneci, deportista rumana (1961). Nadia Léger (Nadine Jodosevich), pintora francesa de origen ruso (1904-1982). Santa Nadia, musulmana convertida al cristianismo y mártir (†640).

Nadina f

Variante de Nadia, a través del francés *Nadine*.

Cat. /Nadina.

Nadine Gordimer, novelista sudafricana en lengua inglesa (1923), premio Nobel de Literatura 1991.

Nagisa m

Nombre japonés, probablemente derivación de *nagai*, 'largo, alto'.

Nagisa Oshima, director cinematográfico japonés (1932).

Naguib m

Nombre y apellido árabe. De *najib*, 'ilustre, de noble alcurnia'.

Variante: Neguib.

Muhammad Naguib (1901-1984), militar que derrocó al rey Faruk de Egipto en 1952. Naguib Mahfuz (1911-2006), escritor egipcio, Premio Nobel de Literatura 1988.

Nahum m

Del hebreo *Nahhum*, forma abreviada de *nehemya*, 'Dios consuela'.

Variante: Naún.

Cat. Nahum, Naüm/.

Nahum, profeta menor en el AT (Tob 14,4). Naum Gabo, escultor ruso-estadounidense (1890-1977).

Naiara f

Nombre vasco intraducible, derivado al parecer del árabe *anijar*, 'carpintero', de donde derivó el nombre de Nájera (La Rioja), que sigue teniendo como principal artesanía la fabricación de muebles. De ahí pasó a designar abreviadamente la Virgen de Santa María la Real de Nájera.

Variante: Nayara. Influido por Naila (v.).

Naila f

Nombre árabe: *najla*, 'la de los ojos grandes'. Identificado con Alana por la santa que adoptó este nombre cristiano al bautizarse.

Cat. /Naila.

Santa Nadia o Alena, mártir (†640).

Napoleón m On. 15 de agosto

Nombre del famoso político y militar corso de los s. XVIII-XIX. Relacionado con las palabras italianas *Napoli*(Nápoles) y *leone*, 'león'. Pero quizás haya que buscar su auténtico origen en *Nepo*, variante de *Lapo*, hip. toscano de *Iácopo* (Jaime).

Cat. Napoleó.

Napoleón I (Napoleon Bonaparte), emperador de Francia (1769-1821). Napoleón III, emperador de Francia (1808-1873). José Napoleón Duarte, político salvadoreño (1924-1990).

Nara m+f

Nombre mitológico indio, uno de los 1008 apelativos de Visnú. Representa el *mala*, o tipo primitivo de hombre. Aunque es masculino, por concordancia es corrientemente utilizado como femenino.
Es también considerado equivalente a Leonora o Leonarda.
Cat. /Nara.

Narciso/Narcisa m/f On. 29 de octubre

Nombre mitológico, adoptado por los cristianos. Del griego *Narkissos*, forma de *narkao*, 'producir sopor' (cf. con la palabra *narcótico*), aludiendo al aroma de la planta.
Cat. Narcís/Narcisa. Eus. Narkis/Narkise. Gal. Narciso/Narcisa.
Narcís Feliu de la Penya, abogado, publicista e historiador catalán (s. XVII-XVIII), pionero en el diseño de buques submarinos. Narcís Monturiol, inventor y político catalán (1819-1885). Narcís Oller, novelista y narrador catalán (1846-1930). Narcís Verdaguer, abogado y polítcio catalán (1863-1918). Narcisa Amalia, poetisa brasileña (1852-1920). Narciso Yepes, guitarrista murciano (1927-1997). Narciso, en la mitología griega, joven de gran belleza, muerto de inanición por distraerse contemplando su imagen en el río (de ahí el vicio del *narcisismo*). San Narcís, supuesto obispo gerundense y abogado contra la peste (s. X?).

Natacha f

Diminutivo ruso de Natividad. También equivalente a Natalia.
Cat. /Nataxa.
Natacha, personaje de la novela *Rudin* de Iván Turguenev (1818-1883), adolescente cándida pero con temperamento apasionado. Natacha, personaje de la novela *Guerra y paz* de Lev Tolstoi (1828-1910), bella, graciosa y con gran fuerza vital.

Natalio/Natalia m/f On. 27 de julio

Variante de Natal. Alude al día natalicio por antonomasia, el del Salvador. Muy popular en los últimos años, incluso en la forma hip. rusa Natacha.
Cat. Natali/Natàlia. Eus. Natal/Natale. Gal. Natalio/Natalia.
Bernard Nathalie Halpern, médico francés, investigador de la alergia (1904-1978). Natalia Ginzburg, escritora italiana (1916-1991). Natalia Goncharo-

va, pintora y diseñadora rusa (1881-1962). Natalie Portman, actriz cinematográfica estadounidense de origen israelí (1981). Nathalie Sarraute, escritora francesa de origen ruso, figura del *nouveau roman* (1900-1999). Nathalie Wood (Natasha Nicholas Gurdin), actriz cinematográfica estadounidense (1938-1981).

Natanael/Natanaela m/f

Del hebreo *nathan-ael*, 'regalo de Dios' (cf. con Jonatán, Diosdado, Godiva, Teodoro, Doroteo, Teodosio, Donato). Cf. Natán, con el añadido *-el*, 'Dios'. V. Ezequiel.

Variante: Nataniel.

Cat. Nataniel, Natanael/Nataniela.

Natanael, personaje bíblico, famoso por haber sido elogiado por Jesús (Jn 45-49). Nathanael Carpenter, filósofo y polígrafo inglés (s. XVI-XVII). Nathaniel Hawtorne, novelista estadounidense (1804-1864).

Natividad m+f On. 8 de septiembre

Nombre femenino alusivo a la Natividad de la Virgen María (latín *Nativitas*). Hip. Nati.

Cat. /Nativitat, Nadal. Eus. /Gabon, Solbezi, Jaione. Gal. /Natividade, Nadal.

Nati Mistral, actriz española (1935). Nativel Preciado (Natividad Isabel González Preciado), periodista y escritora española (1948).

Nazaret f On. 8 de septiembre

Topónimo de Galilea, evocador de la localidad donde transcurrió la infancia de Jesús (hebr. *Notzrí*, hoy, en árabe, *El Nazira*). V. también Nazareno.

Variante: Nazareth.

Cat. /Natzaret.

Nazario/Nazaria m/f On. 28 de julio

Nombre bíblico: del hebreo *nazer*, 'flor, corona', aludiendo a una ceremonia de iniciación hebraica, por lo que podría considerarse como equivalente a 'coronado, consagrado' (del mismo origen es el nombre Nazareno, que nada tiene que ver con la villa de Nazaret).

Cat. Natzari/Natzària. Eus. Nazari/Nazare. Gal. Nazario/Nazaria.

Philippe Nazaire François Fabre d'Églantine, escritor y político francés (1755-1794).

Nefertiti f

Nombre de una reina egipcia, con la frecuente raíz *nefer*, 'belleza'. Traducción: 'bella entre las bellas', o 'la bella está aquí'.

Cat. /Nefertiti.

Nefertiti, reina de Egipto, esposa del faraón Akhenaton (s. XIV a. C.).

Neftalí m

Del hebreo *naftulé*, 'lucha'.

Cat. Neftalí/.

Neftalí, en el AT, el sexto entre los doce hijos de Jacob (Gen 30,7). Neftalí Bonifaz, político ecuatoriano, presidente de su país en el período revolucionario de 1832.

Nekane f

Forma vasca de Dolores.

Nélido/Nélida m/f

Hip. de Cornelio/Cornelia.

Cat. /Nèlida. Gal. /Nélida.

Nélida Piñón, escritora brasileña de origen gallego (1937). Nellie Melba, cantante de ópera australiana (1861-1931). Nelly Sachs, escritora sueca de origen alemán, premio Nobel 1966 de Literatura (1891-1970).

Nelson m

Apellido inglés, equivalente a *Neil's son*, 'hijo de Neil', esto es, de Daniel. Usado como nombre por la popularidad del almirante Horatio Nelson (1758-1805).

Nelson Mandela, político sudafricano, presidente de su país (1918). Nelson Piquet, brasileño, campeón del mundo de Fórmula 1 (1952). Nelson Rockefeller, magnate y vicepresidente de los Estados Unidos (1908-1979).

Nemesio/Nemesia m/f On. 1 de agosto

Del latín *nemesius*, 'justiciero'. A su vez del gr. *nemesis*, 'justicia', y también 'venganza'. Derivado: Nemesiano.

Cat. Nemesi/Nemèsia. Gal. Nemesio/Nemesia.

San Nemesio, mártir en Chipre (†250). Nemesio Fernández Cuesta, lingüista y traductor, autor de un *Diccionario de la lengua española* (s. XX).

Nepomuceno m On. 16 de mayo

Sustantivación del apellido de San Juan N., gentilicio de la ciudad bohemia de Nepomuk. Parece que el nombre de esta procede de su fundador, Pomuk, a su vez del verbo mukati, 'hablar'. Transmitido a los países hispanos a través de Italia.

Cat. Nepomucè/.

San Juan Nepomuceno, sacerdote católico checo (1340-1392).

Nereida f

Del griego *Nereis*, 'hija de Nereo'. Variante: Nerea.

Derivado: Nerina (v.).

Cat. /Nereida.

Nereida, en la mitología, ninfa hija de Nereo, dios marino esposo de Doris.

Nereo/Nerea m/f On. 12 de mayo

Nombre mitológico, adoptado por el cristianismo. Su nombre deriva de *náo*, 'nadar'.

Cat. Nereu/Nerea. Eus. Nera/Nere, Nerea. Gal. Nereo/Nerea.

Nereo, en la mitología griega, hijo del Océano y de Tetis y esposo de Doris. Santos Aquileo y Nereo, siempre juntos, quizás hermanos, mártires (s. III). Nereu Ramos, político brasileño, presidente de su país en 1955 (1878-1958).

Nerina f

Nombre de una nereida, por analogía con el de su padre Nereo (y este, quizá, de *nao*, 'nadar'). Sufijo gentilicio *-inus*, 'relativo, de la familia de'.

Derivado: Nereida (v.).

Cat. /Nerina.

Nerina, en la mitología latina, nombre dado por Virgilio a una nereida.

Nerón m

Del latín *nero*, 'valiente'. Nombre de familia portado por varios emperadores romanos; ha quedado asociado con Claudio César N.

Cat. Neró/.

Nerón (Claudio César Nerón), emperador romano, organizador de la primera persecución contra los cristianos (37-68). Claudio Nerón Tiberio, emperador romano (42 a. C.-37 d. C.). Claudio I (Tiberio Claudio Nerón Germánico), emperador romano (10-54).

Néstor/Nestoria m/f

Nombre griego, de origen desconocido.

Cat. Nèstor/Nestòria. Eus. Nextor/. Gal. Néstor/.

Néstor Almendros, operador cinematográfico español (1930-1992). Nèstor Luján, periodista y escritor catalán (1922-1995). Nestor Makhno, guerrillero anarquista ucraniano muerto en París (†1935). Néstor Samper Pizano, presidente de la República de Colombia (1994).

Nicanor/Nicanora m/f On. 5 de junio

Del griego *nike-aner*, 'hombre victorioso' (sinónimo de Nicandro y otros muchos, cf. Laura). Popular en los primeros siglos del Cristianismo, su uso decae hoy.

Cat. Nicanor/Nicanora. Eus. Nikanor/Nikanore. Gal. Nicanor/Nicanora.

Nicanor Zabaleta, arpista español (1907-1993). Nicanor Parra, poeta chileno (1914).

Nicasio/Nicasia m/f On. 11 de octubre

Del griego *niké*, 'victoria', con el sufijo lat. adjetivador *-asius*: *Nikasius*, 'victorioso'.

Cat. Nicasi/Nicàsia. Eus. Nikasi/Nikase. Gal. Nicasio/Nicasia.

San Nicasio, segundo obispo de Reims (s. IV-V). Nicasio Álvarez de Cienfuegos, poeta prerromántico español (1764-1809). Nicasio Velayos, político español (1891-1976).

Nicetas/Niceta m/f On. 20 de marzo

Del gr. *niketas*, 'vencedor, victorioso'. V. Niké.

Cat. Nicetas/Niceta.

Niceto/Niceta m/f On. 5 de mayo

Del griego *niketos*, 'el de la victoria'. Variante de Nicetas. Compárese con Aniceto, 'imbatido'.

Cat. Nicet/Niceta.

Niceto Alcalá Zamora, político y jurista andaluz, presidente de la II República Española (1877-1949). San Niceto, obispo galo (s. IV).

Nicodemo/Nicodema m/f

Del griego *niké-demos*, 'el que vence con el pueblo'.

Cat. Nicodem, Nicodemus/Nicodema.

Nicodemo, personaje del NT que, ayudado por José de Arimatea, dio sepultura a Jesús (Jn 3,1-10).

Nicolás/Nicolasa m/f On. 6 de diciembre

San Nicolás, patrón de marinos y mercaderes, es veneradísimo en los países nórdicos y orientales, donde su representación navideña (*Santa Klaus*, eufonizado Santa Claus) se ha fundido con el Papá Noel de los católicos. Originado en el griego *Nikólaos*, 'victorioso en el pueblo'. Sinónimo de Liduvino y Nicodemo.

Variante: Nicolao. Hips.: Colás, Colea, Coleta, Nicolina.

Cat. Nicolau/Nicolaua. Eus. Mikolas, Nikola/Nikole. Gal. Nicolo, Nicolao/Nicolasa.

Claes Oldenburg, artista pop sueco (1923). Cole Porter, compositor estadounidense (1892-1964). Niccolò Machiavelli (Maquiavelo), político y escritor florentino (1467-1527). Niccolò Paganini, violinista y compositor italiano (1782-1840). Niccolò Ugo Foscolo, poeta italiano (1778-1827). Nick Faldo, jugador de golf británico (1957). Nicolai Rimski-Korsakov, compositor ruso (1844-1908). Nicolaie Ceausescu, político rumano (1918-1989). Nicolas Cage, actor cinematográfico estadounidense (1964). Nicolás Copérnico, astrónomo polaco (1473-1543). Nicolás de Cusa (Nikolaus Krebs), filósofo alemán (1401-1464). Nicolás Fernández de Moratín, escritor castellano (1737-1780). Nicolas Poussin, pintor francés (1594-1665). Nicolás Salmerón, político republicano andaluz-castellano, presidente de la I República Española (1830-1908). Nicolau Eimeric, escriturista, biógrafo y economista catalán (1320-1399). Nicolau Rubió i Tudurí, arquitecto, diseñador de jardines, urbanista y escritor mallorquín-catalán (1891-1981). Nikita Khruschov, político ruso (1894-1971). Nikolai Bujarin, político, economista y teórico marxista (1888-1938). Nikolai Gogol, escritor ucraniano en lengua rusa (1809-1852). Nikolai Lobachevski, matemático ruso (1792-1856). Nicolás de Piérola, político peruano, presidente de su país en 1879-81 y 1895-99. Nicolás Avellaneda, político argentino, presidente de su país en 1874-80. Nicola, personaje de la novela *La gringa*, del escritor uruguayo Florencio Sánchez (1875-1910), inmigrante italiano establecido en la pampa, coyo choque con Cantalicio es inevitable. Nicolás Rostov, personaje de la novela *Guerra y paz* de Lev Tolstoi (1828-1910). Nikolenka Irtenev, protagonista de los tres relatos *Infancia*, *Adolescencia* y *Juventud* de Lev Tolstoi (1828-1910). Monsieur Nicolás, héroe de la narración autobiográfica de su nombre por Nicolas-Edme Restif de la Bretonne (1734-1806), estremecedora retahíla de aventuras eróticas en las que el amor se hunde.

Nicomedes/Nicomedia m/f

Del griego *nikomédes*, 'que prepara la victoria, que ansía vencer'. El rey de Bitinia Nicomedes fundó en el s. III a. C. la ciudad de Nicomedia, cuna de numerosos santos protocristianos.

Cat. Nicomedes/Nicomèdia.

Nicomedes I, rey de Bitinia, fundador de la ciudad de Nicomedia (s. III a. C.). Nicomedes II Epifano, rey de Bitinia.

Nidia f

Nombre literario, probablemente inspirado en el latín *nitidus*, 'radiante, luminoso'.

Cat. /Nídia.

Nidia, nombre creado por el novelista Bulwer-Lytton para un personaje de *Los últimos días de Pompeya*.

Nieves f On. 5 de agosto

Advocación mariana de la Virgen de las Nieves, en Roma, más conocida generalmente por Santa María la Mayor. Alude a su pureza, simbolizada en el color blanco (v. Cándido).

Cat. /Neus. Eus. /Edurne. Gal. /Neves.

María de las Nieves de Braganza, esposa del pretendiente carlista Carlos VII (1852-1941). Nieves Herrero, periodista española (1958). Neus Català, superviviente del campo de concentración de Ravensbrück (1915).

Niki/Niké m/f

Nombre griego. Literalmente, 'victoria' (*niké*). Entra como componente en multitud de nombres: Nicandro, Nicanor, Nicarete, Nicasio, Niceas, Nicecio, Nicéforo, Nicerato, Nicetas, Niceto, Nicias, Nicodemo, Nicolao, Nicolás, Nicolina, Nicómaco, Nicomedes, Nicón, Nicóstrato.

Variantes: Nikea, Nicea.

Cat. Niki/Niké.

Niki de Saint-Phalle, pintora y escultora francesa (1930-2002).

Nilda f

Hip. de diversos nombres femeninos con esta terminación, especialmente Brunilda.

Cat. /Nilda. Eus. /Nilda. Gal. /Nilda.

Nilo/Nila m/f On. 25 de septiembre

Nombre latino, derivado del del río Nilo (*Nilus*), en Egipto.

Cat. Nil/Nila.

San Nilo, monje griego-calabrés (910-1005). Nilo Peçanha, político brasileño, presidente de su país en 1909-10. Nil Fabra i Deàs, periodista y escritor catalán (1841-1903).

Ninfa f On. 10 de noviembre

Nombre griego, aplicado a las deidades femeninas menores de los bosques. De nymphe, 'novia'. Adoptado posteriormente por los cristianos, que daban sentido místico a su significado.

Variante: Nimfa.

Cat. /Nimfa. Eus. /Ninbe.

Ninfa, santa en Palermo.

Nino/Nina m/f

Fijación de un apelativo infantil en la edad adulta. La santa de este nombre era llamada 'la niña, la cristiana'. Variante: Nena. En femenino, es también hip. ruso de Catalina y de Ana.

Cat. Nin/Nina, Nena.

Nino Bravo (Luis Manuel Ferri Llopis), cantante español (1944-1974). Nina (Anna Maria Agustí Flores), cantante española (1966). Nina Ricci, diseñadora de moda (1883-1970). Nina Berberova, novelista rusa (1901-1993). Nina Leeds, portagonista del drama *Extraño intermedio* de Eugene Gladstone O'Neill (1888-1953), tipo de mujer trifurcada en diversos afectos.

Níobe f

O Niobe. Nombre mitológico griego, símbolo del amor materno. Origen desconocido.

Cat. /Niobe.

Níobe, en la mitología griega, hija del rey de Lydia y esposa de Anfión, famosa como símbolo del amor maternal.

Noé/Noelia m/f

Del hebreo *noah*, 'de larga vida, longevo' (sinònimo de Macrobio), alusivo a la supervivencia al diluvio por el patriarca. O quizá de *noah*, 'reposo, descanso', por el sueño posterior a la primera libación de vino.
V. también Noa.

Cat. Noè/Noèlia. Gal. Noé/Noelia.

Noé, personaje bíblico, protagonista del episodio del Diluvio (Gen 5,29). Noah Webster, docente y lexicógrafo estadounidense, cuyo nombre es símbolo de «diccionario nacional» en estadounidense (1758-1843). Noëlla Pontois, danzarina estrella en la Ópera de París (1943).

Noel/Noelia m/f On. 21 de febrero

Forma francesa de Natividad (*Noël*). Fue famoso san Noël Pinot, que ascendió al cadalso recitando la frase inicial de la misa: *Introibo ad altare Dei*... Variante femenina: Noela.

Cat. Noel/Noèlia. Gal. Noel/Noelia.

Noël Babeuf ('Gracchus'), revolucionario francés (1760-1797). Noel Clarasó, escritor catalán (1899-1985).

Noemí f On. 4 de junio

Nombre de un famoso personaje del AT, suegra de Rut, a la que esta cuidó abnegadamente: *no'omi*, 'mi delicia'. Cf. Tirza.
Variante: Nohemí.

Cat. /Noemí, Noemia. Gal. /Noemia.

Noemí, en el AT suegra de Rut, de cuya unión con Booz nació Obed, abuelo del futuro rey David (Rut 1). Naomi Campbell, *top model* estadounidense (1966).

Nolasco m On. 29 de enero

Apellido de un San Pedro, gentilicio de la ciudad de Nola (Italia).

Cat. Nolasc/.

San Pedro Nolasco, fraile mercedario (†1256), fundador de la orden de la Merced para la redención de cautivos.

Nonato/Nonata m/f

Aplicado a un hijo nacido por cesárea (latín *non-natus*, 'no nacido', al menos por vía natural), especialmente a San Ramón N.

Cat. Nonat/Nonata.
San Ramón Nonato, nacido por cesárea, patrón por este motivo de las comadronas (†1240).

Nonito/Nonita m/f On. 3 de septiembre
Del latín *nonnus*, 'monje'. Para otros, del germánico *Nunno*, a su vez del latín *nonius*, 'noveno' (por el número del hijo), del que resultaría Nuño.
Variante: Nonnito.
Cat. Nonet, Nonnit/Noneta.

Nora f
Hip. de Leonora. En árabe, *Nora* o *Naura* es un topónimo corriente ('noria'). Nada tiene que ver con Norah, forma irlandesa de Honoria, aunque en la práctica ambas formas son empleadas de manera indistinta.
Cat. /Nora. Eus. /Nora. Gal. /Nora.
Norah Lange, escritora argentina (1906-1973). Nora, protagonista del drama *Casa de muñecas* del poeta noruego Henrik Ibsen (1828-1906), persona muy femenina con un duro secreto a cuestas, que transformará su vida familiar.

Norberto/Norberta m/f On. 6 de junio
Del germánico *nord-berht*, 'famoso hombre del Norte'. De la misma raíz que Normán (v.), con el sufijo *-berht* (v. Berta).
Cat. Norbert/Norberta. Eus. Norberta/Norberte. Gal. Norberto/Norberta.
Norbert Font i Sagué, geólogo, espeleólogo y escritor catalán (1874-1910).
Norbert Wiener, matemático estadounidense (1894-1964).

Norindo/Norinda m/f
Forma germanizada de Nora, con la terminación latina *-indus*, derivada del germánico *-lind*, v. Linda.
Variante: Norina, aunque en este caso el sufijo es el relativo latino *-inus* 'relativo, de la familia de'.
Variante: Norino/Norina.
Cat. /Norinda.
Norina, personaje de la ópera *Don Pascuale*, de Donizetti.

Normán/Norma *m/f*

Del germánico nord-mann, 'hombre del norte' (los *normandos*, 'hombres del norte', que asolaron las costas europeas en la Edad Media, tenían procedencias diversas, en general escandinavas).

Variante: Normando/Normanda.

Cat. Norman/Norma. Gal. Normán/Norma.

Norma Aleandro, actriz y escritora argentina (1936). Norma Duval (Purificación Martínez Abad), actriz española de musical (1956). Norma Jean Baker ('Marilyn Monroe'), actriz estadounidense (1926-1962). Norma Shearer, actriz estadounidense de origen canadiense (1904-1983). Norma, personaje de la novela *El pirata* de Walter Scott (1822). Norma, protagonista de la ópera *Norma*, de Bellini. Norman Foster, arquitecto británico (1935). Norman Mailer, novelista estadounidense (1923-2007). Norman Rockwell, artista estadounidense (1894-1978).

Nostradamus m

Nombre popularizado por el nigromante medieval Miquel de Nòstra Dama, que latinizó así sus apellidos.

Cat. Nostradamus/.

Nostradamus (Miquel de Nòstra Dama), médico y astrólogo provenzal (1503-1566).

Nuño/Nuña m/f

Derivación medieval del nombre latino *Nonnius*, 'monje', o *Nonius*, 'noveno', aplicado al hijo nacido en noveno lugar (que da por otra parte los derivados Nono, Nonio, Nonito, Nonicio, Nonoso y Nunnilo, este último femenino). Posiblemente influido por el nombre vasco *Muño*, 'cerro'.

Cat. Nunyo/Nunya. Eus. Nuño/Muno. Nuno, Nuño/Nuna, Nuña.

Nuño Álvarez Pereira, héroe nacional portugués (s. XV). Nunilona o Nuña, reina de Asturias y León, esposa de Fruela II (s. IX-X). Nuña (s. X), esposa del rey leonés Ordoño II y madre de los reyes Alfonso IV y Ramiro II.

Nuria f On. 8 de setembre.

Advocación mariana, aplicada a la Virgen de este santuario catalán. El topónimo podría proceder del vasco *n-uri-a*, 'lugar entre colinas'. Existe un nombre árabe casi fonéticamente idéntico, *Nuriya*, 'luminosa'

(cf. con Noor, 'luz', conocido por la reina Noor de Jordania), con el que concurre.
Cat. /Núria. Gal. /Nuria.
Núria Espert, actriz catalana (1935). Núria Furió, directora y autora de teatro catalana (1965).

Ñaki m
Hip. de Iñaki (v. Íñigo).

Obdulio/Obdulia m/f On. 5 de septiembre

Adaptación al latín del nombre árabe *Abdullah*, 'servidor de Dios' (*abd*, 'servidor'; *Allah*, 'Dios', a su vez de *al-Ilah*, literalmente 'lo alto, la divinidad'). V. Alá.

Utilizado a veces, impropiamente, como equivalente a Odilia.

Sinónimos: Abamón, Abdías, Abdiel, Abdón, Godescalco, Obedías, Servideo o Servus-Dei, Teódulo.

La masculinización Obdulio es inducida por formas como Julio, Getulio, Tulio.

Cat. Obduli/Obdúlia. Eus. Otula/Otule. Gal. Obdulio/Obdulia.

Santa Obdulia, mártir en Toledo (primeros siglos de los árabes en España).

Oberón m

Derivación de Alberico (francés *Alberic-Auberic-Oberic*), con aplicación de la partícula diminutiva *-on*. Nombre dado al rey de las hadas y los genios del aire en la Francia medieval.

Cat. Oberon/.

Oberón, rey de las hadas en *El sueño de una noche de verano* de William Shakespeare (1564-1616). Oberón, rey de los elfos en la canción de gesta *Huon de Bordeaux* (s. XIII). Merle Oberon, actriz cinematográfica estadounidense (1911-1979).

Octavio/Octavia m/f On. 20 de noviembre

Nombre latino, aplicado a los hijos nacidos en octavo lugar (*Octavus*). La palabra procede de la raíz indoeruropea *okt*, de donde el védico *asta* y el gr. *októ*. v. Primo.

Derivado: Octaviano.

Cat. Octavi/Octàvia. Eus. Otabi/Otabe. Gal. Octavio/Octavia.

Cayo Julio César Octavio (u Octaviano) Augusto, primer emperador romano (63 a. C.-14d. C.). Octavia, emperatriz romana, hija de Claudio y Mesalina, esposa de Nerón (42-62). San Octaviano (s. XI-XII), hijo de un conde de Borgoña, hermano del papa Calixto II. Octavi Fullat, sacerdote escolapio y escritor catalán (1928). Octavi Saltor, escritor y político catalán (1902-1982). Octavio Paz, ensayista y diplomático mexicano, premio Nobel de Literatura 1990 (1914-1998). Octavio, protagonista de la novela *Armancia* de Stendhal (1783-1842), imagen de una vida y de un dolor.

Odette f

Forma francesa femenina diminutiva de Oto.

Cat. /Odette.

Odette Swann, la protagonista del ciclo novelístico *À la recherche du temps perdu*, de Marcel Proust. Odette de Champdivers, compañera del rey francés Carlos VI (s. XV).

Odilio/Odilia m/f

Variante de Odilo/Odila.

Cat. Odili/Odília.

Odilón/Odilona m/f On. 1 de enero

Variante diminutiva de Oto.

Cat. Odiló/Odilona.

Odilón, abad de Cluny reformador (s. X-XI). Odilon Redon, dibujante, grabador y pintor simbolista francés (1840-1916).

Odón/Oda m/f

Variante de Otón u Oto.

Cat. Odó/Oda.

Odón, gobernador de París durante el asedio de los normandos (885). San Odón, prelado y jurista inglés, arzobispo de Canterbury (875-961). Odón Alonso, director de orquesta español (1933-2011). Odón Elorza, político vasco, alcalde de San Sebastián (1955).

Ofelio/Ofelia m/f

La forma femenina fue acuñada por Jacobo Sannazaro inspirándose en el griego *ophéleia*, 'utilidad, ayuda'. Retomado por Shakespeare en su drama *Hamlet*, lo que lo ha hecho muy popular en Inglaterra y USA.

Sinónimo de Acesto, Anacreonte, Auxilio, Auxiliadora, Boecio, Evaristo, Haakón, Onésimo, Onesíforo, Socorro.
Cat. Ofeli/Ofèlia.
Ofelia, personaje de la novela pastoral *La Arcadia*, de Jacobo Sannazaro. Ofelia, protagonista femenina de *Hamlet*, de William Shakespeare (1564-1616). Ofelia Nieto Iglesias, soprano lírica española (1899-1931).

Olaf/Olava m/f
Del noruego *ano-leifr*, 'legado de los antepasados'. Siempre popular entre los vikingos. Usado a veces, impropiamente, como hip. de Oliverio.
Variantes: Olao, Olavo. Sinónimo: Plinio.
Cat. Olaf, Olau/Olava.
Olaf II, rey norso convertido al cristianismo e introductor de este en su país (995?-1030). Olavo Bilac, escritor brasileño (1865-1918). Olav Aukrust, poeta noruego (1883-1929). Olav V, rey de Noruega (1903-1991). Olof Palme, político sueco (1927-1986).

Olalla f
Variante de Olaria.
Cat. /Olea, Olalla, Olaia, Olaria.

Olegario/Olegaria m/f On. 6 de marzo
Del germánico *helig*, 'saludable' (v. Olga), y *gair*, 'lanza': 'invulnerable a la lanza' (v. Gerino). O de *ald-gard*, 'gobernante preparado' (v. Aldo; v. Guarino).
Sinónimo: Teobardo.
Cat. Oleguer, Olegari/Oleguera, Olegària. Eus. Olgar/Olgare. Gal. Olegario/Olegaria.
San Olegario, eclesiástico catalán (1060?-1137), primer obispo de Tarragona restaurada. Olegario Víctor Andrade, poeta y periodista romántico argentino (1839-1882). Olegario, protagonista de *El usurero*, del escritor catalán Narcís Oller (1856-1930), estudio de la pasión de la avaricia.

Olga f On. 11 de julio
Forma rusa de Helga (v.). Derivada del adjetivo sueco *helagher*, 'feliz, próspero', que derivó a 'invulnerable', y posteriormente a 'santo' (cf. el ing. *holy* y el saludo alemán *Heil!*; v. también Alá).

Santa Olga se convirtió al cristianismo adoptando el nombre de Elena, por lo que algunos santorales consideran ambos nombres como equivalentes.
Cat. /Olga. Gal. /Olga.
Santa Olga, esposa de Igor III, duque de Kiev (†969). Olga Constantinovna, reina de Grecia, esposa de Jorge I (1851-1926). Olga Alexandrovna Romanov, hija del zar Alejandro III (s. XIX-XX). Olga Koklova, esposa de Picasso (1891-1955). Olga Guillot, cantante mexicana de origen cubano (1923-2010). Olga Korbut, gimnasta soviética (1955). Olga Larin, personaje de la novela *Eugenio Oneguin* de Alejandro Pushkin (1799-1837), mujer de rasgos escasamente individuales, contrapuestos a los de su hermana Tatiana. Olga, Macha e Irina, protagonistas de drama *Las tres hermanas* de Antón Chejov (1860-1904), huidas a Moscú en un intento de superar la gris monotonía de sus vidas.

Olimpio/Olimpia m/f On. 15 de abril

Del griego Ol'ympios, 'de Olimpia', lugar de la Élida donde se celebraban los juegos llamados por esta causa *Olímpicos*. O a un monte de Tesalia, el Olimpo, en cuya cumbre se situaba la residencia de los dioses. Posiblemente el nombre procede de la raíz *lamp*, 'brillante'.
Formas masculinas: Olimpio, Olimpo. Variante: Olimpíades.
Sinónimos: Aurelio, Berta, Bito, Blanca, Amarilis, Brecán, Daga, Fedro, Roxana, Sunacio.
Variante: Olymplia.
Cat. Olimpi/Olímpia. Eus. Olinbi/Olinbe. Gal. Olimpio/Olimpia.
San Olimpio (on. 15-2), mártir romano (s. II). Santa Olimpia (on. 17-2), matrona bizantina (s. V). Olimpia Brown, política y sufragista estadounidense (1835-1926). Olimpia de Gouges (Marie Gouze), ilustrada francesa (1748-1793). Olimpia Dukakis, actriz estadounidense (1931). Olimpia Pamfili, influyente dama italiana en la Santa Sede (1594-1657). Olimpia, esposa de Filipo II, reina de Macedonia y madre de Alejandro Magno. Olympia Morata, poetisa y erudita humanista italiana (1526-1555). Olimpia, personaje del *Orlando furioso* de Ludovico Ariosto (1474-1533), amor de Orlando.

Oliverio/Oliveria m/f On. 10 de enero

Del noruego *Oláfr*, escrito *Olâver* en danés y sueco antiguo (v. Olaf). O de *alfihari*, 'ejército de elfos'. Transformado ya en la Edad Media a la

forma actual por influencia de Olivo/Olivia, que aluden al huerto de los olivos de la Pasión.
Forma antigua: Oliveros.
Cat. Oliver, Oliveri/Olivèria. Eus. Oliverio/Oliveria.
Beato Oliver Plunket (s. XVII), obispo de Armagh y primado de Irlanda (on. 12-7). Oliver Twist, protagonista de la novela homónima de Charles Dickens (1838). Oliver Cromwell, político inglés (1599-1658). Olivier Messiaen, músico provenzal (1908-1992). Oliver Hardy, actor cinematográfico estadounidense (1892-1957), compañero de Stan Laurel. Oliver Stone, director cinematográfico estadounidense (1946). Oliver Goldsmith, escritor inglés (1728-1774). Oliver Alden, protagonista de la novela *El último puritano* de Jorge Santayana (1863-1954), en que se refleja la crisis de la antigua tradición moral y aristocrática bostoniana.

Olivo/Olivia m/f

Del latín *oliva*, aceituna', especialmente aludiendo al Huerto de los Olivos de la Pasión, aunque el ramo d eolivo ha sido siempre un símbolo muy utilizado en la cultura occidental: paz en la Biblia, sabiduría y gloria en Grecia.
Variante: Oliva. Forma masculina: Olivo (impropiamente, Oliverio).
Cat. Oliu/Oliva, Olívia. Gal. /Olivia.
Santa Olivia (on. 5-3), martirizada en Túnez (s. IX). Oliva Sabuco de Nantes, filósofa y médica española (1562-1622). Olive Schreiner, novelista sudafricana (1855-1920). Olivia D'Abo, actriz y modelo estadounidense (1967). Olivia de Havilland, actriz cinematográfica estadounidense (1916). Olivia Newton-John, cantante y actriz cinematográfica australiana (1948). Olive Primrose, personaje en *The Vicar of Wakefield*, precisamente de Oliver Goldsmith.

Omar/Omara m/f On. 16 de noviembre

Nombre árabe, evocador de uno de los primeros califas musulmanes (*'Umar*). Significa 'el constructor' (*amara*, 'construir, edificar'). Concurre, sin embargo, con el germánico Audomar (*audo-maru*,'ilustre por la riqueza') y con Gómaro (*guma-maru*, 'hombre insigne'). Sin olvidar el antecedente hebreo *omar*, 'elocuente'. Su más famoso portador fue el poeta O. Khayyam (s. XII); modernamente el actor O. Sharif.
Variantes: Omaro, Omero.

Cat. Omar/Omara. Gal. Omar/Omara.
Omar, califa sucesor de Abu Bekr (581-644). Omar Bradley, general estadounidense, comandante de las fuerzas norteamericanas en el desembarco de Normandía (1893-1981). Omar Sharif (1932), actor cinematográfico estadounidense de origen egipcio. Omar Torrijos (1929-1981), militar y político panameño. Omar Khayyam, poeta, astrónomo y matemático persa (1050?-1122).

Ona f
Variante de Onena (v.). Es también hip. de diversos nombres femeninos: Mariona, Ramona... O, directamente del catalán *ona*, 'onda, ola'.
Cat. /Ona.

Ondina f
Nombre de la mitología germánica, aplicado a unos espíritus acuáticos similares a las náyades. Del latín *unda*, 'onda'.
Cat. /Ondina.
Uldibrando y Ondina, personajes de la novela *Ondina* de Friedrich de la Motte Fouqué (1777-1843); él, caballero intachable; ella, criatura elemental, bella e irreflexiva; ambos conocen el deterioro de los primeros sentimientos tras el desgaste del matrimonio.

Onésimo/Onésima m/f On. 16 de febrero
Del griego *onésimos*, 'útil, favorable, servicial' (v. Ofelia).
Sinónimos: Acesto, Anacreonte, Bosa, Creonte, Evaristo, Haakón.
Cat. Onèsim/Onèsima. Eus. Onexin/Onexiñe. Gal. Onésimo/Onésima.
San Onésimo, en el NT, personaje convertido por san Pablo (Col 4,9). San Onésimo, obispo de Soissons (s. III-IV). Onésimo Redondo, político español (1905-1936).

Onfalia f
Del griego *Onphále*, y este de onphálos, 'ombligo'. Traducible por 'mujer con un bello ombligo'. Cf. con el sánscrito *nabhi-h*, el alemán *Nabel*, el ing. *navel* o el fr. *nombril.*
Cat. /Omfàlia.
Onfalia, en la mitología griega, reina de Lidia, a la que Hércules sirvió como esclavo.

Onofre m On. 12 de junio

Uno de los pocos nombres egipcios hoy todavía en uso: *Unnofre*, 'el que abre lo bueno'. Aunque también puede haber sido influido por el germánico *Unn-frid*, 'el que da la paz' (v. Onofledo).

Considerado a veces abusivamente equivalente a Humphrey.

Cat. Onofre, Nofre/. Eus. Onoper/. Gal. Onofre/.

San Onofre, anacoreta egipcio vestido solo con la barba y los cabellos. Patrón de los tejedores. Onofre Bouvila, protagonista de la novela *La ciudad de los prodigios*, de Eduardo Mendoza.

Oración f

Nombre cristiano piadoso. Del latín *os, oris*, 'boca', de londe *oralis*, 'oral'.

Cat. /Oració. Eus. /Arren, Arrene. Gal. /Oración.

Ordoño m On. 23 de febrero

Nombre hoy en desuso, pero portado por numerosos reyes asturianos y leoneses en la alta Edad Media. Del germánico *ort-huni*, 'espada de gigante' (v. Ortu; v. Hunerico). Concurrente con Fortunio (v.).

Cat. Ordonyo, Fortuny/. Eus. Urtun, Urtunio, Urtungo/. Gal. Ordoño/.

Cuatro reyes de Asturias y León, entre ellos Ordoño I de Asturias (†866), sucesor de Ramiro I.

Orencio/Orencia m/f On. 10 de agosto

Del latín *Orentius*, y este de *oriens*, 'oriente': 'oriental, que viene del este'. Por similitud fonética es asimilado a veces con Oroncio (v.).

Cat. Orenç, Orenci/Orença, Orència. Eus. Orentzi/Orentze. Gal. Ourente/Ourenta.

San Orencio, oscense, obispo en Auch (Armagnac), †446.

Orestes m On. 9 de noviembre

Nombre mitológico. Del griego *orestés*, 'montañés' (*oros*, 'montaña').

Cat. Orestes/. Gal. Orestes/.

Orestes, héroe mitológico griego, hijo de Agamenón y Clitemnestra, vengador del asesinato de su padre. Orestes, general bárbaro al servicio de Roma, padre de Rómulo Augústulo (†476). Oreste Baratieri, general italiano (1841-1901).

Orfeo m

Nombre griego de origen desconocido: quizá relacionado con *orphanós*, 'huérfano'.

Cat. Orfeu/. Gal. Orfeo/.

Orfeo, personaje de la mitología griega, hijo de Eagro y una musa, que descendió a los infiernos en busca de su esposa Eurídice.

Oria f On. 11 de abril

Variante de Áurea.

Cat. /Òria.

Santa Oria, quien pidió auxilio a santo Domingo para vencer al diablo (s. XI). Oria, primera esposa del rey navarro Fortún Garcés, *el Tuerto* (s. IX).

Orígenes m

Nombre griego. Significado: 'nacido en Horus', la divinidad egipcia.

Cat. Orígenes/.

Orígenes, exégeta, pensador y escritor cristiano helénico, padre primitivo de la Iglesia (186?-253?).

Oringa f On. 4 de enero

Nombre germánico. Procede de *horing*, 'obediente' (v. Orenco). Identificado con Cristiana por haber sido el primitivo nombre de esta santa antes de su entrada en la clausura.

Cat. /Oringa.

Santa Oringa, de Toscana (†1310).

Oriol/Oriola m/f On. 23 de marzo

En la Edad Media se registran en Cataluña algunos *Auriol*, *Oriollus*, todos ellos derivados del latín *aurum*, 'oro'. Pero la popularidad actual del nombre arranca de San José Oriol, cuyo apellido procedía en realidad del nombre catalán de la oropéndola, *oriol* (aludiendo a su color amarillo).

Cat. Oriol/Oriola.

San José Oriol, místico y taumatúrgico barcelonés (1750-1802). Oriol Bohigas, arquitecto y urbanista catalán (1925). Oriol de Bolós, botánico catalán (1924-2007). Oriol Martorell, director musical, pedagogo e historiador catalán (1927-1996). Oriol Pi de Cabanyes, escritor catalán (1950). Oriol Vergés, escritor catalán (1939). Oriol Grau, actor y director teatral español en lengua catalana (1964).

Orlando/Orlanda m/f On. 20 de mayo
Del germánico *ort-land*, 'espada del país' (v. Ortu; v. Landón). Identificado posteriormente con Rolando, del cual es considerado su forma italiana, pues aparece por primera vez con el protagonista del *Orlando furioso*.
Cat. Orland/Orlanda. Gal. Orlando/Orlanda.
Orlando, protagonista del *Orlando furioso*, del italiano Ludovico Ariosto. Orlando Gibbons, compositor y organista inglés (1583-1625). Ernest Orlando Lawrence (1901-1958), físico norteamericano, premio Nobel de Física en 1939.

Oroncio/Oroncia m/f On. 22 de enero
Nombre griego antiguo, derivación del nombre del río Orontes, en Siria. V. Orencio.
Cat. Oronci/Orància.
Oronce Fine, matemático y cartógrafo francés, autor del primer mapa de Francia (1494-1555).

Orquídea f
Nombre de flor, usado como patronímico femenino. Del griego *orchidos*, falso genitivo de orchis, 'testículo', aludiendo a la forma de los tubérculos de la planta.
Cat. /Orquídea.

Orson m
Apellido anglosajón, identificado con *Orsborn* u OsboCat. rn, que tradicionalmente se traduce por 'llegado desde el este', aunque es anterior a la conquista normanda, probablemente de origen escandinavo. Expandido por la popularidad del actor y director cinematográfico Orson Welles.
Orson Welles (George Orson Welles), actor y director cinematográfico estadounidense (1915-1985).

Oscar m On. 3 de febrero
Del germánico *Osovan*, nombre de una divinidad, y *gair*, 'lanza': 'lanza de Dios' (v. Ansaldo; v. Gerino). Portado por el santo evangelizador de Suecia y Dinamarca (s. IX), y por el imaginario bardo creado por el poeta Macpherson en sus apócrifos cantares gaélicos.
Sinónimos: Anscario (v.), Gusil, Vandregisilo.

Cat. Òscar, Oscar/. Eus. Anskar/. Gal. Oscar/.
San Oscar, evangelizador de Suecia y Dinamarca, después obispo de Hamburgo (801-865). Oscar, inventado por Macpherson como hijo del bardo Ossián en sus inventados cantares gaélicos. Oscar Niemeyer, arquitecto brasileño (1907). Oscar Wilde, dramaturgo, poeta, novelista y ensayista irlandés (1854-1900). Oskar Kokoshka, pintor y escritor austríaco (1886-1980). Oscar Luigi Scalfaro, presidente de la República italiana (1918). Oscar Raimundo Benavides, político peruano, presidente de su país en 1933-39. Oscar es el nombre del premio de la academia de Artes Cinematográficas de Hollywood.

Osiris m
Nombre de una divinidad egipcia (*Amelino*, interpretado en griego como *As-ar* o *As-ari*, de donde Osiris). Origen desconocido.
Cat. Osiris/.
Osiris, dios del más allá en la religión egipcia, jefe de los dioses, muerto traicioneramente por su hemano Seth.

Osvaldo/Osvalda m/f On. 5 de agosto
Nombre germánico: *ost-wald*, 'pueblo brillante' (del *ost*, oriente, de donde procede la luz del día). V. Astolfo; v. Waldo. Otros prefieren ver *Oswald*, 'gobierno de Os', nombre de una divinidad (v. Oscar).
Es usada también la variante Oswaldo, en grafía original.
Sinónimos: Clotaldo, Eudaldo, Gamberto, Valdemaro, Alomar.
Cat. Osvald/Osvalda. Gal. Oswaldo/Oswalda.
San Osvaldo (s. VII), rey de Northumbria, propulsor de la entrada del cristianismo en su reino. Eric Oswald von Stroheim, realizdor y actor cinematográfico estadounidense de origen austríaco (1885-1957). Osvaldo Soriano, escritor argentino (1944-1997). Oswald Spengler, filósofo e historiador alemán (1880-1936), autor de *La decadencia de Occidente*. Oswald von Wolkenstein, poeta tirolés (1377-1445). Oswaldo Guayasamín, pintor ecuatoriano (1919-1999). Osvaldo Dorticós Torrado (1919-1983), político cubano, presidente de su país en 1959-1976. Osvaldo Fresedo, músico argentino (1897-1984). Osvaldo Alving, personaje del drama *Espectros* de Henrik Ibsen (1828-1906). Osvaldo Nelvil, uno de los protagonistas de la novela *Corina o Italia* de Mme. de Staël (1766-1817).

Otelo m

Nombre creado por Shakespeare. Verosímilmente inspirado en Oto (v.).

Cat. Otel·lo/.

Othello, personaje de la obra homónima de William Shakespeare (1564-1616).

Otilio/Otilia m/f

Forma femenina de Odón y de Odín, nombre del dios germánico. Es usada también como variante de Obdulia. Otras formas: Odila, Otilia.

Variantes: Odilón/Odilona, /Otilia.

Cat. Odiló/Odília. Gal. Otilio/Odilia.

Otilia, personaje de la novela *Las afinidades electivas* de de Johann Wolfgang Goethe (1749-1832), en el que proyectó sus propias experiencias de un amor imposible por una barrera excesiva de edad. Otilio Ulate Blanco, presidente de Costa Rica en 1949-1952.

Oto m

Variante de Otón.

Cat. Ot, Otto, Ots/Oda.

Otto Bauer, político, economista y dirigente soacialdemáocrata austríaco (1881-1938). Otto Dix, pintor y grabador alemán (1891-1969). Otto Preminger, director cinematográfico austríaco-estadounidense (1906-1986). Otto von Bismarck, político alemán (1815-1898). Otto Wagner, arquitecto austríaco (1841-1918).

Otón/Oda m/f On. 18 de noviembre

Familia de nombres en torno a la raíz germánica *od, audo*, 'riqueza, joya, tesoro', y, por evolución, 'propiedad, dueño'. En algunos casos, estos pueden haber sido influidos por *udal*, 'patria', formada a partir de la misma raíz (v. Otmaro).

Existen gran variedad de formas análogas: Oto, Otto (por influencia de la grafía alemana), Odón, Oda. Entre los derivados femeninos, estaca la terna Odila-Odilia-Odelia, inspirados en el francés *Odile*.

Sinónimos: Abundancio, Alodio, Betsabé, Crisóforo, Habencio, Próspero, Rimano.

Cat. Otó/Oda, Odila. Gal. Otón/Oda.

Otón, emperador romano (s. I). Otón I *el Grande*, emperador romano-germánico (912?-973). Otón I (1886-1913), rey de Baviera, hermano y sucesor de Luis II. Otón (Marco Salvio O.), emperador romano (32-69). Odette, protagonista de una de las novela de Marcel Proust del grupo *À la recherche du temps perdu.*

Ovidio/Ovidia m/f On. 23 de agosto
Nombre del más famoso poeta latino, autor de las *Metamorfosis*. Latín *ovidus*, 'óvido, relativo a la oveja, pastor'.
Cat. Ovidi/Ovídia. Gal. Ovidio/Ovidia.
Ovidi Montllor, cantautor valenciano (1942-1995). Publio Ovidio Nasón, poeta y retórico romano (43 a. C.-18 d. C.).

Pablo/Pabla m/f On. 26 de junio

Saulo de Tarso (hebreo *sha'ul*, 'solicitado'), modificó, tras su conversión al cristianismo en el camino de Damasco, su nombre en el latino *Paulus*, 'pequeño', más como muestra de humildad que como alusión física (se dice en catalán *més alt que un Sant Pau*). El patronímico se ha convertido en uno de los más universales, como testifican en el presente los tres hispanos Pablo Ruiz Picasso, Pau Casals y Pablo Neruda... por no hablar de los tres últimos pontífices y una cincuentena de santos. Sin embargo, en la Edad Media fue usado solo en los países meridionales europeos. Variante: Paulo, revigorizada con el papa Paulo VI, que deseó seguir con esta antigua forma del nombre. Forma femenina: Paula. Derivados: Paulino, Paulilo.

Cat. Pau/Paula. Eus. Paul, Paulo, Pol/Paule. Gal. Paulo/Paula.

Pablo de Tarso, el Apóstol de los Gentiles (Ac). Pablo de Sarasate, violinista y compositor navarro (1844-1908). Pablo Iglesias, político y dirigente socialista gallego (1850-1925). Pablo Neruda (Ricardo Eliecer Neftalí Reyes), poeta chileno (1904-1973). Pablo Ruiz Picasso, pintor, dibujante, grabador, escultor y ceramista andaluz-catalán-francés (1881-1973). Pablo Sorozábal, compositor vasco (1898-1988). Pablo VI (Giovanni Battista Montini), papa de la Iglesia (1897-1978). Paolo Cagliari, *Il Veronese*, pintor italiano (1528-1588). Paolo di San Leocadio, pintor italiano-valenciano (†1515). Paolo Uccello (Paolo de Dono), pintor italiano (1397-1475). Pau Casals, compositor, director y violoncelista catalán (1876-1973). Pau Claris, político y eclesiástico catalán (1586-1641). Pau Gargallo, escultor aragonés-catalán (1881-1934). Pau Vila, pedagogo y geógrafo catalán (1881-1980). Paul Cézanne, pintor provenzal (1839-1906). Paul Claudel, poeta y dramaturgo francés (1868-1955). Paul Eluard (Eugène Grindel), poeta francés (1895-1932). Paul Gauguin, pintor francés (1848-1903). Paul Klee, pintor suizo (1879-1940). Paul Newman, actor y realizador cinematográfico estadounidense (1925-2008). Paul Signac, pintor francés (1863-1935). Paul Valéry, escritor francés (1871-1945). Paul Verlaine, poeta francés (1844-1896). Paul von Hindenburg (Paul von Beneckendorff), mariscal y estadista alemán (1847-1934). San Pablo de Tarso, colaborador apostólico, decisivo en la expansión del cristianismo (7-67). Pablo y Virginia, personajes de la novela homónima de Jacques-Henri Bernardin de Saint-Pierre (1737-1814), una de las parejas más populares de todos los tiempos, cargada de bondad y amor mutuo.

Palmiro/Palmira m/f

Aunque existe una Palmira, ciudad fortificada por Salomón en el desierto árabe-sirio (hebreo *Tadmor*), el nombre es una derivación de Palma, alusivo al domingo de Ramos en recuerdo de las palmas que los jerosolimitanos agitaban para dar la bienvenida a Jesús.

Cat. Palmir/Palmira. Gal. Palmiro/Palmira.

Palmira, antigua Tadmor, aldea en el desierto sirio, reconstruida por Salomón (I Rey 9,18). Palmiro Togliatti, político italiano (1893-1964).

Palomo/Paloma m/f

Del lat. *paluma*, 'pichón salvaje', distinto del doméstico (*columba*, v. Coloma) por su color pál-ido (raíz indoeuropea *pel*, 'pálido'). El fuerte contenido simbólico de esta ave en la religión cristiana (símbolo de la paz en el AT y del Espíritu Santo en el NT) ha hecho muy utilizado el nombre como onomástico femenino, evocador de dulzura y suavidad. El nombre ha trascendido, por Cristóbal Colón, a denominaciones geográficas: el distrito y la universidad de Columbia (USA), la república de Colombia.

Derivados: Coloma, Columba, Colombina, Columbano.

Cat. Colom/Coloma. Eus. /Usoa, Usua, Usue. Gal. Pombo/Pomba.

Santa Columba, martirizada en el s. III. *Colomba*, obra de Prosper Mérimée. Paloma Valdés (María Josefa Filgueira Rubio), actriz cinematográfica española (1941). Paloma Díaz Mas, escritora española (1954). Paloma Picasso (Paloma Ruiz Gilot), diseñadora francesa de joyas y perfumes (1949). Paloma San Basilio, cantante y actriz española (1947). Sebastián Palomo Linares, torero español.

Pamela f

Nombre forjado por el poeta inglés Felipe Sidney en su poema Arcadia (1580), y retomado por S. Richardson. Seguramente inspirado en el griego pan-meli, 'todo miel', es decir, 'dulce' (v. Melitón).

Cat. /Pamela. Gal. /Pamela.

Pamela, protagonista de la novela homónima de Samuel Richardson (1740). Pamela Anderson, actriz canadiense (1967). Pamela Harriman (Pamela Digby), diplomática y política británica (1920-1997).

Pancracio/Pancracia m/f On. 12 de mayo

Del griego *pan-kration*, 'todo fuerza, muy fuerte'.

Cat. Pancraç, Brancat/Pancàcia. Eus. Pangartzi/Pangartze. Gal. Pancracio/Pancracia.

San Pancracio, discípulo de san Pedro, mártir (s. I). Pancracio, mártir del s. IV y personaje incorporado a la novela del cardenal Henry Wiseman *Fabiola*.

Pandoro/Pandora f

Del gr. *pan-dóron*, 'todos los dones', aludiendo al episodio del personaje mitológico.

Cat. Pandor/Pandora. Gal. /Pandora.

En la mitología griega, primera mujer mortal, que imprudentemente abrió la caja que contenía 'todos los dones' de los dioses: todos escaparon, excepto la Esperanza.

Pánfilo/Pánfila m/f On. 21 de septiembre

Del griego *pam-philos*, 'amigo total'. O gentilicio de la Pamfilia, región del Asia Menor caracterizada por su diversidad de etnias (*phyla*).

Cat. Pàmfil/Pàmfila. Eus. Panbil/Panbille. Gal. Pánfilo/Pánfila.

Pánfilo de Narváez, conquistador español, émulo y rival de Hernán Cortés (1470-1528). Pamphile Gengenbach, escritor suizo en alemán (1480-1524). Pánfilo Natera, revolucionario mexicano (1882-1951). Pánfilo, personaje de la *Fiammetta* y del *Decamerón* de Boccaccio (1313-1375), representación del propio autor.

Pantaleón/Pantaleona m/f

Del griego *Pantaleón*, 'todo-león', es decir, 'de valor y firmeza leoninos'. El napolitano San Pantaleón (s. IV) vio cambiado su nombre a Pantaleemón (*panta-eleémon*, 'todo afecto', v) por sus virtudes cristianas.

Cat. Pantaleó/Pantaleona. Eus. Pandalon/Pandalone. Gal. Pantaión/Pantaiona.
San Pantaleón, médico del emperador Galerio (s. IV). Su sangre se licúa en Ravallo una vez al año.

Paracelso m
Latinización literal del apellido de Teophrastus Hohenheim ('lugar elevado').
Cat. Paracels/.
Paracelso (Teophrastus Hohenheim), médico y alquimista suizo (1493-1541).

Paris m
Nombre mitológico griego. Quizá de *paris*, 'igual, equivalente', aunque probablemente es un nombre prehelénico.
Cat. Paris/.
Paris, en la mitología griega, hijo de Príamo y Hécuba, dotado de singular belleza, que raptó a Helena, esposa de Menelao, ocasionando la guerra de Troya. Paris Bordone, pintor italiano (1500-1571).

Parménides m
Nombre griego, gentilicio de Parmenio. Este, a su vez, de *para-meno*, 'fiel, que permanece fiel'.
Cat. Parmènides/.
Parménides, filósofo griego de la escuela de Elea (540?-470 a. C.).

Parmenio/Parmenia m/f On. 22 de mayo
Del griego *para-meno*, 'fiel, que permanece fiel'.
Variante: Pármeno.
Cat. Parmeni/Parmènia.
San Parmenio, mártir en Cordula, Persia (255).

Parsifal m
Del gaélico *Peredur*, (para algunos, 'loco puro', por el árabe *fal parsi* en anagrama), adaptado al francés del s. XII por Chrétien de Troyes en el romance inacabado *Perceval ou le Conte du Graal* (1180?).
Cat. Perceval/.
Parsifal o Perceval, héroe de romances bretones. Perceval de Cagny, testigo en el proceso contra santa Juana de Arco (s. XV). Percy Shelley, poeta y pensador inglés (1792-1822).

Pascasio/Pascasia m/f On. 26 de abril

Nombre cristiano-romano (*Paschasius*), de origen griego, evocador de la festividad religiosa de la Pascua (v. Pascual).

Cat. Pascasi/Pascàsia. Eus. Paskasi/Paskase. Gal. Pascasio/Pascasia.

San Pascasio Radberto (†865).

Pascual/Pascuala m/f On. 17 de mayo

La Pascua judía conmemoraba el 'paso' (*pesakh*) del pueblo hebreo por el desierto del Sinaí. El nombre fue incorporado por el cristianismo a la conmemoración de la resurrección del Salvador, de donde la adjetivación latina *pasqualis*, 'relativo, nacido en la Pascua'.

Derivados: Pascasio, Pascualino.

Cat. Pasqual/Pasquala. Eus. Bazkoare, Paskal, Paxkal/Paskalin, Paxkalin. Gal. Pascual, Pascoal/Pascuala, Pascoala.

Pasqual Calbo, pintor y arquitecto mallorquín (1752-1817). Pascual Madoz, político y geógrafo (1806-1870), conocido especialmente por su *Diccionario geográfico, histórico y estadístico de España*, obra maestra del s. XIX. Pasqual Carrión, ingeniero agrónomo valenciano (1891-1976). Pasqual Maragall, político catalán (1941). Emilio Arrieta (Pascual Arrieta), cantante español (1823-1894).

Pastor/Pastora f On. 6 de agosto

Nombre evocador de Jesucristo (*Pastor*, uno de los títulos que le atribuyen los Evangelios). En femenino corresponde a la advocación mariana de la Divina Pastora.

Variante: Pástor.

Cat. Pàstor, Pastor/Pastora. Eus. Unai, Artzai, Artzaia/Unaiñe, Unaisa. Gal. Pastor/Pastora.

Pastora Imperio (Pastora Rojas Monge), bailarina y cantante española (1889-1978).

Paternino/Paternina m/f On. 12 de julio

Del latín *Paterninus*, gentilicio de Paterno. Sufijo gentilicio *-inus*, 'relativo, de la familia de').

Derivado: Paterniano/Paterniana.

Cat. Paterní/Paternina.

Patricio/Patricia m/f On. 17 de marzo

El latino *patricius* designaba, en la antigua Roma, a los 'hijos de padre' en el sentido estricto, es decir, 'de padre rico y noble' (el adjetivo sigue designando la minoría autóctona y aristocrática de una ciudad). El nombre, siempre muy popular en Irlanda en memoria de su evangelizador (s. v), conoce en su forma femenina una popularidad extraordinaria hoy en España.

Cat. Patrici/Patrícia. Eus. Patirki/Patirke. Gal. Patricio/Patricia.

San Patricio, apóstol de Irlanda (373-463). Grace Patrice Kelly, actriz cinematográfica estadounidense y princesa de Mónaco (1928-1982). Patricia Galvâo, periodista, escritora y pintora brasileña (1910-1962). Patricia Highsmith, escritora estadounidense (1921-1995). Patricia Neway, soprano estadounidense (1919). Patricio Aylwin, político chileno (1918). Patrick Blackett (1897-1974), físico inglés, premio Nobel en 1948. Patrick White, escritor australiano, premio Nobel en 1973 (1912-1990). Patt Moss, corredora de coches británica (1934-2008). Patty Smith, cantante y poetisa estadounidense (1946). Patricio Escobar, político paraguayo, presidente de su país en 1886-91.

Patrocinio m+f On. 8 de septiembre

Nombre cristiano, por lo común femenino, derivado del latín *patrocinium*, 'patrocinio, amparo' (de *patronus*, 'padre, protector, patrón'). El nombre deriva de las fiestas religiosas del Patrocinio de Nuestra Señora y del de san José.

Cat. Patrocini/Patrocini. Eus. Zaña,/Aterbe, Aterpe, Zaiñe, Babesne.

Sor Patrocinio (María de los Dolores Rafaela Quiroga), *La monja de las llagas*, ejerció una gran influencia sobre la reina Isabel II (1809?-1891).

Paúl m

Variante de Pablo, probablemente a través de su forma francesa, Paul. Evoca también a san Vicente de Paúl, santo francés (s. xvi-xvii) protector de los necesitados.

Cat. Pol/.

Paul Bocuse, cocinero francés, miembro de la *Nouvelle cuisine* (1926). Paul Cézanne, pintor provenzal (1839-1906). Paul Claudel, poeta y dramaturgo francés (1868-1955). Paul Eluard (Eugène Grindel), poeta francés (1895-1932). Paul Gauguin, pintor francés (1848-1903). Paul Klee, pintor suizo

(1879-1940). Paul McCartney, músico británico, miembro del conjunto The Beatles (1942). Paul Signac, pintor francés (1863-1935). Paul Valéry, escritor francés (1871-1945). Paul Verlaine, poeta francés (1844-1896). Paul von Hindenburg (Paul von Beneckendorff), mariscal y estadista alemán (1847-1934).

Paula f On. 29 de junio

Variante de Pabla, más usada que esta. Directamente del latín *Paula* (v. Pablo).

Paula Julie Abdul, actriz y bailarina estadounidense (1962). Paulette Goddard (Marion Levy), actriz cinematográfica estadounidense (1911-1990).

Paulino/Paulina m/f On. 22 de junio

Del latín *Paulinus*, gentilicio de Paulo, o sea Pablo (v.). El hip. francés Paulette ganó popularidad por la actriz Paulette Godard.

Cat. Paulí/Paulina. Gal. Paulino/Paulina.

San Paulino de Nola (Meropio Poncio Anicio Paulino), poeta y obispo de Nola (355-431). Paulino de Pella, poeta romano cristiano (s. v). San Paulino, apóstol de Yorkshire (†644). Pauline de Beaumont, amiga e inspiradora de Chateaubriand (1768-1803). Paulina Bonaparte (1780-1825), princesa Borghese, disoluta hermana de Napoleón I. Pauline Viardot, cantante francesa, amiga de Musset, Sand, Gounod, Turguenev (1821-1910). Paulino Uzcudun, boxeador español (1899-1985). Paulina, personaje del *Cuento de invierno* de William Shakespeare (1564-1616), valiente y generosa hasta contraer riesgos excesivos. Paulina, personaje del drama *Polieuctes* de Pierre Corneille (1606-1684). El protagonista «resistió las lágrimas de su esposa Paulina y perdió su vida en el martirio», según el texto clásico.

Pavel m

Variante rumana, rusa y servocroata de Pablo.

Paz m+f On. 24 de enero

Del latín *pax*, 'paz', usado especialmente como advocación mariana (Nuestra Señora de la Paz), aunque también es nombre masculino. Variante: Pace. Sinónimos: Irene, Frida, Salomé.

Cat. Pau/Pau. Eus. /Bake, Bakene, Gentza, Pakea. Gal. /Paz.

Mari Pau Huguet, presentadora catalana de TV (1963). Maria de la Pau Janer, escritora mallorquina (1966). Paz Padilla, presentadora de TV y humorista (1969).

Pedro/Petra m/f On. 29 de junio

Simón (v. Simeón), hermano de Andrés, fue nombrado conductor de la Iglesia con las palabras de Jesucristo «Tú eres piedra, y sobre esta piedra edificaré mi iglesia». Así, el que después sería el primer papa pasaba a ser designado con el nombre arameo de *Kefas*, 'piedra'. Traducido al griego como *Pétros*, al latino como *Petra* y masculinizado más tarde a *Petrus*, el nombre es hoy uno de los primeros de la cristiandad, aunque por respeto no lo haya adoptado ningún otro papa (la apócrifa profecía de san Malaquías enlaza el fin del mundo con el inminente Pedro II). Sobradamente compensan esta omisión onomástica papal otros ciento quince santos, cuatro reyes de Aragón, dos de Castilla, dos emperadores del Brasil, tres zares de Rusia, dos reyes de Chipre y Jerusalén, un zar, un rey de Bulgaria e innumerables personajes de la ciencia, las letras el arte y cualquier actividad.
En alemán un *dummer Peter* es el equivalente a un imbécil.
Sinónimos: Chantal, Lavinia.
Derivados: Petronio, Petronila, Petronaco, Petroquio. Hip: Perico.
Cat. Pere/Petra. Eus. Pello, Kepa, Peru, Beti, Betti/Kepe, Betisa, Betiza. Gal. Pedro/Petra.
Boutros Boutros Ghali, político egipcio (1922). Pedro Laín y Entralgo, médico y escritor aragonés (1908-2001). Pedro *el Ermitaño*, monje y cruzado francés (1050?-1115). Pedro Almodóvar, director cinematográfico español (1950). Pedro Arrupe, jesuita vasco, prepósito general (1907-1991). Pedro Berruguete, pintor castellano (1450?-1503). Pedro Calderón de la Barca, autor dramático castellano (1600-1681). Pedro Duque, ingeniero aeronáutico y astronauta español-estadounidense (1963). Pedro Guerra, cantautor español (1966). Pedro I *el Grande*, zar de Rusia (1672-1725). Pedro I el Cruel, rey de Castilla (1334-1369). Pedro II *el Católico*, rey de Aragón (1177-1213). Pedro III *el Grande*, rey de Aragón, Valencia y Mallorca, conde de Barcelona (1240-1285). Pedro IV *el Ceremonioso*, rey de Aragón, Valencia, Mallorca y conde de Barcelona (1319-1387). Pedro IV de Cataluña, *el Condestable de Portugal*, rey catalán (1429-1466). Pedro Rodríguez de Campomanes, conde de Campomanes, político asturiano (1723-1803). Pedro Salinas, poeta y crí-

tico literario castellano (1891-1951). Pèire de Marca, historiador, político y eclesiástico occitano (1594-1622). Pere Ardiaca, político catalán (1909-1986). Pere Bohigas, erudito y profesor de paleografía catalán (1901-2003). Pere Bosch i Gimpera, prehistoriador y arqueólogo catalán (1891-1974). Pere Calders, narrador, periodista y dibujante catalán (1912-1994). Pere Casaldàliga, eclesiástico catalán en Brasil (1928). Pere de Palol, arqueólogo catalán (1922-2006). Pere Estasen, abogado, filósofo, economista y geógrafo catalán (1855-1913). Pere Felip Monlau, científico catalán (1808-1871). Pere Gimferrer, escritor, traductor y crítico literario catalán (1945). Pere Joan, escultor catalán (1397?-1458?). Pere Mates, pintor renacentista catalán (1500?-1558). Pere Nicolau, escritor mallorquín (1823-1906). Pere Pagès, escritor político catalán (1916-2003). Pere Sanglada, escultor catalán (s. XIV-XV). Pere Serafí, poeta y pintor catalán (1510?-1567). Pere Vergés, maestro catalán, ligado a los movimientos de renovacióon pedagógica (1896-1970). Pere Ynglada, dibujante catalán (1881-1958). Pere Ysern, pintor catalán (1875-1946). Perico Delgado, ciclista español (1959). Pete Sampras (Peter John Mathew Sampras), tenista estadounidense (1971). Peter Brook, director teatral británico (1925). Peter Gabriel, músico británico (1948). Peter Paulus Rubens, pintor flamenco (1577-1640). Peter Weiss, dramaturgo alemán (1916-1982). Petra Kelly, activista alemana, fundadora del partido de los Verdes (1947-1992). Petra Kronberger, patinadora austríaca (1969). Pier Luigi Nervi, ingeniero italiano (1891-1979). Pier Paolo Passolini, escritor y actor cinematográfico italiano (1922-1975). Piero della Francesca, pintor italiano (1420?-1492). Piero di Cosimo (Piero di Lorenzo di Chimenti), pintor italiano (1462?-1521). Pierre Cardin, modista francés, pionero del *prêt-à-porter* (1922). Pierre Corneille, escritor francés (1606-1684). Pierre de Coubertin, pedagogo francés, impulsor del movimiento olímpico moderno (1863-1937). Pierre de Ronsard, poeta francés (1524-1585). Pierre Fermat, abogado y matemático occitano (1601-1665). Pierre Laval, político francés (1883-1945). Pierre Puvis de Chavannes, pintor francés (1824-1898). Pierre Reverdy, poeta francés (1889-1960). Pierre Simon Laplace, astrónomo, físico y matemático francés (1749-1827). Pierre Teilhard de Chardin, paleontólogo y pensador cristiano francés (1881-1955). Pierre Vilar, historiador francés (1906-2003). Pierre-Auguste Renoir, pintor lemosín (1841-1919). Pierre-Joseph Proudhon, socialista libertario francés (1809-1864). Pierre-Paul Prud'hon, pintor francés (1758-1823). Piet Mondrian (Pieter Cornelis Mondriaan), pintor holandés (1872-1944). Pieter Bruegel (*Bruegel de los Campesinos*), pintor flamenco (1525?-1569). Pietro Mascagni, compositor italiano (1863-1945). Pietro Metastasio, escritor y libretista italiano (1698-1782). Pietro Vannuci, *Il Perugino*, pintor italiano (1448-1523). Piotr Aleksejevich Kropotkin, anarcocomunista ruso (1842-1924). Piotr Pedro Chaikovski, compositor ruso (1840-1893).

Pelagio/Pelagia m/f 323.

Del latín Pelagius, y este del griego *pelágios*, 'marino, hombre de mar'. *Morgan*, 'marino' en lengua céltica, latinizó su nombre a *Pelagius* y protagonizó una famosa herejía (s. IV). Sinónimos: Mar, Muiredac, Poncio. Derivado: Pelayo.

Cat. Pelagi/Pelàgia. Eus. Pelagi/Pelage. Gal. Pelaxio/Pelaxia.

Pelagio, heresiarca combatido por san Agustín (s. IV-V). Santa Pelagia de Antioquía (s. IV), se suicidó antes que caer en manos de los soldados de Diocleciano (on. 8-10). Pelagia, segunda mujer del militar Bonifacio (s. V). San Pelagio I, papa de 556 a 561 (†561). Pelagea Vlasova, protagonista de la novela *La madre* de Máximo Gorki (1868-1936), persona que desde la intuición acaba comprendiendo las actividades revolucionarias de su hijo.

Pelayo/Pelaya m/f On. 26 de junio

Forma actual de Pelagio, célebre por el vencedor de Covandonga (718). Nombre muy popular en la Edad Media, hoy algo en desuso.

Sinónimos: Mar, Muiredac, Poncio.

Cat. Pelai, Pellai/Pelaia, Pellaia. Gal. Payo, Paio/Paya, Paia.

Pelayo I, primer rey de Asturias (†737), vencedor de los árabes en Covadonga e iniciador de la Reconquista asturiana. Pelayo (†1075), obispo de Iria (hoy Padrón, en Galicia). San Pelayo (on. 26-6), niño martirizado en Córdoba (911?-925?).

Peleas m

Variante de Peleo, nombre mitológico portado por el padre de Aquiles (del griego *peleus*, 'que vive en el barro'). La forma es famosa por la ópera de Claude A. Debussy.

Cat. Peleas/.

Peleas, rey legendario de los mirmidones. Peleas y Melisande, protagonistas del drama homónimo de Maurice Maeterlinck (1862-1949) al que puso música Debussy, sobre el amor de dos hermanos por la misma mujer.

Penélope f On. 1 d noviembre

Compuesto del griego *pene*, 'hilo', y *lopia*, 'hinchazón', aludiendo a la tela que tejía el personaje mitológico de día y destejía de noche para engañar a sus pretendientes. Otra versión la relaciona con *penelopes*, 'flamenco', aunque lo más probable es que proceda de una voz prehelénica.

Cat. /Penèlope. Gal. /Penélope.

Penélope, en la mitología griega, hija de la ninfa Peribea y esposa de Ulises, famosa por su paciente espera del héroe. Penélope Cruz, actriz cinematográfica española (1975). Penelope Ann Miller, actriz cinematográfica estadounidense (1964).

Percival m

Variante de Perceval o Parsifal.

Cat. Perceval/.

Percy Shelley, poeta y pensador inglés (1792-1822).

Peregrino/Peregrina m/f On. 16 de mayo

Evocación de las peregrinaciones medievales. Del latín *per ager*, '(que va) por el campo'. Variantes: Peregrino, Pelegrín.

Cat. Peregrí, Pelegrí/Peregrina, Pelegrina. Eus. Pelegin/Pelegiñe. Gal. Peleriño/Peleriña.

Pélerin de Maricourt, ingeniero y físico francés (s. XIII). Pellerin, personaje de *La educación sentimental* de Gustave Flaubert, (1821-1880), pintor desprovisto de talento artístico pero con ambición desmesurada. Peregrino Pickle, protagonista de la novela *La aventuras de Peregrine Picke* de Tobias G. Smollett (1721-1771), carácter vanidoso y mezquino.

Pericles m

Del griego *pleri-klimenos*, 'muy ilustre'.

Cat. Pèricles/.

Pericles, político ateniense (492?-429 a. C.), protagonista de la época de máximo esplendor de la cultura griega clásica.

Perséfone f

Nombre griego, derivado de *presepone*, y este seguramente de *présis*, 'inflación, combustión', en alusión al personaje. Identificado en la cultura latina con Proserpina (v.).

Cat. /Persèfone, Persèfona.
Perséfone, en la mitología griega, diosa presagiadora de la muerte y la destrucción. Raptada por Hades, se convirtió en reina de los Infiernos.

Perseo m
Etimología del nombre desconocida, pero quizás presente en el nombre de Persia.
Cat. Perseu/.
Perseo, héroe griego, liberador de Andrómeda y ejecutor de la Medusa, presente en una constelación.

Petronilo/Petronila m/f On. 31 de mayo
Variante de Pedro, a través de Petronio. Sufijo lat. adjetivador *-ilus*. La forma femenina se considera como la de Petronio.
Cat. Petronil/Petronil·la, Peronella. Eus. Petornil/Petornille. Gal. Petronelo, Petronilo/Petronela, Petronila.
Petronila I, reina de Aragón y condesa de Barcelona (1136?-1173), esposa de Ramon Berenguer IV de Barcelona, cofundadora con él de la Corona de Aragón.

Petronio/Petronia m/f
Nombre latino: *Petronius*, '(duro) como la piedra'. Gentilicio de Pedro, y en la práctica considerado como su equivalente.
Cat. Petroni/Petrònia.
Petronio, *arbitrus elegantium* y escritor romano (27?a. C.-66 d. C.). Petronio Máximo, senador y emperador romano (395?-455). Petrone Philargès, monje griego, antipapa con el nombre de Alejandro V (1340-1410).

Petunia f
Nombre femenino, extraído del de la flor (y este de *petún*, nombre del tabaco en Brasil).
Cat. /Petúnia.

Piedad f On. 21 de noviembre
Nombre cristiano, alusivo a uno de los atributos de la Virgen. Del latín *pietas*, 'sentido del deber', y, de ahí, 'devoción hacia los dioses' (v. Pío).
Cat. /Pietat. Eus. /Oneraspen, Errukiñe. Gal. /Piedade.

Pilar f On. 12 de octubre

Nombre muy extendido en Aragón, alusivo a la Virgen María, quien según la tradición se apareció al apóstol Santiago en las márgenes del río Ebro sobre un pilar (latín *pila*, 'pila, pilastra, pilar') de ágata.

Hips.: Pili, Piluca.

Cat. /Pilar. Eus. /Arroin, Abene, Zutoia. Gal. /Pilar.

María del Pilar Cuesta ('Ana Belén'), actriz y cantante española (1951). Pilar Cernuda, periodista española (1948). Pilar Lorengar (Pilar Lorenza y García), soprano española (1928-1996). Pilar Miró, directora cinematográfica española (1940-1997). Pilar Prim, protagonista de la novela homónima del escritor catalán Narcís Oller (1856-1930), mujer triste, llena de melancolía, cuya realidad no responde a sus ilusiones, redimida gracias a un gran amor.

Pina f

Contracción del nombre alemán *Philippine*, 'Filipina', portado por una célebre bailarina.

Pina Bausch (Philippine Bausch), bailarina y coreógrafa alemana (1940-2009).

Píndaro m

Derivación del nombre del monte griego en Tesalia Pindos ('boscoso'), consagrado a las musas.

Cat. Píndar/.

Píndaro, poeta griego (520?-450? a. C.).

Pino f

Nombre abreviado de la Virgen del Pino, de mucha advocación en Teror (Isla de Gran Canaria).

Cat. /Pi.

Pío/Pía m/f On. 30 de abril

En latín posee diversos significados: aparte de 'piadoso', es también 'venerador de los padres, benigno, humano, devoto...'

Sinónimos: Rogacio, Sati, Satebo.

La forma femenina es también una variante de la advocación mariana Piedad o Dolores.

Eus. Pius/Pia. Eus. Pi/Pije. Gal. Pío/Pía.

Pío Baroja, novelista vasco (1872-1956). San Pío V, papa de la Iglesia, comisario general de la Inquisición (1504-1572). Pío IX (Giovanni Maria Mastai Ferreti), papa de la Iglesia, proclamador del dogma de la Inmaculada Concepción (1792-1878). Pío XII (Eugenio Pacelli), papa de la Iglesia (1876-1958). Pius Font i Quer, botánico catalán (1888-1964). Antonino Pío, emperador romano (86-161). Pia De'Tolomei, personaje del *Purgatorio* de la *Divina Comedia*. Pío Cid, personaje de la novela *La conquista del reino de Maya* de Ángel Ganivet (1865-1898), pese a su nombre no tiene ni piedad ni fuerza.

Pipino m On. 21 de febrero

Del latín *Pippinus*, forma de *pisinnus*, 'niño pequeño'.

Cat. Pipinus/. Gal. Pipino/.

Pipino I, *el Breve*, rey de los francos (714?-768).

Pitágoras m

Nombre tomado por alusión a *Pythia*, sacerdotisa del ágora de Delfos, con el sufijo agora, 'ágora, plaza, discurso': 'discurso, profecía de Pythia'.

Cat. Pitàgores/.

Pitágoras, filósofo y matemático griego (580?-497? a. C.).

Plácido/Plácida m/f On. 5 de octubre

Del latín *placidus*, 'plácido, suave, tranquilo, manso' (*placeo*, 'placer').

Cat. Plàcid/Plàcida. Eus. Palgida/Paketsu, Paketsun. Gal. Plácido/Plácida.

Plácido Domingo, tenor y director de orquesta castellano-mexicano (1941).

Platón m On. 4 de abril

El nombre del famoso filósofo griego Aristocles fue sustituido por el mote que le daban sus discípulos, *plato*, 'ancho de espaldas'.

Cat. Plató, Plato/. Gal. Platón/.

Platón (Aristocles), filósofo de la Antigüedad griega (426-347 a. C.). Platón Karataev, personaje de la novela *Guerra y paz* de Lev Tolstoi (1828-1910), símbolo de las simpatías nacionales del momento.

Plauto/Plauta m/f On. 29 de septiembre

Del adjetivo latino *plautus*, 'de orejas gachas', y también 'de pies planos'. El calificativo 'plauto' era usado en la Umbría, lugar de donde procedía el comediógrafo de este nombre. Cf. Platón.

Cat. Plaute/Plauta.
Plauto, comediógrafo latino (251?-184? a. C.). San Plauto, mártir en Grecia (primeros siglos).

Plinio/Plinia m/f
Nombre de dos escritores latinos. Aunque ha sido relacionado con *plenus*, 'lleno, grueso', parece más probable que derive del griego *plinthos*, 'baldosa, losa', y por extensión, 'herencia' (escrita en esta en el uso de la época).
Cat. Plini/Plínia. Gal. Plinio/Plinia.
Plinio *el Viejo* (Cayo Plinio Secundo), polígrafo latino (23-79). Plinio *el Joven* (Cayo Cecilio Secundo), escritor latino ahijado de Plinio *el Viejo* (62-114?).

Plutarco m On. 28 de junio
Nombre griego, derivado de plutos archos, 'gobernante rico, plutócrata'.
Cat. Plutarc/.
Plutarco, biógrafo y ensayista griego (50-120). Plutarco Elías Calles, militar y político mexicano (1877-1945).

Pol/Pola m/f
Variante antigua de Pablo a través de la monoptongación de Paúl (v.).
Cat. Pol/Pola.
Pol de Limburg, miniaturista flamenco (s. XIV-XV). Pola Negri, actriz alemana de origen polaco, primera figura del Ballet Imperial ruso y estrella del cine mudo en Berlín y en Hollywood (1894-1987).

Poliano/Poliana m/f On. 10 de septiembre
Derivación del griego *poly-ainos*, 'digno de grandes elogios, célebre'. Variantes: Poleno, Poliaineto.
Cat. Polià/Poliana.

Polibio/Polibia m/f
Del griego *poli-bios*, 'de larga vida'.
Cat. Polibi/Políbia.
Polibio, historiador griego (210?-128? a. C.).

Policarpio/Policarpia m/f
Variante de Policarpo/Policarpa.
Cat. Policarpi/Policàrpia.

Policleto/Policleta m/f

Del griego *poli-kletos*, 'llamado de muchas partes, célebre' (*poli*, 'muchos'; *kletos*, 'célebre').

Cat. Policlet/Policleta.

Policleto o Policletes de Sicione, escultor griego (s. v a. C.). Policleto o Policletes, escultor griego (†343 a. C.).

Polimnia f

Nombre mitológico griego. De función definida por su nombre: *polihymnos*, 'la de los muchos cánticos', o sea 'la que canta abundantemente'.

Cat. /Polímnia.

Polimnia, en la mitología griega, musa de los himnos.

Polinice m

Nombre de la mitología griega. Derivado de *polinikés*, 'gran victoria'.

Cat. Polinices/.

Polinice, en la mitología, hijo incestuoso de Edipo y Yocasta, muerto en combate con su hermano Eteocles. Su enterramiento por su otra hermana Antígona, contraviniendo la prohibición, fue causa de la condena a muerte de esta.

Polixeno/Polixena m/f On. 23 de septiembre

Nombre mitológico femenino. Del adjetivo griego *polixenos*, 'hospitalario' (*poli*, 'muchos'; *xenos*, 'extranjero': 'que recibe muchas visitas').

Cat. Polixèn/Polixena.

Polixena, en la mitología, hija de Príamo y esposa de Aquiles.

Polo/Pola m/f

Variante de Pablo (v.) por monoptongación de la forma original Paulus.

Cat. Pol/Pola. Eus. /Poli. Gal. Polo/Pola.

Pomona f

Nombre mitológico. Del latín *poma*, 'fruto'.

Cat. /Pomona.

Pomona, en la mitología, diosa romana de los frutos, compañera de Flora. Protectora de flores y frutos, experimenta, como estos, ciclos de envejecimiento y rejuvenecimiento.

Pompeyo/Pompeya m/f On. 10 de abril

Del latín *pompeius*, 'pomposo, fastuoso', y este del gr. *pompé*, 'solemnidad'. Otros intérpretes lo refieren al numeral sabino *pompe*, 'cinco'. En femenino es también advocación mariana, la Virgen de Pompeya (on. 10-4).

Cat. Pompeu/Pompea. Eus. Ponbei/Ponbe. Gal. Pompeyo/Pompeya.

Pompeu Fabra, gramático, ingeniero y lexicógrafo catalán (1868-1948). Pompeu Gener, escritor catalán (1848-1920). Pompeya Paulina, dama romana de origen hispano, esposa de Séneca (†65?). Pompeya, sobrina de Sila, segunda esposa de César (s. I a. C.). Pompeyo, general romano, rival de Julio César, vencido por este en Farsalia (106-48 a. C.).

Pompilio/Pompilia m/f On. 15 de julio

Del griego *pompé*, 'solemnidad', aunque otros lo remiten al numeral sabino pompe, 'cinco' (v. Pompeyo). Otros derivados de la misma raíz son Pompeyano, Pompeyo, Pompiano, Pomponio y Pomposo.

Cat. Pompili/Pompília.

Poncio/Poncia m/f On. 14 d mayo

Aunque se ha señalado como origen de este nombre el latín *pontus*, 'el mar', parece más probable el numeral sabino *pontis*, análogo al latín *quinque*, 'cinco'. El significado, pues, sería análogo al de Quinto (v.) o Pompeyo (v.). Variante: Ponce.

En la batalla de Santa Ponça (1301) se decidió el dominio de Sicilia por el rey aragonés Jaime II.

Derivados: Ponciano, Póntico.

Cat. Ponç, Ponci/Ponça, Pòncia. Eus. Pontzen/. Gal. Poncio/Poncia.

Poncio Pilato, procurador romano en Judea en tiempos de Jesús (s. I). Poncio de Cabrera, mayordomo del rey Alfonso VII de León y Castilla, depuesto por su sucesor Fernando II de León (s. XII). Poncio I de Urgel /1211?-1243?), conde de Urgel antes y después de Aurrembiaya. Ponce Denis Écouchard Lebrun, poeta francés (1729-1807).

Porcio/Porcia m/f

Nombre de humildad cristiano, derivación del latín *porcus*, 'puerco'. En Inglaterra, el apelativo es sinónimo de 'abogada', por alusión al personaje shakespeariano.

Cat. Porci/Pòrcia.

Porcia, esposa de Bruto en *Julio César* de William Shakespeare (1564-1616), personaje de matrona romana. Porcia, personaje de *El mercader de Venecia* de William Shakespeare (1564-1616), inteligente y decidida.

Porfirio/Porfiria m/f On. 26 de febrero

Del griego *porphyrion*, 'con color de pórfido', o sea 'de púrpura, purpurado'. Generalmente como alusión a la cara de los recién nacidos tras un parto difícil. V. Purpúreo.

Cat. Porfiri/Porfíria. Eus. Porbiri/Porbire. Gal. Porfirio/Porfiria.

Porfirio, filósofo neoplatónico de origen sirio (s. III-IV). Porfirio Díaz (1830-1915), militar y político mexicano. Porfirio Petrovich, el juez de *Crimen y castigo* de Fedor Dostoievski (1821-1881).

Poseidón m

Nombre griego de etimología desconocida, probablemente relacionada con la raíz *pot*, 'poseer' (de donde 'potencia, poder'). Cf. el griego *despotes* y el latino *potens*.

Cat. Posidó/.

Poseidón, divinidad griega de los mares, identificada por los romanos con Neptuno.

Práxedes/Praxedis m/f On. 21 de julio

Nombre griego, comúnmente masculino, aunque en las Islas Baleares goza de gran devoción santa Praxedis. De *prassein*, 'practicar'. Traducible por 'emprendedor, activo'.

Variantes: Praxedis.

Cat. Pràxedes/Praxedis. Eus. Partseda/Partsede. Gal. Práxedes/Praxedis.

Práxedes Mateo Sagasta, político e ingeniero de caminos castellano (1827-1903).

Praxíteles m

Del griego *prassein*, 'practicar', y *telos*, 'finalidad': 'el que practica con una buena finalidad'.

Cat. Praxíteles/.

Praxíteles, escultor griego (390?-340 a. C.).

Presentación f On. 2 de febrero
Nombre mariano, evocador de la fiesta de la Presentación de la Virgen María en el templo. Del latín *praesens*, 'presente' (*prae-sens*, 'delante de los sentidos, a la vista', en oposición a *ab-sens*, 'ausente').
Cat. /Presentació. Eus. /Aurkene. Gal. /Presentación.

Príamo m On. 28 de mayo
Nombre mitológico griego (*Príamos*). Derivado de *priamai*, 'comprar', aludiendo a la primitiva condición de esclavo del personaje mitológico, redimido por compra.
Cat. Príam/.
Príamo, en la mitología griega, rey de Troya, padre de Héctor y Paris.

Pricio/Pricia m/f On. 24 de enero
Variante de Proyecto.
Cat. Prici/Prícia.
San Pricio, mártir en Bitinia junto con el toledano san Tirso (s. III).

Primitivo/Primitiva m/f On. 16 de abril
Del latín *primitiuus*, 'que está en primer lugar' (cf. Primo, Máximo).
Cat. Primitiu/Primitiva. Eus. Pirmitiba/Pirmitibe, Primia. Eus. Primitivo/Primitiva.
San Primitivo, víctima de Daciano en Zaragoza por defender su fe (†303).

Primo/Prima m/f On. 9 de junio
Del latín *primus*, 'primero'. aplicado por lo común al hijo primogénito (*pri*, 'antes, delante'; cf. Prior, Presentación). Era frecuente, en la antigua Roma, denominar a los hijos según su orden de nacimiento: *Primus*, *Secundus*, *Tertius*, *Quartus*, *Quintus*, *Sextus*, *Septimus*, *Octavius*, *Nonius*, *Decimus*... hasta llegar a veces a *Firmus*, 'basta, me paro'.
Sinónimos: Proto, Protasio, Perfecto, Prisco, Primitivo, Procopio, Máximo. Derivados: Primael, Primemio, Primiano, Priminio, Primitivo, Prior. Convertido en apellido, fue hecho famoso por el general Francesc Prim, destronador de Isabel II en 1868.
Cat. Prim/Prima. Gal. Primo/Prima.
San Primo, mártir en Roma junto con el toledano san Feliciano (s. III). Primo Levi, escritor italiano (1919-1987). Primo Carnera, púgil italiano (1906-1967).

Priscilo/Priscila m/f On. 8 de junio

Se trata en realidad de un diminutivo (*Priscilla*) de Prisca. Uno de los nombres preferidos por los puritanos en el s. XVII.
Derivados: Prisciano, Prisciliano.
Cat. Priscil/Priscil·la. Gal. Priscilo/Priscila.
Santa Priscila, mártir romana, esposa de Áquilas, el mismo personaje llamado también Prisca en Ac 18, 2-3. Santa Priscila de Roma (on. 16-1), que dio nombre a una catacumba (s. I). Priscilla Beaulieu, actriz estadounidense, esposa de Elvis Presley (1945). Priscilla Herradine, protagonista de la novela *El Cisne Negro*, de Rafael Sabatini.

Prisco/Prisca m/f

Nombre latino, femenino de *priscus*, 'viejo, antiguo, venerable', especialmente referido a una edad de oro. Sinónimos: Aldo, Antico, Bartolomé, Canico, Crónides, Griselda, Macrobio, Polibio, Policronio, Presbítero, Seclina, Séneca. Derivados: Priscila, Prisciano.
Cat. Prisc/Prisca. Eus. Priska/Prixka.
Santa Priscila, mártir romana, esposa de Áquilas, el mismo personaje llamado también Prisca en Ac 18, 2-3. Prisco, escritor griego, embajador de Constantinopla ante Atila (s. V).

Procopio/Procopia m/f On. 8 de julio

Del griego *prokopé*, 'el que marcha hacia adelante, que progresa'.
Cat. Procopi/Procòpia. Eus. Porkopi/Porkope. Gal. Procopio/Procopia.
Procopio de Gaza, retórico, teólogo e historiador romano (465-530). Procopio, historiógrafo griego bizantino (†562?). Flavio Procopio Antemio, emperador romano de 467 a 472 (†472).

Prometeo/Prometea m/f

Nombre griego; parece derivado del sánscrito *pramanta*, 'fuego', aludiendo a la entrega que de este hizo al hombre el personaje mitológico. Para otros intérpretes, procede del griego *prometis*, 'el que toma consejo antes de obrar'.
Cat. Prometeu/Prometea.
Prometeo, personaje de la mitología griega, de la raza de los titanes. Héroe benefactor de la Humanidad, castigado por este motivo por Zeus.

Propercio/Propercia m/f

Del verbo latino *propero*, 'progresar, marchar aceleradamente hacia delante'. Traducción: 'el que progresa'.

Cat. Properci/Propèrcia.

Sexto Propercio, poeta elegíaco latino (47-14 a. C.).

Prosérpina f

Del latín *proserpere*, 'brotar', parecido, por metátesis, a la forma griega Perséfone (esta, de *Presepone*).

Cat. /Prosèrpina.

Prosérpina, nombre de la mitología romana, identificado con la Perséfone griega, reina de los infiernos tras ser raptada por Hades.

Próspero/Próspera m/f On. 25 de junio

Del latín *prosperus*, 'feliz, afortunado'. Y no, como se ha dicho a veces, de *pro spes*, 'conforme a la esperanza', sino que deriva directamente del sánscrito *sphiráh*, 'rico, abundante'.

Sinónimos: Apatilo, Aser, Alipio, Beano, Beatriz, Eutiquio, Fausto, Félix, Gaudencio, Gaudioso, Macario, Maimón.

Cat. Pròsper/Pròspera. Eus. Posper/Pospere. Gal. Próspero/Próspera.

San Próspero de Aquitania (on. 25-6), aliado de san Agustín en la lucha contra los pelagianos (403-463). Pròsper de Bofarull, archivero e historiador catalán (1777-1859). Prosper Mérimée, escritor francés (1803-1870). Próspero, personaje de *La Tempestad* de William Shakespeare (1564-1616), carácter estático, figura casi fija de mago benigno.

Protágoras m

Del griego *protos*, 'primero', y *agora*, 'ágora, plaza': 'discurso primero', o 'el primero en el ágora, elocuente'.

Cat. Protàgores/.

Protágoras de Abdera, filósofo sofista griego (475?-410? a. C.).

Prudencio/Prudencia m/f On. 28 de abril

Del latín *prudens*, 'prudente' en el sentido de 'avisado, inteligente, despierte' (pro-videns, 'que ve hacia adelante, que prevé'). Muy utilizado por los puritanos en su afán evocador de virtudes en onomásticos (Abstinencia, Silencio, Obediencia, Providente...).

Variante: Prudente. Derivados: Prudenciano. Sinónimos: Cómodo, Dafroso, Eudón, Froalengo, Frodoíno.
Cat. Prudenç, Prudenci, Proens/Prudència, Prudença. Eus. Purdentzi/Zurtasun, Zuhurne. Gal. Prudencio/Prudencia.
San Prudencio, obispo de Tarazona (†476?). Aurelio Clemente Prudencio, poeta cristiano y apologista (348-405?). Prudenci Bertrana, escritor catalán (1867-1941).

Psiquis f
Nombre mitológico griego. *Psyché*, 'aura que refresca', y, por derivación, 'alma, espíritu'.
Variante: Psique.
Cat. /Psiquis.
Psiquis, en la mitología, personaje famoso por su abnegado amor por Cupido.

Ptolomeo/Ptolomea m/f On. 19 de octubre
Nombre de un astrónomo, gentilicio de la Ptolomea, en la Tebaida, lugar de su nacimiento. El nombre de la ciudad deriva de *ptolémos*, 'combate' (de donde 'polémica').
Variante: Ptolemeo.
Cat. Ptolomeu/Ptolomea.
Claudio Ptolomeo, astrónomo, matemático y geógrafo griego (90?-168?).

Publio/Publia m/f On. 25 de enero
Del latín *publius*, 'del pueblo', o sea 'que se dedica a la cosa pública, político'.
Cat. Publi/Públia. Gal. Publio/Publia.
Publio Ovidio Nasón, poeta y retórico romano (43 a. C.-18 d. C.). Publio Terencio Afer, comediógrafo latino (195?-159? a. C.). Publio Virgilio Marón, el más importante poeta de la latinidad clásica (70-19 a. C.). Publio Elio Adriano, emperador romano (76-138).

Pura f
Atributo encomiástico mariano (latín *purus*, 'puro, sin mácula, casto'). usado habitualmente como sinónimo de Pureza, Purificación o Concepción.

Sinónimos: Aretes, Febe, Castalia, Catalina, Inés, Inocencio, Leuco, Sereno, Simplicio, Zórico.
Cat. /Pura. Eus. /Garbi. Gal. /Pura.
Pura Vázquez, poetisa gallega (1918-2006).

Purificación f On. 2 de febrero
Nombre alusivo a la Purificación de la Virgen María, cuya fiesta se celebra cuarenta días después de la Natividad del Señor. Latín *purificatio* (*puri-fatio*, 'hacer puro, purificar').
Cat. /Purificació. Eus. /Garbiñe, Garbikunde. Gal. /Purificación.
Purificación Martínez Abad ('Norma Duval'), actriz española (1959).

Quetzalcóatl m

Nombre azteca, identificado con la serpiente emplumada y con el rey de Tula del mismo nombre.

Quetzalcóatl, divinidad de diversos pueblos precolombinos de Mesoamérica.

Quim/Quima m/f

Hip. por aféresis de Joaquín en su forma catalana, *Joaquim*. V. Joaquín.

Quim Monzó (Joaquim Monzó i Gómez), escritor catalán (1952).

Quintiliano/Quintiliana m/f On. 16 de abril

Adjetivación de Quintilio o de Quintín, con el sufijo latino gentilicio *-anus*, 'relativo, de la familia de'.

Cat. Quintilià/Quintiliana. Gal. Quintiliano/Quintiliana.

Quintiliano, retor hispanolatino (35?-96?). Quintiliano, señor de Montgrony en los primeros tiempos de la Reconquista (†778).

Quintín/Quintina m/f On. 31 de octubre

Del latín *Quintus*, 'quinto', aplicado al hijo nacido en este lugar (cf. Máximo, Primo, Segundo...), con el sufijo gentilicio *-inus*, 'relativo, de la familia de'. Muy popular por una poderosa *gens* romana, lo que explica su gran cantidad de derivados: Quinciano, Quincio, Quintiliano, Quintilio, Quintilo, Quinidio.

Cat. Quintí/Quintina. Eus. Kindin/Kindiñe. Gal. Quentín/Quentina.

Quentin Metsys o Massy, pintor, grabador y diseñador flamenco (1466?-1530). Quentin Tarantino, actor y director cinematográfico estadounidense (1963). Quentin Varin, pintor francés, maestro de Poussin (1580-1627).

Quinto/Quinta m/f On. 4 de enero

Del latín *quintus*, 'quinto', aplicado al hijo nacido en este lugar (cf. Máximo, Primo, Segundo...). Muy popular por una poderosa familia romana, lo que explica su gran cantidad de derivados: Quinciano, Quincio, Quinidio, Quintiliano, Quintilio, Quintilo, Quintín.

Cat. Quint/Quinta. Eus. Kindin/Kindiñe. Gal. Quinto/Quinta.

Quinto Curcio, biógrafo romano (s. I). Quinto Tertuliano, escritor cristiano y apologista (160?-240?). Quinto Horacio Flaco, poeta latino (65-19 a. C.). Decio (Mesio Quinto Trajano Decio), emperador romano (201-251). Quintus Fixlein, protagonista de la novela *Vida de Quintus Fixlein*, de Jean-Paul Richter (1763-1825), profesor de gran corazón y humanidad.

Quirico/Quirica m/f On. 16 de junio

Forma vulgar de Ciriaco (y este del griego *kyrios*, 'señor'. Variante antigua: Quirce.

Cat. Quirc, Quirze/Quirca. Eus. Kirika/Kirike.

San Quirico, niño de pecho martirizado en Asia Menor (s. IV).

Quirino/Quirina m/f On. 4 de junio

Apodo latino, alusivo a la *curis*, 'lanza', de Rómulo, el legendario fundador de Roma.

Cat. Quirí/Quirina.

Quirino, en la mitología latina, sobrenombre de Rómulo, el fundador de Roma, después de su muerte, aludiendo a la *curis*, 'lanza', con que era representado en las estatuas. También era sobrenombre de Marte y de Júpiter. San Quirino de Siszeck, obispo de esa ciudad de Croacia (†309).

Quiterio/Quiteria m/f

Nombre latino, portado por una santa muy venerada en Galicia. Parece de origen griego: *Cytherea*, epíteto de Afrodita, por *xiton*, nombre de una túnica corta (de donde, también, *Xitone*, nombre de la diosa de túnica corta, Artemisa).

Cat. /Quitèria. Eus. /Kitere.

Santa Quiteria, hija de un príncipe gallego, decapitada por su fe en el año 100.

Ra m

Nombre del dios supremo egipcio, identificado con el Sol.

Cat. Ra/.

Ra, divinidad egipcia, personificación del Sol, hijo de Ptah y Neith.

Rabindranath m

Nombre indio: del hindi *rabia*, 'famoso, célebre', seguido de la alusióon al dios Indra.

Rabindranath Tagore, poeta, músico, pintor y filósofo bengalí (1861-1941).

Radamés m

Nombre pseudoegipcio, creado por el libretista Piave para la ópera *Aida*. Inspirado en la raíz *Ra*, nombre del principal dios egipcio, y el sufijo *mes*, 'hijo' (cf. Moisés, Radamés).

Cat. Radamès/.

Radamés, protagonista de la ópera de Verdi *Aída*.

Rafael/Rafaela m/f On. 29 de septiembre

Nombre hebreo del AT, portado por el arcángel de Tobías. De *rapha-* o *repha-el*, 'Dios ha sanado', aludiendo a la milagrosa curación del patriarca Tobías. V. Ezequiel.

Cat. Rafael, Rafel/Rafaela, Rafela. Eus. Errapel/Errapele. Gal. Rafael/Rafaela.

Rafael, arcángel enviado para sanar en la Biblia (Tob 3,17). Rafael (Rafaello Sanzio), pintor italiano (1483-1520). Rafael Alberti, poeta y dramaturgo andaluz (1902-1999). Rafael Altamira, jurista e historiador mexicano (1866-1951). Rafael Azcona, guionista cinematográfico español (1926-2008). Rafael Campalans, político e ingeniero industrial catalán (1887-1933). Rafael de Casanova, héroe del nacionalismo catalán (1660?-1743). Rafael del Riego, militar asturiano (1785-1823). Rafael Guastavino, maestro de obras catalán de origen valenciano (1842-1908). Rafael Masó, arquitecto y escritor catalán (1880-1935). Rafael Moneo, arquitecto navarro (1937). Rafael Patxot, meteorólogo, mecenas, bibliófilo y escritor catalán (1872-1964). Rafael Tasis, escritor y político catalán (1906-1966). Rafael Vidiella, político catalán (1890-1982). Rafaela Aparicio (Rafaela Díaz Valiente), actriz española (1906-1996). Raffaella Carra, cantante italiana (1940). Rafal Olbromski, personaje alrededor de cuyas aventuras se desarrolla la acción del la gran epopeya de Polonia en tiempo napoleónico, narrada por Stephan Zeromski (1864-1925).

Raida m+f

Del germánico *rad*, 'consejo', frecuente como sufijo, especialmente feminizador. En principio masculino, aunque por concordancia es usado también como femenino.

Variante: Rado/Rada.

Cat. /Raida.

Raimón/Raimona m/f

Variante catalana de Ramón, por derivación de la forma antigua Raimundo (v.).

Cat. Raimon/Raimona.

Raimon Obiols (Josep Obiols), político catalán (1941). Raimon Casellas, crítico de arte, periodista y escritor catalán (1855-1910). San Raimon de Penyafort, eclesiástico y canonista catalán (1185?-1275). Raimon (Ramon Pelegero), cantautor valenciano-catalán (1940).

Raimundo/Raimunda m/f On. 1 de febrero

Forma antigua de Ramón (v.).

Cat. Raimund, Raimon/Raimunda,Remunda, Raimona. Eus. Erraimun/Erraimune, Erramona. Gal. Raimundo/Raimunda.

Ray Bradbury, novelista estadounidense de ciencia ficción (1920). Ray Charles, cantante de jazz, soul y blues estadounidense (1930-2004). Raimunda, personaje del drama *La malquerida* de Jacinto Benavente (1866-1954), sobre la hijastra que no quiere al padrastro.

Rainerio/Raineria m/f On. 30 de diciembre

Forma italiana de un conocido nombre germánico: *Ragin-hari*, 'consejero del pueblo'. V. Rado; v. Haroldo.

Variantes: Reinerio, Reynerio.
V. Raniero.
Cat. Rainer/Rainera. Eus. Errañeri/Errañere.
Rainer Werner Fassbinder, realizador, productor y guionista cinematográfico alemán (1946-1982). Rainer Maria Rilke, poeta checo en lengua alemana (1875-1926). Ragnar Lodhbrók, vikingo danés (†866), alrededor de cuya figura se formó pronto una leyenda.

Ramiro/Ramira m/f On. 11 de marzo
Nombre inmortalizado por una serie de reyes leoneses y aragoneses. Contracción de Ranimiro, procede del germánico *renamêrs*, 'consejero ilustre' (v. Ramis; v. Mirón). Ramires, usado también como apellido, es el protagonista de la novela de Eça de Queiroz *La ilustre casa de Ramires*, y ha sido considerado como un arquetipo del carácter portugués.
Cat. Ramir/Ramira. Eus. Erramir/Erramire. Gal. Ramiro/Ramira.
Ramiro II *el Monje* o *el Rey Cogulla*, rey de Aragón (1080-1157). Ramiro de Maeztu, escritor y ensayista español (1875-1936). Ramiro Ledesma Ramos, político español (1905-1936). Don Ramiro, protagonista de la novela *La gloria de don Ramiro*, del argentino Enrique Larreta (1875-1961), falto de voluntad y espíritu de lucha, cuya gloria es la oración conseguida de santa Rosa de Lima, que preside su muerte.

Ramón/Ramona m/f On. 31 de agosto
Nombre muy popular, especialmente en Cataluña, donde dio nombre a varios Condes de Barcelona, y conoce diversas formas que han trascendido al resto de España: Raimon, Raimund, Raimond, Remismund... San Ramón Nonato, así llamado por haber nacido por cesárea, es el iniciador del nombre. Etimológicamente procede del germánico *raginmund*, 'el que protege por el consejo' (v. Rado; v. Mundo).
V. también Raimón y Raimundo.
Formas antiguas: Raimundo, Remismundo. Hip. Moncho.
Cat. Ramon/Ramona. Eus. Erramu, Erramun, Erraimunda/Erramune. Gal. Ramona.
Ramon Aramon i Serra, filólogo catalán (1907-2000). Ramón Areces, empresario español (1904-1989). Ramon Berenguer I *el Viejo*, conde de Barcelona (1023-1076). Ramon Berenguer II *Cap d'estopes*, conde de Barcelona (1053-1082). Ramon Berenguer III *el Grande*, conde de Barcelona (1082-

1131). Ramon Berenguer IV *el Santo*, conde de Barcelona (1113?-1162). Ramon Borrell I, conde de Barcelona (972-1017). Ramon Cabrera, caudillo y militar carlista catalán (1806-1877). Ramon Casas, pintor y dibujante catalán (1866-1932). Ramon d'Abadal i de Vinyals, historiador y político catalán (1888-1970). Ramon d'Abadal, político y abogado catalán (1862-1945). Ramon d'Alòs, bibliotecario y erudito catalán (1885-1939). Ramón de Mesonero Romanos, escritor costumbrista castellano (1803-1882). Ramón Gómez de la Serna, escritor castellano (1888-1963). Ramon I *dels Baus*, magnate occitano (†1150). Ramón J. Sender, escritor aragonés-estadounidense (1902-1982). Ramon Llull, escritor, místico, filósofo y misionero mallorquín (1232-1316). Ramón María del Valle-Inclán, escritor gallego en lengua castellana (1866-1936). Ramon Martí, jurisconsulto y filósofo catalán (1807-1857). Ramón Menéndez Pidal, filólogo e historiador gallego (1869-1968). Ramon Muntaner, cronista, funcionario y soldado catalán (1265-1336). Ramón Serrano Suñer, político murciano-castellano (1901-2003). Ramon Trias i Fargas, economista y político catalán (1922-1989). Ramon Turró, biólogo y filósofo catalán (1854-1926). Ramon Violant, folclorista catalán (1903-1956).

Ramos f

Nombre cristiano, evocador de la fiesta del Domingo de Ramos (lat. *ramus*), en el que Jesús fue recibido triunfalmente en Jerusalén con palmas.
Cat. /Ram. Eus. /Abarne, Erramu, Marierramus. Gal. /Ramos.

Ramsés m

Nombre egipcio antiguo: *Rám(as)sès*, 'concebido por Dios', análogo a Radamés (v.). Portado por numerosos faraones.
Cat. Ramsès/.
Ramsés II, faraón egipcio de la XIX Dinastía (1304-1237 a. C.). Ramsés III, faraón egipcio de la XX Dinastía (1198-1166 a. C.).

Raniero/Raniera m/f

Raniero o Rainiero son formas italianas del nombre germánico Rainerio, derivado de *ragin-hari*, 'consejero del pueblo' (v. Rado; v. Haroldo).
Variante influida por la forma italiana: Rainiero.
V. También Raniero.
Cat. Rainer/Rainera. Eus. Errañeri/Errañere.
Raniero III, príncipe de Mónaco (1923-2005).

Raquel f On. 2 de septiembre
Nombre del AT. Del hebreo *rahel*, 'oveja'. De popularidad renacida últimamente, aunque nada tiene que ver con el germánico Raquildis (v.).
Cat. /Raquel.
Raquel, en la Biblia, esposa preferida de Jacob (Gen 29,6-31). Élisabeth Rachel Félix ('Mademoiselle Rachel'), actriz trágica francesa (1821-1858). Rachel Carson, bióloga, escritora y ecologista estadounidense (1907-1964). Rachel Ruysch, pintora holandesa (1664-1750). Raquel Meller (Francesca Marquès i López), conzonetista aragonesa-catalana (1888-1962). Raquel Welch (Raquel Josefina Tejada), actriz cinematográfica estadounidense (1940).

Raquildis f On. 23 de noviembre
Variante de Raquilda.
Cat. /Raquildis.

Raúl/Raúla m/f
Forma común en que se contraen los nombres Radulfo (*rad-wulf*, 'consejo del lobo', o sea, metafóricamente, 'del guerrero') y Rodulfo (v. Rodolfo). Presenta además el hip. Ruy, que se aplica también a Rodrigo.
Cat. Raüll, Raül/Raüla. Gal. Raul/Raula.
Ralph W. Lauren, diseñador de moda estadounidense (1939). Ralph Waldo Emerson, poeta estadounidense (1803-1882). Raoul Walsh, director cinematográfico estadounidense (1892-1980). Raúl González, futbolista español (1977).

Rea f
Nombre griego (*Rheia*). Seguramente es metátesis de era, 'tierra', aludiendo al personaje mitológico.
Cat. /Rea.
Rea, en la mitología griega, la diosa de la Tierra, madre de Poseidón y de Zeus. Rea Silvia, en la mitología latina, madre de Rómulo y Remos, los legendarios fundadores de Roma.

Rebeca f On. 25 de marzo
Del hebreo *rivké*, 'lazo' (o de *ribgah*, 'vaca', animal que se ataba con un lazo), últimamente renacido en popularidad.

Cat. /Rebeca. Gal. /Rebeca.

Rebeca, personaje del AT, mujer de Isaac (Gen 24, 15-24). Rebecca De Mornay, actriz estadounidense (1962). Rebecca West, novelista inglesa (1892-1983). Becky (o Rebeca) Sharp, figura central de la novela inglesa *La feria de las vanidades*, de William Makepeace Thackeray (1811-1863), criatura llena de espíritu, vivacidad e inteligencia. Rebeca, personaje de *Ivanhoe* de Walter Scott (1771-1832), judía triste y apasionada pero a la vez orgullosa.

Recaredo/Recareda m/f

Nombre germánico: *Recaredus*, derivado de *wrikan*, 'perseguir, vengar', y *rad*, 'consejo'. V. Rado.

Cat. Recared/Recareda. Gal. Recaredo/Recareda.

Recaredo I, rey visigodo (†601), hermano de Hermenegildo e introductor del cristianismo en España tras la muerte de este.

Refugio f

Advocación mariana, alusiva a la jaculatoria de las letanías *Refugium peccatorum*, 'refugio de los pecadores'. Latín *re-fugio*, 'huir hacia atrás'. Cf. Auxiliadora.

Cat. /Refugi.

Regerio/Regeria m/f On. 4 de enero

Del latín *rego*, 'regir' (y este a su vez del hebreo *raga*, 'pasto'). *Regerius*, 'el que rige, príncipe'.

Cat. Regeri/Regèria.

Reginaldo/Reginalda m/f On. 4 de agosto

Popularísimo nombre en la Edad Media: *ragin-ald* o *ragin-wald*, 'el que gobierna por el consejo'. V. Rado; v. Aldo; v. Waldo.

Variantes: Reinaldo, Reinoldo, Raineldo.

Cat. Reginald, Reinald, Renau/Reginalda.

Beato Reginaldo de San Gil, discípulo y compañero de santo Domingo de Guzmán (s. XIII). Reginald Pole, teólogo inglés y arzobispo de Canterbury, presidente del Concilio de Trento (s. XVI).

Regino/Regina m/f On. 7 de septiembre

Aunque el origen etimológico del nombre hay que buscarlo en la raíz latina *rex* (fem. *regina*), 'rey' (aludiendo especialmente a la Virgen María, *Regina Coeli*), parte de su popularidad se explica con su convergencia con los germánicos con la componente *ragin-*, 'consejo' (por ejemplo, Reginaldo, cuyo hip. inglés Rex es aplicado también a nuestro nombre). V. Rado; v. Aldo.

Cat. Regí/Regina. Eus. Erregiña/Erregiñe, Erregina. Gal. Regino, Rexino/Regina, Rexina.

Jean Jacques Régis de Cambacérès, jurista y político francés (1753-1821). Regina Strinasacchi, violinista italiana (1764-1839). Regino Sáinz de la Maza, músico español (1897-1981). Régis Blanchère, orientalista francés (1900-1973).

Régulo/Régula m/f On. 30 de marzo

Nombre de familia corriente en la antigua Roma, aplicado también a una estrella de la constelación del Escorpión. Del latín *regulus*, 'reyecito' (diminutivo de *rex*, 'rey').

Cat. Règul/Règula. Eus. Erregul/Erregulle.

San Régulo, mártir (†542).

Reina f On. 22 de agosto

Variante de Regina.

Cat. /Reina. Eus. /Erregiñe.

Reinaldo/Reinalda m/f On. 9 de febrero

Variante de Reginaldo (v.).

Variante: Reinoldo.

Cat. Reinald, Reinals/Reinalda. Gal. Reinaldo/Reinalda.

Reinold Gliere, compositor soviético (1875-1956). Reinaldo Arenas, novelista cubano (1943-1990). Reinaldo, *el Castellano de Coucy* (*Chätelain de Coucy*), protagonista de la narración francesa del s. XI *Roman du Chätelain de Coucy et de la damme de Fayet*. Rinaldo, personaje de la *Jerusalén libertada* de Torquato Tasso (1544-1595).

Reinardo/Reinarda m/f On. 9 de febrero

Variante de Reinaldo/Reinalda, influida por el sufijo *-hard*, 'fuerte', propia de nombres masculinos (v. Arduino).

Cat. Reinard/Reinarda.

Remberto/Remberta m/f On. 4 de febrero

Del germánico *ragin-berht*, 'famoso por el consejo'. Contrajo su sílaba central de la primitiva forma Regimberto. En otras interpretaciones, de *hramn-berht*, 'cuervo famoso', equivalente a Beltrán (v.). V. Rado; v. Berta.

Cat. Rembert/Remberta.

Rembert Dodoens, médico y botánico holandés, considerado como uno de los fundadores de la patología (1518-1585).

Rembrandt m

Sobrenombre de un célebre pintor flamenco. Tomado del germánico *ragin*, 'consejo', y *bodo*, 'valiente, audaz': 'el consejo del valiente' (v. Rado; v. Baldo). Equivale a Reginbaldo o a Rembaldo.

Rembrandt (Harmensz van Rijn), pintor holandés (1606-1669).

Remedios m+f

Advocación mariana, por Nuestra Señora de los Remedios. Del latín *remedium*, 'medicina, remedio'. Aplicado inicialmente como nombre masculino y confundido, por semejanza fonética, con Remigio.

Cat. /Remeis, Remei. Eus. /Osane. Gal. /Remedios.

Remedios Varo, pintora española (1908-1963). Remedios Amaya, cantaora y bailaora gitana española (1962).

Remigio/Remigia m/f On. 22 de marzo

Del latín *remiguis*, 'remero'. O, quizá, derivado del nombre del pueblo de los remi, en la Galia, con capital en Reims.

Cat. Remigi/Remígia. Eus. Erremigi, Remir/Erremige, Remire. Gal. Remixio/Remixia.

Remi d'Auxerre, teólogo (†875). Remi Excelmans, mariscal y par de Francia (1775-1852). Remigio Morales Bermúdez, presidente de Perú (1890-1894).

Renato/Renata m/f On. 8 de octubre

Del latín *renatus*, 'renacido', aplicado especialmente a los catecúmenos cristianos en sentido espiritual.

Cat. Renat/Renata.

Renata Tebaldi, soprano italiana (1922-2004). Renata Scotto, soprano italiana (1934). Renato I *el Bueno*, conde de Provenza (1409-1480). René, personaje de la novela de su nombre de F. R. de Chateaubriand (1768-1848); personifica los sentimientos fundamentales del romanticismo: la inquietud, el afán de ensueño, el amor a la soledad y a la naturaleza.

Restituto/Restituta m/f On. 23 de agosto
Nombre cristiano-romano, aplicado especialmente a conversos. Latín *restitutus*, 'restituido' (a la gracia tras una vida pecadora).
Cat. Restitut/Restituta. Eus. Errestituta/Erresti. Gal. Restituto/Restituta.
Santa Restituta de Nápoles, virgen de Cartago, cuya barca incendiada llegó a la ciudad del Vesubio (s. III).

Resurrección f
Nombre cristiano, evocador de este misterio religioso. Latín *resurgo*, 'levantarse, resurgir'.
Cat. Ressurrecció. Eus. /Berbixe, Pizkunde, Berbizkunde.

Rey/Reina m/f
La forma femenina, la más usada, es equivalente a Regina (latín *regina*, 'reina'). Es también advocación mariana, por las veces que la Virgen es llamada con este apelativo en las Letanías.
Cat. Rei/Reina. Eus. /Erregiñe.
Reine Gianoli, pianista francesa (†1979). Reyna Pastor de Togneri, historiadora hispanoargentina (1931). Roy Boulting, cineasta inglés (1913-2001).

Reyes m+f On. 6 de enero
Nombre femenino, eventualmente masculino, alusivo a la festividad de los Reyes Magos. Latín rex (v. Regina).
Cat. /Reis. Gal. /Reis.

Ricardo/Ricarda m/f On. 3 de abril
Popularísimo en los países anglos (recuérdense los reyes de dinastías inglesas), derivado del germánico *rich-hard*, 'fuerte por la riqueza'. V. Enrique; v. Arduino.
Cat. Ricard/Ricarda. Eus. Errikarta/Errikarte. Gal. Ricardo/Ricarda.
Ricarda, esposa de Carlos *el Gordo*, rey de Francia (s. IX-X). Ricard Bofill, arquitecto y diseñador catalán (1939). Ricard Opisso, dibujante y caricaturista catalán (1880-1966). Ricard Salvat, director teatral y escritor catalán (1934-2009). Ricard Zamora, portero de fútbol catalán (1901-1978). Ricar-

da Huch, novelista, poetisa e historiadora alemana (1864-1947). Ricardo I *Corazón de León*, rey de Inglaterra (1157-1199). Richard Gere, actor cinematográfico estadounidense (1949). Richard M. Nixon, político estadounidense, presidente de su país (1913-1994). Richard Neutra, arquitecto austríaco (1892-1970). Richard Strauss, compositor y director de orquesta alemán (1864-1949). Richard Wagner, compositor alemán (1813-1883). Ricky Martin (Enrique Martín Morales), cantante mexicano (1971). Ricardo II, protagonista del drama homónimo de William Shakespeare (1564-1616). Richard (Richie) McCaw, jugador de rugby neozelandés (1980).

Riel/Riela m/f On. 25 de noviembre

Nombre hebreo: *ri-el*, 'alegría de Dios, amigo de Dios'. Variante de Reuel. V. Ezequiel.

Cat. Riel/Riela.

Rigoberto/Rigoberta m/f On. 4 de enero

Del germánico *ric-berht*, 'famoso por la riqueza'. Variante: Riberto. V. Enrique; v. Berta.

Cat. Rigobert/Rigoberta. Gal. Rigoberto/Rigoberta.

Rigoberta Menchú, luchadora guatemalteca por la causa india, premio Nobel de la Paz 1992 (1959).

Rita f On. 22 de mayo

Aféresis hip. de *Marsrida*, con que fue conocida la piadosa madre de familia y religiosa Margarita de Cassia (s. xv), invocada como 'abogada de los imposibles'.

Cat. /Rita. Eus. /Errite, Irta. Gal. /Rita.

Rita Hayworth (Margarita Cansino), actriz cinematográfica estadounidense (1918-1987). Rita Levi-Montalcini, neurobióloga italoamericana, Premio Nobel de Medicina en 1986 (1909). Rita Moreno (Rosita Dolores Averio), actriz, cantante y bailarina puertorriqueña (1931).

Roberto/Roberta m/f On. 24 de febrero

Popularísimo nombre en los países germánicos, derivado de *hrod-berht*, 'famoso por la gloria' (v. Eduardo; v. Berta). Variantes: Rodoberto, Ruperto. Hip.: Beto.

V. también Bob, Robín.

Cat. Robert/Roberta. Eus. Erroberta/Erroberte. Gal. Roberto/Roberta.
Robert Bunsen, químico alemán (1811-1899). Robert Capa (Andrei Friedmann), fotógrafo de origen húngaro (1913-1954). Robert De Niro, actor cinematográfico estadounidense (1943). Robert Delaunay, pintor francés (1885-1941). Robert Gerhard, músico catalán (1895-1970). Robert Graves, escritor inglés (1895-1985). Robert Koch, microbiólogo alemán (1843-1910). Robert Louis Stevenson, escritor escocés (1850-1894). Robert Rauschenberg, pintor estadounidense (1925-2008). Robert Redford (Charles Robert Redford), actor y director cinematográfico estadounidense (1937). Robert Schumann, compositor alemán (1810-1856). Robert Stephenson Baden-Powell, militar y educador inglés, fundador de los *Boy Scouts* (1857-1941). Robert Walpole, político inglés (1676-1745). Roberto Rossellini, director cinematográfico italiano (1906-1977). Roberto Sebastián Matta, pintor chileno (1911-2002). Roy Lichtenstein, pintor estadounidense (1923-1997). Roberto de Baviera ('el príncipe Ruperto'), general y almirante inglés (s. XVII). Roberto *el Diablo*, protagonista de varios poemas y composiciones dramáticas francesas de los siglos XIII y XIV. Roberto Guiscardo, duque de Apulia y Calabria (1014-1085).

Robín m
Hip. anglosajón de Roberto.
Robin Williams, actor cinematográfico estadounidense (1952).

Robustiano/Robustiana m/f On. 24 de mayo
Gentilicio (*Robustianus*) del latín *Robustus*, 'roble, fuerte como el roble' (por *robur*, 'roble').
Cat. Robustià/Robustiana. Gal. Robustiano/Robustiana.
Robustiano, mártir en Milán (s. III).

Rocío f
Popular nombre andaluz, alusivo a la Virgen del Rocío. Latín *ros*, de donde *roscidus*, 'rociado, cubierto de rocío'. A veces ha sido cruzado con Rosa, que de hecho tiene el mismo origen.
Cat. /Rosada. Eus. /Ihintza. Gal. /Rocío.
Rocío Jurado (Rocío Mohedano Jurado), cantante folclórica española (1944-2006). Rocío Dúrcal, cantante y actriz española (1943-2006).

Rodolfo/Rodolfa m/f

Del germánico *hrod-wulf*, 'lobo glorioso', es decir, metafóricamente, 'guerrero glorioso' (v. Eduardo). El guerrero era asimilado a diversos animales, como el oso, el lobo, el águila, etc. Muy popular en los países germánicos, y, en la Edad Media, también en España. Asimilado a Radulfo, en realidad distinto (*rad-wulf*, 'consejo del guerrero' v. Rado).
Variantes: Rodolfo, Rollo, v. también Raúl.
Es usada también Rodolfina como forma femenina.
Cat. Rodolf/Rodolfa. Eus. Errodulba/Errodulbe. Gal. Rodolfo/Rodolfa.
Rodolfo Valentino (Rodolfo Castellaneta), actor estadounidense (1895-1926). Rudolf Bultmann, teólogo y escriturista luterano alemán (1884-1976). Rudolf Carnap, filósofo estadounidense de origen austríaco (1891-1970). Rudolf Hess, político alemán (1894-1987). Rudolf Nureiev, bailarín y coreógrafo ruso (1938-1993). Rodolfo y Mimí, personajes de la novela *Escenas de la vida bohemia* de Henry Murger (1822-1861), figuras ligeras, entre verdaderas y falsas.

Rodrigo/Rodriga m/f On. 13 de marzo

Nombre medieval, muy frecuente en España en la Edad Media. Del germánico *hrod-ric*, 'rico en gloria' (v. Eduardo; v. Enrique).
Formas antiguas: Roderico, Ruy.
Cat. Roderic/Roderica. Eus. Errodeika, Edrigu, Ruisko/Errodeike, Ruiske. Gal. Rodrigo (hip. Roi)/Rodriga.
Rodrigo, último rey de los visigodos (†711). Roderic d'Osona, pintor valenciano (s. XV-XVI?). Rodrigo Díaz de Vivar, *el Cid Campeador*, guerrero castellano (1043?-1099). Rodrigo Rato, político español (1949). Rodrigo Random, protagonista de la novela *Las aventuras de Rodrigo Random* de Tobias G. Smollett (1721-1771).

Rogelio/Rogelia m/f

Nombre medieval (*Rodegarius*), derivado del germánico *hrod-gair*, 'famoso por la lanza' (v. Eduardo; v. Gerino). Sinónimos: Angilberto, Gerberto, Geremaro, Ludgerio, Quintigerno.
Variantes: Rogerio, Roger.
Cat. Roger, Rogeri/Rogèria, Rogera. Eus. Erroxeli/Erroxele. Gal. Roxelio, Roger/Roxelia.

Roger/Rogera m/f

Forma primitiva de Rogelio/Rogelia.

Cat. Roger, Rotger/Rogera, Rotgera. Gal. Roxer/Roxera.

Roger Bacon, filósofo inglés franciscano (1214?-1294?). Roger Federer, tenista profesional suizo (1981). Roger Bannister, atleta británico (1929). Roger de Flor, caballero de origen alemán al servicio de la Corona de Aragón, asesinado en Adrianópolis durante la Expedición de Oriente (†1305). Roger de Llúria, almirante catalán de origen calabrés (1250?-1305). Rogier van der Weyden (Roger de la Pasture), pintor flamenco (1399-1464). Roger Moore, actor británico (1927). Roger Vailland, escritor francés (1907-1965). Ruggiero, personaje de los dramas caballerescos italianos. Sir Roger de Coverley, personaje típico creado por el periódico literario inglés *The Spectator* de Joseph Addison (1672-1719); que habiendo gozado de la vida había adquirido la costumbre de filosofar sobre el estado presente de las cosas.

Rogerio/Rogeria m/f

Variante de Roger/Rogera.

Cat. Rogeri/Rogèria.

El rey Rogerio, héroe del poema de su nombre compuesto en alemán medieval hacia 1150.

Rolando/Rolanda m/f On. 27 de agosto

Forma evolucionada de Roldán (v.). Asimilado posteriormente a Orlando, en realidad distinto (v.).

Cat. Roland/Rolanda. Eus. Orlan/Orlane.

Rolando, sobrino de Carlomagno, muerto en Roncesvalles según *La Chanson de Roland* (s. VIII). Roland Bandinelli, papa con el nombre de Alejandro III (s. XII). Roland Garros, oficial aviador francés (1888-1918). Roland Barthes, crítico y semiólogo francés (1915-1980). Roland Pétit, bailarín y coreógrafo francés (1924).

Roldán/Roldana m/f

Nombre medieval, procedente del germánico *hrod-land*, 'tierra gloriosa'. Derivó posteriormente a Rolando (v.). Es confundido a veces con Orlando (v.).

Cat. Rotllant, Roland/Rotllanta, Roldana. Eus. Errolan, Erroldan/Errolane, Erroldane.

V. Rolando.

Román/Romana m/f On. 29 de febrero

Gentilicio de Roma (*romanus*). A su vez, el nombre de esta antigua ciudad del Lacio, capital del antiguo Imperio, quizá se explica por el etrusco *rumi*, 'popa de un barco', aludiendo a la situación avanzada de la urbe en el río Tíber, como un barco en el mar (v. Rómulo). Posteriormente, en España, pudo haber entrado en concurrencia con el nombre propio árabe *Rumman*, 'romaní, que habla lengua romana', es decir, latín.

Variante: Romano. Derivado: Romaniano.

Cat. Roman/Romana. Eus. Erroman/Erromane. Gal. Román/Romana.

Romano, papa efímero en 897. Cuatro emperadores bizantinos, entre ellos Romano IV Diógenes (†1071). Romain Rolland, escritor francés (1748-1828). Romano Prodi, economista y político italiano (1939).

Romeo/Romea m/f On. 21 de noviembre

Antiguo gentilicio de Roma (v. Román), que pasó a designar a los peregrinos medievales que a esa ciudad se dirigían en *romería*. La forma actual parece influida por el *Romeo* italiano, popularizado por el drama shakesperariano *Romeo y Julieta*.

Cat. Romeu/Romea, Romia. Gal. Romeo/Romea.

Romeo Montesco, héroe del drama *Romeo y Julieta* de William Shakespeare (1564-1616), inspirado en una novela homónima de Bandello (s. XVI).

Romildo/Romilda m/f

Nombre germánico: *Hrom-hild*, 'guerrero famoso'.

Cat. Romild/Romilda.

Romilda, condesa de Friul, esposa de Gisulfo (s. V).

Romualdo/Romualda m/f On. 19 de junio

Del germánico *hruom-wald*, 'mando glorioso' (v. Eduardo; v. Waldo).

Sinónimos: Clearco, Clotaldo, Eudaldo, Gamberto, Gualberto, Gundoaldo, Ibesaldo, Valdemaro.

Cat. Romuald/Romualda. Eus. Erromolda/Erromolde. Cat. Romualdo/Romualda.

Romualdo, hijo de Ariquis, duque de Benevento, y negociador con Carlomagno (†787). San Romualdo, monje fundador de la orden de los Camaldulenses (950-1027). Egido Romuald Duni, compositor italiano (†1775).

Rómulo/Rómula m/f

El fundador de Roma, por lo legendario, toma su nombre del de la ciudad y no al revés (v. Román). Pero también se ha señalado que la cabra que lo amamantó junto con su hermano Remo se llamaba *Rumina*.

Cat. Ròmul/Ròmula. Eus. Erromul/Erromulle. Gal. Rómulo/Rómula.

Rómulo, en la mitología latina, hijo de Marte, mítico fundador de Roma y héroe epónimo de la ciudad. Rómulo Betancourt, político venezolano (1908-1981). Rómulo Gallegos, escritor venezolano (1879-1969).

Ronaldo/Ronalda m/f

Nombre germánico. Derivación de *hrom-ald*, 'gobernante glorioso'. Variante de Romualdo.

Cat. Ronald/Ronalda.

Roald Amundsen, explorador noruego (1872-1928). Ronald Norrish (1897-1978), químico inglés, premio Nobel 1967. Ronald Reagan, político estadounidense, presidente de su país (1911-2004). Ronaldo Nazario de Lima, futbolista brasileño (1976).

Roque/Roquelia m/f On. 2 de septiembre

Nombre germánico: *hroc*, grito de guerra (*rohon*, 'bramar'), aunque concurre con el latino *roca*, 'roca' (cf. Pedro).

Cat. Roc/Roquèria. Eus. Erroka/Erroke.

Roch Ambroise Cucurron ('Sicard'), pedagogo francés (1742-1822). Marie Joseph Roch de La Fayette, general y político francés (1757-1834). Marie Roch Reybaud, economista y político francés (1799-1879). Roque González Garza, político mexicano (1885-1962). Roque Sáenz Peña, político argentino, presidente de su país en 1910-14. Perot Rocaguinarda (s. XVI), el famoso bandolero catalán inmortalizado por Cervantes como 'Roque Ginart'. Roque, personaje de la novela *La cabeza del cordero*, de Francisco Ayala.

Roquelina f

Variante de Roquelia, forma femenina de Roque muy usada en México. Sufijo terminador gentilicio latino *-inus*, 'relativo, de la familia de'.

Rosalba f

Derivado de Rosa (v.): *Rosa alba*, 'Rosa blanca'.

Cat. /Rosalba.

Rosa Alba Carriera ('Rosalba'), miniaturista, diseñadora y pastelista italiana (1675-1757).

Rosalina f On. 17 de enero
Variante de Rosalinda.
Cat. /Rosalina.

Rosalinda f On. 17 de enero
Del germánico *hrod-lind*, 'gloriosa por su dulzura' (v. Linda). Contribuyó a la difusión del nombre el parecido fonético con los nombre de origen latino Rosa (v.) y Rosalía (v.).
Variante: Rosalina.
Cat. /Rosalinda. Gal. /Rosalinda.
Rosalinda, personaje de la ópera *Der Fledermaus* ('El murciélago'), de Johann Strauss II. Rosalinda, personaje de *Como gustéis* de William Shakespeare (1564-1616), esencialmente lírico, hecho de agudeza, donosura y astucia femenina. Rosalynn Carter, esposa del expresidente de estadounidense Jimmy Carter (1927). Rossalind Russell , actriz cinematográfica estadounidense (1908-1976).

Rosalío/Rosalía m/f
Nombre evocativo de las *rosalias*, fiestas romanas en que se arrojaban rosas sobre la tumba del difunto. Asimilado a Rosalina y Rosalinda. En Galicia, donde es muy corriente, difundió el nombre la poetisa R. de Castro.
Cat. /Rosalia. Eus. /Errosate, Errosali, Arroxali, Arrosali. Gal. /Rosalia.
Rosalía de Castro, escritora gallega (1837-1885). Rosalie o Rosina Bernard ('Sarah Bernhardt'), actriz trágica francesa (1844-1923). Rosalía de Bringas, protagonista de *La de Bringas*, novela de Benito Pérez Galdós (1843-1920).

Rosamunda f
Del germánico Rosamund, procedente de *hrod-mund*, 'que protege por la fama'. Identificado posteriormente con la expresión latina *rosa munda*, 'rosa pura'. Difundido por una ópera homónima de Schubert.
Cat. /Rosamunda.
Rosamond Nina Lehmann, novelista británica (1903-1990). Rosamunde Pilcher, escritora británica (1924).

Rosanio/Rosania m/f
Nombre de fantasía, creado por Lope de Vega. Sería el masculino de Rosana (v.).
Rosanio, personaje de Lope de Vega en *El inobediente*.

Rosario m/f On. 7 de octubre
Nombre evocador de la devoción mariana del rosario (latín *rosarium*, 'rosal, jardín de rosas').
Cat. /Roser, Rosari. Eus. /Arrene, Agurtzane, Agurne. Gal. /Rosario.
Charo López (María del Rosario López Piñuelas), actriz española (1943. Rosario Flores, cantante y bailarina española (1963). Rosario Pino, actriz española (1870-1933).

Rosauro/Rosaura m/f
Del germánico hrod-wald, 'gobernante glorioso' (cf. Romualdo). Identificado posteriormente con el latín *rosa aurea*, 'rosa de oro'.
Cat. Rosaure/Rosaura. Gal. /Rosaura.
Rosaura, personaje de la zarzuela *Los Gavilanes*, de Jacinto Guerrero (1923).

Rosendo/Rosenda m/f On. 1 de marzo
Del germánico *hrod-sinths*, 'que va en dirección a la fama' (v. Eduardo; v. Suintila). Forma antigua: Rudesindo.
Cat. Rossell, Rossend/Rossenda. Eus. Errosenda/Errosende. Gal. Rosendo/ Rosenda.
San Rosendo, príncipe y monje en Galicia (s. x). Rosendo Mercado, músico de rock español (1957). Russell Crowe, actor cinematográfico australiano-neozelandés (1964).

Roser f
Forma catalana de Rosario.

Rosino/Rosina m/f On. 19 de octubre
Del latín *rosinus*, derivado de *rosa*, 'rosa'. Difundido por la protagonista de varias óperas.
Cat. Rosí/Rosina. Gal. Rosiño/Rosiña.
Rosina, protagonista de las óperas *El barbero de Sevilla*, de Rossini, y *Las bodas de Fígaro*, de Mozart.

Roso/Rosa m/f On. 23 de junio
Nombre femenino, evocador de la flor (latín *rosa*, aunque ha concurrido con diversos nombres germánicos con la raíz *hrod*, 'gloria'. De ahí la proliferación de derivados: Rosalba, Rosalina, Rosalinda, Rosalía, Rosamunda, Rosana, Rosario, Rosaura, Rósula, Rosoínda.
Cat. Ros/Rosa. Eus. Errosa/Arroxa, Errose, Larrosa. Gal. Roso/Rosa.
María Rosa Lida de Malkiel, filóloga argentina (1910-1962). Rosa Luxemburg, dirigente revolucionaria y teórica marxista alemana de origen polaco (1871-1919). Rosa Maria Sardà, actriz catalana (1941). Rosa Montero, periodista y novelista española (1951). Rosine Stoltz (Victoria Noël), mezzosoprano francesa (1815-1903). Rosa Sensat, maestra catalana, organizadora de centros escolares (1873-1961). Rosita, a quien su madre Sofía alumbró en un árbol durante unas inundaciones de Mozambique (01.03.00), símbolo de la resistencia nacional ante las adversidades.

Rosvita f
Adaptación del nombre germánico medieval *Hroswitha*, 'mujer gloriosa'. v. Eduardo; v. Witburga.
Cat. /Rosvita.
Hrosvitha von Gandersheim, monja y poetisa alemana, viajera e informadora del califato de Córdoba (s. x).

Roxana f
Del persa *Roakshna*, 'la brillante'. Por similitud ha sido confundido con Rosana (v.).
Cat. /Roxana.
Roxana, esposa persa de Alejandro Magno (†310 a. C.). Roxana, protagonista de la comedia *Cyrano de Bergerac* (1897) de Edmond Rostand, amada de los dos protagonistas. Lady Roxana, protagonista de la novela homónima de Daniel Defoe (1660-1731), cortesana de escabrosa vida. Roxana, personaje del drama *Bayaceto* (1672) de Jean Racine, sultana estremecida de pasión.

Rubén m On. 4 de agosto
Lía, madre del patriarca bíblico de este nombre, exclamó según la tradición al alumbrarlo: 'Dios ha visto mi aflicción' (*raá beonyí*), de donde el onomástico. Todos los nombres de los hijos de Jacob contienen alu-

siones similares (v. Simeón, Dan, José, Benjamín). En otras interpretaciones, deriva de *raah-ben*, 'veo un hijo'.
Cat. Rubèn, Robèn/. Gal. Rubén/.
Rubén, en la Biblia, primogénito de Jacob, con Lía (Gen 35,23). Rubén Darío (Félix Rubén García Sarmiento), periodista y diplomático nicaragüense (1867-1916). Rubén Blades, cantante de salsa panameño (1948).

Rudyard m
Apellido convertido en nombre. Por *ryd*, 'el que vive en un claro del bosque', y *gerd*, medida de tierra equivalente a treinta acres, designadora del poseedor de esta propiedad.
Rudyard Kipling, escritor inglés (1865-1936).

Rufino/Rufina m/f On. 19 de julio
Se trata de un gentilicio (*Rufinus*) del latín Rufo (*rufus*, 'rojo', de pelo rojo'), uno de los nombres más populares en la antigua Roma. Sufijo gentilicio *-inus*, 'relativo, de la familia de'. Hoy muy corriente todavía en Andalucía.
Cat. Rufí/Rufina. Eus. Errupin/Errupiñe. Gal. Rufino/Rufina.
Rufino, cortesano y ministro del emperador Teodosio (335?-395). Rufino Blanco Fimbona, escritor venezolano (1874-1944). Rufino Tamayo, pintor mexicano (1899-1991). Justo Rufino Barrios, dictador guatemalteco (1835-1885). José Rufino Echenique, político peruano, presidente de su país en 1851-55.

Ruhollah m
Nombre parsi. De la palabra rayyah, 'saciado'.
Ruhollah Jomeiny, jefe espiritual iraní, protagonista de su revolución (1900-1989).

Ruperto/Ruperta m/f On. 27 de marzo
Forma antigua de Roberto.
Cat. Rupert/Ruperta. Eus. Erruperta/Erruperte. Gal. Ruperto/Ruperta.
Rupert Chauner Brooke, poeta inglés (1887-1915). Rupert Everett, actor, escritor, modelo y cantante británico (1959). Rupert Hammerling, poeta austríaco (1830-1889). Rupert Murdoch, magnate estadounidense de los medios de comunicación (1931). Ruperto Chapí, compositor español (1851-1909).

Rústico/Rústica m/f On. 26 de octubre

Del latín *rusticus*, 'habitante del campo, campesino', y por extensión, 'sencillo, ingenuo'. *Rus*, 'campo' (avéstico *ravo* y antiguo alto alemán *rum*, 'espacio libre', de donde el alemán *Ramu* y el inglés *room*). El más famoso mártir de este nombre es el bergamasco Rústico, torturado en Verona (s. IV).

Cat. Rústic/Rústica. Eus. Errustika/Errustike.

San Rústico, obispo de Narbona, amigo de san Jerónimo y san León (†461).

Rut f On. 4 de junio

Nombre bíblico del AT. Del hebreo *ruth*, 'amistad, compañía', aunque parece que esta interpretación del nombre de la bisabuela de David es simbólica, aludiendo la historia del personaje. Más probablemente, el origen está en ru'th, 'belleza'. La popularidad del personaje fue tal en la Edad Media que Dante la situaba sentada a los pies de la Virgen María en *La Divina Comedia*.

Variante: Ruth. V. también Rutilio.

Cat. /Rut. Eus. /Urte, Errut. Gal. /Rut.

Rut, personaje del AT, viuda que sigue a su suegra Noemí hasta Belén, donde se casa con Booz (Rut 1,1). Ruth Benedict, etnóloga estadounidense (1887-1948). Ruth Berghaus, directora de ópera alemana (1927-1996). Ruth Elisabeth Davis ('Bette Davis'), actriz cinematográfica estadounidense (1908-1989). Ruth Gabriel, actriz cinematográfica española (1975). Ruth Roman, actriz cinematográfica estadounidense (1922-1999). Ruth Saint-Denis, bailarina estadounidense (1880-1968).

Rutilio/Rutilia m/f On. 2 de agosto

Del latín *rutilius*, 'resplandeciente' (de *rutilo*, 'brillar'). Asimilado a la forma masculina de Rut.

Variante: Rutilo.

Cat. Rutili/Rutília.

San Rutilio, mártir africano (s. III). Rutilio Claudio Namaciano, poeta romano de las Galias (s. V).

Sabas m On. 23 de abril

Es uno de los nombres mas enigmáticos, como evidencia la multitud de interpretaciones que se le han otorgado. Ha sido visto como una derivación de *sabaeus*, gentilicio de Saba, antiguo nombre de Arabia. También se ha citado el rey indio Sabbas. Influido posteriormente por *Sabazius*, frecuente entre los primitivos cristianos, que originó Sabacio (v.).
Es asimilado a veces con Julián por uno de estos protocristianos.

Cat. Sabas, Saba/. Gal. Saba/.

San Sabas, eremita de la Capadocia, luchador contra la herejía monofisita (439-532).

Sabiniano/Sabiniana m/f On. 29 de enero

Gentilicio latino de Sabino: *Sabinianus*, 'relativo, de la familia de Sabino'. Sufijo gentilicio *-anus*, 'relativo, de la familia de'.

Cat. Sabinià/Sabiniana.

Sabiniano, papa toscano de 604 a 606, sucesor de san Gregorio Magno (†606). Savinien Cyrano de Bergerac, escritor francés (1619-1655).

Sabino/Sabina m/f On. 30 de enero

Alusivo al pueblo del mismo nombre, cuya unión con los latinos (simbolizada en el célebre rapto de las sabinas) dio origen a la ciudad de Roma. Derivado: Sabiniano.

Cat. Sabí/Sabina. Eus. Sabin/Xabadin, Sabiñe, Sabadiñe. Gal. Sabino/Sabina.

Sabina, esposa del emperador Hadriano (s. II). Sabine Appelmans, tenista belga (1973). Sabine Sicaud, jovencísima poetisa francesa (1913-1928). Sabino de Arana, político vasco, fundador del nacionalismo vasco (1865-1903). Sabino Fernández Campo, militar y diplomático español (1918-2009). Tito (Tito Flavio Sabino Vespasiano), emperador romano (39-81).

Sacramento m+f

Nombre cristiano. Del latín sacramentum, 'depósito hecho a los dioses como garantía' (*sacer*, 'sagrado').

Cat. Sagrament/Sagrament. Eus. Graziturre/Graziturri.

Saddam m

Nombre árabe. Derivación de *sa'hd*, 'buena suerte': 'el afortunado'.

Saddam Hussein, político iraquí (1937-2006).

Safo f

Nombre originario de la isla de Lesbos, de origen desconocido, quizá relacionado con *sappheiros*, 'lapislázuli'. Cf. Safira.

Cat. /Safo.

Safo de Lesbos, poetisa griega (625-580 a. C.).

Sagrario f

Nombre femenino cristiano místico, alusivo al receptáculo del Santísimo Sacramento (*sacrarium*). Cf. Soro.

Cat. /Sagrari. Eus. /Oteundegi, Sagari. Gal. /Sagrario.

Salomé f On. 29 de junio

Considerado como la forma femenina de Salomón (v.), es en realidad más bien una helenización del hebreo *shalem*, 'completo, perfecto'. Es muy conocida la adaptación de su forma árabe, Solimán.

Cat. /Salomé. Eus. /Xalome. Gal. /Salomé.

Salomé, perversa princesa judía, hija de Filipo y Herodías, que ocasionó la ruina de san Juan Bautista (s. I), Mc 6, 17-27. Salomé (María Rosa Marco), cantante catalana (1940).

Salomón m On. 13 de marzo

Rey judío hijo de David, famoso por su sabiduría. Su nombre es derivación del hebreo *shelomó*, 'pacífico' (como Casimiro, Federico, Ireneo, Manfredo, Onofre, Pacífico, Zulema).

Suele considerarse Salomé como su femenino (v.).

Cat. Salomó/. Gal. Salomón/.

Salomón, rey de Israel (1000?-932 a. C.) I Cr 22,9. Salomón, noveno conde de Barcelona en 858-871. Salomon Gessner, poeta suizo (1730-1788).

Salomon R. Guggenheim, magnate y mecenas estadounidense (1861-1949). Salomon van Ruysdael, pintor y diseñador holandés (1600-1670). Selomó ben Abraham ibn Adret, rabí y talmudista catalán (1235?-1310?). Solomon Golomb, matemático estadounidense (1932).

Salud f On. 8 de agosto

Nombre de la Virgen de numerosos santuarios, especialmente en Cataluña y el País Valenciano.

Cat. /Salut. Gal. /Saúde.

Salustiano/Salustiana m/f On. 8 de junio

Gentilicio (*Sallustianus*) del latino *Salustius* o *Sallustius*, 'sano, saludable' (sinónimo de Higinio, Elvisa, Salonio, Salud, Valerio).

Cat. Sal·lustià/Sal·lustiana, Eus. Salusten/Salusteñe. Gal. Salustiano/Salustiana.

San Salustiano, mártir sardo (s. IV). Salustiano de Olózaga, político español (1805-1873).

Salustio/Salustia m/f On. 14 de septiembre

Del latin *salus*, 'salud'. *Salustius*, 'portador de salud, sano'. Derivado: Salustiano.

Cat. Sal·lusti/Sal·lústia. Eus. Salustio/Salustia.

Cayo Salustio Crispo, historiador y político latino (86-35 a. C.).

Salvador/Salvadora m/f On. 13 de marzo

Nombre alusivo a Cristo (del cual es semánticamente equivalente), salvador de todos los hombres (lat. *salvator*), usado en los primeros siglos cristianos en lugar de Jesús, cuyo uso era irreverente. Muy popular en España e Italia.

Cat. Salvador/Salvadora. Eus. Gaizka, Xalbat, Xalbador/Gaizkane, Yaregille. Gal. Salvador/Salvadora.

Salvador Allende, político chileno (1908-1973). Salvador Dalí, pintor, decorador y escritor catalán (1904-1989). Salvador de Madariaga, escritor y político gallego (1886-1978). Salvador Espriu, escritor y poeta catalán (1913-1985). Salvador Gil i Vernet, médico y catedrático catalán (1893-1987). Salvador Maiol, pintor catalán (1775-1834). Salvador Sanpere, político e historiador catalán (1840-1915). Salvador Seguí, *El Noi del Sucre*, dirigente obrero catalán (1886-1923). Salvatore Quasimodo, poeta, traductor y ensayista italiano (1901-1968).

Salvio/Salvia m/f On. 10 de septiembre
Del latín *salvus*, 'salvado', aplicado especialmente a los nacidos en un parto dificultoso. Derivados: Salviano, Salvino, Salvo.
Cat. Salvi, Sàlvius/Sàlvia. Gal. Salvio/Salvia.
San Salvio, mártir en África (s. IV). Marco Salvio Otón, emperador romano (32-69). Juliano (Marco Salvio Didio J.), emperador romano (135?-193).

Samanta f
Del arameo *samantha*, 'que escucha'. Para otros es simplemente la forma femenina de Samuel.
Cat. /Samanta.
Samantha Fox, cantante y *sex symbol* estadounidense (1966).

Samuel/Samuela m/f On. 16 de febrero
Popular nombre hebreo, hoy todavía de gran uso en los países anglosajones. El Tío Sam representa alegóricamente a los Estados Unidos de Norteamérica, aunque su creación se debió al juego de palabras U. S. (*United States*, asimilado a *Uncle Sam*).
Etimológicamente parece derivado de *samu'el*, 'Dios escucha' (v. Ezequiel). V. también Samanta.
Cat. Samuel/Samuela. Eus. Samel/Samele. Gal. Samuel/Samuela.
Samuel, juez bíblico (I Sam). Sam Neill, actor cinematográfico irlandés (1947). Samuel Beckett (1906-1989), novelista y dramaturgo irlandés, premio Nobel 1969. Samuel Butler, escritor inglés (1835-1902). Samuel Goldwyn, productor cinematográfico estadounidense (1882-1974). Samuel Langhorne Clemens, *Mark Twain*, escritor estadounidense (1835-1910). Samuel Morse, pintor y físico estadounidense (1791.1872). Samuel Richardson, poeta inglés (1689-1761). Samuel Taylor Coleridge, poeta, crítico y ensayista inglés (1772-1834). Semuel Josef Agnon, novelista israelí (1888-1970).

Sancho/Sancha m/f On. 5 de julio
Derivación del latín *sanctus*, 'santo'. Popular en España en la Edad Media. Aunque había sido llevado por varios reyes de León y Castilla, fue realmente inmortalizado por Sancho Panza.
Cat. Sanç/Sança. Eus. Deunord, Santxio, Santio/Deunorde, Marisanz, Santsa.
Sancho Panza, coprotagonista de la novela *El ingenioso hidalgo don Quijote de*

la Mancha, de Cervantes. Siete reyes de Navarra, entre ellos Sancho III *el Grande*, rey de Navarra y conde de Aragón (992?-1035). Sancho I *el Conquistador*, rey de Portugal (1154-1211). Sancha o Abba, hija del conde de Ribagorza Ramón II y segunda esposa del conde castellano García Fernández, *el de las Manos Blancas*, hijo de Fernán González (s. x). Sancha (†1208), condesa de Barcelona, esposa de Ramon Berenguer *el Corb* y madre de Ramon Berenguer I. Sancha de León (1013-1067), reina de Castilla y de León, esposa de Fernando I de Castilla. Sancho Gracia, actor cinematográfico y teatral español (1936).

Sandro/Sandra m/f

Hip. italiano de Alejandro, *Alessandro*. Es también forma hip. de Alexandra, muy corriente en Italia.

Cat. Sandre/Sandra. Eus. Txandra/Txandre. Gal. Sandro/Sandra, Xandra.

Sandra Bullock, actriz estadounidense (1964). Sandra Gilbert, crítica literaria y poetisa estadounidense (1936). Sandro Botticelli (Mariano Filipepi), pintor, dibujante y grabador italiano (1444-1510). Sandro Pertini, estadista italiano (1896-1990). Sandron, figurón modenés, campesino necio pero sentencioso.

Sansón m On. 28 de julio

Nombre de uno de los más famosos jueces menores bíblicos, invencible por su fuerza aunque sometido al fin por la astucia de una mujer, Dalila. Seguramente procede de *samen*, 'fuerte', o de *saman*, 'destruir'.

Cat. Samsó/. Gal. Sansón/.

Sansón, último de los siete jueces de Israel, héroe nacional de la lucha contra los filisteos (Jue 13,5). Sansón Carrasco, personaje de la novela *El ingenioso hidalgo don Quijote de la Mancha*, de Cervantes.

Santiago/Santiaga m/f On. 25 de julio

Del grito de guerra medieval cristiano *Sancte Iacobe*, aludiendo al apóstol evangelizador de España. Su abreviatura *Sant Yago* o *Santo Yagüe* dio lugar por aglutinación al nombre actual (v. Jaime y Jacob).

Cat. Santiago, Iago/Santiaga, Iaga. Eus. Xanti, Santio, Jakes/Xante, Jake. Gal. Santiago/Santiaga.

Santiago Calatrava, arquitecto, ingeniero y escultor catalán de origen valenciano (1951). Santiago Carrillo, político español (1915). Santiago Casares

Quiroga, político español (1884-1950). Santiago Dexeus, tocoginecólogo catalán (1897-1973). Santiago Ramón y Cajal (1852-1934), médico español, premio Nobel de Medicina en 1906. Santiago Rusiñol, autor dramático, narrador, pintor y coleccionista catalán (1861-1931). Santiago Segura, actor y director cinematográfico español (1965). Santiago Sobrequés, historiador catalán (1911-1973).

Santos m On. 1 de noviembre

Nombre evocador de la festividad de Todos los Santos (v. Sancho). Sustituyó a Santo (v.).

Cat. Sants/. Eus. Santuru, Deunoro, Sandor, Deunoro/Gurene, Santutxo. Gal. Santos/.

José Santos Chocano, poeta peruano (1875-1934). Toussaint Louverture, político haitiano (1743-1803). Santos Dumont (Alberto Santos-Dumont), aviador brasileño (1873-1932). Santos Luzardo, protagonista masculino de la novela *Doña Bárbara*, del escritor venezolano Rómulo Gallegos (1884-1969), hombre civilizado que se enfrenta a la naturaleza, al atraso y a las supersticiones. Santos Verga, figura gauchesca de leyenda recogida por Bartolomé Mitre en *Armonías de la pampa*.

Saray f

Variante de Sara (v.).

Cat. /Sarai.

Saray, nombre inicial de la esposa de Abraham (v.).

Saro/Sara m/f On. 9 de octubre

Uno de los nombres más populares, ayer y hoy. Portado por la bíblica esposa de Abraham, llamada inicialmente *Saray* ('querellante'), y cambiado a *Sarah*, 'princesa' a propuesta de Yahvé, que la hizo concebir a los 90 años.

Cat. /Sara. Gal. /Sara.

Sara, en la Biblia, esposa de Abraham (Gen 11,26). Sara Montiel (María Antonia Abad), actriz y cantante folclórica española (1928). Saro, guerrero godo al servicio de Roma, consejero de Honorio, hermano de Sigerico (s. IV-V).

Saskia f

Nombre nederlandés, famoso por la primera mujer del pintor Rembrandt. Del germánico *saks*, 'cuchillo'.

Saskia van Uylenburgh, primera esposa de Rembrandt (†1642).

Saturio/Saturia m/f On. 2 de octubre

Variante de Sáturo (y este del latín *saturus*, 'saciado, saturado'), famosa por un santo soriano compañero de san Polo... y por los paseos del poeta Antonio Machado hacia la ermita de ambos. Derivado: Saturino.

Cat. Saturi/Satúria. Gal. Saturio/Saturia.

San Saturio, ermitaño en el desierto de Castilla, patrón de su Soria natal (†568).

Saturno/Saturna m/f

Nombre mitológico equivalente al griego *satur*, 'harto, saciado, saturado', aludiendo a que este dios (el *Kronos* griego) devoraba a sus hijos.

Cat. Saturn/Saturna. Gal. Saturno/Saturna.

Saturno, en la mitología latina, antigua divinidad, identificado con el Cronos griego.

Saúl m

Nombre bíblico del AT. *Sa'ul*, 'el deseado', portado por el primer rey de Israel. Helenizado en Saulo, nombre originario de Pablo de Tarso, quien lo cambió tras esta a Pablo (*Paulus*), fonéticamente similar.

Cat. Saül/. Gal. Saúl/.

Saúl, primer rey israelita en el AT (1020-1000 a. C.). I Sam 10,21. Saul Bellow, novelista estadounidense, premio Nobel de Literatura en 1976 (1915-2005).

Savino/Savina m/f On. 11 de julio

Nombre latino, frecuente en la antigua Roma. De *savis*, forma arcaica de *suavis*, 'suave, agradable'. También es gentilicio de Savio.

Cat. Saví/Savina.

Sebastián/Sebastiana m/f On. 20 de enero

Del nombre latino *Sebastianus*, derivado del griego *sebastós*, 'digno de respeto, venerable, majestuoso' (*sebas*, 'veneración'), título que se daba al Emperador. El nombre ha sido muy popular en todas épocas, como lo prueba su huella en la toponimia: Sebastopol (*Sebastos-polis*, 'ciudad de Sebastián'), o nuestra San Sebastián, *Donostia* en la lengua original. Hip: Bastián.

Cat. Sebastià/Sebastiana. Eus. Sastin, Saustin/Sebastene, Sastiana. Gal. Sebastián (hip. Bastián)/Sebastiana.

San Sebastián, mártir romano (s. III) muerto por asaeteamiento en Roma en el s. III por Diocleciano. Sebastià Juan i Arbó, novelista, biógrafo y periodista catalán (1902-1984). Sebastian Coe, atleta británico (1956). Sebastiano Caboto, navegante y cartógrafo veneciano (1476-1557). Sébastien Le Prestre de Vauban, mariscal de Francia (1633-1707).

Seclino/Seclina m/f

Del latín Seclinus, deformación de *Saeculinus*, 'muy anciano, centenario' (*saeculum*, 'siglo'). Variante: Seculina.

Cat. Seclí/Seclina. Gal. Seculin/Seculina, Segoiña.

Secundino/Secundina m/f On. 18 de febrero

El nombre latino *Secundus*, 'segundo', era aplicado al hijo segundogénito. Conoce numerosos derivados: Secundario, Secundiano, Secundilo. Secundio, Secundo, Secúndolo, Segundo, Segundino.

Cat. Secundí/Secundina. Eus. Sekundin/Sekundiñe. Gal. Secundino/Secundina.

Séfora f

Nombre bíblico (*Siphra*). Del hebreo *zipporah*, 'ave'.

Cat. /Sèfora.

Séfora, esposa de Moisés (Ex 1,15).

Segene m On. 12 de agosto

Nombre germánico, con la raíz *sig*, 'victorioso'. V. Sico.

Cat. Segene/.

Segismundo/Segismunda m/f On. 1 de mayo

Del germánico *seig-mund*, 'el que protege por la victoria'. V. Sico; v. Mundo. Famoso especialmente en Centroeuropa, donde ha sido portado por emperadores, e introducido también en España.

Variantes: Sigismundo, Sigmundo.

Cat. Segimon/Segimunda. Eus. Sekismunda/Sekismunde. Gal. Sexismundo, Sismundo/Sexismunda, Sismunda.

Segismundo, protagonista de *La vida es sueño*, de Calderón de la Barca. Segismundo I, emperador romano-germánico (1368-1437). Sigmund Freud, neurólogo y psiquiatra austríaco, fundador del psicoanálisis (1856-1939). Segismundo Moret, político español, presidente de gobierno (1838-1913), que aprobó la polémica Ley de Jurisdicciones.

Segundo/Segunda m/f On. 9 de enero

Del latín *secundus*, 'segundo', aludiendo al nacido en segundo lugar, y más genéricamente a los 'segundones' (v. Máximo). Ello explica su gran difusión y abundancia de derivados: Secundo, Secundio, Secundino, Secundario, Secundiano, Secúndulo, Secundilo, Secúndolo.

Cat. Segon/Segona. Gal. Segundo/Segunda.

San Segundo, compañero de san Pablo (Ac 20,4). Second Tranquilli ('Ignace Silone'), escritor italiano (1900-1978). Segundo de Chomón, pionero del cine español (1871-1929). Segundo Sombra, protagonista de la novela homónima del escritor argentino Ricardo Güiraldes. Cipriano Segundo Montesino y Estrada, ingeniero español (1817-1901).

Selena f

Variante de Selene por concordancia.

Cat. /Selena.

Selico/Selica m/f

Del nombre germánico masculino *Salicho*, de origen desconocido (quizá relacionado con el topónimo celta *Salica*).

Cat. Salics/Salicsa.

Semíramis f

Nombre asirio. Ha sido relacionado con *shammuramat*, 'amiga de las palomas'.

Cat. /Semíramis.

Semíramis, legendaria reina asiria (*Schamiram*), aficionada a la caza.

Sempronio/Sempronia m/f

Del latín *Sempronius*, nombre de una familia romana que lo asimilaba a *sempiternus*, 'eterno', aunque probablemente la palabra es de origen etrusco.

Derivado: Semproniano/Semproniana.

Cat. Semproni/Semprònia. Gal. Sempronio/Sempronia.
Sempronio, compañero de Pármeno en la tragicomedia de Fernando de Rojas *La Celestina* (1499), ejemplo de personaje antihéroe.

Séneca m
Posiblemente derivación del latín *senectus*, 'viejo, venerable'.
Cat. Sèneca/.
Lucio Anneo Séneca, escritor, filósofo y político latino (4 a. C.-65 d. C.).

Senén m On. 30 de julio
Las grafías antiguas (*Sennen*, *Sennis*, *Zennen*) sugieren una vinculación con *Zen*, sobrenombre de Zeus en griego (*zoé*, 'vida'). Otros intérpretes prefieren atribuirle un origen persa basándose en una tradición sobre ambos santos.
Cat. Senent, Senén (hip. Nin)/. Eus. Senen/. Gal. Senén, Senin/.
Santos Abdón y Senén, orientales martirizados en Roma (†254).

Septimio/Septimia m/f On. 10 de octubre
Nombre de una familia romana, de la que salió el emperador S. Severo. Del latino *septimus*, 'séptimo' (hijo). Cf. Máximo, Primo.
Derivados: Séptimo, Septimino, Septiminio.
Cat. Septimi/Septímia.
Lucio Septimio Severo, emperador romano (146-211).

Serafín/Serafina m/f On. 12 de octubre
Uno de los nueve coros angélicos definidos por santo Tomás de Aquino. Del hebreo *saraf*, 'serpiente' (plural *saraphim*). Alude a la serpiente de bonce usada como amuleto curativo por los judíos en el Arca de la Alianza.
Cat. Serafí/Serafina. Eus. Serapin/Serapiñe. Gal. Serafín/Serafina.
Serafín Alvarez Quintero, escritor andaluz-castellano (1871-1938). Séraphine Louis ('Séraphine'), pintora francesa (1864-1934).

Serapio/Serapia m/f On. 3 de septiembre
Del latín *Serapion*, aludiendo al dios Serapis, divinidad procedente de Egipto. Adoptado finalmente por el cristianismo.

Cat. Serapi/Seràpia. Eus. Serapi/Serape. Gal. Serapio/Serapia.
Serapio, alta divinidad egipcia trasplantada a los panteones griego y romano. Serapio Calderón, presidente de Perú (1843-1922).

Serapis m

Nombre de un dios griego, procedente de divinidades egipcias anteriores. Significado desconocido.
Cat. Serapis/.
Serapis, dios supremo del Egipto ptolemaico, identificación de la divinidad Osiris-Apis con Serapio.

Sereno/Serena m/f On. 28 de junio

Del latín *serenus*, 'sereno, claro, tranquilo' (de donde su actual uso, en superlativo, como forma honorífica: 'Su Alteza Serenísima'). Su popularidad ha renacido en los últimos años.
Cat. Serè/Serena. Eus. Seren/Serene. Gal. Sereno/Serena.
Santa Serenas, esposa del emperador Diocleciano (s. IV). Serena, esposa de Estilicón (s. IV-V). Serena Vergano, actriz cinematográfica hispanoitaliana (1943). Serena Williams, tenista estadounidense (1981).

Sergio/Sergia m/f On. 24 de febrero

De origen etrusco, originó el romano *Sergius*. de significado dudoso, aunque habitualmente es traducido como 'guardián'. Virgilio lo hacía proceder del nombre del guerrero troyano *Sergestus*. Muy utilizado siempre en la iglesia oriental, lo que ha inducido a considerarlo, erróneamente, como ruso.
Sinónimos: Eduardo, Nidgaro.
Cat. Sergi/Sèrgia. Eus. Sergi/Serge. Gal. Serxio/Serxia.
San Sergio I, papa (†701). San Sergio de Rusia, fundador del monasterio de la Santísima Trinidad (†1292). Sergio Alexandrovich, gran duque ruso (1857-1905). Sergio Dalma (José Capdevila Pérez), cantante (1964).

Servando/Servanda m/f On. 23 de octubre

Nombre cristiano-romano: *Servandus*, 'el que guarda u observa (la ley, la equidad)'.
Posible derivado: Cervantes.
Cat. Servand/Servanda. Gal. Servando/Servanda.

San Servando, mártir en Osuna (primeros siglos del cristianismo). San Servando, obispo gallego de Iria (s. VII-VIII). Jean Servais Stas, químico belga (1813-1891).

Servio/Servia m/f

Nombre latino. *Servius*, 'el que observa', o 'el que se conserva' (en el vientre de la madre fallecida, es decir, 'nonato').

Cat. Servi/Sèrvia.

Servio Tulio, legendario quinto rey de Roma (s. VII a. C.). Servio Sulpicio Galba, emperador romano (3? a. C.-69).

Sesostris m

Sesostris, nombre egipcio, de significado desconocido.

Sesostris III, faraón egipcio de la XII dinastía (s. XX?-s. XIX a. C.).

Severiano/Severiana m/f On. 9 de septiembre

Gentilicio (*Severianus*) de Severo. Sufijo gentilicio lat. *-anus*, 'relativo, de la familia de'.

Cat. Severià/Severiana. Eus. Seberin/Seberiñe. Gal. Severiano/Severiana.

San Severiano (s. VI), padre de tres santos y una santa (Leandro e Isidoro de Sevilla, Fulgencio y Florencia o Florentina). Severiano Ballesteros, jugador de golf cántabro (1957). Severiano Martínez Anido, militar gallego (1862-1938).

Severino/Severina m/f On. 9 de enero

Derivado de *severus*, en latín 'severo, austero', que da Severo, portado por un emperador romano y un santo barcelonés. Sufijo gentilicio lat. *-inus*, 'relativo, de la familia de'.

La forma danesa Sören ha sido extendida por el filósofo S. Kierkegaard. Derivado: Severiano.

Cat. Severí/Severina. Eus. Seberin/Seberiñe. Gal. Severino/Severina.

Severino, papa en 640. François Séverin Marceau, general francés (s. XVIII). Sören Kierkegaard, filósofo danés (1813-1855). Séverine (Caroline Rémy), periodista y novelista francesa (1855-1929).

Severo/Severa m/f On. 6 de noviembre

Del latín *severus*, 'severo, austero, serio'. Nombre del patrón menos principal de la diócesis de Barcelona. Derivados: Severino, Severiano.

Cat. Sever/Severa. Eus. Seber/Sebere. Gal. Sever/Severa.
San Severo, obispo de Barcelona (s. VI-636?). Sebero Altube, escritor y lexicógrafo vasco (1877-1963). Lucio Septimio Severo, emperador romano (146-211). Severo de Antioquía, monje y arzobispo de Antioquía y jefe de los monofisitas (465-538). Severo Ochoa, científico asturiano-estadounidense, Premio Nobel 1959 (1905-1993). Severo Fernández Alonso, presidente de Bolivia en 1896-1898. Severo Sarduy, escritor cubano (1937-1993).

Sexto/Sexta m/f On. 31 de diciembre
Del lat. *sextus*, aludiendo al sexto hijo nacido. Con el tiempo acabó confundiéndose con Sixto (v.), de distinto origen.
Cat. Sextus, Sisè/Sexta, Sisena.
Sexto Propercio, poeta elegíaco latino (47-14 a. C.).

Sheila f
Nombre irlandés. De *Sile*, antigua adaptación de Celia. Posteriormente asimilado a otros nombres afines: así, en la misma Irlanda, a Julia, y en Inglaterra a Shela, nombre bíblico citado en el Génesis (38,5).
Variante: Seila.
Cat. /Sheila.
Sheila Scott (Sheila Christine Hopkins), aviadora británica (1927-1988).

Sibila f
Nombre procedente del apodo de las profetisas adivinas griegas, especialmente la de Cumas. Del griego *Sybylla*, de *Siós* (forma dórica de 'Júpiter, Dios'), y *bolla*, 'voluntad': 'voluntad de Dios'.
Cat. /Sibil·la.
Cybill Sheperd, actriz estadounidense (1950). Sibil·la de Fortià, reina de Aragón y condesa de Barcelona, esposa de Pedro IV *el Ceremonioso* y madre de Juan I *el Cazador* (†1406). Sibylle, reina de Jerusalén, esposa de Guillaume de Montferrat y de Guy de Lusignan (s. XII). Sybil Sanderson, soprano estadounidense (1865-1903).

Sibino/Sibina m/f
Parece del griego *sigyne*, 'jabalina, dardo de cazador', que deriva a *Sibyne*, y de este a *Zibyne*, dando finalmente *Zebyne*. Variante: Zebina.
Cat. Sibí/Sibina, Zebinas.

Siervo/Sierva m/f On. 7 de diciembre
Del latín *servus*, 'siervo, esclavo', especialmente 'de Dios', como en las formas explícitas Servideo o Servus-Dei.
Sinónimos: Abdón, Abdiel, Teódulo.
Cat. Serf/Serva.

Sigfrido/Sigfrida m/f
Nombre germánico, muy popular en los países nórdicos. De *sieg-frid*, 'victorioso pacificador' (v. Sico; v. Frida).
Numerosos derivados: Sifrido, Sigifrido, Sigfredo. Se ha extendido, en los últimos años la forma sincopada Sigrid (v.), aplicada en femenino.
Cat. Sigfrid/Sigfrida.
Siegfried Lenz, dramaturgo y narrador alemán (1926). Siegfried Sassoon, poeta y novelista inglés (1886-1967). Siegfried Wagner, hijo de Richard, compositor y director de orquesta alemán (1869-1930). Sigfrido, héroe principal de la epopeya de los Nibelungos, inspirador de una ópera a Richard Wagner (s. XIX).

Sigrid f
Variante sincopada de Sigfrido, usada especialmente como femenino.
Cat. /Sigrid.
Sigrid, heroína de las aventuras del *Capitán Trueno*. Sigrid Undset, novelista noruega, premio Nobel de Literatura en 1928 (1882-1949).

Sila m+f
Nombre latino, de una selva del Brucio.
Variante: Sula.
En femenino, es hip. de Cecilia (v.).
Cat. Sila (de Cecília), Sil·la, Sul·la/.
Lucio Cornelio Sila, general y político romano (138-78 a. C.).

Silas m On. 13 de julio
Forma aramea de Saúl. Fue confundido en latín con Silvano (v.). Significado: 'el deseado'.
Cat. Silas/. Gal. Silas/.
Silas (latinizado Silvano), personaje del NT, profeta de la iglesia cristiana de Jerusalén (s. I). Ac 16,37. Silas Lapham, protagonista de la novela *La ascensión*

de Silas Lapham, del escritor estadounidense Wiulliam Dean Howells (1837-1920), personaje de fuerte rigidez espiritual, hija del puritanismo de Vermont. Silas Marner, personaje de la novela del mismo nombre de George Eliot (1819-1880), persona que evoluciona de metodista austero a avaro.

Silvano/Silvana m/f On. 5 de mayo
Nombre originariamente italiano, muy extendido en España por el cine de ese país. Del latín *silvanus*, 'de la selva o bosque, silvestre' (v. *Silvia*). Sufijo gentilicio lat. *-anus*, 'relativo, de la familia de'.
Variante: Silvanio/Silvania.
Cat. Silvà, Selvà/Silvana, Selvana. Eus. Silban/Silbane. Gal. Silván/Silvana.
Silvano, en la mitología latina, uno de los sobrenombres del dios Marte y uno de los aspectos de Fauno. Silvano, personaje de la novela pastoril *Los siete libros de Diana*, de Jorge de Montemayor. Silvana Mangano, actriz cinematográfica italiana (1930-1989). Silvana Pampanini, actriz cinematográfica italiana (1925).

Silvestre/Silvestra m/f
Del latín *silvestris*, 'de la selva, silvestre' (v. Silvana). La difusión actual del nombre arranca de una carrera pedestre que se celebra la noche de fin de año, festividad de san Silvestre, en la brasileña Sao Paulo y otras ciudades imitadoras.
Cat. Silvestre/Silvestra. Eus. Silibister/Silibestere. Gal. Silvestre/Silvestra.
San Silvestre I, papa de 314 a 335. Silvestre, legendario autor de la leyenda de la «Donación de Constantino» (s. III-IV). Gerbert d'Aurilhac, papa en 999-1003 con en nombre de Silvestre II (938-1003). Silvestre Savitsky, líder comunista ruso (1894-1954). Sylvester Stallone, actor cinematográfico estadounidense (1946). Sylvestre Bonnard, protagonista de la novela *El crimen de Sylvestre Bonnard*, de Anatole France (1844-1924), hombre bueno y estudioso. Silvestre Paradox, persosaje de varias novelas de Pío Baroja (1872-1956), que como indica el nombre, es personaje sentencioso, caprichoso, aventurero e inesperado.

Silvio/Silvia m/f On. 21 de abril
Del latín *silva*, 'bosque'. Aplicado como sobrenombre a la legendaria *Rhea Silvia*. Escrito a veces Sylvia por influencia de la raíz griega *xylos*, 'madera, bosque'.

Cat. Silvi/Sílvia. Eus. Silbi/Silbe. Gal. Silvio/Silvia.
Rhea Silvia, en la mitología latina, madre de Rómulo y Remo, fundadores de Roma. Leopold Sylvius Weiss, compositor alemán (1686-1750). Santa Silvia (s. VI), madre del papa Gregorio *el Grande*. Silvia, una de las protagonistas de *Two Gentlemen of Verone*, de William Shakespeare (1564-1616). Silvio Berlusconi, magnate de los medios de comunicación y político italiano (1936). Silvio Pellico, escritor italiano (1779-1854). Silvia Pinal, actriz cinematográfica, teatral y de TV mexicana (1932). Sylvia Plath, poetisa estadounidense (1932-1963). Sylvie Vartan, cantante francesa (1942). Sylvius L. Weiss, compositor (s. XVII). Silvia, personaje individualizable en los *Cantos* de Giacomo Leopardi (1798-1837).

Simeón/Simeona m/f On. 1 de junio
Nombre hebreo. La madre de este patriarca, Lía, dijo al alumbrarlo: 'Dios me ha escuchado' (*samá*). Pero esta explicación parece una simple etimología popular, y el auténtico significado del nombre sería más bien 'el que escucha, el que cumple un voto'. Cf. Rubén, Estela, Estilita.
Derivado: Simón (v.). Forma antigua: Ximeno, de donde Jimeno.
Cat. Simeó (hip. Salo)/Simeona. Eus. Simone. Gal. Simeón/Simeona.
Simeón, personaje bíblico, segundo hijo de Jacbo (Gen 29,33). Simeón *el Magnífico*, zar de Bulgaria (s. X). Simeón II, último rey de Bulgaria antes de la ocupación del país por la URSS en 1946 (1937).

Simón/Simona m/f On. 28 de octubre
Variante de Simeón, portada por el apóstol a quien Jesús cambió el nombre a Pedro (v.).
Cat. Simó/Simona. Eus. Simon, Ximun/Simone. Gal. Simón/Simona.
Simón, primer nombre de Pedro, primer pontífice de la Iglesia. Shimon Peres, político istaelí (1923).
Simón Bolívar, militar y político sudamericano (1783-1830). Simón de Montfort (1150-1218), *el Fuerte*, noble normando, intervino decisivamente en la guerra de los albigeses y en la batalla de Muret, que costó la vida al rey aragonés Pedro III (1213). Simon Newcomb, matemático y astrónomo estadounidense (1835-1909). Simone Ortega, gastrónoma española (1919-2008). Simone de Beauvoir, escritora francesa (1908-1986), compañera sentimental de Jean-Paul Sartre. Simone Signoret (Simone Kaminker), actriz francesa de origen alemán (1921-1985). Simone Weil, filósofa, escrito-

ra y política francesa (1909-1943). Maese Simón, personaje del *Decamerón*, similar a Calandrino en su estupidez.

Simplicio/Simplicia m/f On. 20 de noviembre
Del latín *Simplicius*, 'sin artificio, simple', o sea 'sin malicia'. Sinónimo de Acacio.
Cat. Simplici/Simplícia. Eus. Sinbilgi/Sinbilge.
San Simplicio, papa de 468 a 483. Simplicio, personaje del *Diálogo sobre los dos mayores sistemas del mundo* de Galileo Galilei (1564-1642) que refleja el cambio de mentalidad del sistema ptolemaico hacia la ciencia moderna.

Sindulfo/Sindulfa m/f On. 20 de noviembre
Nombre germánico. De *swind-wulf*, 'lobo (guerrero) fuerte y astuto'. O 'expedición militar de guerreros (lobos)' (*sind-wulf*).
Cat. Sindulf/Sindulfa.

Sinforoso/Sinforosa m/f On. 2 de julio
Del griego *symphorá*, 'que va junto, acompañante', o sea 'útil' (cf. Onésimo). Interpretado a veces como 'desgraciado' (v. Desdémona) por la forma latina *Sinforosus*.
Cat. Simforós/Simforosa. Eus. Sinborosa/Sinborose. Gal. Sinforoso/Sinforosa.
Santa Sinforosa, patrona de Tívoli, martirizada en Roma con sus siete hijos (s. II).

Siro/Sira m/f On. 29 de junio
Nombre latino, procedente seguramente de *siren*, 'sirena'. Es también el femenino de Siro (de Sirius, 'habitante de la Siria'), e identificado a veces con Cirano.
Cat. Sir/Sira. Eus. Sir/Sire. Gal. Siro/Sira.

Sisebuto/Sisebuta m/f On. 15 de marzo
Nombre germánico. De *sisi*, 'encantamiento', y *bodo*, variante de *bald*, 'audaz' (cf. el inglés *bold*).
Cat. Sisebut/Sisebuta. Gal. Sisebuto/Sisebuta.
Sisebuto, rey de los visigodos (†621).

Sisenando/Sisenanda m/f

Germánico. Seguramente de *sigis-nands*, 'atrevido por la victoria'. V. Sico; v. Fernando. V. también Sisnando.

Variante: Sisnando/Sisnanda.

Cat. Sisnand/Sisnanda. Gal. Sisnando/Sisnanda.

San Sisenando, mártir pacense decapitado en Córdoba (†851). Sisenando, rey de los visigodos (†636).

Sisinio/Sisinia m/f On. 11 de mayo

Nombre germánico, procedente del lat. *isilus* (a su vez del germánico *is*, 'hielo', y, por derivación, 'reluciente, hierro'; v. Iseo).

Por reduplicación del tema y sustitución del sufijo hipocorístico *-ilus* por *-inius* pasa a *Sisinius*.

Cat. Sisini/Sisínia. Eus. Sisiñi/Sisiñe. Gal. Sisini/Sisínia.

San Sisinio, de Siria, fue papa a principios del s. VIII.

Sixto/Sixta m/f On. 5 de agosto

Procede del greigo *systós*, 'liso, pulido', aunque posteriormente ha sufrido la influencia del latino *sextus*, 'sexto', aplicado al hijo nacido en ese lugar (cf. Máximo).

Cat. Sixt, Sixte/Sixta. Eus. Sista/Siste. Gal. Sixto, Xisto/Sixta, Xista.

Tres papas, entre ellos Sixto IV, que construyó la Capilla Sixtina en 1473, decorada con frescos de Miguel Angel.

Socorro m+f On. 8 de septiembre

Advocación mariana: Nuestra Señora del Perpetuo Socorro (latín *subcorro*, 'correr por debajo, so-correr').

Sinónimo: Auxiliadora.

Cat. Socors/Socors. Eus. Laguntza/Sorospen, Laguntzane, Sokorri. Gal. Socorro/Socorro.

Socorro, nombre de la santa mercedaria catalana María de Cervelló, llamada habitualmente *Maria del Socors* (1230-1290). Corín Tellado (María del Socorro Tellado), popular escritora de novela rosa española (1927-2009).

Sócrates m On. 19 de abril

Nombre griego, compuesto de *soos*, 'sano', y *kratos*, 'fuerza': 'sano y fuerte'.

Cat. Sòcrates/. Gal. Sócrates/.
Sócrates, filósofo griego (470?-399 a. C.). Sócrates Brasileiro Sampaio de Souza Vieira de Oliveira futbolista brasileño (1954).

Sofía f On. 18 de septiembre
Nombre nuevamente en auge en España, donde ha aparecido por primera vez en la Casa Real. Del griego *sophia*, 'sabiduría'.
Cat. /Sofia. Eus. /Sope. Gal. /Sofía.
Sophie Bolland, amiga e inspiradora de Diderot (s. XVIII). Sophie Germain, matemática francesa (1776-1831). Sofía Loren (Sofia Scicolone), actriz cinematográfica italiana (1934). Sofía de Grecia, reina de España (1938). Sophie Marceau, actriz cinematográfica francesa (1966). Sofia Coppola, directora de cine y guionista estadounidense (1971).

Sófocles m
Del gr. *sophos-kles*, 'glorioso por la sabiduría'. *Sophos*, 'sabio'; *kles*, 'gloria'.
Cat. Sòfocles/.
Sófocles, dramaturgo griego de la Antigüedad (496-406 a. C.).

Sol m+f On. 3 de diciembre
Del latín *Sol*, el astro y dios. Es por ello nombre en principio masculino, aunque en España ha ido feminizándose por la Virgen del Sol (Soledad), en Andalucía.
Cat. Sol/Sol. Eus. Eguzki, Ekhi/Eguzkiñe, Ekhi, Ekhiñe.
Doña Sol, una de las hijas del Cid (s. XI-XII), azotada con su hermana Elvira en el robledo de Corpes (v. Elvira). Doña Sol, personaje de la novela *Sangre y arena* de Vicente Blasco Ibáñez (1867-1928), mujer fatal, encarnación de la maldad.

Solange f
Forma francesa de Solemnia (latín *Solemnis*, de *solus-amnis*, 'una sola vez al año, solemne'), que ha llegado a desplazar incluso entre nosotros la forma original.
Cat. /Solange.
Solange Pradel, actriz francesa (1943).

Soledad f On. 11 de octubre

Advocación mariana, alusiva a la soledad en que se encontró la Virgen en la Pasión de su Hijo. Hip. Chole.

Cat. /Soletat. Eus. /Bakarne, Bakartxo. Gal. /Soledade.

La Niña Chole, uno de los personajes centrales de la *Sonata de Estío*, de Ramón del Valle Inclán. Soledad Acosta de Samper, escritora e historiadora colombiana (1831-1903). Soledad Gustavo, maestra, periodista y anarquista española (1866-1939). Soledad Puértolas, escritora española (1947). Soledad, pesonaje del drama del mismo nombre de Miguel de Unamuno (1864-1936), madre rota por la muerte de su único hijo.

Solimán m

Variante de Soleimán, forma yiddish de Salomón. Famoso por los sultanes turcos que lo portaron.

Cat. Soliman/.

Solimán I *el Magnífico*, sultán otomano (1494-1566). Solimán, personaje de la *Jerusalén libertada* de Torquato Tasso (1544-1595).

Solón m

Quizás es contracción de *soloikos*, 'que habla mal'. Sufijo *-on*, 'persona'.

Cat. Soló/.

Solón, político ateniense, famoso legislador, uno de los Siete Sabios de Grecia (640-560 a. C.). Su lema: «Conócete a ti mismo».

Sonia f

Hip. ruso de Sofía (original Sonja), que se ha convertido en la práctica en nombre independiente.

Cat. /Sònia. Eus. /Xonia. Gal. /Sonia.

Sonia Braga, actriz cinematográfica brasileña (1950). Sonia Delaunay Terk, pintora francesa *art déco* de origen ucraniano (1885-1979). Sonia Kovalevskaia, matemática rusa (1850-1891). Sonja Henie, patinadora noruega (1912-1969). Sonya Rykiel, diseñadora francesa (1930). Sonia Marmeladova, personaje de *Crimen y castigo* de Fedor Dostoievski (1821-1881), muchacha fundamentalmente honrada que se prostituye para salvar a su padre, embrutecido por la miseria.

Sonsoles f

Nombre de la Virgen patrona de Avila, muy usado en esa zona como patronímico femenino. Es deformación de *San Zoles*, forma antigua de Zoilo.

Soraya f

Nombre parsi, hecho famoso por una de las esposas del Sha de Irán. De *sorah*, 'excelente'. Del persa a través del árabe *Zoraya*, con el nombre de la constelación de las Pléyades, con significación de 'prosperidad'. También deriva en dialecto magrebía a «Turia».

Cat. /Soraia.

Tomó este nombre la cristiana Isabel de Solís al islamizarse y convertirse en concubina de Muley-Hacén, decimonoveno emir de Granada, que reinó de 1464 a 1482. Soraya Esfandiari (1932-2001), segunda esposa del sha de Persia Reza Pahlavi.

Soro/Sora m/f On. 1 de febrero

Probablemente del griego *sorós*, 'urna, sagrario'. V. Sagrario.

Cat. Soros/Sora.

Sotero/Sotera m/f On. 22 de abril

Nombre de origen griego, cristianizado posteriormente. De *soter*, 'salvador' (cf. Cristo, Salvador), aplicado inicialmente a Júpiter, y después, por extensión, a Jesucristo.

Cat. Soter/Sotera. Eus. Xoter, Soter, Xotil/Sotere.

San Sotero, papa de 166 a 175.

Spe m+f On. 28 de marzo

Forma latina de Esperanza (*spe*).

Cat. Spe/Spe.

Spencer m

Apellido anglosajón adoptado como nombre por algunos célebres portadores, especialmente el filósofo inglés Herbert Spencer (1820-1903). Derivación de *dispenser*, 'dispensador (de provisiones)'.

Spencer Tracy, actor cinematográfico estadounidense (1900-1967).

Stanley m

Apellido anglosajón adoptado como nombre por la popularidad del explorador estadounidense Henry Morton Stanley (1841-1904).
Derivación de *Stanlake*, 'el que vive junto al arroyo pedregoso'.
Hip: Stan.
Stanley Kramer, productor y director cinematográfico estadounidense (1913-2001). Stanley Kubrick, director cinematográfico estadounidense (1928-1999). Stanley Baldwin, político inglés (1867-1947). Stan Laurel, actor cinematográfico estadounidense (1890-1965).

Stella f

Forma latina de Estela.
Stella Sierra, poetisa panameña (1917-1997). Stella, personaje del drama homónimo de Johann Wolfgang Goethe (1749-1832), criatura palpitante de vida, amante y no pecadora.

Suetonio/Suetonia m/f

Del latino *suetum*, 'hábito': 'el habitual'.
Cat. Suetoni/Suetònia.
Suetonio, erudito e historiador romano (69-141).

Sulpicio/Sulpicia m/f On. 20 de abril

Nombre romano, portado por ilustres oradores y tribunos. *Sulpicius*, de origen incierto, quizá relacionado con Sula o Sila, el dictador, o con *sulphur*, 'azufre'.
Cat. Sulpici/Sulpícia. Eus. Sulbiki/Sulbike.
San Sulpice, obispo francés (s. VII). Servio Sulpicio Galba, emperador romano (3? a. C.-69). Sulpice Boiserée, prócer terminador de la catedral de Colonia (s. XIX).

Sun m

Nombre chino: 'fuerte, excelente'.
Sun Yatsen, revolucionario y nacionalista chino (1866-1925). Sun Wu-K'Ung, uno de los principales personajes de la falsa novela china *Hsi Yu Chi* de Wu Ch'eng-ên (1510?-1580), cuento muy popular en China sobre una mona de inteligencia humana y facultades divinas.

Susima f On. 20 de octubre

Dervado de Susana. O del gr. *sys-semos*, 'marcado con un signo, elegido'.

Cat. /Susima.

Svante m

Nombre escandinavo, originado en la voz svan, 'cisne'.

Svante August Arrhenius, químico sueco (1859-1927).

Syro/Syra m/f

Variante de Siro/Sira.

Cat. Syr/Syra.

Tabita f On. 25 de octubre

Del arameo tabitha, 'gacela'. Variante: Dorcas.

Cat. /Tabita.

Tabita, cristiana de Joppé «rica de las buenas obras y las limosnas que hacía», resucitada por san Pedro (Ac 9,36-41). Tabitha Gilman Tenney, escritora estadounidense (1762-1837).

Taciano/Taciana m/f On. 12 de septiembre

Gentilico de Tacio. Procede de la voz infantil *tata*, 'padre'. Sufijo gentilicio lat. *-anus*, 'relativo, de la familia de'.

Cat. Tacià/Taciana. Eus. Taken/Takene.

Taciano, escritor eclesiástico sirio del s. II, discípulo de Justino el Mártir.

Tácito/Tácita m/f

Del latino *tacitus*, 'callado, lacónico'.

Cat. Tàcit/Tàcita.

Cornelio Tácito, historiador romano (55-120). Claudio Tácito, emperador romano (200-276).

Tadeo/Tadea m/f On. 28 de octubre

Nombre de uno de los doce apóstoles. Gr. *Taddeus*, 'el que alaba'.

Cat. Tadeu/Tadea. Eus. Toda, Tada/Tade. Gal. Tadeo/Tadea.

Judas Tadeo, apóstol (s. I). Francisco Tadeo Calomarde, político español (1773-1842). José Tadeo Monagas, político venezolano, presidente de su país en 1846-50, 1855-58 y 1868-70. Tadeus Reichstein (1897-1985), bioquímico suizo, premio Nobel de Fisiología en 1950. Tadeusz Kantor, dramaturgo, pintor y escenógrafo polaco (1915-1990). Tadeusz Mazowiecki, político polaco (1927). Tadeusz Zelenski ('Boy'), escritor polaco (1874-

1941). Tadeo Soplica, personaje que da nombre al poema *El señor Tadeo*, en que Adam Minkiewicz (1798-1855) vertió la nostalgia del desterrado.

Tales m

Nombre de uno de los siete sabios de Grecia. Origen incierto: quizá relacionado con *thalein*, 'florecer, germinar'.

Cat. Tales/.

Tales de Mileto, pensador griego, uno de los Siete Sabios de Grecia (630-546 a. C.). Su lema: «En la confianza está el peligro».

Tamar f 1015.

Nombre bíblico. Del hebreo *thamar*, 'palmera' (cf. Palmira). Muy corriente en Rusia en la forma Tamara, por una santa de la iglesia oriental, que reinó en Georgia desde 1184 y murió en Tiflis, hoy venerada allí a nivel similar a la Virgen entre nosotros.

Variante: Tamara.

Cat. /Tàmar, Tamar, Tamara. Gal. /Tamara.

Tamar, en el AT, hija de David, violada por su hermano Amón (Gén 38, 6-30).

Tamara f

Variante de Tamar, muy frecuente en los países del Este.

Cat. /Tamara.

Tamara Karsavina, bailarina británica de origen ruso (1885-1978). Tamara de Lempicka, pintora polaca (1898-1980). Tamara Toumanova, bailarina rusa (1919-1996). Tamara, personaje del breve poema lírico *El demonio* de Michail Lermontov (1814-1841); orgullosa princesa georgiana de la que se enamora el ángel caído, cansado de su soledad.

Tamerlán m

Famoso invasor asiático. Significado literal: 'Timur el cojo' (*Timur*, nombre tártaro, literalmente significa 'hierro').

Cat. Tamerlan/.

Tamerlán (Timur Lang, 'Timur el Cojo'), soberano de Transoxiana, invasor de Europa (1336?-1405).

Tancredo/Tancreda m/f

Nombre medieval, portado por un famoso cruzado del s. XI-XII. Del germánico *thank-rad*, 'el del consejo inteligente' (v. Tancón; v. Rado). El Don Tancredo, figura de los antiguos toros, lleva el nombre de su primer practicante.

Cat. Tancred/Tancreda.

Tancredo, príncipe normando de Sicilia, modelo de caballeros en *Jerusalén libertada* (†1112). Tancredo de Lecce, rey de Sicilia (†1194). Tancredo Neves (1910-1985), político brasileño, jefe de gobierno durante la presidencia de Joao Goulart (1960-64 y presidente en 1985.

Tania f

Forma familiar sincopada de Tatiana, grafía rusa de Taciana. También es gentilicio de Tacio, el legendario rey de los sabinos que reinó con Rómulo (de la voz infantil *tata*, 'padre'). Muy popular en Rusia (recuérdese el personaje de *Eugene Onegin*).

Cat. /Tània. Gal. /Tania.

Tania, personaje de *Evgene Onegin*, de Pushkin, y de su versión musical por Chaikovski. Tanya Tucker, actriz y modelo estadounidense (1958). Tania Balachova, danzarina rusa (1902-1973).

Tarasio/Tarasia m/f

Nombre de un adivino griego. De la raíz *Thariasios*, que hallamos en Teresa (v.). Según parece, procedería de *thereios*, 'animal salvaje', lo que hace interpretarlo como 'cazador'. Otros lo ven como el gentilicio de Tarasia, ilustre personaje originario de Tarento.

Cat. Tarasi/Taràsia. Gal. Tarasio/Tarasia.

San Tarasio, autoridad en Constantinopla (†806). Taras Bulba, héroe de la novela del mismo nombre de Nicolás Gogol (1809-1852), figura simbólica del tipo característico de cosaco, que ve terminar una época.

Tarquinio/Tarquinia m/f

Nombre latino, portado por dos legendarios reyes romanos (T. el Mayor y T. el Soberbio).

Derivado: Tarquinia, ciudad de Etruria.

Variante: Tarquino.

Cat. Tarquini/Tarquínia.

Lucio Tarquinio Prisco, *el Mayor*, semilegendario quinto rey de Roma (616-578 a. C.). Lucio Tarquinio, *el Soberbio*, último rey de Roma (†510 a. C.).

Tarsicio/Tarsicia m/f On. 14 de agosto
Del griego *tharsíkios*, 'valiente'. Sinónimo de numerosísimos nombres: Agenor, Alquimio, Audecto, Badilón, Baldo, Balterio, Baudilio, Bega, Caleb, Cunón, Curcio, Epaminondas, Eupsiquio, Modán, Nerón, Timón, Trasilio, Verembaldo, Voto y muchos más.
Cat. Tarsici/Tarsícia. Eus. Tartsiki/Tartsike.
San Tarsicio, acólito del papa Dámaso, lapidado en Roma (s. III).

Társilo/Társila m/f
Como Tarsicio, procede de la palabra griega tharsos, 'valor', en diminutivo latino (*Tarsilla*).
Cat. Tàrsil/Tàrsila.
Tarsila do Amaral, escritora, pintora y escultora brasileña (1886-1973).

Tatiana f On. 12 de enero
Forma rusa de Taciana, fiel a la grafía original (*Tatiana*, gentilicio de *Tatius*, rey de los sabinos, quizás a su vez de la voz infantil *tata*,'padre').
Forma hipocorística: Tania.
Cat. /Tatiana. Gal. /Tatiana.
Santa Tatiana, mártir romana (†230). Tatiana Riabuchinska, bailarina estadounidense de origen ruso (1917-2000). Tatiana Larin, heroína del *Eugenio Oneguin* de Alejandro Pushkin (1799-1837), considerada 'la apoteosis de la mujer rusa', más merecedora que el propio Oneguin del título de la novela.

Teclo/Tecla m/f On. 23 de septiembre
Santa Tecla, convertida por san Pablo y varias veces sometida a tormento por su fe, alcanzó sin embargo los noventa años. Su nombre nada tiene que ver con la *tegula* ('tecla') latina, que en castellano deriva a 'teja', sino que procede del griego *Théos-. kleos*, 'gloria de Dios').
Cat. Tecle/Tecla. Eus. Tekal/Tekale. Gal. Tegro/Tegra, Trega (vulg).
Santa Tecla, una de las religiosas deportadas a Mosul, hoy patrona de Tarragona (s. IV). Tecla, personaje de *Wallenstein* de F. Schiller (1559-1805), amada por el coronel Max Piccolomini, lo que los hará víctimas de la pasión política que agita y opone a sus padres.

Telesforo/Telesfora m/f On. 5 de enero
Nombre griego. De *telesphoron*, 'portador a distancia, mensajero'.
Cat. Telesfor/Telesfora. Eus. Telespor/Telespore.
San Telesforo, papa de 125 a 136.

Telmo/Telma m/f On. 14 de abril
Sobrenombre primero de san Erasmo y después de san Pedro González: *Sant-Elmo* (v. Elmo).
Cat. Elm, Telm/Elma, Telma. Eus. Telmo/Telme. Gal. Telmo, Elmo/Telma, Elma.
San Telmo o Pedro González, dominico de Frómista (1180?-1246). Telmo Zarraonaindía, *Zarra*, futbolista español (1921-2006). Thelma Patricia Nixon (1912-1993), esposa del expresidente estadounidense Robert Nixon.

Telva f
Forma asturiana de Etelvina.

Temístocles m On. 21 de diciembre
Nombre griego, derivación de *themis*, 'justicia', de donde el nombre de *Themisto*, diosa de la Justicia. Terminación *-kles*, 'gloria': 'gloria de *Themisto*'.
Cat. Temístocles/.
Temístocles, político ateniense (523?-464 a. C.). Temístocles Solera (1819-1878), poeta, libretista y aventurero italiano, director del teatro de Palacio en España.

Tennessee m
Nombre de pila seudónimo adoptado por el célebre dramaturgo Thomas Lanier Williams. Tomado del estado norteamericano de Tennessee, originado en la aldea india cherokee *Tinase*, que dio nombre al río y al estado.
Tennessee Williams (Thomas Lanier Williams), dramaturgo, novelista y poeta estadounidense (1911-1983).

Teo/Tea m/f
Nombre germánico: de *theud*, 'pueblo' (v. Teudis). También es hip. de Doroteo, Teodoro, Teofrasto y otros nombres.

Cat. Teu/Tea, Teia. Gal. Teo/Tea.
San Teo, mártir en Gaza (Palestina), s. III. Tea Leoni, actriz estadounidense (1966).

Teobaldo/Teobalda m/f
Del germánico *theud-bald*, 'pueblo valiente'. V. Teudis; v. Baldo. Sinónimo de Aribaldo, Leobaldo, Leopoldo, Timolao.
Variante: Teodobaldo. También se toma como tal, impropiamente, Teobardo (en realidad de *theud-berht*, 'pueblo famoso').
Cat. Teobald, Tubau/Teobalda. Eus. Tobalda, Tibalt, Teobaldo/Tobalde. Gal. Teobaldo/Teobalda.
Teobaldo I *el Trovador*, rey de Navarra (1201-1253). Teobaldo II *el Joven*, rey de Navarra (1239-1270). Theobald Hock, poeta alemán (s. XVII). Theobald von Bethmann-Hollweg, político alemán (1856-1921).

Teócrito/Teócrita m/f
Del adjetivo griego *theokritos*, 'juzgado y elegido por Dios' (*Theos*, 'Dios'; *krinein*, 'juzgar, decidir').
Cat. Teòcrit/Teòcrita.
Teócrito, poeta bucólico griego (300?-250? a. C.).

Teodomiro/Teodomira m/f On. 25 de julio
Del germánico *theud-miru*, 'pueblo insigne' (v. Teudis; v. Mirón). Corriente en la Edad Media, y diversificado en multitud de variantes: Teomiro, Todemario, Todmir. Forma antigua: Tomé, célebre por la iglesia toledana que alberga el cuadro *El entierro del Conde de Orgaz*, del Greco.
Cat. Teodomir/Teodomira. Eus. Todomir/Todomira. Gal. Teodomiro/Teodomira.
Teodomiro, rey de los suevos de 559 a 570. Teodomiro, obispo de Iria Flavia, certificador del descubrimiento del sepulcro de Santiago (s. IX). Todmir, deformación árabe aplicada a Teodomiro, nombre de un noble visigodo que constituyó un pequeño reino independiente en el interior de la España musulmana (s. VIII). Teodomiro Menéndez, revolucionario asturiano de UGT en 1934 (1879-1978).

Teodorico/Teodorica m/f On. 15 de octubre
Del germánico *theud-ric*, 'pueblo poderoso'. Partícula *theud*, 'pueblo' (v. Teudis; v. Enrique).

Sin relación con Teodoro (v.).
Variante inglesa: Dereck (v.).
Cat. Teodoric, Todolí/Teodorica, Todolina.
Teodoredo o Teodorico I, rey visigodo en 418-451 (†451). Teodorico o Teodorico II, rey de los visigodos en 453-67 (†467). Teodorico Raposo, protagonista de la novela *La reliquia* de José María Eça de Queiroz (1845-1900), personaje dispuesto a vivir una vida hipócrita para cobrar una herencia.

Teodoro/Teodora m/f On. 20 de abril
Del griego *Theodoros*, 'don de Dios' (cf. con Doroteo, formado por los mismos elementos en orden inverso, y sus sinónimos). Nombre popularísimo en la Edad media, portado por treinta y un santos, además de emperadores y reyes, especialmente en Rusia, donde el nombre es modificado a Feodor. Deriva también del mismo origen el apellido Tudor, portado por una dinastía inglesa en el s. XVI, y los hips. Doro, Dora, Teo.
Cat. Teodor/Teodora. Eus. Todor/Todore. Gal. Teodoro/Teodora.
Feodor Dostoievski, escritor ruso (1821-1881). Ted Hugues, escritor británico (1930-1999). Teodor Llorente, poeta, periodista y político valenciano (1836-1911). Teodora Lamadrid, actriz española (1821-1896). Teodora, emperatriz de Oriente, amante y después esposa de Justinano (500?-548). Theodor W. Adorno (Theodor Wiesengrund), filósofo y musicólogo alemán (1903-1969). Theodore Roosevelt, político estadounidense, presidente de su país (1858-1919).

Teodosio/Teodosia m/f On. 25 de octubre
Del mismo significado que Teodoro (v.): griego *Theodósios*, 'dádiva de Dios'. Es también equivalente a Teódoto.
Cat. Teodosi/Teodòsia. Eus. Todosi/Todose. Gal. Teodosio/Teodosia.
Teodosio I el Grande, emperador romano (347?-395). Teodosio II, emperador romano de Oriente (401-450). Teodosia, primera esposa de Leovigildo, rey de los visigodos, y madre de san Hermenegildo (s. VI).

Teófanes/Teófana m/f On. 12 de marzo
Del gr. *Theos-phanein*, 'resplandor, manifestación de Dios'. La palabra *theophania* originaba una fiesta en Delfos, en la que se exponían todas las estatuas de los dioses.

Derivados: Teofanio, Teofanto.
V. Tiffany.
Cat. Teòfanes/Teòfana. Eus. Topan/Topane.
Teófanes de Posidonio, historiador y poeta griego del s. v. Teófanes el Griego, pintor de iconos (s. XIV-XV). Teófana, emperatriz alemana, esposa de Otón II y regente durante la minoría de edad de Otón III (s. X).

Teófilo/Teófila m/f On. 5 de marzo
Nombre muy frecuente en otras épocas, hoy casi olvidado. Del griego Téophilos, 'amigo de Dios'. El tema es frecuente como generador de nombres: son sinónimos Alvino, Amideo, Bogomil, Filoteo (con los mismos elementos en orden inverso), Godovino, Osvino.
Cat. Teòfil/Teòfila. Eus. Topil/Topille. Gal. Teófilo/Teófila.
San Teófilo de Antioquía, padre primitivo de la Iglesia, fijador de la fecha de la Pascua (†200). Teófilo, jurista bizantino (†536?). Teófilo, emperador bizantino e iconoclasta implacable (†842). Théophile Gautier, escritor francés (1811-1872). Teófilo Braga, primer presidente de la República portuguesa en 1910-1911. Teófilo Stevenson, boxeador cubano (1952). Teófila Martínez, política andaluza (1948). Teófilo, personaje de leyenda medieval, que se vende al diablo con la ayuda de un mago judío, negocio del que se librará por la intercesión de la Virgen María.

Teofrasto/Teofrasta m/f
Del griego *theophrastos*, 'ligado con Dios', o también 'que habla con Dios'.
Cat. Teofrast/Teofrasta.
Teofrasto de Efeso, filósofo de la Antigüedad griega (374-287? a. C.). Teophrastus Hohenheim, *Paracelso*, médico y alquimista suizo (1493-1541).

Terencio/Terencia m/f On. 27 de septiembre
Del latín *Terentius*, portado por una familia romana. Aludía al *terentum*, lugar del campo de Marte destinado a la celebración de Juegos (y este nombre de *teres*, 'delicado, fino, tierno).
Cat. Terenci, Trens/Terència. Eus. Terentzi/Terentze. Gal. Terencio/Terencia.
Publio Terencio Afer, comediógrafo latino (195?-159? a. C.). Terence Rattigan, autor dramático inglés (1911-1977). Terenci Moix (Ramon Moix i Messeguer), escritor catalán (1942-2003).

Teresa m/f

Aunque el nombre fue siempre usado en Castilla, con la santa abulense T. de Jesús conoció expansión universal, redoblada por otra santa francesa, Teresita del Niño Jesús (v.). El significado no está claro: es habitual considerarlo forma femenina del nombre del adivino mitológico *Tharesios* (v. Tarasio).

Hips. Teresina, Teresita, Tete, Teta.

Cat. Teresi/Teresa. Eus. /Terese, Trexa, Talesia. Gal. /Tareixa, Tereixa.

Madre Teresa de Calcuta (Agnes Gonxha Bojaxhiu), misionera macedonia de origen albanés en la India (1910-1997). Santa Teresa de Jesús (Teresa de Cepeda y Ahumada), religiosa fundadora, escritora mística catellana (1515-1582). Teresa Berganza, mezzosoprano española (1935). Teresa Claramunt, libertaria española (1862-1931). Teresa Neumann, mística estigmatizada alemana (1890-1960). Teresa Pàmies, política y escritora catalana (1919). Thérèse de Cabarrus ('Madame Tallien'), inspiradora de la moda del retorno a la antigüedad durante la Convención termidoriana y el Directorio (1773-1835). Thérèse Raquin, heroína de Zola (1867). Teresa, personaje de Ausiàs March en la composición *Dexant a part l'estil dels trobadors*. Teresa Desqueyroux, peronaje de la novela homónima de François Mauriac (1885-1970), personaje envuelto entre el crimen y el amor desgraciado. Teresa *la Ben plantada* , protagonista de la novela homónima de Eugeni d'Ors (1882-1954), retrato simbólico de una muchacha catalana en la que se encuentran todas las virtudes de una tradición y de una raza.

Tertuliano/Tertuliana m/f

Nombre gentilicio de Tértulo (y este, forma arcaica de *tersus*, 'limpio, puro'). Sufijo lat. *-anus*, 'relativo, de la familia de'.

Cat. Tertul·lià/Tertul·liana. Eus. Tertulen/.

Tertuliano, escritor cristiano y apologista, padre primitivo de la Iglesia (160?-240?).

Teseo/Tesea m/f

Nombre griego, derivado de *Theos*, 'Dios', por creerse a su héroe mitológico portador hijo de Neptuno.

Cat. Teseu/Tesea.

Teseo, héroe mítico griego, matador del Minotauro gracias al ardid del hilo de Ariadna, que le permitió guiarse en el Laberinto.

Teudis m

Nombre germánico, portado por un rey visigodo. De *theud*, 'pueblo, grupo', y también 'ejército'.

Cat. Teudis/.

Teudis, rey de los visigodos en 531-548 (†548).

Thaís f On. 8 de octubre

Nombre de origen oscuro, quizá derivado de *thais*, especie de vendaje para la cabeza. Se ha observado que el proceso de su santificación corresponde a un mero empeño salvífico, pero sobre un nombre, no un personaje.

Variante: Tais.

Cat. /Thaís.

Thais, personaje de Terencio imitado de la *Críside* de Menandro. Santa (?) Thais (s. IV), cortesana egipcia convertida al cristianismo, anacoreta, inspiradora de una novela a Anatole France (1890) y una ópera a Jules Massanet en 1894. Thais, amante de Alejandro Magno, después de Ptolomeo (s. IV a. C.).

Tiberio/Tiberia m/f On. 10 de noviembre

Nombre derivado del latino *tiberius*, 'del Tíber', río de Roma.

Cat. Tiberi/Tibèria.

Tiberio (Claudio Nerón T.), emperador romano (42 a. C.-37 d. C.). Claudio I (Tiberio Claudio Nerón Germánico), emperador romano (10-54).

Tiburcio/Tiburcia m/f On. 14 de abril

Nombre romano gentilicio. *Tibures*, habitante del *Tibur*, antiguo barrio de roma en la colina del mismo nombre, hoy Tívoli.

Cat. Tiburci/Tibúrcia. Eus. Tiburtzi, Diburtzi/Tiburtze, Diburtze.

San Tiburcio, hermano de Valeriano, marido de santa Cecilia, mártir (†180). Tiburcio Carias Andino, político hondureño, presidente de su país en 1933-43. Tiborc, personaje secundario de la tragedia *El Ban Bank* de Jószef Katona (1791-1830), siervo de la gleba en las tierras del ban.

Ticiano/Ticiana m/f On. 16 de enero

Nombre latino, considerado como gentilicio romano. Origen incierto, quizá relacionado con el *Tibur* (Tívoli, barrio de Roma en la colina del mismo nombre). O más bien gentilicio de Tito.

Cat. Ticià/Ticiana.

Tiziano Vecellio, pintor italiano (1488?-1576).

Timoteo/Timotea m/f On. 26 de enero

Nombre griego (*thymao-Theos*, 'amor, adoración a Dios'). Con los mismos elementos que Teótimo (v.), en orden inverso.

Sinónimo además de Amadeo, Ciriaco, Froiliuba (v. También Teófilo).

Cat. Timoteu/Timotea. Eus. Timota/Timote. Gal. Timoteo/Timotea.

Timoteo, personaje del NT, evangelizado y bautizado por san Pablo, destinatario de dos de sus epístolas, lapidado en Efeso (†97). Ac, Tim I y II. Timothy Dalton, actor galés (1946). Timoteo Aparicio, político uruguayo, sublevado en 1868.

Tirso/Tirsa m/f On. 24 de enero

Nombre latino de la palabra griega *thyrsos*, bastón guarnecido de hojas de parra y utilizado con carácter mágico-religioso en las bacanales, simbolizando al dios Baco.

Cat. Tirs/Tirsa. Eus. Tirtsa/Tirtse. Gal. Tirso/Tirsa.

Tirso de Molina (Fray Gabriel Téllez), autor dramático castellano (1484-1648). Tirso Obregón Pierrad, tenor español (1832-1889).

Tirza f

Nombre hebreo. De *tirtzah* 'delicia' (cf. Noemí).

Cat. /Tirza.

Tirza, una de las hijas de Celophehad en el AT (Num, 23,33).

Tito/Tita m/f

Nombre de una familia romana, de donde salió un emperador. Aunque dicha familia pretendía asimilarlo a la voz *tites*, 'protegido, honrado', en realidad su origen es etrusco, y su significado incierto.

En femenino, es hip. por aféresis de Margarita y de otros variados nombres femeninos.

Cat. Titus/Tita. Eus. Tita/Tite. Gal. Tito/Tita.

Tito Livio, historiador romano (50 a. C.-17 d. C.). Tito Plauto, poeta cómico latino (254-184 a. C.). Tito (Tito Flavio Sabino Vespasiano), emperador romano (39-81). Domiciano (Tito Flavio D.), emperador romano (51-96). Tito Aurelio Fulvio, nombre de nacimiento de Antonino Pío, emperador romano (86-161).

Tobías m On. 2 de noviembre

Del hebreo *tobi-iah*, 'mi bien es Yahvé'.

Cat. Tobies/. Eus. Tobi/.

Tobías, dos piadosos personajes bíblicos, padre e hijo, que protagonizaron un gran episodio de amor filial (Libro de Tobías). Tobie Smolett, novelista escocés (1721-1771). Toby Belch, personaje de *La noche de Epifanía* de William Shakespeare (1564-1616), especie de Falstaff azucarado.

Tomás/Tomasa m/f On. 29 de diciembre

En el NT, *Thoma* era el nombre de uno de los doce apóstoles famoso por su incredulidad ('gemelo, 'mellizo), y fue helenizado en *Didymos*. El patronímico ha sido siempre muy usado, desde santo Tomás de Aquino a Tomás Beckett y Tomás Moro.

Cat. Tomàs/Tomasa. Eus. Toma, Tomax/Tome, Tomasi. Gal. Tomás, Tomé/Tomasa.

Santo Tomás Dídimo, apóstol (s. I). Jn 11,16. San Thomas More, humanista y político inglés (1477-1535). Santo Thomas Becket, arzobispo de Canterbury (1118-1170). Santo Tomás de Aquino, teólogo y filósofo italiano (1225-1274). Thomas Alva Edison, inventor estadounidense (1847-1931). Thomas Carlyle, crítico, historiador y ensayista inglés (1795-1881). Thomas H. Morgan, zoólogo estadounidense (1866-1945). Thomas Hobbes, filósofo inglés (1588-1679). Thomas Jefferson, político estadounidense (1743-1826). Thomas Mann, escritor alemán (1875-1955). Thomas R. Malthus, economista y demógrafo inglés (1766-1834). Thomas Stearns Elliot, poeta y crítico literario británico (1888-1965). Thomas Woodrow Wilson, político estadounidense, presidente de su país (1856-1924). Tom Cruise, actor cinematográfico estadounidense (1962). Tom Hanks, actor cinematográfico estadounidense (1956). Tomás de Kempis (Thomas Hemerken), escritor y místico alemán (1380?-1471). Tomás de Torquemada, inquisidor castellano (1420?-1498). Tomás de Zumalacárregui, militar carlista vasco (1788-1835). Tomàs Garcés, escritor y abogado catalán (1901-1993). Tomás Luis de Victoria, compositor castellano (1550?-1611). Tomàs Moragas, pintor catalán (1837-1906). Tomás Vicent Tosca, científico y filósofo valenciano (1651-1723). Tomasa Aldana, dama de la reina doña Mariana y amante de Felipe IV (s. XVII). Tommaso Campanella (Giovanni Domenico Campanella), filósofo, teólogo y poeta italiano (1568-1639). Tommaso Guidi di Giovanni, *Masaccio*, pintor italiano (1401-1428). Thomas Buddenbrook, uno de los personajes de *Los Buddenbrook*, del escritor alemán Thomas Mann (1875-1955), figura central de la novela.

Tona f

Tomado del nahuatl *Tonatiuh*, nombre del sol entre los aztecas.
V. también Tono/Tona.
Cat. /Tona.

Tonátiuh m

Nombre náhuatl, significa 'el sol'.
Tonátiuh, nombre que los aztecas dieron al conquistador español Pedro de Alvarado (1485-1541).

Toño/Tona m/f

Variante de Antonio/Antonia.
Cat. Tonyo/Tonya.

Torcuato/Torcuata m/f On. 15 de maig.

Del latín *torquatus*, 'adornado con un collar' (*torquis*, 'collar', por *torqueo*, 'torcer'). Aplicado a un guerrero romano que se adornó con el collar de un galo a quien matara en combate.
Cat. Torquat/Torquata. Eus. Torkora, Torkota/Torkore, Torkote. Gal. Torcado, Trocado/Torcada, Trocada.
Torquato Tasso, poeta italiano (1544-1595). Torcuato Luca de Tena, escritor español (1923-1999). Torcuato Fernández Miranda, político español (1915-1980). Torcuato, protagonista del drama *El delincuente honrado* de Gaspar Melchor de Jovellanos (1744-1811), personaje a caballo entre dos épocas, azotado por el cambio.

Toribio/Toribia m/f On. 23 de marzo

Del griego *thoríbios*, 'ruidoso, estrepitoso, movido' (epíteto infantil).
Cat. Toribi/Toríbia. Eus. Toribi/Toribe.
Santo Toribio de Mogroviejo, arzobispo de Lima y primado de Perú (†1606).

Trajano/Trajana m/f

Nombre latino de origen obscuro: quizás de *traharius*, 'carretero'.
Cat. Trajà/Trajana.

Marco Ulpio Trajano, emperador romano (53-117). Decio (Mesio Quinto Trajano Decio), emperador romano (201-251).

Tranquilino/Tranquilina m/f On. 6 de julio
Nombre de familia romano: *Tranquillinus*, gentilicio de Tranquilo ('sereno, tranquilo', v. Serena). Corriente en Italia.
Cat. Tranquil·lí/Tranquil·lina. Eus. Tangillin, Tangilin/Tangilliñe, Tangiliñe.
San Tranquilino, mártir romano (†288).

Tránsito f On. 13 de agosto
Nombre cristiano, conmemorativo de Tránsito de la Virgen María (latín *trans-eo*, 'ir a través, pasar'.
Cat. /Trànsit. Eus. /Igaro, Igarotze.

Transverberación f On. 27 de agosto
Nombre alusivo a la Transverberación (traspaso) del corazón de santa Teresa de Jesús.
Cat. /Transverberació.

Triana f On. 8 de septiembre
Nombre de un barrio sevillano, del que lo tomó una Virgen venerada en él, muy popular en la ciudad.

Tricio/Tricia m/f
Hip. de Patricio/Patricia.
Cat. Trici/Trícia.

Trinidad m+f
Nombre místico, evocador de la 'reunión de tres' (latín *trinitas*) en que se resuelve el Dios cristiano, según el NT. Hip. Trini. Utilizado indistintamente como masculino y femenino, especialmente en Hispanoamérica.
Cat. /Trinitat. Eus. /Irune, Hirune. Gal. /Trinidade.
Trini López, cantante latinoamericano (1934). Trinidad Cabañas, político hondureño, presidente de su país en 1852-56.

Tristán/Tristana m/f
Nombre de etimología muy controvertida. Celta, para algunos de *drest*, 'ruido, tumulto', para otros de *trwst*, 'mensajero, heraldo'. Otros lo ha-

cen germánico, derivándolo del ing. *Thurstan*, en noruego *Thorstein*, literalmente 'piedra, gema de Thor', el dios de la mitología nórdica.
El nombre fue injertado de otras influencias por su parecido con la palabra 'triste': Margarita de Provenza, esposa de san Luis, rey de Francia, bautizó así a un hijo suyo por la 'tristeza' que experimentó en los dias del alumbramiento.
Cat. Tristany/Tristanya. Eus. Tristan/. Gal. Tristán/Tristana.
Drustan, druida picto, origen de los cantares de gesta medievales en torno a Tristán. *Tristram Shandy*, novela de Laurence Sterne. Tristan Tzara (Samuel Rosenstock), poeta francés de origen rumano, fundador del dadaísmo (1896-1963). Tristan Bernard, novelista y autor dramático francés (1866-1947). Tristán, protagonista de la ópera *Tristán e Isolda*, de Wagner. Tristana, personaje de un filme de Luis Buñuel (1970). Tristana, personaje de la obra homónima de de Benito Pérez Galdós (1843-1920), huérfana seducida por su tutor, a quien una desgracia apartará del amor.

Trófimo/Trófima m/f On. 29 de diciembre
Nombre griego: 'que alimenta, fecundo' (*trophimos*).
Cat. Tròfim/Tròfima.
San Trófimo, efesio (s. I), en el NT, compañero de san Pablo (Ac 20,4). Tradiciones posteriores afirman su viaje a Arlés, del que es patrón. Trofime Denisovich Lyssenko, botánico y genetista ruso, protagonista de un sonado escándalo científico (1898-1976).

Truman m
Apellido anglosajón, convertido en nombre de pila por el prestigio de algunos portadores, especialmente el presidente norteamericano Harry S. Truman (1884-1972). Significado: *true man*, 'hombre de la verdad, hombre en quien se puede confiar'.
Truman Capote (Truman Strekfus), escritor estadounidense (1924-1984).

Trygve m
Nombre noruego, derivación del antiguo *Tryggvi*, a su vez del adjetivo *tru*, 'verdadero, auténtico'.
Trygve Haavelmo, economista noruego, premio Nobel de Economía 1989 (1911-1999).

Tubal m

Nombre bíblico, alusivo al pueblo de los tibarenos.

Cat. Tubal/.

Tubal, personaje bíblico, hijo de Lamek y Cilla, 'precursor de todos los forjadores de cobre y acero' (Gen 4-22).

Tucídides m

Nombre griego. De *tyche*, 'fortuna' (cf. Ticón).

Cat. Tucídides/.

Tucídides, historiador de la guerra del Peloponeso (460-400 a. C.).

Tula f

Hip. de Gertrudis.

Cat. /Tula, Tuies.

Tula, protagonista de la novela *La tía Tula*, de Miguel de Unamuno (1864-1936).

Tulio/Tulia m/f

Histórico nombre romano, portado por una ilustre *gens*. De de la tribu germana de los tulios.

Cat. Tul·li/Túl·lia.

Servio Tulio, semilegendario quinto rey de Roma (†534? a. C.). Marco Tulio Cicerón, filósofo, político y orador romano (106-43 a. C.). Tulia, hija de Cicerón (78-45 a. C.). Tulia, parricida hija de Servio Tulio, sexto rey de Roma (s. VI a. C.).

Tutankamón m

Nombre egipcio. 'Gloria de Amón', el dios más importante del panteón egipcio.

Tutankamón, faraón egipcio de la XVIII dinastía (s. XV-XIV a. C.).

Tuthmosis m

Nombre egipcio. Significado desconocido.

Tuthmosis III, faraón egipcio de la XVIII dinastía (s. XVI-XV a. de J. C.).

Tycho m

Nombre cultista, tomado del griego *tyché*, 'fortuna'. Tycho, 'el afortunado' (cf. Tucídides, cf. Ticón).

Tycho Brahe, astrónomo danés (1546-1601).

Ubaldo/Ubalda m/f On. 16 de mayo

Nombre germánico, popular en Italia. De *hugh-bald*, 'de espíritu audaz'. V. Hugo; v. Baldo.

Hip. Baldo.

Cat. Ubald, Hucbald/Ubalda. Eus. Ubalda/Ubalde. Gal. Ubaldo/Ubalda.

San Ubaldo, obispo de Gubbio (†1160).

Ugranfir m

Nombre guanche. De la voz *ankra-fil*, 'hombre de pies contrahechos'.

Ugranfir, caudillo palmero, pariente de Tanausú (s. xv).

Ulises m

Nombre mitológico. Es la versión latina del gr. original *Odysseus* (para este se ha propuesto *odios*, 'camino, que hace camino', aludiendo a su largo regreso al hogar, y también *odyssesthay*, 'colérico', por su carácter, el incluso 'el que es temido').

Eus. Ulisses/.Gal. Ulises/.

Ulises (Odiseo), en la mitología griega, protagonista de *la Odisea*, de Homero. Ulysses Grant, presidente de los estadounidense (1822-1885). Ulysse Chevalier, erudito francés (1841-1923). Ulises Heureaux, político dominicano, residente de su país en 1882-184 y 1887-1899.

Ulpiano/Ulpiana m/f On. 23 de septiembre

Nombre latino. De *ulpicum*, 'ajo'. Sufijo gentilicio lat. *-anus*, 'relativo, de la familia de'. Otros ven en él la raíz *vulpes*, 'zorra', lo que lo haría sinónimo de Vulpiano.

Cat. Ulpià/Ulpiana. Eus. Ulpiano/Ulpiana.

Domicio Ulpiano, jurisconsulto romano (170-228).

Ulrico/Ulrica m/f On. 11 de abril

Nombre germánico, donde posiblemente concurren varias fuentes distintas. De *ulda-ric*, 'voluntad poderosa' (sinónimo de Uldarico), o de *aldric*, 'gobernante poderoso'. O, todavía, transliteración de *udal-ric*, 'patria poderosa'.

Variantes: Uldarico, Udalrico.

Cat. Ulric/Ulrica.

Huldrych Zwingli, reformador suizo (1484-1531). Ulrich Wilamowitz-Moellendorff, filólogo y helenista alemán (1848-1931). Ulrika Johansson, ('Mina Canth'), autora dramática y novelista finesa (1844-1897). Ulrike Maier, esquiadora austríaca (1967-1994).

Ultreya f On. 25 de julio

Nombre femenino, usado en Galicia. Evoca el canto de *Ultreja*, entonado en la Edad Media por los peregrinos ante el sepulcro de Santiagó. De *eultreja*, 'adelante'.

Cat. /Ultreia. Gal. /Ultreia.

Umberto/Umberta m/f On. 5 de agosto

Grafía italiana (con pérdida de la h inicial) de Humberto.

Cat. Umbert/Umberta.

Umberto Bocioni, pintor y escultor calabrés (1882-1916). Umberto Nobile, aviador, explorador y general italiano (1885-1978). Umberto Eco, semiólogo y escritor italiano (1932).

Urbano/Urbana m/f On. 30 de julio

Nombre latino, frecuente entre papas. Del latín *urbanus*, 'de la ciudad' (*urbs*), en el sentido de 'pulido, bien educado', que se contrapone a 'rústico, del campo' (*rus*). Cf. Rústico.

Derivados: Urbe, Úrbez, Úrbico, Urbicio.

Cat. Urbà/Urbana. Eus. Urban/Urbane. Gal. Urbano/Urbana.

Cinco papas, entre ellos Urbano IV (Jacques Pantaleon), 1200-1264. Urbain de Maillé de Brézé, mariscal de Francia y virrey de Cataluña (1597-1650). Urbain Le Verrier, astrónomo francés (1811-1877).

Urbez m

Variante de Urbano o Urbicio de Huesca, popular en Aragón.

Eus. Urbez/Urbez.

San Urbez, retirado desde Burdeos a Huesca para llevar vida de contemplación (s. VIII).

Urías/Uría m/f

Del hebreo *ur-iah*, 'luz de Dios' (*ur*, 'luz', el sufijo *iah* alude perifrásticamente a Dios, cuyo nombre era impronunciable por respeto; v. Ezequías).

Cat. Uries/Uria.

Urías, en la Biblia, marido de Betsabé (II Sam 23-39), muerto por orden de David. Urías Heep, de la novela *David Copperfield* de Charles Dickens (1812-1870), siniestra figura que por odio adopta una conducta hipócrita.

Uriel/Uriela m/f

Nombre hebreo, del mismo significado que Urías: *ur-iel*, El sufijo *-iel* es análogo a *-iah* (cf. Elías). V. Ezequiel.

Cat. Uriel/Uriela.

Tres Uriel en la Biblia, entre ellos un levita del clan de Qehat, antepasado de Samuel (Cr I, 6,9). Uriela, hermana del rey Judicael de Bretaña (s. VII).

Urraca f

Nombre femenino, frecuente en la Edad Media en Castilla. Origen incierto, probablemente del germánico *ur*, 'uro, buey salvaje'. Es asimilado habitualmente con María.

Cat. /Urraca. Eus. /Urraka.

Urraca I, reina de Castilla-León, de Galicia, de Aragón y de Navarra (1080-1126).

Ursino/Ursina m/f On. 9 de noviembre

Del latín *Ursinus*, gentilicio de Urso (este, de *ursus*, 'oso'). Sufijo gentilicio lat. *-inus*, 'relativo, de la familia de'.

Cat. Ursí/Ursina. Eus. Urtsin/Urtsiñe.

Ursino, antipapa de 366 a 367. Anne-Marie de la Trémoille, dama francesa, princesa de los Ursinos, con gran influencia en la corte de Felipe V de España hasta su expulsión por Isabel Farnesio, esposa de este (1672-1742).

Úrsula f On. 18 de julio

Es uno de los muchos derivados de Urso (latín *ursus*, 'oso'). *Ursula*, 'osita'. Otros: Urséolo, Ursino, Ursicio, Ursicino, Ursinaro, Ursión, Ursma-

ro, Ursmero, Ursulina. Su nombre es siempre asociado a las once mil vírgenes (cuyo número real parece que sería simplemente once) exterminadas con ella en Colonia por los hunos. Sinónimos: Arcelia, Bera, García.
Cat. /Úrsula. Eus. /Urtsule, Ursole. Gal. /Úrsula.
Santa Úrsula, martirizada en Colonia por los hunos con «las 11.000 vírgenes», famosa leyenda medieval (s. IV). Ursula Bloom, novelista y autora dramática británica (1892-1984). Ursule Mirouet, heroína de Balzac en *La comedia humana* (1841).

Václav m

Forma checa de Venceslao (v.).

Václav Havel, dramaturgo y político checo (1936).

Valencio/Valencia m/f On. 25 de mayo

Del lat. *Valentius*, *cognomen* latino derivado de *Valens* (v. Valiente).

Cat. Valenci/València.

Valente/Valenta m/f

Del latín *valens*, 'que vale', o sea 'que tiene salud, sano'. El sentido de 'valeroso, decidido' apareció posteriormente, por influencia del inglés *valiant*.

Cat. Valent, Valenç/Valenta, Valença.

Flavio Valente, emperador romano (328-378).

Valentín/Valentina m/f On. 14 de febrero

Nombre latino, en boga últimamente entre nosotros por la tradición anglosajona que lo hace patrón de los enamorados. Gentilicio de Valente, sinónimo de Vital.

Cat. Valentí/Valentina. Eus. Balendin/Balen, Balene, Balendiñe. Gal. Valentín, Ventín/Valentina.

Valentí Almirall, político y escritor catalán (1841-1904). Valentina Tereshkova, primera cosmonauta soviética (1937). Valentí Massana, marchador español (1970).

Valeriano/Valeriana m/f On. 28 de noviembre

Gentilicio de Valerio (lat. *Valerianus*). Sufijo gentilicio lat. *-anus*, 'relativo, de la familia de'.

Cat. Valerià/Valeriana. Eus. Baleren/Balereñe. Gal. Valeriano/Valeriana.
San Valeriano, mártir en Roma (s. III). Valerià Weyler, militar mallorquín-castellano (1838-1930). Valeriano (Publio Licinio V.), emperador romano (190?-260).

Valerio/Valeria m/f On. 29 de enero
Del latín *valerus*, 'que vale, sano' (cf. Valente, Valentín). Sinónimo de Valero. Derivados: Valeriano, Valentín, Valentiniano, Valente.
Cat. Valeri/Valèria. Eus. Baleri/Balere. Gal. Valerio/Valeria.
Marco Valerio Marcial, epigramista latino (40-104). Valerio, antecesor de san Agustín en el obispado de Hipona (s. IV). Valeri Serra i Boldú, folclorista catalán (1875-1938). Valéry Giscard d'Estaing, político francés (1926). Valeria Golino, actriz y modelo italiana (1966). Valeria Mazza, *top model* argentina (1976). Valeria Mesalina, emperatriz romana, esposa de Claudio (25?-48). La Condesa Valeria, protagonista del drama *El secreto de la condesa Valeria*, del escritor neogriego Gregorio Xenopoulos (1867). Valerie Marneffe, personaje de *La prima Baette*, de Honoré de Balzac (1799-1850), personaje sin escrúpulos que galantea descaradamente para propiciar el ascenso social de su marido.

Vallivana f On. 8 de septiembre
Nombre de una Virgen de gran popularidad en la comarca del Maestrazgo. Al parecer, de *vallis Ivanae*, 'valle de Ivana' (v. Iván).
Cat. /Vallivana.

Valvanera f On. 8 de mayo
Advocación mariana, originado en el topónimo 'Valle de las Veneras'.
Cat. /Vallvanera.

Vanesa f On. 1 de noviembre
Nombre creado por el poeta Jonathan Swift como hip. para Esther Vanhomringh, fundiendo la primera sílaba del apellido con un hip. de Esther. Algunos naturalistas lo aplicaron luego a ciertos géneros de lepidópteros, y ha ganado fama por la actriz cinematográfica V. Redgrave. Identificado a veces, por similitud fonética, con Verónica.
Concurre con el árabe *Wanesa*, 'compañera, íntima, que consuela', derivación de la misma raíz que Inés y Anás, con semejante significado.

Cat. /Vanessa. Eus. /Vanessa. Gal. /Vanesa.
Vanessa Bell, pintora inglesa, hermana de Virginia Woolf (1879-1961). Vanessa Redgrave, actriz cinematográfica inglesa (1937).

Vasco/Vasca m/f
Nombre ibero gentilicio: 'perteneciente al grupo étnico de los vascones', pueblo bárbaro que dio nombre a los actuales vascos. Es también contracción de Velasco, usada especialmente en Galicia y Portugal.
Cat. Vasc/Vasca. Gal. Vasco/Vasca.
Vasco da Gama, navegante portugués (1469?-1524). Vasco Núñez de Balboa, descubridor extremeño (1475-1517). Vasco Pratolini, escritor italiano (1913-1991).

Velasco/Velasca m/f
Nombre medieval, al parecer derivado de Blasco o Balasco (y estos del germánico *bela*, 'cuervo'). otros le asignan origen euskérico: *belas-ko*, 'del prado'. Originador del apellido Velázquez, del más famoso pintor español.
Cat. Velasc/Velasca. Eus. Belasko, Blasko, Berasko/Belaske, Belaskita. Gal. Vasco/Vasca.
Velasco, gascón dejado por Ludovico Pío como gobernador de Pamplona tras la toma de esta ciudad por los carolingios (778).

Velio/Velia m/f
Topónimo prerromano, aplicado a lugares elevados. Dio nombre a algunas ciudades, y más tarde fue tomado como onomástico femenino, masculinizado después.
Cat. Veli/Vèlia.

Venceslao/Venceslava m/f On. 28 de septiembre
Del antiguo checo *veçeslav*, literalmente 'muy glorioso'. Popular por un santo cristianizador de Bohemia (s. x).
Variante: Wenceslao/Wenceslava. Hip. Vencelo/Vencela.
Cat. Venceslau/Venceslava. Eus. Bentzeslas/Bentzesle. Gal. Venceslao/Venceslava.
Venceslao IV de Bohemia (s. XVIII). Vaceslav Molotov (V. M. Skajabin), político ruso (1890-1986).

Venerio/Veneria m/f On. 13 de septiembre

Nombre originado en un gentilicio del nombre de la diosa Venus (latín *Venere*, 'gracia'). Traducible como 'gracioso, agraciado'.

Cat. Veneri/Venèria.

Ventura m On. 3 de mayo

Nombre de buen agüero natalicio (latín *venturum*, 'lo que ha de venir'). Usado también como hip. de Buenaventura.

Cat. Ventura. Gal. Ventura/.

Ventura Rodríguez, arquitecto español, remodelador de la basílica del Pilar en Zaragoza (1717-1785).

Venusio/Venus m/f

Nombre latino, de etimología discutida: para unos es 'ornamento, belleza' (cf. Ada), para otros una derivación de *venire*, 'venir', en el sentido de 'desear, deseable' (sánscrito *van*, 'desear').

Cat. Venusi/Venus.

Venus, en la mitología latina, diosa de la belleza y el amor, equivalente a la Afrodita griega.

Vernerio/Verneria m/f

Variante de Wernerio o Guarnerio.

Cat. Verneri/Vernèria.

San Vernerio, agricultor renano, martirizado en el s. XIII.

Vero/Vera m/f On. 1 de agosto

Del latín *verus*, 'verdadero' (cf. Alicia), aplicado especialmente por alusión a la Vera Cruz. En ruso, la misma palabra significa 'fe'.

Cat. Ver/Vera. Eus. Egia/Egie. Gal. Vero/Vera.

Vera Inber, poetisa y escritora rusa (1890-1972). Vera Panova, escritora rusa (1905-1973). Marco Aurelio Antonino Vero, filósofo, escritor y emperador romano (121-180). Vera, heroína de la novela *El declive* de Iván Goncharov (1812-1891), tipo entre dos épocas, con «naturaleza apasionada y nerviosa», pero a la vez «salvaje enemiga de la gente».

Verónico/Verónica m/f

Nombre que la tradición atribuye a la piadosa mujer que limpió la cara de Jesucristo en la Pasión (de donde la legendaria interpretación *vera-*

eikon, en griego 'auténtica imagen'). En realidad es una deformación de Berenice (v.).
Cat. Verònic/Verònica. Eus. /Beronike. Gal. /Verónica.
Louise Veronica Ciccone, *Madonna*, cantante de rock y actriz estadounidense (1958). Verónica Forqué, actriz cinematográfica española (1955). Veronica Franco, poetisa italiana (1546-1591). Veronica Lake (Constance Frances Maria Ockelman), actriz cinematográfica estadounidense (1919-1973). Verónica Cybo, protagonista de la novela homónima del escritor italiano Francesco Domenico Guerrazzi (1804-1873), relato presidido por el pavor intenso y las descarnadas pasiones.

Vespasiano/Vespasiana m/f
Gentilicio latino de *vespa*, 'avispa', que dio nombre a una *gens* romana.
Cat. Vespassià/Vespassiana.
Vespasiano (Tito Flavio V.), emperador romano (9-79). Tito (Tito Flavio Sabino Vespasiano), emperador romano (39-81). Vespasiano Kochowski, poeta polaco (1633-1700). Vespasiano Cebón, personaje de la novela *Tigre Juan*, de Ramón Pérez de Ayala.

Veturio/Veturia m/f On. 17 de junio
Del latín *veturius*, derivación de *vetus*, 'viejo, anciano'.
Cat. Vetur, Veturi/Vetúria.
Tito Veturio, general romano, que sufrió en 323 a. C. la humillación de pasar bajo las Horcas caudinas.

Vicente/Vicenta m/f On. 22 de enero
Del latín *vincens*, 'vencedor'. Alrededor de esta palabra se han formado numerosos nombres: Vicencio, Víctor, Victores, Victorio, Victorino, Victoriano, Victoricio, Victricio, Victuro. Sinónimo de Almanzor, Aniceto, Esteban (v.), etc.
Cat. Vicenç, Vicent/Vicença, Vicenta. Eus. Garai, Bixintxo, Bikendi/Bingene, Bixenta. Gal. Vicenzo/Vicenta.
San Vicent Ferrer, esclesiástico y escritor valenciano (1350?-1419). San Vincent-de-Paul, eclesiástico y fundador francés (1581-1660). Vicenç (*Tete*) Montoliu, pianista de jazz catalán (1933-1997). Vicenç Riera, novelista catalán (1903-1991). Vicent Andrés i Estellés, poeta valenciano (1924-1993). Vicent Blasco Ibáñez, escritor y político valenciano (1867-1928). Vicent

Enrique i Tarancón, cardenal valenciano (1907-1994). Vicent Peris, dirigente de la Germanía valenciana (†1522). Vicent Ventura, periodista y político valenciano (1924-1998). Vicente Aleixandre, poeta castellano (1898-1984). Vicente Aranda, director cinematográfico español (1926). Vicente López, pintor valenciano-castellano (1772-1850). Vincent Auriol, político francés, primer presidente de la IV República (1884-1966). Vincent van Gogh, pintor y dibujante holandés (1853-1890). Vincente Minnelli, realizador cinematográfico estadounidense (1906-1986).

Víctor/Víctora m/f On. 8 de mayo

Del latín *víctor*, 'vencedor'. Sinónimo de Almanzor, Aniceto, Berenice, Droctoveo, Esteban, Eunice, Laureano, Lauro, Nicanor, Nicasio, Niceas, Nicetas, Niké, Segene, Sicio, Siglinda, Suceso, Victricio.

Variantes: Victorio, Vitores. Femenino: Victoria.

En interpretación cristiana primitiva, significó 'victoria de Jesucristo sobre el pecado', lo que lo hizo muy frecuente.

Cat. Víctor/Víctora. Eus. Bittor, Bittori/Bitxori, Garaipen. Gal. Víctor/Victoria.

Víctor Balaguer, político, historiador, poeta y dramaturgo catalán (1824-1901). Victor Hugo, poeta, novelista, dramaturgo, ensayista y pintor francés (1802-1885). Víctor Manuel II de Italia, primer rey italiano (1820-1878). Víctor Manuel III, rey de Italia y de Albania y emperador de Etiopía (1869-1947). Víctor Manuel, cantautor español (1947). Víctor Mora, escritor catalán (1931). Víctor Ullate, bailarín y coreógrafo español (1947). Victor Vasarely, pintor húngaro (1908-1997).

Victoriano/Victoriana m/f On. 23 de marzo

Gentilicio de Víctor. Sufijo gentilicio lat. *-anus*, 'relativo, de la familia de'.

Variante: Victorián.

Cat. Victorià/Victoriana. Eus. Bittoren/Bittorene.

Victorien Sardou, autor dramático francés (1831-1908). Victoriano Muñoz Homs, ingeniero de caminos (1900-2000).

Victorio/Victoria m/f On. 17 de noviembre

Variante de Víctor. En femenino, advocación mariana, y también forma femenina de Víctor o Victorio (y este del latín *Victorius*, 'victorioso', v. Vicente).

Cat. Victori/Victòria. Eus. Garain, Bittori/Garaiñe, Bittore. Gal. Victorio, Vitoiro/Victoria.
Vittorio de Sica, actor y director cinematográfico italiano (1901-1974). Vittorio Gassman, actor y director cinematográfico italiano (1922-2000). María Victoria Atencia, poetisa española (1930). Vicki Baum, novelista austríaca (1888-1960). Vittorio Alfieri, escritor italiano (1749-1803). Victoria Corombona, personaje de la tragedia *El diablo blanco* de J. Webster (1575?-1630?), figura misteriosa complicada en siniestras aventuras del Renacimiento. Victoria Abril (Victoria Mérida), actriz hispanofrancesa (1959). Victoria de los Ángeles (Victòria dels Àngels López i García), soprano española (1941-2005). Victoria I, reina del Reino Unido y emperatriz de la India (1819-1901). Victoria Kent, abogada y política española (1898-1987). Victoria Ocampo, escritoria y viajera argentina (1891-1979).

Vidal/Vidala m/f
Del latín *vitalis*, 'vital, que tiene vida, sano', aludiendo quizás a la vida sobrenatural. Variante: Vital. Sinónimos: Elvisa, Salustio, Salomé, Salud, Valente. V. también Zoé.
Cat. Vidal/Vidala. Eus. Bidal/Bidale. Gal. Vidal/Vidala.
San Vidal de Roma, padre de San Gervasio y san Protasio, abogado de los mareos (s. IV).

Vidalides f
Variante de Vidala, forma femenina de Vidal.

Vigor m On. 1 de noviembre
En latín, literalmente, 'fuerza, vigor'. Nada tiene que ver con Vigo, germánico derivado de *wiga*, 'combate, contienda'.
Cat. Vigor/.
San Vigor, obispo de Bayeux (s. VI).

Vilma f
Variante de Wilma.
Cat. /Vilma.
Vilma Espín, revolucionaria cubana, número dos de la revolución (1930-2007).

Vinicio/Vinicia m/f

Nombre romano, originado quizás en *venire*, 'venir' ('el que viene', aplicado a recién nacidos).

Cat. Vinici/Vinícia.

Marco Vinicio, protagonista de la novela del escritor polaco Henryk Sienkiewicz *Quo vadis...?*, por la que obtuvo el Premio Nobel en 1906. Vinicius de Moraes, escritor y diplomático brasileño (1913-1980). Vinicio Cerezo, presidente de Guatemala en 1986-1991.

Violante f On. 28 de diciembre

Del germánico *wioland*, 'riqueza, bienestar', atraído posteriormente por Vila (v. Violeta) a la forma actual.

Cat. /Violant.

Violant d'Hongria, reina de Aragón (1216-1251), esposa de Jaime I *el Conquistador*, rey de la Corona de Aragón. Violant de Bar, reina de Aragón, segunda mujer de Juan I (1365-1431). Doña Violante, protagonista de *La villana de Vallecas* de Tirso de Molina, seudónimo de fray Gabriel Téllez (1584?-1648), heroína de una peripecia triunfante.

Violeta f On. 3 de mayo

Del latín viola, 'violeta', a través del nombre Viola. Alude a la virtud cristiana de la modestia, simbolizada en la flor. Muy popular en Escocia. Sinónimos: Io, Iola, Ione.

Cat. /Violeta.

Violeta Barrios de Chamorro, política nicaragüense (1919). Violeta Parra, cantautora, poeta y pintora chilena (1917-1966). Violette Leduc, novelista francesa (1913-1972). Violetta Valéry, cortesana de la ópera *La traviata*, de Verdi. Violet Yves, personaje de la novela *El misterio del poeta* de Antonio Fogazzaro (1842-1911).

Virgilio/Virgilia m/f On. 26 de junio

Nombre romano (*Virgilius*), quizá de la forma *virgis*, 'virga, rama', aludiendo las de los laureles que abundaban en el lugar natal del poeta.

Cat. Virgili/Virgília. Gal. Virxilio/Virxilia.

Publio Virgilio Marón, el más importante poeta de la latinidad clásica (70-19 a. C.). Narciso Virgilio Díaz de la Peña, pintor y litógrafo francés de origen español (1808-1878). Virgilia, personaje de *Coriolano* de William

Shakespeare (1564-1616), mujer suave y humilde, conmovedora por su sumisa actitud de silencio.

Virginio/Virginia m/f On. 14 de agosto

Nombre fundamentalmente femenino. Del latín *virginius*, 'virginal'. Alude también al estado homónimo de USA, cuyo nombre se originó en Isabel I de Inglaterra, llamada 'la reina virgen' por su soltería.

Cat. Virgini/Virgínia. Gal. Virxinio/Virxinia.

Virginia, la heroína de la novela idílica de Bernardin de Saint-Pierre (1787). Virginie Déjacet, actriz francesa (1798-1875). Virginia Woolf (Virginia Stephen), novelista y ensayista inglesa, miembro del 'Grupo de Bloomsbury' (1882-1941). Virginia Katherine Mac Math ('Ginger Rogers'), actriz y bailarina estadounidense (1901-1995). Giovanni Virginio Sciaparelli (1835-1910), astrónomo italiano, creador de la polémica sobre los canales de Marte. Pablo y Virginia, personajes de la novela homónima de Jacques-Henri Bernardin de Saint-Pierre (1737-1814), una de las parejas más populares de todos los tiempos, cargada de bondad y amor mutuo. Virginia, «amante y romana» definida por su autor Vittorio Alfieri, escritor italiano (1749-1803), heroína de la tragedia de su nombre.

Viriato/Viriata m/f

Nombre ibérico, latinizado *Viriatus*. Procede de la antigua voz ibérica *viria*, 'brazalete', aludiendo a sus ornamentos.

Cat. Viriat/Viriata.

Viriato, nombre del caudillo lusitano en la guerra de resistencia contra Roma (190?-139).

Virilio/Virilia m/f On. 26 de octubre

Del latín *virilis*, 'viril' (*vir*, 'varón').

Cat. Virili/Virília.

Virtudes f

Nombre femenino, procedente del latín *virtus*, 'valor, mérito, perfección moral'.

Cat. /Virtut. Eus. /Kemen.

Vishnú m

Nombre indio, aplicado a uno de sus divinidades (v. Shiva, Brahma). Usado en la India como nombre habitualmente.

Variante: Visnú.

Vishnú, dios conservador en la religión hindú. Miembro de la Trimurti (trinidad).

Visitación f On. 3 de mayo

Advocación mariana, alusiva al misterio del Rosario correspondiente.

Cat. /Visitació. Eus. /Ikerne.

Vital/Vitala m/f

Variante antigua de Vidal.

Cat. Vital/Vitala.

San Vital de Boloña, que tuvo por maestro a Agrícola. Vitali Scherbo, gimnasta bielorruso (1972).

Vitaliano/Vitaliana m/f On. 7 de enero

Gentilicio latino (*Vitalianus*) de Vital (v.). Sufijo gentilicio lat. *-anus*, 'relativo, de la familia de'.

Cat. Vitalià/Vitaliana.

San Vitaliano, papa de 657 a 672. Santa Vitaliana, virgen, muy popular en la Auvernia, Francia (s. IV).

Vitalio/Vitalia m/f

Variante de Vital/Vitala.

Cat. Vitali/Vitàlia.

Vitelio/Vitelia m/f

Del gentilicio latino *vitellus*, 'relativo al ternerito' (ternero, *vitulus*), también *vitela*, 'pergamino de la piel más blanca de la ternera', de donde el papel fino. Corriente en la antigua Roma.

Cat. Vitel·li/Vitèl·lia.

Aulo Vitelio, emperador romano (15-69).

Vitiza m

Variante de Witiza.

Cat. Vítiza/.

Vladimiro/Vladimira m/f On. 15 de julio

Del eslavo *vladi*, 'señor' y *mir*, 'mundo': 'señor del mundo'. Introducido en el resto de Europa por San Vladimiro.

Cat. Vladimir, Vladímir/Vladimira, Vladímira.

San Vladimiro *el Grande*, apóstol de los rusos (956-1015). Vladimir Ilich Ulianov, *Lenin*, revolucionario ruso (1870-1924). Vladimir Nabokov, escritor y entomólogo estadounidense de origen ruso (1899-1977). Vladimir Tatlin, arquitecto, escultor y pintor ruso (1885-1953). El príncipe Vladimiro, personaje histórico del s. x que se incorporó a la poesía épica rusa.

Walberto/Walberta m/f On. 18 de septiembre
Nombre germánico *wahl-berht*, 'extranjero ilustre'. O *wald-berht*, 'gobernante ilustre'.
Variantes: Gualberto, Valberto.
Cat. Walbert/Walberta.

Waldetrudo/Waldetruda m/f
Del germánico *wald-trudi*,'gobernante fuerte'. V. Waldo; v. Gertrudis.
Cat. Waldetrud/Waldetruda.

Waldo/Walda m/f
Del germánico *wald*, forma de *ald*, 'viejo, canoso', y por extensión, 'gobernante, caudillo' (v. Aldo). Concurre con *wald*, 'bosque', y, por extensión condicionada por la geografía centroeuropea, 'país, reino'. Presente en mutitud de nombres germánicos.
Cat. Wald/Walda. Eus. Baladi/. Gal. Waldo/Walda.
Ralph Waldo Emerson, filósofo y poeta estadounidense (1803-1882).

Walfredo/Walfreda m/f
Variante de Walfrido/Walfrida.
Variantes: Walfrido, Valfrido, Valfredo, Gualfredo.
Cat. Walfrid/Walfrida.

Walter/Waltera m/f
Variante de Gualterio/Gualteria: del germánico *wald-hari*, 'caudillo del ejército'.
Variantes: Gualterio, Gutierre.
Cat. Walter/Waltera.

Walt Disney, productor y director cinematográfico estadounidense (1901-1966). Walt Whitman, poeta estadounidense (1819-1892). Walter Gropius, arquitecto pedagogo y teórico del arte alemán (1883-1969). Walter Scott, novelista, poeta y publicista escocés (1771-1832). Walter Matthau (Walter Matuschanskavasky), actor cinematográfico estadounidense (1920-2000). Walter Shandy, padre del protagonista de la novela inglesa *Vida y opiniones de Tristram Shandy*, de Lawrence Sterne (1713-1768), hombre meticuloso y metódico, esclavo de la exactitud.

Walterio/Walteria m/f

Variante de Walter/Waltera.

Cat. Walteri/Waltària.

Wanda f

Del germánico *wand*, raíz designadora de uno de los pueblos bárbaros, los vándalos. Parece significar 'bandera, insignia'.

Cat. /Wanda.

Wanda Landowska, clavecinista francesa (1877-1959).

Wang m

Nombre chino, significado desconocido.

Wang Wei, poeta chino (699-759).

Wenceslao/Wenceslava m/f

Variante de Venceslao.

Cat. Wenceslau/Wenceslava. Gal. Wenceslao/Wenceslava.

Varios reyes de Bohemia, entre ellos Venceslas IV (s. XIV). Wenceslao Fernández Flórez, escritor español (1879-1964). Wenceslao Braz, político brasileño, presidente de su país en 1914-18.

Wendy f

Nombre anglosajón, inventado por el escritor J. M. Barrie. Deriva de un juego de palabras: *Friendly* ('amistoso') se convirtió en *Friendly-Wendy*.

Wendy, personaje del cuento infantil *Peter Pan* (1904) de J. M. Barrie. Wendy Wilson, actriz cinematográfica británcia (1969).

Werner m

Nombre germánico: de *warin*, nombre de una tribu, y *hari*, 'ejército'. Equivalente a Wernerio o Guarnerio.

Cat. Werner/.

Wernher von Braun, físico germano-estadounidense (1912-1977). Werner von Fritsch, general alemán (1880-1939). Werner Heiseberg (1901-1976), físico alemán, premio Nobel 1932.

Wernerio/Werneria m/f

Variante de Werner (v.).

Cat. Werneri/Wernèria.

Werner Heisenberg, físico alemán (1901-1976). Wernher von Braun, ingeniero alemán especializado en astronáutica (1912-1977).

Wifredo/Wifreda m/f On. 5 de abril

Nombre germánico, equivalente a Guifré, Walfrido y Jofre. Este último, forma primitiva de todos ellos, deriva de *Gaut*, nombre de una divinidad (de la cual se derivan apellidos como Godón y Gaudí), con la terminación *fridu*, 'paz'. V. Gausio; v. Frida.

Cat. Guifré, Jofre, Wifred/Guifreda, Wifreda. Eus. Xofre/.

Wifredo el Velloso (*Jofre el Pilós*), conde de Barcelona (840?-898). García Jofre de Loaysa, navegante castellano (s. XVI).

Wilfredo/Wilfreda m/f

Nombre germánico: *will-frid*, 'pacificador decidido'. Variantes: Wilfrido, Vilfredo, Vilfrido, Wilferdo.

Cat. Wilfrid/Wilfrida.

Wilfrid Ivanhoe, héroe de la novela histórica de Walter Scott (1819). Wilfrid Laurier, político canadiense (1841-1919). Wilfrid Baumgartner, financiero y político francés (1902-1978). Wilfredo Lam, pintor surrealista cubano (1902-1982).

Wim m

Hip. alemán de Wilhelm, Guillermo (v.).

Wim Wenders, director cinematográfico alemán (1945).

Winston m

Apellido convertido en nombre. Deriva de la antigua voz anglosajona *wins*, 'trabajador en la granja', seguido de *ton*, 'población, poblado'.

Winston Churchill, político y escritor inglés (1874-1965). Winston Bogarde, futbolista holandés (1970).

Witardo/Witarda m/f

Del germánico *wit-hard*, 'fuerte como la madera' (v. Guido; v. Arduino). Variante: Guitardo.

Cat. Witard, Guitart/Witarda, Guitarda.

Witesindo/Witesinda m/f On. 15 de mayo

Nombre germánico, formado con la raíz *wit*, 'mujer', presente en muchos onomásticos (v. Guiomar), con la terminación *-sind*, 'camino, expedición, fama': 'mujer famosa'. V. Witburga; v. Suintila.

Cat. Witessind/Witessinda.

Wolfango/Wolfanga m/f On. 31 de octubre

Nombre germánico, aparentemente compuesto de las voces *wulf*, 'lobo, guerrero'; *fil*, 'lleno total', e *ingas*, nombre de un pueblo, los Anglios (v. Rodolfo; v. Falomiro). La etimología popular ve en él el significado literal: *wulf-gang*, 'paso del lobo'.

Cat. Wolfang, Wolfgang/Wolfanga, Wolfganga.

Wolfgang Amadeus Mozart, compositor austríaco (1756-1791). Johann Wolfgang Goethe, escritor alemán (1749-1832). Wolfgang Pauli (1900-1958), físico suizo de origen austríaco, premio Nobel de Física 1945. Wolfgang Larrazábal, militar venezolano, presidente de la Junta de Gobierno que asumió el poder en 1958.

Woody m

Nombre adoptado por el conocido director, guionista y actor cinematográfico. Del inglés *wood*, 'madera, bosque'. *Woody*, 'de madera, del bosque'.

Woody Allen (Allen Stewart Konigsberg), director y actor de cine estadounidense (1935).

Xantipa f On. 23 de septiembre

Nombre griego, derivado de *xanthós*, 'amarillo, rubio', y *hippos*, 'caballo': 'caballo bayo'.

Cat. /Xantipa.

Xantipa, colérica pero amante mujer de Sócrates (s. V-IV a. C.).

Xenia f On. 24 de enero

Del griego *xenos*, 'extranjero, huésped'. Es interpretado como 'la que recibe extranjeros, hospitalaria'. Sinónimo de Gastón, Gustavo, Hospicio, Vaast. Y también femenino de *Xènius*, forma catalana de Eugenio.

Cat. /Xènia.

Santa Xenia, mística rusa (s. XIX). *Xènius*, seudónimo hecho famoso como apodo del escritor y filósofo Eugeni d'Ors (1882-1954), autor de *La ben plantada*.

Ximeno/Ximena m/f

Grafía antigua de Jimeno/Jimena, corriente en la Edad Media.

Cat. Ximeno/Ximena.

Yael f

Del hebreo *jaalahm*, 'cabra montesa', o, para otros, 'antílope'. Variante: Jael.

Cat. /Jael.

Yael, en la Biblia, mujer de Heber, que mató a Baraq durante el sueño de este (Jue 4,17-22).

Yago/Yaga m/f

Variante de Jacobo por sonorización de la oclusiva (Jacob > Jaco > Jago > Yago). *Sant-Yago*, patrón de los ejércitos cristianos durante la Reconquista, aparecido milagrosamente en diversas batallas, fundió las dos palabras en Santiago. Variante antigua: Yagüe, hoy solo vigente como apellido.

Cat. Iago/Iaga. Gal. Iago/Iaga.

Yago, retorcido personaje del drama *Otelo* de William Shakespeare (1564-1616). Yago Lamela, atleta español en salto de longitud (1977).

Yaiza f

Pueblo en Lanzarote, usado como nombre. Sinónimos: Haisa, Haiza, Hiaiza, Hiayza, Iaiz, Iaiza, Jayza, Yaita, Yáiza, Yáysa.

Yanira f

Variante de Janira (v.).

Cat. /Janira.

Yasmina f

Nombre árabe, de significado 'jazmín'. Derivado del persa *yasaman*.

Cat. /Jasmina. Eus. /Iasmina.

Yásser m

Nombre árabe, *Yasar* o *Yasir*: 'saludable'.

Yásser Arafat (Muhammad Abd Aruf Arafat), líder palestino (1929-2004).

Yeray m

Adjetivo guanche ('el grande'), usado como antropónimo.

Yocasta f

Nombre mitológico (*Iocasté*). Origen oscuro: quizás en relación con los nombres *Io* y *kastos*, 'casta': 'de la casta de Io'. Io, nombre también mitológico griego, de *ion*, 'violeta'. Variantes: Iocasta, Jocasta.

Cat. /Iocasta, Jocasta.

Yocasta, en la mitología griega, madre de Edipo.

Yoel/Yoela m/f

Variante de Joel (v.).

Cat. Joel/Joela.

Yola f

Del griego *io*, 'violeta'. Variante: Yole.

Cat. /Iola.

Yola, en la mitología griega, amante de Hércules, causante de su ruina por los celos de Deyanira.

Yolanda f On. 17 de diciembre

Variante de Violante (v.), introducida en la Corona de Aragón por Violante de Hungría, segunda esposa del rey Jaime I, y popularizada más recientemente por una hija del rey italiano Víctor Manuel III. Se usa también como variante de Elena.

Cat. /Iolanda. Gal. /Iolanda.

Yolanda Bedregal, escritora boliviana (1918-1996). Yolanda Oreamuno, escritora costarricense (1916-1956).

Yukio m

Nombre japonés, tomado de *yuko*, 'nieve': 'chico de nieve'.

Yukio Mishima (Hiraoka Kimitake), novelista y dramaturgo japonés (1925-1970).

Yusuf m

Forma árabe de José (hebreo *Yosef*).

Yusuf ibn 'Abd al-Rahman al-Fihri (Abderramán I), emir cordobés (†759).

Zacarías m On. 5 de noviembre

Nombre portado por numerosos patriarcas bíblicos, el más famoso de ellos condenado a la mudez temporal por incrédulo. Del hebreo *Zejar-yah*, 'Dios se acuerda'. De una abreviatura de su nombre, *Zakkay*, se formó el también popular Zaqueo.

Cat. Zacaries/. Eus. Zakari/. Gal. Zacarías/.

Zacarías, profeta en Jerusalén en los años 520-518 a. C. (Esd 5,1). Zacarías, el patriarca que pidió un signo y quedó mudo por ello (Lc 1,5-25). San Zacarías, papa de 741 a 752. Zachary Taylor, político estadounidense, presidente de estadounidense (1784-1850). El Enano Zacarías, protagonista del relato homónimo de E. T. A. Hoffmann (1776-1822). También llamado Cinabrio. Zachar, personaje de la novela *Oblomov* de Iván Goncharov (1812-1891), tipo de fiel siervo ruso de la época anterior a la emancipación de la gleba.

Zafiro f

Nombre femenino, inspirado en el de la piedra preciosa. Del bajo latín *sapphirus*, y este del griego *sappheiros*, 'lapislázuli'.

Variante por concordancia: Zafira.

Cat. /Safir.

Zaid/Zaida f

Nombre árabe, derivado del verbo *zaado*, 'crecer': 'la que crece, la desarrollada'.

Variante: Zaída.

Cat. Zaid/Zaida.

Santa María (Zaida), doncella mora, hermana de Santa Gracia (Zoraida) y de san Bernardo de Alcira (Mohamed), todos ellos martirizados en Valencia en el s. XII. Zaida, concubina de Alfonso VI de Castilla y León (s. XI), que le dio a su hijo Sancho, muerto en la batalla de Uclés (1108).

Zaratustra m

Nombre persa, dios supremo en el maniqueísmo.

Cat. Zaratustra/.

Zarathustra o Zoroastro, protagonista de *Así hablaba Zaratustra* de Friedrich Nietzsche (1844-1900), desvaída figura que sobre la leyenda del gran profeta y legislador persa del s. VI o V a. C. se inserta la propia figura del autor.

Zeferino/Zeferina m/f

Del latín *Zeferinus*, gentilicio del zéfiro o céfiro, viento de poniente. Variante de Ceferino.

Cat. Zeferí/Zeferina. Eus. Tsepirin, Kollerin/Tsepiriñe.

San Zeferino, poco conocido papa de 198 a 217.

Zenaida f

Del griego *Zenaïs*,'hija de Zeus' (cuyo sobrenombre era Zen, relacionado con *zoé*, 'vida', v. Zoé).

Variante: Zenaides, Zeneida.

Cat. /Zenai.

Zenaida Volkonska, poetisa rusa (1792-1862). Zenaida Bonaparte (1801-1854), hija de José I, rey de España.

Zenobio/Zenobia m/f On. 20 de febrero

Del griego *Zenóbios*, 'el que recibe vida de Zeus' (*Zen*, 'Zeus'; *bios*, 'vida').

Cat. Zenobi/Zenòbia.

Zenobia Jiménez de Camprubí (1887-1956), esposa de Juan Ramón Jiménez y traductora de Rabindranath Tagore al castellano. Zenobia, esposa de Radamisto, rey de Iberia (s. I a. C.). Zenobia, reina de Palmira (s. III). Zenobia, protagonista de *La novela de Blithedale* del escritor estadounidense Nathaniel Hawthorne (1804-1864), princesa imperial de Oriente que ha caído bajo el sortilegio de un malvado hechicero, el doctor Westervelt. Zeno Cosini, pesonaje de la novela *La conciencia de Zeno*, de Italo Svevo (1861-1928), personaje dotado de una crónica indecisión.

Zenón/Zenona m/f On. 14 de febrero

Del gr. *Zen*, palabra originada en *ze*, 'vida', y aplicado a *Zen*, nombre de *Zeus*, 'Dios de dioses'. Sufijo *-on*, 'ente, persona': 'el que está con Dios'.

Cat. Zenó, Zenon/.

Zenón de Elea, filósofo sofista (s. v a. C.). Zenón Isáurico, emperador de Oriente en 479-491, vencido por Teodorico. Zenón Somodevilla y Bengoechea (1702-1781), político español, ministro de Fernando VI. Zenón Noriega, presidente de Perú en 1950.

Zeus m

Nombre del dios supremo griego. Emparentado con la voz zen, 'vida'.

Cat. Zeus/.

Zeus, dios de la mitología griega, dios supremo.

Zeusis m

Derivado del verbo griego *zeuxo*, 'juntar'. Para otros, es una mera derivación de Zeus (v.).

Cat. Zeuxis/.

Zeusis, pintor griego (450?-394? a. C.).

Zhou m

Nombre chino, significado desconocido.

Zhou Enlai (Chu En Lai), político chino (1898-1976).

Zita f On. 27 de abril

Nombre de una santa italiana, tomado de una antigua palabra toscana que significa 'muchacha, doncella soltera'. Precisamente es la patrona de las empleadas de hogar, por la fidelidad con que su portadora sirvió toda su vida a sus amos. Es usado a veces como hip. de Teresa o Rosa.

Cat. /Zita. Eus. /Zite.

Santa Zita, fiel servidora de la familia de los Fatinelli y patrona por ello de las chicas de servicio (†1278). Zita de Borbón-Parma, emperatriz de Austria y reina de Hungría (1898-1989).

Zoé f On. 2 de mayo

O Zoe. Nombre de origen griego (*zoe*, 'vida'), con que fue traducido a veces el de Eva (v.). Variantes: Zoe, Zoa.

Cat. /Zoè.
Zoë Atkins, actriz y autora dramática estadounidense (1886-1958). Zoé Oldenburg, escritora alemana (1916-2002). Zoé Porphyrogenete, hija de Constantino VIII, emperatriz de Oriente (982-1050). Zoé Valdés, escritora cubana (1959).

Zoel/Zoela m/f On. 24 de mayo
Nombre hebreo, quizá contracción de Zorobabel (este de *zarub-Babel* o *zar-Babili*, 'hijo de Babel'. Variante: Zoelo.
Cat. Zoel/Zoela.

Zoilo/Zoila m/f On. 27 de junio
Nombre de un antiguo retórico. Del griego *zoïlos*, 'vital' (*zoé*,'vida', v. Zoé).
Sinónimos: Vital, Eva, Zoé, Zósimo.
Cat. Zoil, Zoile/Zoila. Eus. Zoil/Zoile. Gal. Zoilo/Zoila.
Zoilo (*Homeromastix*, 'el azote de Homero'), sofista griego (s. IV? a. C.). Zoilo, personaje de la tragedia, del dramaturgo uruguayo Florencio Sáncehez (1875-1910), *Barranca abajo*, viejo gaucho que no ha sabido adaprtatse a las nuevas condiciones de vida.

Zoraida f
De origen árabe, procedente de *zarádat*, 'argolla', de donde metafóricamente, 'mujer cautivadora', o sea 'graciosa'. Por ello es identificado entre los cristianos con Gracia.
Cat. /Zoraida.
Zoraida, doncella mora, hermana de Zaida y de san Bernardo de Alcira, todos ellos martirizados en Valencia en el s. XII.

Zulima f
Nombre de origen árabe, derivación de *Suleiman* (v. Salomón).
Variante: Zulema.
Cat. /Sulema, Zulema.
Zulma Carraud, pedagoga, amiga de Balzac (1796-1889).

Tablas de nombres hispanos y exóticos

NOMBRES CATALANES			
MASCULINOS		**FEMENINOS**	
Anton, Antoni	Antonio	**Afra**	Afra
Arnau	Arnaldo	**Agnès**	Inés
Benet	Benito	**Anaïs, Naïs**	Anaís
Berenguer	Berengario	**Beatriu**	Beatriz
Bernat	Bernardo	**Caterina**	Catalina
Blai, Blasi	Blas	**Cecília**	Cecilia
Blanquerna	S/equiv.	**Coloma**	Paloma
Claris	S/equiv.	**Consol**	Consuelo
Cristòfol	Cristóbal	**Elisabet**	Isabel
Cugat	Cucufate	**Emma**	Manuela
Dalmai, Dalmau	Dalmacio	**Estefania**	Estefanía
Domènec	Domingo	**Estel·la**	Estrella
Ermengol	Hermenegildo	**Feliça**	Felisa
Esteve	Esteban	**Gal·la**	Gala
Feliu	Félix	**Meritxell**	S/equiv.
Ferran	Fernando	**Miracle**	Milagros
Guillem	Guillermo	**Nadal**	Natividad
Jeroni	Jerónimo	**Nena, Nina**	Niña
Joaquim	Joaquín	**Neus**	Nieves
Lleïr	Licerio	**Omfàlia**	Onfalia
Llorenç	Lorenzo	**Onia**	Onia
Manel, Manuel	Manuel	**Paula**	Paula
Marcel·lí	Marcelino	**Remei**	Remedios
Medir	Medín	**Peronella**	Petronila
Melcior	Melchor	**Puríssima**	Purísima
Muç	Mucio	**Salut**	Virgen en Terrassa
Pau	Pablo	**Sibil·la**	Sibila
Pere	Pedro	**Susanna**	Susana
Quirze	Quirico	**Tura**	Virgen en Olot
Roger	Rogelio	**Violant**	Violante, Yolanda
Sadurní	Saturnino		
Vidal	Vidal		

NOMBRES VASCOS			
MASCULINOS		**FEMENINOS**	
Agosti	Agustín	**Ainoa**	Virgen de Laburdi
Bazkoare	Pascual	**Alaitasune**	Alegría
Bidun	Victor	**Amane**	Matemidad
Bitxintxo	Vicente	**Añes**	Inés
Deunoro	Santos	**Areitio**	Virgen de Mallabia
Eguzki	Sol	**Argiñe, Argune**	Luz
Eludor	Heliodoro	**Arrene**	Oración
Eneka	Íñigo	**Arrosa**	Rosa
Errando	Fernando	**Aurkene**	Presentación
Gaizka	Salvador	**Bakarne**	Soledad
Ganix	Juan	**Deiñe**	Anunciación
Gorka	Jorge	**Ederne**	Gala
Gotzon	Ángel	**Edurne**	Nieves
Iñaki	Ignacio	**Erregiñe**	Regina
Jakoma	Jaime	**Etorne**	Pentecostés
Joseba	José	**Gabon**	Natividad
Karmel	Carmelo	**Garbiñe**	Purificación
Kepa, Pello	Pedro	**Geaxi**	Engracia
Koldobika	Luis	**Guruzne**	Cruz
Laurendi	Lorenzo	**Ikerne**	Visitación
Matai	Mateo	**Itziar**	Virgen en Deva
Mati	Matías	**Izaskun**	Virgen en Tolosa
Meder	Medín	**Maite**	Maria del Amor
Onsalu	Gonzalo	**Miren**	María
Pirmin	Fermín	**Osane**	Remedios
Tibalt	Teobaldo	**Uguzne**	Bautista
Topil	Teófilo	**Usoa**	Paloma
Uguzne	Batista	**Zuria**	Blanca
Unai	Pastor		
Xanti	Santiago		

NOMBRES VASCOS SIN EQUIVALENCIA			
MASCULINOS		FEMENINOS	
Aitor	Ixaka	Aiala	Kaiene
Akotain	Kai	Ainara	Koikide
Alerto	Kusko	Aioras	Laida
Anen	Lain	Aiskoa	Leiore
Añibarro	Lartaun	Aizpea	Leza
Aritz	Legazpi	Almike	Maialen
Atenko	Lerruz	Ametza	Matiena
Axo	Lokitz	Ande	Milia
Baraxil	Lur	Añana	Naia
Bengoa	Maru	Apala	Oitia
Beteri	Mazio	Beloke	Olar
Bolibar	Mehatz	Burne	Otaza
Dogartzi	Nabar	Diagur	Peleia
Eñaut	Oier	Dorleta	Saioa
Erdain	Orats	Eilba	Saloa
Gaskue	Ortzuri	Enara	Sorauren
Gaueko	Sandrili	Eriete	Tosea
Gutxi	Sugoi	Finia	Udane
Hodei	Txaran	Gexina	Uli
Igal	Udalaitz	Goizaldi	Urrika
Igotz	Unax	Gutune	Usue
Iker	Ur	Hua	Xixili
Ilixo	Xuban	Ikomar	Zaiñe
Irrintzi	Zain	Iratxe	Zisa
Isatsi	Zigor	Irutxeta	Zuhurne
		Iurre	Zutoia
		Kaia	

NOMBRES GALLEGOS			
MASCULINOS		**FEMENINOS**	
Anxo, Anxel	Ángel	**Adega**	Águeda
Bao	S/equiv.	**Alla, Baia**	Eulalia
Benvido	Bienvenido	**Amil**	S/equiv.
Bieito	Benito	**Anduriña**	S/equiv.
Brais, Bras	Blas	**Antía**	Antonia
Breixo	Verísimo	**Auria**	Áurea
Breogán	S/equiv.	**Catalina**	Catalina
Ceo, Ceos	Celso	**Cecía**	Cecilia
Cibrao	Cebrián	**Dóres**	Dolores
Elixio	Eligio, Eloy	**Eteria**	S/equiv.
Fiz	Félix	**Franqueira**	S/equiv.
Guillelme	Guillermo	**Ilda**	Hilda
Idacio	S/equiv.	**Iria**	S/equiv.
Locaio	Leocadio	**Ledaíña**	Letanía
Lois	Luis	**Ledicia**	Leticia
Manilán	S/equiv.	**Locaia**	Leocadia
Mariño	Marino	**Margarida**	Margarita
Millán	Emiliano	**Mariña**	Marina
Nuno	Nuño	**Neves**	Nieves
Ourente	Orencio	**Noelia**	Noelia
Paio	Pelayo	**Noemia**	Noemí
Pexerto	Pegerto	**Pindusa**	S/equiv.
Roi	Rodrigo	**Pomba**	Paloma
Senín	Senén	**Sabela**	Isabel
Tomé	Teodomiro	**Saínza**	Sancha
Uxío	Eugenio	**Saúde**	Salud
Vímara	Vimarano	**Suevia**	S/equiv.
Vintín	Vintila	**Tereixa**	Teresa
Xan, Xoán	Juan	**Trega**	Tecla
Xenxo	Ginés	**Ultreia**	S/equiv.
Xeromo	Jerónimo	**Xaquelina**	Santiaga
Xián, Xiao	Julián	**Xema**	Gema
Xurxo	Jorge	**Xisela**	Gisela
		Zeltia	S/equiv.

NOMBRES ARAGONESES			
MASCULINOS		**FEMENINOS**	
Agostín	Agustín	**Agnés**	Inés
Alexandro	Alejandro	**Albira**	Elvira
Alifonso	Alfonso	**Alizia**	Alicia
Anchel	Ángel	**Alodia**	Alodia
Antón	Antonio	**Ánchela**	Ángela
Balantín	Valentín	**Ánchels**	ángeles
Bastián	Sebastián	**Asperanza**	Esperanza
Bertolomé	Bartolomé	**Baldesca**	Waldesca
Beturián	Victoriano	**Begonia**	Begoña
Bítor	Víctor	**Berónica**	Verónica
Bizén	Vicente	**Biolán**	Yolanda
Brun	Bruno	**Birchinia**	Virginia
Chabier	Javier	**Bitoria**	Victoria
Chaime	Jaime	**Chesusa**	Jesusa
Chazinto	Jacinto	**Chulia**	Julia
Chermán	Germán	**Conzeuzión**	Concepción
Cheronimo	Jeroni	**Crestina**	Cristina
Cherudo	Gerardo	**Dolors**	Dolores
Chesús	Jesús	**Eba**	Eva
Chorche	Jorge	**Emparanza**	Amparo
Chuan	Juan	**Enma**	Emma
Chuaquín	Joaquín	**Estrela/Estrel**	Estrella
Chulián	Julián	**Immaculata**	Inmaculada
Chulio	Julio	**Isabela**	Isabel
Chusé	José	**Lena**	Elena
Climén	Clemente	**Lorda**	Lourdes
Cristofo	Cristóbal	**M. d'a Liena**	Autóctono
Dabí	David	**M. d'a Peña**	Autóctono
Ebardo	Eduardo	**M. d'as Nieus**	Autóctono
Eloi	Eloy	**M. de Bruis**	Autóctono
Eutor	Héctor	**M. de Dulzis**	Autóctono
Felis	Félix	**M. de Guayén**	Autóctono
Ferrando	Fernando	**M. de l'Arraro**	Autóctono

NOMBRES ARAGONESES (continuación)			
MASCULINOS		FEMENINOS	
Fertús	Fructuoso	**M. de Monlora**	Autóctono
Firmín	Fermín	**M. de Pineta**	Autóctono
Francho	Francisco	**M. de Puyal**	Autóctono
Frederico	Federico	**M. de Puyeta**	Autóctono
Grabiel	Gabriel	**M. de Salas**	Autóctono
Guillén	Guillermo	**M. de Sescún**	Autóctono
Gustau	Gustavo	**M. de Zillas**	Autóctono
Inacio	Ignacio	**M. d'Iguázel**	Autóctono
Isteban	Esteban	**M. d'Izarbe**	Autóctono
Lizer	Licerio	**M. d'o Pueyo**	Autóctono
Loís	Luis	**M. d'o Trebiño**	Autóctono
Lorién	Llorenzo	**M. d'Obarra**	Autóctono
Marzal	Marzal	**Malena**	Magdalena
Milio	Emilio	**Margalida**	Margarita
Pietro	Pedro	**Merzez**	Mercedes
Rafel	Rafael	**Nieus**	Nieves
Regorio	Gregorio	**Nunila**	Nunnilo
Serchio	Sergio	**Olaria**	Eulalia
Urbez	Urbicio	**Orosia**	Orosia
Zelipe	Felipe	**Pilara**	Pilar
Zésar	César	**Reis**	Reyes
		Soledá	Soledad
		Tresa	Teresa
		Zilia	Cecilia/Celia

Del libro *Primeros trangos* (Chabier Gimeno Monterde).

NOMBRES ASTURIANOS (BABLE)			
MASCULINOS		**FEMENINOS**	
Aique	Enrique	**Anaonda**	Covadonga
Arbidel	Príncipe	**Balesquida**	Velasquita
Arxel	Ángel	**Barbula**	Bárbara
Bastiaro	Sebastián	**Casildra**	Casilda
Belmiro	Edelmiro	**Catuxa**	Caterina
Bras	Blas	**Cecía**	Cecilia
Celipe	Felipe	**Chucia**	Lucía
Chano	Luciano	**Conzia**	Concepción
Chinto	Jacinto	**Delaira**	Adelaida
Chus	Jesús	**Fora**	Sinforosa
Clis	Crisanto	**Gada**	Águeda
Cloyo	Claudio	**Genta**	Argentina
Demesio	Nemesio	**Lala**	Eulalia
Fliz	Félix	**Ledicia**	Leticia
Florín	Florentino	**Linuca**	Manuelita
Frichoso	Fructuoso	**Lisina**	Luisa
Gamus	Benjamín	**Llarina**	Pilarina
Juanto	Juan	**Llelles**	Nieves
Laín	Flavio	**Lua**	Lucia
Lico	Francisco	**Lupa**	Guadalupe
Luterio	Eleuteri	**Malia**	Amalia
Marcones	Marcos	**Marbuena**	S/equiv.
Mel	Manuel	**Maruxa**	María
Mundo	Raimundo	**Miragres**	Milagros
Nalo	Bernardo	**Nisa**	Dionisia
Olayo	Aurelio	**Oveña**	Eufemia
Pacho	Francisco	**Pina**	Josefina
Polo	Hipólito	**Rexina**	Regina
Restu	Restituto	**Telva**	Etelvina
Tiadoro	Teodoro	**Tuxa, Getrudes**	Gertrudis
Xuoco	Joaquín		

NOMBRES GUANCHES			
MASCULINOS		**FEMENINOS**	
Acaimo	Moreno, negro	**Acerina****	
Achimenchía		**Aja****	
Afur**		**Aniagua**	
Aguahuco		**Arecida****	
Amaluiye		**Cathaysa**	
Araso**		**Dácil***	
Atavara	He aquí el orgulloso	**Faína**	
Autindana		**Gara****	
Belicar		**Gaseloría***	
Belmaco**		**Gazmira****	
Bentórey*		**Guacimara**	
Caluca*		**Gualda***	
Guadafret*		**Guaxara****	
Guajuco		**Guayanfanta**	
Guanarame		**Guayonga****	
Guanarteme		**Güímar****	
Guetón	El bueno	**Iballa**	Esclava
Isaco*		**Ico**	
Jonay**		**Itahisa**	
Mahí	Valiente	**Mencía***	
Naira		**Nisa**	Fortaleza interior
Osinissa		**Taganana**	
Pelinor	El luitador	**Tejina**	
Peresós		**Tejina****	
Rayco*		**Tibiabin**	
Rucadán		**Tiguafaya**	
Ruymán*		**Tijama**	Pacient
Sirma	Hombre confuso	**Tininabuna**	Inquieta
Tijama	He aquí el sufridor	**Yaiza****	
Tinerfe			
Tinguaro**			
Ugranfir			
Xerach			
Yeray			

Recopilados por Juan Álvarez Delgado.
* Nombres literarios inventados.
** Topónimos.

NOMBRES CALÓS

MASCULINOS

Adonay	Manuel	**Inosea**	Ignacio
Aracate	Custodio	**Jardany**	Juan
Atronense	Antonio	**Jilé**	Cándido
Bachanó	Sebastián	**Jinoquio**	Alejandro
Bají	Buenaventura	**Joronosco**	Canuto
Bamqué, Bujamí	Bartolomé	**Liyac**	Tomás
Bandojé, Bandojí	Bernardo	**Lombardó**	León
Barsaly	Juanito	**Majoré**	Fausto
Bisnajura	Ventura	**Majoró**	Justo
Bostán	Lino	**Manfariel**	Ángel
Brono	Poncio	**Mitichó**	Severo
Brujalimé, Bujilimí	Basilio	**Ñuntivé**	Julio
Bujoné	Prudencio	**Pacuaró**	Perfecto
Canroné	Clemente	**Pipindorio**	Antonio
Corpincho	Román	**Pobeá**	Jesús
Disqueró	Segundo	**Quidicó**	Casimiro
Frugerios	Fructuoso	**Simprofié**	José
Gerinel	Miguel	**Zache**	Félix

FEMENINOS

Ardiñipén	Natividad	**Listraba**	Clara
Bujoní	Prudencia	**Majaris**	Mercedes
Burjachiquí	Bárbara	**Dunduñí**	Azucena
Chachipira	Pura	**Furunedes**	Nieves
Chanorgú	Olvido	**Gildí**	Salud
Chimuclaní	Gloria	**Givés**	Pepa
Chocoronú	Remedios	**Golipén**	Pepita
Chucarris	Angustias	**Graná**	Amparo
Ciba	Maravilla	**Grañita**	Aurora
Cojiñí	Rosa	**Ineriqué**	Cándida
Debliá	Virginia	**Jahivé**	Adoración
Dobastró	Rosario	**Jilí**	Liberada
Dojiá	Asunción	**Lajariá**	Santas

NOMBRES CALOS (continuación)			
FEMENINOS			
Mericlén	Coral	**Sardañí**	Gracia
Mermeyí	Candelaria	**Satdiñela**	Concepción
Molchibé	Natividad	**Silás**	Virtudes
Mumely	Luz	**Tematea**	María
Ocán	Sol	**Trejú**	Cruz
Ompión	Sacramento	**Trifuscó**	Paz
Orchilí	Atanasia	**Trimurti**	Trinidad
Ostelinda	María	**Uchó**	Rocío
Pacuarí	Perfecta	**Ujaranza**	Esperanza
Pajabí	Tecla	**Vaí**	Eva
Paratató	Consuelo	**Ziboris**	Milagros
Plasñí	Blanca	**Zujenia**	Marta
Puñiés	Dolores		

Recopilados por José Rodríguez Díaz (Sevilla).

NOMBRES GUARANÍES			
MASCULINOS		**FEMENINOS**	
Abapará	hombre moteado	**Aberá**	cabellos relucientes
Abayui	hombre rana	**Abi**	la de pelos cortos
Aca	cabeza, pendencia	**Agua**	plumajes
Atachï	humo	**Ára Poty**	flor del firmamento
Avá Mainó	hombre colibrí	**Ara'í**	firmamento
Avá Poty	hombre recio	**Cabi**	avispa pequeña
Cay	mono	**Cambarayï**	hija de negro
Cheru	mi padre	**Guachare**	ex muchacha
Chicú	divinidad	**Güirace**	grito de pájaro
Cunda	revuelto, enroscado	**Kerechú**	Única
Guaju	canto de los indios	**Kuña Roçary**	mujer de la casa
Guatapï	caracol-bocina	**Ju**	divina
Jiguaká	corona	**Kuñá Ryapú**	mujer del trueno
Karaí Ju	señor divino	**Mainda**	admirable
Karaí Ñe'ery	fluir de la palabra	**Mandyjú**	divinidad
Kuarachy	divinidad	**Masa**	avecilla
Kuaray Mimby	flauta del sol	**Ñaera**	Platito
Mbaraká	sonajero ritual	**Ñapyká**	asiento femenino
Mboroti	blanco	**Takuá**	bambú tronante
Mora	lindo	**Takua Pu**	música del bambú
Nimuendajú	divino encarnado	**Takuá Ryapú**	bambú tronante
Ñae	plato	**Tatachï**	humo
Poy Ju	collar divino	**Tupä**	divinidad
Verá	relámpago	**Urutáu**	divinidad
		Yvá	cielo

Del libro *Mil apellidos guaraníes* (León Cadogan).

NOMBRES CHINOS			
MASCULINOS		**FEMENINOS**	
An	paz	**Hong**	roja
Ao	crisantemo	**Hua**	flor
Dá	de alta posición	**Li**	bella
Dà	grande	**Lian**	loto
De	virtuoso	**Mei**	bella
Hua	heroico	**Qing**	azul
Qiang/Chiang	fuerte	**Qin/Chin**	instrumento músico
Tai	paz, prosperidad	**Shu**	buena
Wen	estudiante	**Xia**	nube
Wu	militar	**Xiao**	pequeña
Xiong	héroe	**Ying**	flor
Zhi	ambicioso	**Yue**	luna

NOMBRES JAPONESES			
MASCULINOS		**FEMENINOS**	
Kenichi/Kentaro	saludable	**Akiko**	distinta
Toru	cumplidor	**Henako**	maravillosa
Minoru	maduro	**Junko**	pura
Daisuke	hombre grande	**Kazuko**	suave y pacífica
Shunsuke	brillante	**Kyoko**	albaricoque
Masayoshi	justiciero	**Mami**	real belleza
Makoto	sincero	**Michi**	sabia y bella
Shingo	renovado	**Sachiko**	niña feliz
Takeshi	corpulento	**Sakura**	cerezo en flor
Akira	distinto	**Yuko**	graciosa
Kumakichi	oso afortunado	**Yuriko**	lirio
Torao	hombre-tigre		
Mima	caballo precioso		
Tobikuma	nube rápida		
Katsutoshi	vencedor sabio	***Misao**	fidelidad
Noboru	progreso	***Nao**	honestidad
Hideo	varón excelente	***Sakae**	prosperidad
Nagataka	amor filial		
Chokichi	buena suerte duradera		

* Ambos sexos.

NOMBRES HINDÚES			
MASCULINOS		**FEMENINOS**	
Aditya	el sol	**Agrima**	líder
Anand	alegría, felicidad	**Aruna**	amanecer
Anil	dios del viento	**Bansari**	flauta
Arun	carrero del sol	**Daksha**	la tierra
Bhaskar	el sol	**Gayatri**	canto de salvación
Chandrachur	el dios Shiva	**Hema**	dorada
Damodar	el dios Ganapati	**Indira**	diosa Lakshmi
Devindra	el dios Indra	**Kankana**	brazalete
Ganesh	dios-elefante	**Lakshmi**	amada de Krishna
Jintindra	vencedor de Indra	**Leela**	juego divino
Kanti	brillo	**Mohana**	atractiva
Kapil	nombre de un sabio	**Mughda**	embeleso
Krishna	un dios	**Pantaja**	loto
Naresh	rey	**Rajata**	soberanía
Niranjan	intachable Shiva	**Raksha**	protección
Priya	amado	**Rohini**	una estrella
Rajesh	la luna	**Samhita**	composición védica
Ram	el dios Rama	**Subarna**	el color del oro
Satish	victorioso	**Sumitra**	madre de Lakshmana
Vijay	victorioso	**Usha**	aurora

Del libro, *Baby Names* (Vimla Patil).

NOMBRES MUSULMANES			
MASCULINOS			
Abbas	un tío del Profeta	**Habib**	amado
Abdullah	siervo de Dios	**Hafiz**	protector
Akbar	más grande, mayor	**Hanif**	creyente verdadero
Akram	más generoso	**Hasán**	apuesto, bueno
Alí	excelente, noble	**Hashim**	generoso
Amín	leal	**Hussain**	apuesto
Ashraf	máximamente noble	**Ibrahim**	nombre de un profeta
Aslam	más seguro	**Iqbal**	responsable
Aziz	poderoso	**Jafar**	torrente
Abbas	un tio del Profeta	**Khalid Latif**	glorioso, eterno gentil
Abdullah	siervo de Dios	**Malik**	reinante
Akbar	más grande, mayor	**Masud**	feliz
Akram	más generoso	**Muzzammil**	envuelto
Alí	excelente, noble	**Nabil**	noble
Amín	leal	**Qasim**	distribuidor
Ashraf	máximamente noble	**Rafiq**	amigo amable
Aslam	más seguro	**Rashid**	recto
Aziz	poderoso	**Sadiq**	sincero
Badr	luna llena	**Salim**	seguro, libre
Bashir	portador de buenas noticias	**Sharif**	noble
		Sulayman	un profeta
Faruq	que distingue la verdad de la mentira	**Sultán**	poderoso
		Zahid	abstinente

NOMBRES MUSULMANES (continuación)

FEMENINOS

Nombre	Significado
Abir	fragancia
Afra	de color de polvo
Aisha/ Ayesha	próspera; esposa del profeta
Aminah	sincera; madre del Profeta
Arub	amorosa
Azhar	flores
Basimah	sonriente
Bushra	buenas noticias
Daliya	dalia
Durrah	perla
Farah	alegría
Faridah	preciosa
Fátima	niña; hija del Profeta
Hannah	simpatía
Hayfa	de bello cuerpo
Inas	sociable
Jamilah	bella, elegante
Kamilah	perfecta
Karimah	generosa, noble
Lina	tierna
Malikah	reina
Muna	deseo
Nadimah	amiga
Nadirah	floreciente, radiante
Najmah	estrella
Najmah	estrella
Nasha	aroma
Nasimah	brisa suave
Nawal	regalo
Rabiah	cuarta
Sabah	aurora
Salma	pacífica
Thara	salud
Uzma	la mayor
Yasmin	jazmín
Zahrah	flor
Zinah	adorno, belleza

SP
929.44 A325
Friends of the
Houston Public Library

Albaiges i Olivart, Josep
El libro de los nombres de
nino y de nina
Montrose ADU CIRC
04/13